인간행동의 이해

최해진 | 권혁기 | 박중규 | 한나영 공저

Understanding of human behavior

조직에서 협동적으로 행동할 수 있는 인간 행동(human behavior)을
과학적으로 설명하고 예측하는 이러한 학문 영역이
바로 '행동과학론(behavioral science)' 또는 '행동론'이다.

도서출판 두남

Preface

머리말

경영은 經(경)과 營(영)의 결합어로 본래 經之營之(경지영지)라는 詩經(시경)에서 처음 사용하였고 孟子(맹자)편에서도 사용된 동양에서는 그 사용 역사가 아주 오래된 용어이다. 즉, '詩云(시운) 經始靈臺(경시영대)하여 經之營之(경지영지)하니 庶民攻之(서민공지)하여 不日成之(불일성지)로다'로 되어 있다. 이 말은 '시경에 이르기를 영대를 짓기 시작하여 헤아리고 측량하니 백성들이 다 같이 힘껏 일하여 하루가 안 되어 완성하였다.'로 해석된다. 옛날에 영대란 제사당을 말하는데 개인 집보다 우선하여 영대를 지은 것 같다. 마치 영국의 개신교의 일파였던 청교도들이 신대륙에 상륙하여 교회 예배당을 먼저 지은 것과 같은 이치이다. 이 중요한 영대를 짓는 데 사람들이 준비하고 측량하고 자발적으로 힘껏 일하니 쉽게 완성하였다는 것이다. 오늘날 경영(어떤 경영이던) 또한 이와 같이 할 때에 그 성과가 크게 향상될 것이다. 우리가 인간의 행동을 이해해야 함은 이처럼 함께 힘껏 일하기 위한 것이다.

인간이 살아 존재한다는 것은 행동한다는 것을 의미한다. 행위가 정지되는 그 순간 모든 것은 끝난다. 인간이 하는 행위의 범위는 작게는 가정과 기업조직이며 크게는 국가이다. 따라서 우리의 행위에 직간접적으로 영향을 주는 여러 가지의 조직에서 개인은 자기의 가치관과 상황에 따라 여러 가지 행동을 하게 된다. 그러나 개인은 개인 행동도 하지만 개인이 아닌 조직원이나 집단 구성원으로서 개인 신분으로 있을 때와 다른 행동도 하게 된다. 이를 우리는 조직행동 또는 집단행동이라고 한다 개인의 단독 행동의 결과보다는 조직의 성원으로서 조직행동이나 집단행동이 되어 그 성과를 나타낼 때가 더 많다.

즉 인간의 행동은 삶의 표현이기 때문에 모든 삶은 행동에 의해서 표현된다. 행동에서 시작하여 행동으로 끝나는 것이 삶이다. 행동이 없다면 이미 그것은 생물적 존재를 상실하여 단순한 무생물적 물질이 되고 만다.

개개인마다 다른 행동적 특성을 가지고 동일한 상황에 동일한 사람이라도 시간에 따라 다른 반응을 보이고(개인의 투표 행위), 다른 상황에 있는 다른 사람이라도 때로는 같은 행동(종교적 행위)을 보인다. 따라서 인간문제만은 누구나 이해할 수 있는 보편적인 일반론을 추론하기 어렵다. 이렇게 복잡한 사람의 행동을 이해하려고 수많은 학자들이 노력한 결과 다양한 학문 즉 심리학, 사회학, 해부학, 생리학에서 인간을 이해하고 있고, 언어 행동과 인간관계를 이해하기 위해서 인문과학과 사회과학 등으로 구분하여 연구를 하고 있다.

따라서 이 많은 선험적 연구들을 활용하여 인간이 왜 행동하고, 어떻게 행동하며, 어떤 기대감과 목적을 가지고 행동하는가를 이해하기 위해서 시도한 방법이 행동과학적 접근 방법이다. 따라서 이 학문은 인간행동에 대한 연구로 행동과학론 또는 행동론으로 체계화되기 시작하면서 인간행동에 대한 이해의 폭을 크게 확대하였다.

오늘날 산업사회가 지식산업사회로 탈바꿈하면서 더욱 중요시하게 된 것이 인간에 대한 연구이다. 인간이 주체가 되어 인간에 의한 경영, 인간을 위한 경영으로 인간 경영에 필수적인 연구 대상이 바로 인간 자신에 대한 연구이다. 인간 자신에 대한 연구는 인간론, 인간관계론, 행동론 등의 다양한 학문분야가 있다. 이들 학문 영역들은 모두 인간에 대한 관점과 인간 행동에 영향을 주는 심리적, 사회적, 문화적 요인들을 분석하고 정리한 학문 영역들이다. 즉, 인간에 대한 행동을 더욱 올바르게 이해하기 위해서 심리학, 사회학, 문화인류학, 인간학을 언급한 것이 본서의 특징이라면 앞으로 더욱 더 공부하여 조직행동론과 소비자 행동론을 더욱 심층적으로 연구할 것을 권한다.

오늘날 경영학 연구의 방향은 그 특성상 수리적 경영학과 인간의 행동과학 연구의 양 측면으로 크게 나눌 수 있다. 경영학의 양대 산맥의 한 축을 형성하는 행동과학 즉 인간 행동의 이해 없이는 조직의 관리를 할 수 없다.

따라서 경영학의 기초 학문으로서 본 행동과학은 모든 경영학 연구자가 인간의 행동을 이해하기 위한 기본적인 교양학문이면서 동시에 전공학문이다.

특별히 이 졸작을 마칠 때까지 우둔한 필자에게 지적 양식을 제공해 준 동서양과 우리나라의 많은 철학자, 심리학자, 사회학자의 숭고한 노력에 대하여 감탄을 거듭하면서 그분들에게 진심어린 마음으로 다시 한 번 더 머리 숙여 감사를 드린다.

2014년 8월 15일

代表 著者 씀

Contents

차 례

Chapter 01

행동과학론

Chapter 01

행동과학론

제 1 절 행동과학의 대두

1. 행동과학의 개념

경영학의 연구는 20세기 초기에 산업화를 시작한 미국, 영국, 프랑스 등의 선진국에서 시작되었다. 이들 나라에서 시작한 경영학은 어떻게 하면 생산성 향상을 하느냐 하는 것이 주요한 연구의 관심사였다. 그래서 초기의 경영학은 인간도 생산성 향상을 위한 도구로 간주하는 '일 중심의 관리'가 중심 연구 영역이었다.

그러나 미국의 인간 관계학파에 의한 인간관계론 연구 이후에 '일 중심의 관리'에서 '사람 중심의 관리'로 연구의 중심축이 이원화되었다. 이때부터 사실상 인간과 인간 행동에 대한 연구가 본격화되기 시작하였다. 즉, 인간관계와 행동과학에 대한 연구가 경영학의 주요 영역으로 정착되었다. 물론 경영학 이외의 많은 학문 영역에서도 인간 행동에 관하여 연구하고 있다. 즉, 인간 본연의 문제를 다루는 철학, 인간 영혼의 문제를 다루는 신학, 개인적인 심리 상태를 연구하는 심리학, 인간과 인간간의 관계를 다루는 인간관계론, 인간을 하나의 집단으로 보고 집단적 행동을 연구하는 집단역학, 사회학, 사회심리학, 인간의 정치적 욕구를 다루는 정치학, 경제적 욕구를 다루는 경제학, 집단과 사회와 규범과 가치관 행위 양태를 종합적으로 연구하는 민속학,[1] 그리고 문화인류학

등의 광범한 영역에 걸쳐서 인간을 다루고 있다.

학자들은 이러한 분파적인 인간에 대한 연구를 종합적이고 체계적으로 하기 위하여 객관적인 방법으로 수집한 경험적 증거에 의해서 일반적인 법칙을 확립하려고 시도하였다.

1960년대 이후에 나타난 행동에 대한 이러한 연구 방향에 따라 동기부여 이론이 급속하게 발전하게 되었다. 즉, 개인의 자아실현 욕구를 최대한 발휘할 수 있는 조직 환경을 만들어야 된다는 매슬로우의 주장에 뒤이어 수많은 연구물이 쏟아져 나오게 되었다.

결국 이러한 연구들은 궁극적으로 인간이 만든 조직이 어떻게 하면 구성원의 만족을 실현하는 협동적 행동을 하게 하느냐 하는데 그 목표를 두고 있다. 조직에서 협동적으로 행동할 수 있는 인간 행동(human behavior)을 과학적으로 설명하고 예측하는 이러한 학문 영역이 바로 '행동과학론(behavioral science)' 또는 '행동론'이다.

2. 행동과학의 특성

행동과학은 민주적인 조직에 가치를 두기 때문에 성원은 자아실현의 욕구를 가진 자율적 인간이라는 것을 전제로 하고 있다. 그러면서도 인간이 정서적으로 안정되기를 바라며 조건이 주어지면 조직 전체의 목표를 달성하기 위해서 기꺼이 참여한다는 점을 인정한다.

따라서 행동과학은 인간 행동을 중심적 연구 대상으로 하는 학문이다. 경험적이고 계획적이며 과학적인 방법을 활용한 응용과학의 성격을 가진다. 구체적으로 다음과 같은 몇 가지 특성을 가지고 있다.[2)]

첫째, 행동과학은 인간 행동에 관한 여러 학문 영역과 상호 밀접한 관련을 가진 학제적 성격을 가지고 있다. 오늘날 조직의 대규모화와 사회 시스템의 복잡화에 따라 인문·사회과학 영역은 하나의 고유한 전문 학문 영역에 의해서

---

1) 민간에 전해 내려오는 풍속·습관·신앙 따위를 과학적으로 연구하는 학문임.

2) Classics of Organizational Behavior, ed. by W. Natemeyer, pp.31~39(H. M. F. Rush, "The World of Work and Behavioral Sciences : A perspective and an Overview")

만 현상을 설명할 수 없고 다양한 학제적 접근(interdisciplinary approach)에 의한 둘 이상의 복수적인 학문 영역과 관련을 가지게 되었는데 행동론은 그 대표적인 예에 해당한다. 특히 우리 인간의 행동은 한 가지 전문 영역의 학문에 의해서만은 설명할 수 없는 복잡한 요소로 구성되어 있으므로 종합적인 학문적 접근이 필요하다.

둘째, 행동과학은 규범적(normative)이고 가치지향적(value oriented)인 성격을 가지고 있다. 동시에 지향하는 가치는 인간적이고 낙관적인 것이다. 인간적인 행동은 당연히 몰가치적인 것이 아니라 합목적적이고 사회공익적인 가치를 지향하는 것이어야 한다. 행동론은 바로 우리 인류에게 가장 유익한 이념과 가치를 제공하는 것이어야 하며 이때의 가치는 전체 성원의 동의가 전제되는 것이어야 한다.

셋째, 행동과학은 수량적인 접근을 강조한다. 수학은 수가 나타내는 객관성과 정확성을 가지고 상호 커뮤니케이션을 가능하게 하는 공통 언어적 성격을 가지고 있기 때문에 각 학문 영역에서 선호하는 표현적 수단으로 사용된다. 그리하여 행동론에서도 과학적 학문성을 가지기 위하여 수량적 접근을 한다.

넷째, 행동과학은 집단과 집단행동에 참여하는 것을 강조한다. 인간 행동은 개인에 의해서 표현되지만 그 행동은 반드시 인간상호 간에 영향을 주고받으며 다른 사람의 영향에 의해서 또 다른 행동이 유발된다. 그래서 행동론은 집단과 관련된 문제를 다룬다.

다섯째, 행동과학은 조직을 전체 시스템(total system)으로 보고 변화를 관리하려고 한다. 즉, 행동론에서는 조직이 목적을 가지고 생성 또는 소멸되는 변화를 끊임없이 추구하는 시스템적인 존재임을 강조한다.

제 2 절 행동과학의 학문적 영역

인간이 자신에 대해서 생각한 역사는 인류의 발생과 근원을 같이 한다. 인류의 발생을 200만 년 전, 현세 인류의 출현을 2만 년 전으로 보고 있기 때문에 인간을 생각한 역사도 길게는 200만 년 전부터 짧게는 2만 년 전부터라고 할 수 있다. 따라서 그 역사가 결코 짧다고 할 수 없다. 이 긴 시간동안 인간은 한편으로 자연을 경외하며 자연에 적응과 도전을 하면서 다른 한편으로는 인간끼리 싸우고 순응하며 또는 굴복하면서 오늘에 이르렀다. 즉, 인간과 자연, 인간과 인간의 끊임없는 상호작용 속에서, 그리고 개인과 사회의 발전을 지속적으로 이루어 오는 과정에서 수많은 경험적 지식을 축적하였다. 이러한 경험적 지식을 체계적으로 정리한 것을 우리는 과학이라고 한다. 이러한 과학을 다시 자연 현상에 관련된 것을 자연과학, 인간 사회 현상에 관련된 것을 인문・사회과학으로 구분하고 있다. 이 중에 행동론은 인문·사회과학 영역에 속한다. 이러한 행동론은 인간을 과학적으로 연구하는 학문으로서 처음에는 인간의 본질을 연구하는 인간론, 개인의 행동을 연구하는 심리학과 밀접한 관련을 가지고 시작하여 인간 행동의 동인과 유형 등을 연구하는 인류학, 사회심리학, 언어학, 인간 상호간의 관계에서 생기는 현상을 다루는 사회학, 경제학, 정치학, 법학, 역사학 등과 또 인간 집단 속에서 생기는 관습, 가치관 그리고 행동 유형 등을 비교하여 다루는 문화인류학, 그리고 인체의 생리 구조와 해부학적 요소를 연구하는 생물학, 생리학, 해부학, 정신분석학, 신경생리학 등으로 그 관련 학문 영역을 넓혀간 학제적 성격을 가진 학문이다.

특히 이러한 다양한 학문 영역 중에서 개인의 행위를 다루는 심리학(psychology)과 집단행동, 집단과 개인 간의 상호작용 그리고 집단과 집단간행위의 연구를 하는 사회학(sociology)과 사회심리학(social psychology) 그리고 정치학(political science), 개인행동과 집단행동의 문화적 환경요인을 연구하는 문화인류학(cultural anthropology)이 주요 관련 학문 영역이다.

1. 심리학(psychology)

심리학은 개인의 마음을 연구 대상으로 하는 마음의 과학(science of mind)이다. 그러나 심리학의 연구 대상은 작은 뇌세포의 움직임으로부터 인간과 동물의 행동 영역까지 그리고 꿈과 무의식까지 연구 영역이 광범하다. 인간 각자의 개인적인 지각 능력은 다 다르다 하더라도 지각 능력과 청각 능력이 있다는 사실은 동일하다. 심리학은 바로 이와 같이 인간 모두에게 동일하게 적용되는 일반적 이론을 규명하여 체계화하고자 하는 것이다. 행동론에서는 특히 개인적인 심리 연구가 대단히 중요하다. 그것은 심리학적 연구 접근 방법이 바로 인간이 왜 행동하는지에 관하여 연구하는 것이기 때문에 행동론이 추구하는 목표와 근접한다.

2. 사회학(sociology)

사회학은 사회의 현상을 연구하는 사회의 과학(science of society)이다. 개인들이 모여서 사회를 형성하면 개인들은 그 사회 속에서 바라는 삶을 살기 위해 규범을 만들어 질서를 향유하려고 한다. 질서는 공동의 선을 실현할 수 있는 가장 쉬운 방법이다. 사회학은 사회가 혼란과 혼돈에 싸여 있기 때문에 이러한 문제를 해결하기 위해서 필요한 학문이다.

오늘날 사회학적인 과제도 따지고 보면 질서 있는 사회를 구현하려는데 목적이 있다. 행동론은 바로 이런 점에서 많은 사회학자들의 선험적인 연구를 활용하여 집단과 조직을 이해하고 사회가 개인에게 주는 영향이 어떤 행동을 가져올 것인가를 쉽게 이해하도록 한다.

3. 사회심리학(social psychology)

사회심리학은 심리학과 사회학에서 나온 개념을 혼합적으로 다루면서 사람들이 다른 사람들에게 주는 영향력에 초점을 두고 있다. 사회심리학은 변화를 실행하는 방법이나 변화의 수용에 대한 장벽을 감소시키는 방법 등을 다루는 학문이다. 또한 태도의 문제, 커뮤니케이션의 문제, 집단의 문제 등에 대해 연구한다.

4. 문화인류학(cultural anthropology)

인류학은 인간에 대하여 연구하는 학문이다. 이 때 anthropology에서 anthropo

는 그리스어로 인간(man)이란 의미이며 logy는 학문이라는 뜻이다. 인류학은 크게 두 분야로 나눈다. 영미식으로는 형질인류학(physical anthropology)과 문화인류학(cultural anthropology)으로 나누고 독불식은 인류학과 민족학(영미식의 문화인류학에 해당함)으로 나눈다. 이 경우 영미식의 형질인류학과 독불식의 인류학은 인간의 신체적 특성이나 인류의 진화 과정을 다루는 분야로서 행동론 영역에서 다루는 내용과 다소 거리가 멀다. 그러므로 행동론 영역과 가까운 영역은 당연히 문화인류학 분야로서 인간이 사회적 존재이면서 동시에 문화적 존재라는 전제하에 인간이 갖는 문화적 요소에 의해서 인간 개개인의 행동에 영향을 준다고 본다. 즉, 인간은 태어남과 동시에 가족 문화와 그가 속한 사회 문화의 영향을 받으면서 다양한 행동 유형이 결정되고 또 다른 구성원의 행동에 영향을 주는 상호 작용을 한다. 그러므로 문화에 대한 연구는 그 구성원인 씨족과 부족 그리고 민족 전체의 행동 양식을 이해하는 지름길이 될 것이다.

5. 정치학(political science)

정치학은 정치적 환경 안에서 개인과 집단에 대한 연구를 하는 학문으로 갈등의 문제, 권력의 문제에 대해서 연구한다. 따라서 정치학은 행동과학에 중요한 기여를 하고 있다. 실제로 인간은 정치적 동물이라고 일컬을 정도로 정치적 행동을 하고 있기 때문에 정치적 영역에서 다루는 갈등과 권력분배 문제는 중요한 문제가 된다. 동시에 이러한 문제는 경영학에서도 행동과학을 통하여 도입 적용하고 있다.

제3절 행동과학의 과제

행동과학론은 인간의 행동을 연구하는 학문이다. 인간은 살아 생존하는 동안 끊임없이 무엇인가 목표를 성취하기 위해 움직이고 있다. 따라서 무엇이 인간으로 하여금 그렇게 끊임없이 움직이게 하는가? 또 어떻게 하면 설정한 목표를 용이하게 달성하며 가치 있는 생활을 할 것인가? 이러한 문제에 대해서 보다 깊이 이해하므로 인간의 변화에 대한 이해를 넓히고 나아가서 바람직한 방향으로 변화를 가능하게 하여 인간이 가지고 있는 여러 가지 문제 즉, 갈등, 스트레스, 불안 등을 희망과 안정과 보람으로 변화시키는 것이 행동과학의 과제이다.

또한 인간은 가지고 있는 여러 욕구들 중에서 고차원적인 자아실현 욕구를 충족하려는 존재가 인간이다. 단순한 욕구를 충족하기 위해 맹목적으로 삶을 이어가는 존재가 아니라 값있는 일을 하려하고 그 일속에서 삶의 가치를 찾으려 한다. 그러므로 행동과학의 주요 과제는 어떻게 하면 인간이 조직 속에서 보람과 희망을 가지고 행동할 것인가 하는 방법과 방향을 찾아내는 것이다.

Chapter 02

인간관

Chapter 02

인간관

지구상에 자칭 우수하다고 하는 많은 민족들을 보면 그 인종 구성이나 언어, 관습, 문화들이 그들이 열등하다고 멸시하거나 차별하는 주변으로부터 왔거나 대부분 그 주변과 유사하다. 군국주의 일본과 나치 독일의 예를 보면 쉽게 알 수 있다. 게르만 민족이 우수하다거나 일본 민족이 우수하다고 하였지만 그 민족 대부분은 주변 국가에서 온 사람들의 후손으로 구성되어 있다. 그러면서 그들은 주변 민족을 끊임없이 괴롭히는 죄악을 수없이 되풀이 하였다. 이와 같이 한 민족이 다른 민족보다 우수하다고 생각하는 것은 인간에 대한 잘못된 오해와 편견에서 비롯된 현상이고 이 오해와 편견으로 인하여 같은 인간에게 저지르는 죄악은 낱낱이 기록하기 어려울 정도로 심각하고 다양하다. 그 결과 수많은 인류에게 불평등과 불행을 가져다주었다.

우리는 어떤 일이 있더라도 한 인간이 다른 인간보다, 또는 한 민족이 다른 민족보다 우수하거나 특별하다는 우월적 사고를 가진 선민사상(選民思想)이나 반대로 열등하다는 열등의식을 가져서는 안 된다.

본 장의 목적은 사람에 대한 다양한 주관적인 관점을 참고하여 우리가 바라는 사람다운 사람이 어떤가를 제시하는데 있다.

그리하여 사람다운 사람의 삶을 행동 지표로 삼아 살아갈 때 우리는 진정 참되고 아름다운 삶을 살아갈 수 있을 것이다.

제 1 절 행동과학적 인간관

인간은 '다른 사람이 어떤 행동을 하는가?'를 보고 대상에 대한 여러 가지 해석을 하는 경향이 있다.[1] 그러면서, '이러 이러한 것이 인간이다'라고 하여 어떤 범주 속에 넣어 놓고 이것이 바로 인간이라고 보는 관점에 대한 이런 연구는 고대의 철학자로부터 성인, 심리학자, 오늘날 심리학자에 이르기까지 오랫동안 연구되어 온 주제이다.

그 중에서 행동과학자들이 제시한 중요한 세 가지 관점은 다음과 같다. 한 개인의 타인에 대한 인식이 행동을 좌우하듯이 인간에 대한 관점은 작게는 대인 관계로부터 크게는 인간관계 관리와 노사관계 관리 그리고 조직 관리에 결정적인 영향을 미쳤다. 이들 인간에 대한 관점은 이후 조직을 관리하기 위해서 필요한 인간에 대한 인식 체계를 크게 변화시켰다.

1. 갈등 모델

갈등 모델 이론은 고전적인 이론으로 인간의 행동은 선천적인 선함 또는 악함에 의해 결정된다고 본다.

근대적 갈등 이론의 대표적 개척자는 프로이드(S. Freud)이다. 그는 갈등의 요소로 id, ego, superego 세 가지를 들고 이 세 가지 요소는 갈등에 의해서 인간 행동이 결정된다고 본다. 즉, 그는 id를 기본적 충동, 욕망, 혹은 본능을 포함하는 유전적으로 발달된 구성 요소로 보고 있다. 그래서 이것은 본능에 의해서 지배되는 쾌락원리에 따라 즉각적인 만족을 추구하기 위해 작동되고 그러한 충동을 지연시키려는 ego와 갈등을 일으킨다.

그러나 프로이드는 id가 강하고 ego가 교활하다면 도덕이 존재하지 않을 것이며 사회 형성이 불가능할 것이라고 보았다. 그래서 그는 제 3의 superego 개념을 도입하였다.

---

1) J. D. Thompson and D.R. Van Houten, The Behavioral Science : An Interpretation, Massachusetts, Addison-Wesley Pub. Co., 1970, pp.5～12.

superego는 어릴 때 부모가 가르쳐 준 도덕적 규범이 내재화되면서 형성 발달된다. 그리고 superego는 도덕적 규범을 범했을 때, 죄책감을 느끼게 하는 양심(conscience)과 어떻게 해야 하는가에 대한 자아이상(egoideal)을 포함한다. ego는 바로 이러한 superego와 갈등을 일으킨다. 즉, 현실 원칙에 지배되는 ego는 양심을 배반하기도 하고 자아이상을 실현하지 못하도록 하기도 한다.

이와 같이 갈등 모델 이론에서는 우리 속에 내재하는 id, ego, superego 세 가지의 자아 요소들이 갈등하는 존재가 바로 인간이라는 것이다.

2. 기계적 모델

기계적 모델 이론은 파블로프(I. Pavlov), 헐(C. L. Hull), 스키너(B. F. Skinner) 등에 의해서 구체화된 것으로서 인간도 기계처럼 일정한 조작적이고 의도적인 작용을 하거나 또는 우연적인 행위에 의한 보상이나 처벌에 의해 변화되는 존재라는 이론이다.

스키너의 조작적 조건 이론이 하나의 예가 된다. 그는 상자 속에 먹이를 넣고 지렛대 장치를 하여 배고픈 쥐를 넣어 그 반응을 연구하였다. 배고픈 쥐가 쉴 사이 없이 움직이는 중에 우연히 지렛대 장치를 건드리게 되어 먹이가 튀어나오는 것을 발견하게 된다. 그러면 쥐는 반복하여 지렛대를 누르게 되고 거듭 누르기 행위를 강화시킨다. 이 때 쥐가 취하는 행동이 조작적 행동의 일종이며 이 행동을 습관적으로 하도록 하는 것이 조작적 조건 형성이다. 이러한 조작적 조건 형성에는 보상적 조건형성[2]과 도피적 조건형성이 있다.

인간도 바로 이 쥐와 같이 부모나 스승 또는 사회 시스템에 의한 의도적인 조건화 즉, 기계적인 조건화에 의해서 행동이 형성되는 존재라는 것이다.

3. 개방 시스템 모델

본래 시스템 개념은 독일의 생물학자인 버틀란피(Ludwig von Vertlanffy)

2) 보상적 조건 형성(報償的 條件形成)은 반응을 하면 물이나 먹이 등의 긍정적 보상을 주어 행동을 계속하게 하는 조건 형성이고 도피적 조건 형성(逃避的 條件形成)은 전기 충격 등의 해로운 자극을 주어 반응을 소거시키는 조건 형성임.

가 분파된 학문을 통합하기 위한 개념을 찾다가 발견한 용어이다. 시스템은 그리스어의 'systema'에서 근원된 것으로 '여러 개의 부분으로 이루어진 전체'라는 의미를 가지고 있다. 우주 시스템에서부터 자연의 무생물과 존재와 유기체 그리고 인간이 만든 모든 인위적인 무생물과 사회 시스템까지의 만물이 모두 시스템의 범주에 들어가는 것으로서 인간만이 예외일 수는 없다.

인간도 일종의 개방 시스템(open system)으로서 개방 시스템의 속성인 개방성 즉, 환경관련성, 목적성, 전체성, 상호관련성을 가진 정교한 존재라고 보는 것이다. 이러한 인간 분석 접근법은 위의 두 접근법이 인간이 '되는'(to be) 과정에 초점을 둔 반면에 개방 시스템적 관점은 인간이 본래 가지고 있는 속성에 근거를 두고 있다는 데 차이가 있다. 즉, 본래의 모든 시스템이 가지고 있는 속성을 인간도 그대로 갖고 있기 때문에 인간도 개방 시스템이라는 것이다. 그러므로 인간은 환경과 분리되어 단 하루도 살 수 없는 환경 관련적인 존재이며, 인간다운 삶을 가지려는 욕망과 생명을 유지하려는 분명한 목적을 가지고 있으며, 하나의 개체로서 전체적인 조화를 가지고 독립성을 유지하고 있다. 그러면서 개체 자체 내의 각 기관끼리 상호 관련성을 가짐은 물론이고 다른 시스템과도 상호 관련성을 가지고 있는 시스템이다.

제2절 조직 내의 인간관

조직 내에서 인간은 어떤 존재인가 하는 것을 아는 것은 조직 성원을 관리하고 성원들의 만족을 극대화하려는 성원 자신들이나 관리자에게 대단히 중요한 일이다. 샤인(E. H. Schein)은 다음과 같이 인간을 설명하고 있다.[3)]

3) E. H. Schein, Organizational Psychology, N.J., Prentice-Hall, 1965, pp.446~463.

1. 경제인적 인간관

인간이 합리적 경제인이라고 하는 설명은 그리스의 철학에서부터 연유하였다. 인간은 누구나 자신의 이익을 극대화하는데 주요 목표를 두고 있다. 고전경제학에서 눈에 보이지 않는 손에 의해서 시장 가격이 결정된다는 논리는 바로 인간이 극도로 이기적이기 때문에 모든 사람이 자연스럽게 그 이익을 쫓다보면 가격이 저절로 결정된다는 논리이다. 이 관점은 웨버(M. Weber)에 의해서도 설명되고 있다. 또한 전통적 관리론자인 페이욜(H. Fayol)과 테일러(F. W. Taylor)의 관리론에서도 인간을 경제적인 합리주의에 의해 행동하는 주체로 보고 경제적인 욕구 충족이 되면 동기 부여가 될 수 있다고 보았다.

인간이 경제적 이익을 추구하는 존재이며 합리적 의사 결정을 하는 존재라는 관점은 사회인적 관점이 대두되기까지 오랫동안 변할 수 없는 진리로 지배되어 왔다.

2. 사회인적 인간관

메이요(E. Mayo) 학파의 인간관계론 연구 이후 인간의 감정은 생산성에 중요한 영향을 미친다고 보았다. 즉, 인간관계론 학파의 학자들은 획일화된 산업사회 속에서 성원들은 근로 의욕을 상실하고 심리적 갈등을 겪게 된다고 보았다. 이러한 성원들의 소외와 자아상실감, 갈등 등을 해결하고 기업의 생산성 향상을 도모하며 참여와 협조를 가능하도록 하기 위한 것은 인간의 사회적 존재 의의를 인정할 때 가능하다고 보았다. 다시 말하면 생산성은 단순한 물적 자극만이 아닌 감정적 요소(사회적 환경 조건)에 크게 좌우된다고 보았다. 즉, 인간이란 단순하게 경제적 보상만 충분히 받으면 열심히 일하는 존재가 아니라 인간관계가 양호할 때 감정적 만족을 하며 열심히 일한다는 것이다. 왜냐하면 인간은 양호한 인간관계를 가지고 싶어 하는 사회적 욕구가 있기 때문이다.

그러므로 이러한 인간관에 입각해서 다음 사항을 유의하면서 구성원 관리를 해야 한다.

첫째, 경영자들이 과업에만 관심을 기울여서는 안 되며 성원들의 욕구와 성원 상호 간의 사회적 욕구에도 관심을 가져야 한다.

둘째, 직무 배치를 할 때에는 가능한 마음 맞는 동료와 작업할 수 있도록 배려하는 것이 필요하다.

셋째, 경영자는 성원들을 지시하고 통제만 할 것이 아니라 그들의 소속감, 자아존중감, 수용감 등 감정적인 면에 관심을 가져야 한다.

인간은 사회적 욕구를 가진 존재이기 때문에 조직에서는 성원들을 사회적인 존재로 보고 관리해야 한다.

3. 자아실현인적 인간관

인간관계 연구에 의하여 사회적 욕구의 발견과 사회적 욕구 충족을 위한 조직 차원의 지원이 강조되었지만 다른 한편으로 노동의 의미 상실과 성원의 소외감이 현대 조직에 더 큰 문제점이 되었다. 그러므로 매슬로우, 맥그리그, 아지리스 등에 의하여 자아실현에 대한 중요성이 제기되고 자아실현 욕구의 충족이 개인과 조직 발전을 위한 동기 요인으로 인정되었다. 즉, 성원의 동기 요인을 자아실현 욕구와 성취 욕구충족 그리고 직무 만족으로 보고 인간을 자아실현을 추구하는 존재로 보는 관점이다.

Chapter 03

인간행동의 동인(動因)

Chapter 03

인간행동의 동인(動因)

제1절 인간행동의 본질

인간 행동은 어떤 조건 속에서 이루어지는가? 행동이란 무엇인가? 행동은 왜 일어나는가? 등에 관한 물음은 인간을 이해하기 위한 화두의 시작이다. 이것은 인간이 어느 한 면으로 설명할 수 없는 복잡성을 가진 존재이기 때문이다. 따라서 인간 행동의 동인 또한 대단히 복잡하다. 이러한 문제를 단순화하기 위하여 인간의 욕구실현과 그에 대한 좌절, 소외와 그에 대한 반응, 혼돈 속의 적응행위 등에 대해서 살펴보기로 한다.

1. 행동의 개념

사람이 행동을 하기 위해서는 먼저 동인이나 동기(motive)가 전제가 된다. 동인이나 동기는 사람으로 하여금 행동하게 하는 무엇 즉, 원인적인 것을 말한다. 이러한 원인적인 것이 어떤 기대 값을 충족시키려는 욕심이나 욕망의 전단계에서 나타나 욕망이라는 형상으로 구체화하게 된다. 이 때 욕망은 마음 속에서 한 가지로 나타나는 것이 아니라 여러 종류와 형태로 일어나고 사라지는 과정을 거치게 된다. 이 과정에서 가장 중요하다고 생각되는 욕망의 대상 즉, 어떤 목표를 달성하고자 하는 실현과정 중의 동기부여 또는 자극에 의해서 일어나는 육체적인 움직임이 바로 행동이다.

물론 욕심은 톨만의 설명처럼 선천적인 것과 성장과정 속에서 의식화된 후천적인 것이 있다. 그러나 모든 욕심이나 욕망 모두가 행동을 일으키지는 않는다. 많은 종류의 욕망 중에서 가장 중요하다고 생각되는 욕망이 마음의 충동을 받아서 육체적인 움직임이 실현될 때 '행동한다'라고 설명한다. 즉, 다양한 욕구 중에서 어떤 욕구가 최강의 욕구인지 여부가 행동 결정을 하는 변수가 된다.

2. 인간행동의 이해를 위한 전제 조건

리비트(H. J. Leavitt)는 인간의 행동은 원인 즉, 목적이 있을 때 일어나며 목적 달성을 위한 동기부여에 의하여 일어나는 목적 지향적임을 주장하였다. 리비트의 이런 주장에 덧붙여서 스질라기(A. D. Szilagyi) 등은 행동은 유전적 요인과 환경적 요인의 상호작용의 결과로 보고 이것에 의하여 개인의 퍼스낼리티 유형을 발전시킨다고 보았다.[1] 이와 같이 인간행동은 반드시 원인이 있으며, 같은 상황이라도 행동의 유형은 다르게 나타난다. 따라서 인간행동을 이해하기 위해서는 여러 측면에서 이해되어야 한다.

1) 정신구조 측면

첫째, 심리적 요인에 의한다. 즉, 인간 행동은 성격, 생각, 태도, 감정, 사상, 의도, 기분, 이념, 관념 등의 심리적 요인에 의해서 행동 구성이 이루어지므로 심리적 요인의 이해 없이는 인간 행동을 이해할 수 없다. 심리 현상은 의식 현상과 무의식 현상에 의해서 이루어지므로 의식, 무의식의 세계를 이해하는 것이 심리학측면으로서 인간행동을 이해하는 것이다.

둘째, 사회 문화적 요인에 의한다. 즉, 인간은 사회적 동물이라 일컬을 정도로 혼자서는 살 수 없다. 권력 분배를 위한 정치적 관계, 물질의 분배 관계에서 형성되는 경제적 관계, 정신적 자산의 향유와 가치관의 공유에 따른 문화적 요소가 인간 행동의 주요 요인이 된다.

---

1) A. D. Szilagyi / M. J. Wallace. Organizational Behavior and Performance, Harper Collins, 1990(5th), p.7.

셋째, 인간은 언어와 문자를 가지고 유한한 생명을 무한대로 연장시키는 방법으로서 전래되는 과거의 언어와 관습, 태도, 풍습, 기술 등을 전수받아 생활하고 행동하며 대를 이어가며 전달한다. 그러므로 인간이 가진 역사성은 인간행동의 결정 요인이 된다.

2) 생리구조 측면

인간은 다른 모든 생물체와 마찬가지로 유기체이기 때문에 오장육부(五臟六腑)는 잉태 순간부터 생명을 다하는 순간까지 쉬지 않는데 이를 가리켜 '움직인다' 또는 '행동한다'라고 표현한다.

다른 모든 동물과 같이 인간도 의, 식, 주를 해결하기 위한 행동을 하고, 종족 보존을 위한 행위를 하며, 더위와 추위를 피하기 위한 행위를 한다. 이러한 여러 가지 행위는 해부학적 구조에 의해서 이루어지며 해부학적 생리구조의 이해 없이는 인간 행동을 이해할 수 없다.

3. 인간행동의 성질

인간은 다른 동물처럼 어떤 자극이 있을 때 즉각 반응을 보이는 것이 아니라 사고과정을 거친 후에 반응을 하는 존재이다. 그러므로 인간은 하나의 동일한 자극에 동일하게 반응하는 것이 아니고 수많은 다른 반응 형태를 보이는 다음과 같은 성질을 가지고 있다.[2)]

첫째, 인간 행동은 의도, 욕망, 의지, 의식, 신념, 목적, 선택, 결단 등의 심리작용과 생물학적 조건과 환경의 상호작용 및 결합에서 이루어지는 시스템으로 복잡한 성질을 가지고 있다.

둘째, 인간 행동에는 습성이 있다. 인간 행동은 반복에 의해서 지속성을 갖는 습성이 있다. 이러한 습성은 어떤 종류의 행동을 요구하며 자아를 구성한다.[3)] 그러므로 항상 좋은 행동을 하도록 해야 한다.

셋째, 인간 행동은 자연발생적으로 일어나는 것이 아니라 행동 이전에 한 개

2) 김준섭, 철학과 행동의 연구, 서울대학교 출판부, 1983, 139~142쪽.

3) 윗책(원전 : John Dewey, Human Nature and Conduct, The Modern Library, 1922, p.25)

인이 생각하고 조사하고 준비하는 과정을 거친다. 그러므로 인간의 행동에는 반드시 책임이 부과되며 중대한 잘못이 있을 경우 그 책임을 묻게 된다.

넷째, 인간 행동에는 본능이 작용한다. 즉, 식욕, 성욕, 갈증욕은 선천적으로 타고난 본능이다. 이들 본능은 행동에 절대적인 영향을 미친다.

4. 인간행동의 방향

인간은 어떤 행동을 할 때 그 행동에 대해 의식적이든 무의식적이든 사고의 과정을 거친다. 그런 연후에 내부적인 조건과 외부적인 조건을 고려한다. 그러나 아무리 내·외부적 조건을 잘 고려해도 행동수행 과정상에서 행동이 좋은 방향으로 실천되지 않으면 행동의 방향은 바람직하지 못한 쪽으로 가게 된다. 그러므로 행동의 결과인 성과가 선(善)에 도달하도록 해야 한다.[4)]

1) 행동결정의 성립 조건

행동 결정을 위해서는 내·외부적인 조건이 성립되어야 한다.[5)]

행동은 먼저 내부적인 조건이 성립되어야 한다. 내부적인 성립 조건이란 행동하는 사람의 감정과 관심, 욕망을 가리킨다. 인간이 행동할 때에는 행위 주체 나름대로의 목적을 가지고 있다. 목적이 달성되었다고 판단되면 행동을 중단한다. 그러므로 목표를 세우고 그 목적을 달성하는 것이 중요한 것이 아니라 좋은 목적을 세워서 정당하게 달성하는 것이 더 중요하다. 좋은 목적을 세우기 위해서는 건전한 사상 즉, 가치관과 지성이 절대적으로 필요하다. 건전한 가치관이 없으면 절대로 좋은 목적을 세울 수 없을 뿐만 아니라 행동 과정에서 불의와 부정이 개입될 수 있다.

그 다음 외부적인 조건이 성립되어야 한다. 외부적인 조건이란 외부적 환경조건을 말하는 것으로서, 다른 개인이나 사회 또는 국가는 직·간접적으로 우리의 행동과 관련을 가진다. 그러므로 우리의 행동이 이러한 외적 환경기관에 좋은 영향을 미치고 좋은 반응을 가져올 수 있는가를 고려해야 한다. 좋은 영

4) 윗책, 167~174쪽.

5) 윗책, 167쪽.

향을 미치는 올바른 행동은 그 행동의 계속성과 자유를 보장받고, 그 개인은 진정한 삶의 가치를 향유할 수 있기 때문이다. 법률적 제재나 도덕적 제재는 바람직한 행위를 하지 않는 사람을 규제하고 구속하여 전체 성원의 자유를 확보하기 위한 합당한 조치인 것이다. 나에게 좋은 일은 사회도 좋아하고 사회가 좋아하는 일은 나에게도 좋다는 사실이 깊이 인식될 때 전체 사회와 개인이 행복하게 되는 것이다.

만일 이러한 내·외부적 성립조건이 맞지 않는다고 한다면 이것은 무엇인가 잘못되었기 때문에 일치시켜야 하며, 내·외부적 조건이 일치할 때 비로소 이상적인 사회가 되는 것이다.

2) 행동과정

행동을 위한 내·외부적 조건을 고려하여 좋은 가치관에 의해서 좋은 목적을 설정했다 하더라도 행동의 수행 과정에서 부딪히는 어려움을 잘 해결하지 못하고 인내하지 않으면 최종 목적에 도달하지 못한다. 우리 일상사의 행동 과정은 그 자체가 하나의 계속적인 모험의 과정이다. 행동의 진행 과정이 내·외부의 환경 조건에 계속 직면하면서 돌출되는 사항들이 예측을 불허할 때가 많다. 그러므로 선한 목적을 위해 선한 행동을 하더라도 목적을 달성하기 위해서는 지성과 인내와 용기를 가지고 성실해야 한다. 많은 인간 교육의 장에서 구호로 외치는 이 말은 인간이 지향해야 할 중심적인 행동 지침이다. 성실은 '인간에 대한 사랑과 일에 대한 사랑과 일과 사람을 참사랑 하는 것'을 의미하며 나아가서 '인간과 일에 대한 사랑을 참되게 실천하는 진정한 용기와 자세'를 말한다.

3) 행동의 결과 또는 성과

인간 행동의 결과 또는 성과는 어떻게 되어야 하는가? 옛 선인들은 행동에 대한 지침을 이렇게 정의하고 있다. 맹자는 인간이 선하므로 교육을 통해서 선한 행동을 하도록 해야 한다고 가르치고 순자(荀子)는 인간이 악하므로 교육을 통해서 선한 행동을 하도록 해야 한다고 가르치고 있다. 어느 견해이든지 인간은 교육을 통해서 인간다움을 되찾아야 한다는 것이다. 가르침의 마지막 단계에서 공부하는 여러 경학(經學) 4서(四書)중 대학(大學)의 첫 구절에 이렇게 설명하고 있다. '大學之道는 在明明德하고 在親(新)民하며 在至於止善이니라'. 이는 인간 행동의 궁극적 지향점에 대한 확실한 설명이다. 즉, 이 말은 인간 행동의 궁극적인 평가 대상으로서 성과는 선(善)을 실현하는데 있다는 것이다. '선(善)의 실현은 배우고 또 배워서 덕을 밝히고 더 밝혀 백성을 이롭게 하고 새롭게 하며 착함에 이르는 데 있다'라고 하였다. 이는 백성 즉, 일반 대중에게 무엇인가 덕을 밝히고 이로움을 주며 도덕적으로나 윤리적인 근본을 깨우치게 하여 사회나 조직의 전체 성원을 유익하게 하는 것이 곧 인간 행동의 최종 목표인 성과 또는 결과라고 하는 것을 가르치고 있다. 이는 곧 오늘날의 민주주의에 내포된 의미라고 볼 수 있다. 즉, 백성이 주인 되게 하고, 백성을 위하며, 백성에 의한 민주정체(民主政體)를 통하여 민주주의 이념을 실현하면 인류의 공동선(共同善)을 달성하게 된다.

이러한 민주주의 이념의 지향점은 자유와 평등, 박애로서 그 실천적 방법은 다음과 같다.

첫째, 책임 있는 자유를 실천해야 한다. 책임 없는 자유는 방종이며 방종은 규칙도 질서도 없이 멋대로 하는 것이므로 질서와 규범이 존중되는 자유가 진정한 자유이다.

둘째, 모든 성원에게 기회와 참여가 보장되는 평등이 실현되어야 한다. 모든 성원은 먼저 적극적으로 참여해야 한다. 참여하여 필요한 의무를 다한 연후에 자기의 권리를 주장해야 한다. 의무는 외면한 채 권리만 주장하는 것은 오만이고 방종이며 죄악이다.

셋째, 상대의 입장을 고려할 줄 아는 참사랑인 박애정신을 실천해야 한다. 내가 중요하고 나의 것을 사랑하는 것처럼 남의 것도 중요하게 생각하고 사랑해야 한다. 그렇게 되면 다른 사람의 것을 존중하게 되고 이해하게 되며 문제가 생기면 서로를 위한 합의에 도달하게 된다. 이것이 곧 인본주의로서 민주주의 실현의 궁극적 도달점이다.

따라서 민주주의 실현은 책임정신, 참여정신, 합의정신을 구체적으로 실천할 때에 가능한 것으로서 인류가 추구하는 보편적 진리이며 인간 행동의 최종 목표이다.

제 2 절 행동이 일어나는 이유

'인간의 행동은 왜 일어나는가?' 라는 물음은 오랜 기간 동안 많은 학자들의 의문 사항이 되어 왔다. 무릇 살아있는 모든 존재는 무엇인가를 하고자 하여 꿈틀거리는 움직임을 하고 있다. 인간도 다른 동물과 다름없이 무엇인가를 하기 위해 움직인다. 그러면 무엇이 대체 인간을 움직이도록 하는가? 그것은 기대를 충족시키고자 하는 욕구에 기인한다.

1. 기 대

1) 의 의

인간을 움직이도록 하는 것이 무엇일까? 라는 의문을 밝히기 위해 우리는 사람이 무엇인가를 늘 바라고 있다는 사실을 먼저 인정해야 한다. 즉, 인간은 끊임없는 욕망의 사슬 속에 놓여 있다. 이를 불교에서는 번뇌라고 하고 기독교에서는 욕망이라고 한다. 사람은 무엇인가 먹고 싶어 하고 마시고 싶어 하며 갈증을 느끼고 잠자고 싶어 한다. 태어나면서부터 죽을 때까지 무엇인가를 늘 기다리고 바란다. 죽음에 도달하는 임종 순간까지도 사후에 좋은 곳 즉, 천당이나 극락에 가기를 바란다. 그 곳이 어떤 곳인지는 아무도 모른다. 갔다 온 사람이 있어 좋다고 얘기해 준 것도 아니다. 그러므로 그 곳에 대한 구체적인 사실은 아무도 알 수 없다. 그러면서도 모든 인간이 그 곳에 가기를 원한다. 가서 보고 경험해 보지 않은 사실조차도 막연히 바랄 정도로 인간은 무엇인가를 항상 바라는 삶을 살고 있다. 어쩌면 바라는 것 그 자체가 인간 삶의 중요한 요소이며, 바란다는 것은 존재하고 있다는 징표이다. 바램이 없다면 그것은 곧 죽음을 의미하는 것이다. 따라서 삶을 유지하기 위해서 기대, 즉 바램을 가지는 것이다. 그래서 기대는 특정의 행위가 어떤 결과를 발생시키리라는 가능성 혹은 주관적 확률과 관련된 개인의 믿음 즉, 주관적 확률치이다. 또한 노력(행동)을 하면 그 결과로 나타날 가능성을 의미하며 그것을 믿는 믿음의 강도를 기대라고 말한다. 브룸(V. H. Vroom)은 인간행동 방향은 유의성(valence), 기대감(expectancy), 수단성(instrumentality) 세 가지 요인에 의해서 결정된다고 하였다. 여기에서 유의성은 행동으로부터 얻게 되는 보상(rewards)의 강도를 말하며, 기대감은 보상을 얻는데 요구되는 수준의 성과(good performance)를 가져 올 수 있으리라 믿는 확률, 수단성은 노력의 결과로 얻어진 보상이 어느 정도 도움이 되는가 하는 믿음의 정도를 말한다.

2) 기대 형성의 결정 요소

(1) 경험

기대는 학습 과정을 거친 기대시야에 의한 경험의 범위에 의해서 이루어진다. 즉, 기대에 의해서 정의 효과를 가진 경험을 가졌다면 그 다음에는 긍정적인 기대를 할 것이고, 부의 효과를 가진 경험을 가졌다면 부정적인 기대를 할 것이다.

(2) 현재의 상황

현재 상황이 좋은 것이냐 나쁜 것이냐 하는 것에 대한 판단에 따라 다음 행위 시에 기대될 수도 있고 그렇지 않을 수도 있다.

(3) 정보

타인과의 커뮤니케이션에 의해 정보를 얻으면서 가성적인 기대범위를 확보한다.

(4) 퍼스낼리티

한 개인의 퍼스낼리티가 낙관적인가, 비관적인가, 능동적인가, 그렇지 않으면 수동적인가에 따라서 기대의 방향이 달라진다.

3) 기대형성의 과정

기대 형성의 과정은 두 가지 측면으로 설명된다. 하나의 과정은 먼저 어떤 결과에 의해 보상이 주어지면 다음에 또 그런 결과를 가져올 때에 보상이 있을 것이라는 기대감이 생긴다는 것이다. 즉, 결과 ⇒ 보상 ⇒ 기대의 관계가 형성된다. 예를 들면 노동성과에 따르는 보상에 의해 종업원의 증대되는 기대감은 생산성을 높이려는 시도로서 이에 해당된다. 다른 하나의 과정은 먼저 자극을 주고 그 결과 좋은 성과를 기대하게 하여 열심히 일하게 하려는 것이다. 즉, 자극 ⇒ 결과 ⇒ 기대의 관계가 형성된다. 예를 들면 승진, 승급 조치는 일을 잘한 결과이기도 하지만 잘하도록 하려는 자극의 한 방법이기도 하다. 기대형성 과정을 브룸의 기대이론에 의해서 나타내면 <그림 3-1>과 같다.

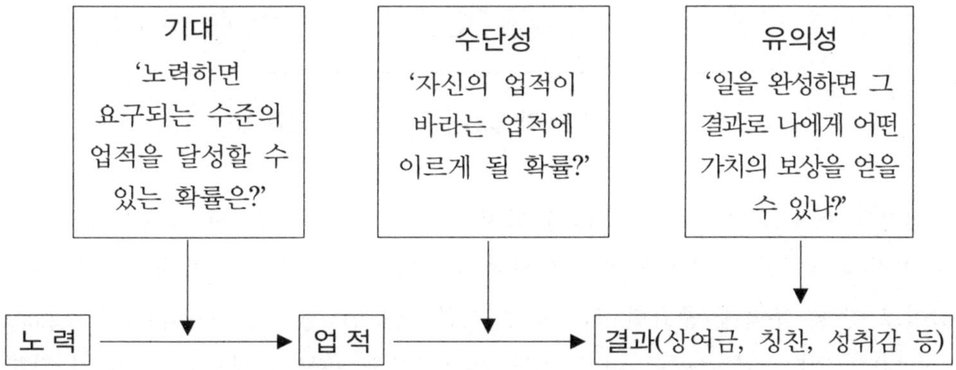

자료 : K. M. Bartol/D. C. Martin, Management, McGraw-Hill, 1994, p.386.

▌그림 3-1▐ 브룸의 기대이론의 기본적 구성 요인과 모형

2. 욕 구

욕구는 행동에 영향을 미치는 가장 직접적인 원인으로 그 출발은 바람에서 시작된다. 바람은 무엇인가 구체적으로 구하는 대상을 결정하고 찾고자 하는 것을 말한다. 바로 이 때 바람이 무엇인가를 구하는 구체적인 행동으로 옮기기 직전의 상태가 욕구이다. 그러므로 행동은 기대와 욕구가 결합되어 나타나는 구체적인 움직임이다. 그래서 기대 × 욕구 = 행동이라는 공식이 성립된다. 그러면 인간의 욕구는 어떤 것이 있을까? 심리학자들은 이를 규명하기 위해서 끊임없이 노력했고, 그 결과 인간의 욕구를 몇 가지의 범주로 구분하는 데 성공했다.

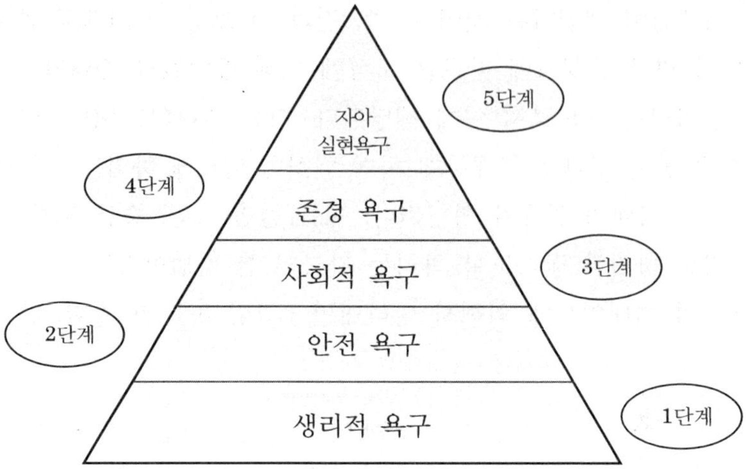

▌그림 3-2▐ 매슬로우의 욕구 5단계설

인간의 욕구를 최초로 체계화한 학자는 매슬로우(A. H. Maslow)이다.[6] 그는 인간의 욕구를 다섯 단계로 구분하여 제시하였다. 먼저 인간에게는 가장 기본적이고 생명 유지에 중요한 의식주에 대한 욕구인 생리적 욕구(physiological needs)가 있다. 이 욕구는 다른 어느 욕구보다도 욕구의 강도가 훨씬 더 강한 것으로 생리적으로 존재한다고 하였다. 이 욕구가 충족되고 나면 다음 단계는 안전의 욕구(safety needs)이다. 그리고 소속과 애정의 욕구 또는 사회적 욕구(belongingness and love needs, social needs), 존경의 욕구(esteem needs), 자아실현의 욕구(self-actualization needs)로 변화한다고 하였다. 생리적 욕구와 안전의 욕구는 생래적인 욕구로서 저차원의 욕구이며 자아와 자아실현의 욕구는 후천적인 환경의 영향을 받는 고차원의 욕구가 된다.

다만 한 단계의 욕구가 만족되어야 다음 단계로 순서에 따라 넘어 가는 것은 아니다. 예를 들면 안전의 욕구에서 자아실현의 단계로 또는 그 반대로 변화하기도 하고, 경우에 따라 다른 욕구와 전혀 상관없이 하나의 욕구충족에 집착할 경우도 있다. 예를 들면 인도의 간디가 독립 투쟁을 할 때 죽음을 무릅쓰고 단식을 하면서 다른 모든 욕구를 포기하고 다만 인도의 독립을 추구하였다. 이는 자기실현의 욕구가 다른 어떤 욕구보다 강하게 작용했기 때문이다.

---

6) A. H. Maslow, Motivation and Personality, N. Y., Harper & Row, Publishers, 1970, pp.153~174.

2) 알더퍼의 E. R. G 이론

알더퍼(C. P. Alderfer)는 매슬로우의 이론을 보완할 목적으로 기업, 은행, 대학의 종사자 814명을 조사하여 욕구 내용을 존재욕구(E : existence needs), 관계욕구(R : relatedness needs), 성장욕구(G : growth needs)로 분류하였다.[7] 그는 매슬로우가 주장한 단계적 개념이 아니고 욕구의 구체성 정도에 따라 분류한 것이다. 그는 채워야 할 욕구의 양은 한정되어 있지 않으며, 못 채운 만큼 그 욕구는 증대되며 사람마다 그리고 성격과 문화의 차에 의해 세 가지 욕구의 크기가 다르다고 한다. 존재욕구는 매슬로우의 생리적 욕구와 물리적 안전의 욕구에 해당되며 관계욕구는 매슬로우의 대인관계적 안전의 욕구, 사회적 욕구 그리고 타인으로부터의 자기존경 욕구에 해당된다. 비교해보면 아래의 <표 3-1>과 같다.

❙ 표 3-1 ❙ 매슬로우와 알더퍼의 욕구위계 비교

<table>
<tr><th>단 계</th><th colspan="2">매 슬 로 우</th><th>알 더 퍼</th><th>욕구차원</th></tr>
<tr><td>5</td><td colspan="2">자아실현욕구</td><td rowspan="2">성장욕구</td><td rowspan="7">고차원
↑
↓
저차원</td></tr>
<tr><td rowspan="2">4</td><td rowspan="2">존중욕구</td><td>자기존중</td></tr>
<tr><td>타인에 의한 존중</td><td rowspan="3">관계욕구</td></tr>
<tr><td>3</td><td colspan="2">소속 및 애정의 욕구</td></tr>
<tr><td rowspan="2">2</td><td rowspan="2">안전욕구</td><td>대인관계 안전</td></tr>
<tr><td>물리적 안전</td><td rowspan="2">생존욕구</td></tr>
<tr><td>1</td><td colspan="2">생리적 욕구</td></tr>
</table>

자료 : C. P. Alderfer, Existence, Relatedness and Growth, N. Y., The Free Press, 1972, p.25.

알더퍼는 만족이 욕망에 미치는 영향과 욕망이 만족에 미치는 영향에 대해 연구하여 상호관계를 밝히려고 했으며 만족과 욕망을 분류하는 중에 E. R. G.

7) C. P. Alderfer, Existence, Relatedness and Growth, N. Y., The Free Press, 1972.

욕구를 찾아냈다. 그는 또한 만족에 반대되는 것을 욕구좌절(frustration)이라 하여 욕구가 충족되는 면만이 아니고 만족되지 않는 현상도 설명하였다. 이때 만족은 충족감을 실현시켜 주는 것을 뜻하며 욕구좌절은 충족감을 감소시키는 것이라고 하였다. 욕망은 지속적인 개인의 내적 상태인 만성적 욕망(chronic desire)과 특별한 상황에서 간헐적으로 나타나는 사건적 욕망(episodic desire)으로 구분된다.

만족과 욕망에 관한 관계는 다음과 같다.

첫째, 만족 곧 진행(satisfaction-progression)과 좌절(挫折) 곧 퇴행(frustration-regression)의 관계로 나타난다. 만족-진행은 하위 욕구가 만족될 때 상위 욕구로 진행하는 것을 말하며, 좌절-퇴행은 상위 욕구가 만족되지 않을 때, 하위 욕구로 퇴행되어 하위 욕구를 더욱 중시하게 되는 것을 말한다.

둘째, 욕망의 강도는 사람에 따라 다르며 그가 직면하고 있는 물질, 인간관계 등에 따라 결정된다. 이 때 만성적 욕망이 만족을 일으키기까지는 일정한 시간이 소요되며 사건적 욕망이 만족될 때는 즉시 상위 욕구로 이행되고 좌절이 되면 하위 욕구를 추구하는 퇴행행위(退行行爲)가 나타난다.

3. 욕구의 변화

인간이 가진 욕구의 정도와 그 대상은 끊임없이 변화한다. 인간의 욕구가 충족될 때를 욕구만족이라고 한다. 그러나 목표 달성이 저지, 방해되는 경우 즉, 욕구만족이 방해되는 상태를 우리는 욕구불만이라고 표현한다. 욕구 불만이 되면 그 불만을 해소하기 위한 행동이 다음과 같은 여러 가지 유형으로 나타난다.

1) 합리화(rationalization)

합리화는 변명이라고도 표현하며 어떤 목표를 달성하지 못했을 때 다른 요인이나 원인에 그 이유를 돌려 목표미달성의 정당화를 주장하는 것을 말하며 합리화를 통해서 스스로 위안을 삼으며 심리적인 평형 상태를 유지하려 한다.

2) 퇴행(regression)

퇴행은 자기의 처지나 지위, 연령 등에 걸맞지 않는 유치한 행동을 하는 것으로서 본능에 가까운 id가 작용하는 행동을 말한다. 예를 들면 아우성을 치거나 울부짖는 등의 짜증을 부리는 행동이 퇴행적인 행동에 속한다.

3) 고착(fixation)

고착은 보통 고집이라고도 하며, 자기주장을 굽히지 않거나 타인의 말에 귀를 기울이지 않으면서 자기만의 독특한 행동을 계속하여 행함을 말한다. 고집을 부리는 행위는 주관이 뚜렷한 사람에게도 나타나지만 지능이 낮아서 변화에 적응하는 능력이 부족하거나 의식적으로 피하면서 고착 행위를 스스로 즐기는 나르시시즘(narcissism)적 의식의 소유자에게 나타나는 행동 유형이기도 하다.

4) 체념(resignation)

체념은 무관심과 유사하며 욕구불만상태가 오래 지속되어 목표 달성의 희망을 잃고 현실의 욕구불만상태로부터 도피하려 할 때 일어나는 소극적인 행위 현상으로서 목표 추구의 대상이나 목표 그 자체를 포기하는 것을 말한다.

5) 공격(aggression)

공격은 욕구불만이 될 때 욕구 충족을 위해 폭력이나 공포감 조성과 같은 강제적이며 비합법적인 방법을 동원하는 현상이다. 공격은 문제 해결을 합리적으로 하지 못하는 저능아적이고 퇴행적인 행동 유형이다.

6) 보상(compensation)

보상은 다른 대상을 취하면서 욕구 충족을 실현하는 것으로 합리화와 유사 개념이다. '저것은 안 되었지만 이것이 되어서 다행이다'라고 하며 대리만족을 하는 것으로서 정신 건강을 유지할 수 있는 좋은 행동 유형이다.

7) 회피(avoidance)

회피는 도피와 유사 개념으로서 욕구 불만의 현장을 이탈하는 행위 현상이다. 체념이나 또 다른 욕구 추구를 위한 재시도의 의미를 가지고 있다.

4. 행동이 일어나는 과정

인간의 행동이 일어나는 과정에 대해서 콜레이사(J. Kolasa)는 다음 <그림 3-3>과 같이 설명하고 있다.[8] 이 그림은 시스템 모형을 인용한 것이다. 즉, 자극을 투입 요소로 해서 변환 과정을 중앙 정보 처리 시스템으로 하고 산출 요소를 행동 방안 또는 행동 반응으로 하는 정교한 시스템의 속성을 그대로 반영하였다.

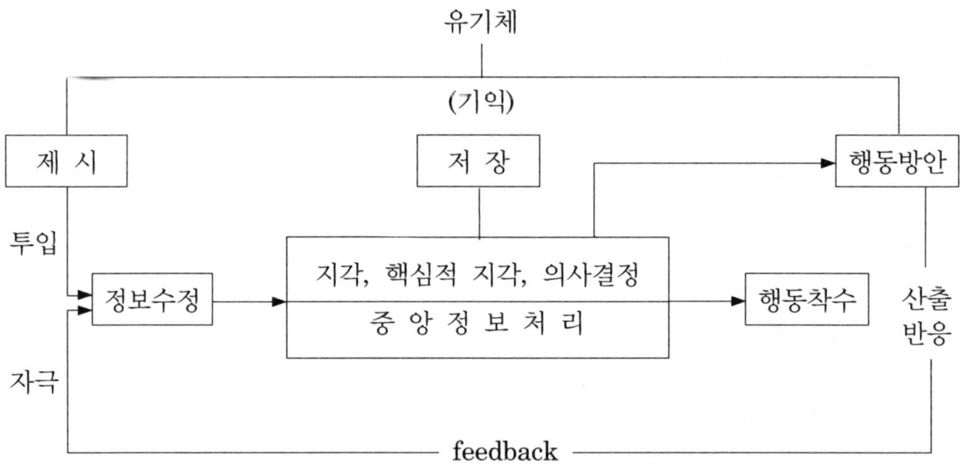

▌그림 3-3▐ **행동의 과정 모형**

8) J. Kolasa, Introduction to Behavioral Science for Business, N. Y., John Wiley & Sons, Inc., 1969, p.250.

제3절 소 외

인간은 초연하게 혼자서 살 수 있는 존재가 아니라 다른 사람과 관계를 맺으며 살아가는 공동체적인 존재이다. 오늘날처럼 산업사회화 되면서 갑자기 소외 문제가 심각하게 대두된 것처럼 보이지만 인류가 출현하면서부터 소외 문제는 제기된 것으로 본다.

1. 의 의

소외(alienation)는 라틴어의 'alienatio'에서 온 것이다. 사전적 의미에서 보면 '소원하다(to estrange)' 또는 '꺼려서 멀리하다', '멀리하다(to alienate)'로서 관련 있는 사람끼리 '서로 꺼려 멀리하고 있다'든가 '꺼려서 멀리함을 당했다', '소원되었다' 하는 뜻을 가지고 있다.

이러한 일반적인 의미로부터 파생되어 학문이나 응용의학 영역까지 광범위하게 사용되는 소외란 "두 존재자가 분리되어 그 결과 긴장과 좌절을 가져오는 요소를 지시하는 개념"으로 사용된다.[9] 소외의 의미는 관점에 따라 다르게 해석되고 있다.[10] 즉, 개인의 심리상태 차원에서 보는 측면과 사회심리적 차원에서 보는 측면으로 볼 수 있다. 개인 심리 관점에서 보면 네플러(Gwynn Neffler : 1957)는 정상적인 인간의 특정한 심리상태로 보고 소외된 인간은 그가 살고 있는 사회나 문화와 거리감을 느끼는 자로 규정하고 있으며, 에릭(Eric)과 조셉슨(Mary Josephson : 1962)은 자기 자신, 다른 사람 또는 그가 살고 있는 세상으로부터 격리되어 있다고 느끼는 개인의 심성이라고 했으며, 에리히 프롬(Erich Fromm : 1961)은 한 개인이 자기 활동의 주인이 아니라고 느끼는 심리상태로 규정하고 있다.

이 개념을 시맨(M. Seeman)은 사회 심리적 관점에서 다음과 같은 의미로 설명하고 있다.[11]

---

9) 안형관, 인간과 소외, 대구, 이문출판사, 1992, 13쪽.

10) 전병자, 사회심리학, 경문사, 1984, 503쪽 주석 참조.

1) 무력감, 무권력, 무능력(powerlessness)

시맨은 "무력감은 참여의 정도가 낮은 사람과 흑인이나 소수인종들에게 나타난다" 라고 하였다. 이 때 계획적이거나 제도화된 행위에 참여하기보다는 무계획적이거나 반항적인 행위를 하거나 정보획득에 소극적이라고 설명하고 있다. 마르크스(K. Marx)는 노동자인 인간이 그 생활의 주요 결정권을 자본가에게 빼앗기고 무능력해진다고 느끼는 심리상태를 무능력 상태라고 하였으며, 웨버(M. Weber)는 현대 사회에서 노동자뿐만 아니라 공무원도 행정의 수단으로부터 소외되고 군인도 폭력 수단으로부터 소외된다고 보았다. 소외를 이러한 의미로 보는 학자들은 무능력을 개인이 자기 행동이나 결과를 스스로 결정할 수 없다고 느끼는 심리 상태라고 보고 있다.

2) 무의미(meaninglessness)

개인이 삶의 의미를 상실할 때 즉, 무엇을 목적으로 하고 무엇을 얻을 것인가 하는 의미를 상실했을 때 일어나는 방황하는 심리 상태를 무의미라고 한다. 아도르노(T. W. Adorno)는 인종간의 편견 문제를 다루면서 1차 대진 후 독일 사람들이 연합국으로부터 권리를 박탈당했을 때 소외감을 가졌으며, 후에 유태인 박해를 통해 해결을 시도했다고 설명하고 있다. 또한 만하임(Mannheim)은 현대 조직 속에서 실질적인 합리성은 감소되는 반면 인간의 기능적 합리성(functional rationality)만 강조되기 때문에 상황 판단 능력을 상실하고 삶의 의미를 상실하여 심리적으로 방황하는 상태가 되는데 이를 소외라고 설명하고 있다.

3) 무규범(normlessness)

사회적 활동을 규제하는 적절한 규범이 없거나 전통적 규범이 그 힘을 상실하여 행위 자체가 규범적인 가치와 구속력을 상실했을 때의 상태 즉, 무규범 상태에서 무기력 행동이 일어난다. 뒤르카임(Emile Durkheim)은 무규범 상태를 아노미라고 설명하였다. 멀톤(R. Merton)은 문화적 목표(cultural goals)와 제도화된 수단(institutionalized means) 사이의 괴리 현상을 아노미라고

---

11) 윗책, 503～506 쪽(원전 : M. Seeman, "On the meaning of lienation", American Sociological Review, 1959, Vol. 24, No.6, pp.783～791.

표현하고 있다. 무규범 상태는 또한 이질 문화, 이질 종교 영역에서도 쉽게 나타나는 현상이다.

4) 고립, 격리(isolation)

네틀러(Nettler)는 지식층이 그 사회 문화와 유리(遊離)되어 있는 상태를 소외 개념으로 설명하고 있다. 이는 물론 한 개인의 부적응문제(不適應問題)와는 다르다. 구체적으로 고립이나 격리 개념은 한 집단이나 사회가 가지는 가치나 신념 또는 지향점에 한 개인이 큰 의미를 부여하지 않고 별도의 심리 상태를 가지는 것을 말한다. 또한 성원간의 상호작용이 단절될 때에 나타나는 심리 상태이다.

5) 자기소외(self-estrangement)

프롬(E. Fromm)이 그의 저서 「건전한 사회」(The Sane Society, 1972)에서 사용한 개념인데 인간이 자기 자신을 낯선 사람인 것처럼 느끼는 심리 상태를 말한다고 하였다. 경우에 따라서 인간이 자신을 누군가가 수단으로 사용하고 있어도 무기력하게 그 상황을 탈피하지 못할 때 자기 소외 심리 상태에 빠진다.

2. 소외의 원인

'소외는 두 존재가 서로 분리되어 있다는 의식과 현상이다'라고 했을 때 의식은 심리적인 측면이고 현상은 관계 형성을 전제로 하는 사회적 측면이 되므로 두 가지 측면에서 보고자 한다.[12)]

1) 심리 · 정신의학적 측면

첫째, 존재로부터의 결핍에서 소외가 온다. 소외된 사람은 자신을 표준화된 제조품으로 보고 자신 속의 결핍을 불가피한 것으로 느끼면서 고립과 절망으로부터 의미를 찾는 것을 포기한다.

12) 안형관, 앞책, 30~65 쪽(원전 : F. Johnson, ed., Alienation, N. Y., Seminar Press, 1973) 참조.

둘째, 인지기능 결핍에서 소외가 생긴다. 신체적 결함뿐만 아니라 심리 사회적 결함에 의해서도 인지 기능이 제한되고 협소하게 된다. 예를 들면 문화적, 가족적 훈련에 의해 형성된 지각이나 인지 기능의 결핍은 소외 경험을 촉진시킨다.

셋째, 느낌의 결핍에서 소외가 생긴다. 감정의 고립은 개인 자신의 기질적 특징이다. 예를 들면 분열적 성격에서는 감정 표현이 깊지 못하고 단조로우며 무감동하게 보인다. 이런 성격의 사람은 즐거움보다는 불안과 두려움을 느끼고 사회적 관계를 피하며 과다한 감정 상태를 줄이기 위해 선택적인 관계를 한다. 그러므로 스스로 소외되어가는 것이다.

2) 사회학적 측면

(1) 계급 사회에서 나타나는 소외

전통적인 사회가 가지고 있는 계급적 구조는 상위 계급에 속한 극히 제한된 소수의 성원 이외의 다수 성원에게는 소외감을 주게 되어 있다. 사회의 부와 명예, 권력 등 인간이 추구하는 모든 욕구의 대상이 다수 성원에게 제공될 기회가 박탈됨에 따라 오는 소외감은 사회 문제로 쟁점화 된다.

(2) 경쟁 사회의 소외

현대 사회의 경쟁적 요인이 소외를 유발시킨다. 즉, 입신양명을 위한 대학 입학, 각종 시험, 부(富)의 허세적 과시 때문에 합격이나 당선이 되지 못하고 명예와 부를 향유하지 못해 경쟁에서 제외된 국외자(outsider)는 소외감을 가진다.

(3) 산업 사회의 소외

산업 사회의 구조적 특성이 소외를 낳는다. 산업 사회에서 나타나는 소외 개념 중에 마르크스의 노동력 착취에 대한 소외 문제는 이제 그 설득력을 잃고 있다. 산업 현장에서 노동자들이 자기들의 권리를 향유할 수 있는 제도적인 장치인 노동조합을 통해 집단적으로 요구하고 대부분 사용자는 그 요구에 부응하고 있기 때문에 부당한 분배 구조에 의한 소외 문제는 더 이상 논의 대상이 되지 않는다. 그 보다는 오히려 산업 사회가 가지고 있는 자체의 결점 즉, 기계화, 자동화에 의하여 인간이 만든 기계와 직무로부터 분리되는 데에서 오는 소외가 문제가 된다.

(4) 대중 사회의 소외

현대인은 대중적 제도와 거대 사회라는 복합적 체제 속에 둘러싸여 있다. 이러한 거대 사회 속의 개인은 작은 시민에 불과하다. 그러면서 대량의 정보 홍수 속에서 개인이 정보를 분석하고 처리하는 것은 거의 불가능하게 된다. 흔히 말하는 나의 생각, 나의 결정이란 실제로는 대중 매체가 이미 대량 제조에 의해 조작해 놓은 것을 단순하게 수용한 것일 뿐이다. 그러므로 '나'의 생각이라고 할 때의 나는 주체적인 '나'가 아니고 소외된 '나'일 뿐이다. 이처럼 주체성을 상실한 소외된 개인들의 집약된 의사 즉, 여론이 대중 매체에 의해 개성 없는 상품처럼 제조되어 간다. 이 때 대중 속에 왜소화되고 매몰된 개인들은 경제적인 생활에서 뿐만 아니라 정치나 문화생활 속에서조차 소외되는 것이 바로 대중 사회의 주요한 특징이다.

3. 소외극복방안

1) 거시적 관점

소외 극복 방안 중에서 거시적 관점의 해결 방법은 조직과 집단의 최고 책임자가 의지를 가지고 해결할 때 비로소 가능하다. 즉, 신분 구조의 개선을 통하여 적극적으로 구성원들의 성취 욕구와 권력 욕구를 충족시킨다면 소외 문제는 발생하지 않는다. 신분적 구조에서 오는 소외는 조직이 의지를 가지면 상당한 부분 해결할 수 있다. 예를 들면 여성이나 저학력 출신에게도 승진의 기회를 주어서 조직의 활력을 불어 넣는 기업들의 시도가 여기에 속한다.

또한 기술 시스템을 변경하거나 개선하면 분업과 전문화에서 오는 소외를 상당 부분 개선할 수 있다.

2) 미시적 관점

미시적 관점의 해결 방법은 소외의 원인을 먼저 밝혀서 그에 대한 국소적 해결 방법을 사용하는 것이다. 그 구체적 방법들은 다음과 같다.

첫째, 무권력의 경우는 권력을 평준화하고 기존의 권력을 회복시켜 주어야 한다. 조직이나 집단에서 권력이 집중되어 있는 곳이 없는가, 기존의 권력을 이유 없이 약화시킨 곳이 없는가를 항상 살펴서 문제점이 발견되면 즉시 해결해야 한다.

둘째, 무의미의 경우에는 기술 체계를 개선하고 직무 교육을 통하여 직무의 의미와 효용을 주지시켜 자부심을 갖도록 한다. 또한 개인적으로는 삶의 진정한 의미와 가치를 알게 하여 적극적인 삶을 살아가도록 한다.

셋째, 무규범의 경우에는 성원들이 행동의 방향을 바로 정하도록 적응 가능한 새로운 가치를 정립하도록 해야 하며, 문화적인 동질성을 갖도록 문화 혜택을 골고루 주어야 한다.

넷째, 고립의 경우에는 개인을 집단과 조직에 소속시켜서 소집단 활동에 참여하도록 해야 하며, 공동사회의 적극적인 구성원이 되도록 해야 한다.

다섯째, 자기 소외의 경우에는 자아실현 노력을 적극적으로 지원하고, 외향적 성격 소유자와 유대 관계를 갖도록 해야 한다. 또한 사회 활동에 참여하도록 유도해야 하고 소집단 활동에 참여시켜 좋은 인간관계를 가지도록 해야 한다.

3) 조직관점

능률성을 목표이념으로 하지 않고 유효성 증대를 목표로 정할 때 만족, 유연성, 생산성도 증대되며 조직성원의 자기소외감도 감소 또는 제거된다.

능률성에 목표를 두면 과정보다 결과가 중시되어서 과정상의 절차와 내용이 무시된다. 따라서 목표 수행 과정에 참여하지 못한 성원들의 불만과 불평을 동반한 소외 현상이 나타나고 결과가 중시되는 데에서 오는 내용상의 부족과 결함이 성원들의 의욕을 저하시킨다.

그러므로 유효성 증대에 목표를 두고 그 목표를 사전에 계획성 있게 설정하여 과정을 철저히 점검함으로써 특정 집단만이 이익을 취하는 불공정성이 있어서는 안 된다. 유효성에 목표를 둔다는 것은 바로 성원 전체의 공동이익을 전제로 한다는 의미를 가진다. 유효성 증대에 조직의 목표를 두면 성원의 불만과 갈등, 스트레스와 소외감을 감소 또는 제거시킬 수 있다.

Chapter 04

퍼스낼리티

Chapter 04

퍼스낼리티

제1절 의 의

퍼스낼리티(personality)의 어원은 라틴어의 '빼르조나(persona)'이다. 즉 배우들이 연극을 할 때 쓰는 탈(mask)에서 유래된 말이다. 따라서 처음에는 사람들의 겉으로 드러나는 신분상의 특징을 의미했으나 지금은 포괄적으로 사용되며, 개인의 내면적인 속성 또는 타인과 구별할 수 있는 개인의 독특한 자질을 의미하는 것으로 이해할 수 있다.

이러한 내용을 근거로 하여 인간을 육체와 정신으로 나눈다면, 한 인간의 정신세계는 남에게 드러내 보인 부분과 내재된 부분이 있다. 여기서 내재된 성질, 잠재된 근원, 그리고 고정적인 특성들을 성질(characteristics)이라고 한다면 성질에서 비롯되어 나타난 것이 성격(personality)이다.

퍼스낼리티에 관하여 초기 학자들의 연구는 유전(heredity)에서 초래된 것인가, 아니면 환경에 의한 것인가 하는 논쟁으로 출생 시 결정된 것이라는 관점과 후천적으로 환경과 개인 상호작용에 의한 결과라고 보는 관점으로 양분되었다.[1] 정신분석학자인 프로이드(S. Freud)는 유년기에 어떤 성적 심리상태를 경험했느냐에 따라 형성된다고 보고 있는 반면 프롬(E. Fromm)이나 설리반(H. S. Sullivan), 에릭슨(E. Erikson)은 인간관계 요인이 더 크게 작용한다고 주장한다.

1) 김진철 · 이광수, 성공과 행복을 위한 인간관계 관리론, 형설출판사, 2004, 70쪽.

퍼스낼리티에 대한 정의는 학자들의 견해와 관점에 따라서 내용의 차이가 있다. 알포트(G. W. Allport)는 "개인 내부에 존재하는 역동적 체계로 개인으로 하여금 환경에 독특한 방법으로 적응하도록 하는 총체적 특성"으로 정의하였다. 한편 콜레이사(J. Kolasa)는 "다른 사람이나 환경과의 상호관계에서 개인이 갖는 자질과 적응양식"이라고 주장하였다. 또 퍼스낼리티를 개인이 갖는 행동차이와 관련 시켜 러쉬(F. C. Ruch)는 "한 개인이 타인에게 영향을 줄 수 있는 신체적 외모나 행동을 말하며, 동시에 자신을 어떻게 보는가의 자아에 대한 내적인식으로 한 개인이 표출하려는 일련의 성격을 포함한다"고 주장하였다.[2] 힐가드와 그의 동료(E. R. Hilgard, R. L. Atkinson, R. C. Atkinson)들은 퍼스낼리티란 "개인이 환경에 대한 적응을 결정짓는 특징적인 행동 유형과 사고 양식[3]", 마디(S. J. Maddi)는 "심리적 행동의 차이를 결정하는 안정적인 일련의 특성이나 경향"으로 정의하였다.

그리하여 이와 같은 다양한 의미로 해석되는 퍼스낼리티를 한 마디로 표현하면 '개인이 가지고 있는 인격의 총체적 개념'이다.

이와 같은 개념 정의로부터 퍼스낼리티가 갖는 속성을 정리하면 다음과 같다.

첫째, 종체성이다. 퍼스낼리티는 인간의 행동을 결정하는 심리적 요소들이 상호작용하는 관련성 있는 전체이다. 이런 속성 때문에 우리는 타인과 구분된다. 퍼스낼리티는 타인과 구분되는 특성의 총합체이다.

둘째, 안정성이다. 장기적으로 퍼스낼리티는 변화할 수 있는 것이지만 짧은 시간 내에는 변화하지 않는 안정성을 가지고 있다.

셋째, 개인차이다. 퍼스낼리티에서 가장 중요한 것은 개인차이다. 행동과학론에서는 다양한 개인을 활용하여 조직의 성과를 향상시키려는 시도를 하기 때문에 개인차에 적합한 과업을 할당하는 것이 매우 중요하다.

---

2) 유기현, 조직행동론 무역경영사, 2002, 80쪽.

3) R. L. Atkinson et al., Introduction to Psychology, N. Y., Harcourt Brace Jovanovich, Inc., 1983, p.383.

제 2 절 퍼스낼리티의 특성

퍼스낼리티는 그 정의만큼 특성에 관해서도 학자들마다 다양한 견해를 갖고 있다. 카텔(R. B. Cattell)은 퍼스낼리티의 주요 특성을 <표 4-1>과 같이 16가지로 제시하고 있다.

| 표 4-1 | 퍼스낼리티의 열여섯 가지 주요 특성

① 내성적 : 사교적	⑨ 신뢰적 : 의심 많음
② 덜 지성적 : 보다 지성적	⑩ 실천적 : 공상적
③ 감정에 영향 받음 : 감정적으로 안정	⑪ 솔직한 : 장난기 있는
④ 순종적 : 지배적	⑫ 자신 있는 : 염려가 있는
⑤ 심각함 : 행복함	⑬ 보수적 : 실험적(시도적)
⑥ 편의적 : 양심적	⑭ 집단 의존적 : 자기 충족적
⑦ 소심함 : 투기적	⑮ 비통제화된 : 통제화된
⑧ 현실적 : 감각적	⑯ 느슨한 : 긴장된

자료 : R. B. Cattell, "Personality Pinned Down", Psychology Today, 1973(July).

| 표 4-2 | 통제 위치의 측정

내적 통제의 신념	외적 통제의 신념
열심히 지속적으로 일하면 승진이 된다.	돈은 주로 우연히 벌어진다.
경험상 성적은 노력과 결과는 직접적 관련성을 갖는다.	많은 경우 선생님의 반응(성적)은 되는 대로 보인다.
이혼은 결혼생활을 위한 노력 부족의 결과이다.	결혼은 도박이다.
내가 옳으면 타인을 납득시킬 수 있다.	타인의 태도를 바꿀 수 없다(그 생각은 바보스럽다.).

자료 : J. B. Rotter, "External Control and Internal Control", Psychology Today, 1971(June).

로터(J. R. Rotter)는 퍼스낼리티의 특성으로 <표 4-2>와 같이 통제의 위치(locus of control)에 있다고 보고 이 통제가 자신의 내부에 의한 것인지 또는 외부에 의한 것인가에 따라서 개인차가 있음을 주장한다.

<표 4-2>에서 볼 수 있듯이 통제의 위치가 외적 요인에 의한 것보다 내적 요인에 의하면 긍정적이며 적극적이어서 동기부여 수준이 높다. 그리고 일에 대한 강한 의지로 성과 향상을 갖고 올 수 있으며, 직무만족과의 관계도 강력하다.

융(C. C. Jung) 등의 심리학자들에 의하면 내향적 특성(introversion)과 외향적 특성(extroversion)은 <표 4-3>과 같다. 내향적 특성을 가진 사람의 특성은 안정적이어서 예측가능하며 반복적인 업무를 좋아하는 반면 외향적 특성을 가진 사람은 자극을 필요로 하며 다양성과 예측불능의 업무를 즐긴다.[4]

| 표 4-3 | 외향적 특성과 내향적 특성

외향적 특성	내향적 특성
디양성과 활동적임.	집중하며 조용함.
신속한 일처리와 복잡함을 싫어함.	세밀한 것에 관심을 둠.
인사하기를 좋아함.	타인에 관심을 두지 않음.
지속적인 직무를 싫어함.	통제를 싫어하며 지속적인 일을 피하지 않음.
직무의 결과에 관심을 둠.	직무 결과보다 아이디어에 관심을 둠.
생각보다 행동이 앞섬.	신중히 생각 후 행동함.
다양한 대인 관계 형성을 좋아함.	혼자 일하기 좋아함(자기만족).
원만한 의사소통을 함.	의사소통에 문제를 지님.

자료 : M. E. Schnake, Human Relations, Merrill Publ., 1990, p.109.

프리드먼(M. Friedman)은 스트레스와 퍼스낼리티 관련성 연구를 통해 A형 퍼스낼리티와 B형 퍼스낼리티로 나누어 설명하였다.[5] 이에 A형 퍼스낼리티의

4) C. C. Jung, Collective Works, edited by H. Read et als., Princeton Univ. Press, 1953 및 R. W. Mondy et als., Management and Organizational Behavior, Allyn & Bacon, 1990, p.420.

특성을 셔머혼(J. R. Schermerhorn)은 항상 움직이며 조급하고 가능한 짧은 시간에 여러 가지 일을 동시에 하려는 경향이 있다[6]고 하였다. 이처럼 A형이 공격적이고 높은 성취욕구로 완벽주의를 추구하는데 비하여 미첼(T. R. Mitchell)은 B형의 퍼스낼리티를 가진 사람의 특성은 여유로운 삶을 즐기며 경쟁적이지 않다[7]고 하였다. 이것을 표로 나타내면 <표 4-4>와 같다.

| 표 4-4 | A형과 B형 퍼스낼리티의 비교

A형 퍼스낼리티	B형 퍼스낼리티
• 언제나 움직임 • 빨리 걸음	• 시간에 관심을 두지 않음
• 빨리 먹음 • 빨리 말함	• 인내심이 강함
• 인내심이 없음 • 동시에 두 가지를 함	• 자만하지 않음
• 여가 선용을 못함	• 죄의식 없이 여가를 즐김
• 수치(죄책감)에 사로잡힘	• 경쟁보다는 즐기기 위함
• 양을 성공 기준으로 함	• 압박을 받아야 하는 기한이 없음
• 공격적임 • 경쟁적임	• 온순한 매너
• 언제나 시간의 압박을 느낌	• 성급하지 않음

자료 : F. Luthans, Organizational Behavior, McGraw-Hill, 1992(6th), p.407.

이 두 형은 과업 수행 면에서 A형이 효과적이며 목표 달성이 빠르지만 대인관계에서는 참을성이 부족하고 공격적이어서 B형이 보다 더 원만한 대인관계를 형성한다. 이렇게 볼 때 어느 쪽이 바람직하다고 단정 짓기는 어려우며 누

5) M. Friedman / R. H. Rosenman, Type A Behavior and Your Heart, Knoff, 1974.

6) J. R. Schermerhorn, et als., Managing Organizational Behavior, Wiley & Sons, 1985(2nd), p.117.

7) T. R. Mitchell/ J. R. Larson, People in Organizations : An Introduction to Organizational Behavior, McGrw-Hill, 1988(3rd), p.106.

구나 양면성을 지니고 있지만 어느 쪽에 더 치우쳤느냐에 따라 그 사람의 퍼스낼리티를 알 수 있다.

제 3 절 퍼스낼리티의 구성

퍼스낼리티의 구조에 대한 이해는 프로이드 인식 수준의 구조적 관계의 설명에 의한다.[8] 프로이드는 <그림 4-1>과 같이 외부로 드러나는 의식과 전의식 그리고 무의식으로 나누고 있다. 의식은 감각기관을 통해서 알게 되는 모든 것으로 자아를 말하며, 전의식은 주의를 집중하고 노력하면 의식되는 단계이며, 무의식은 자신이 자각하지 못하는 의식 밖에 것으로 주로 원초아와 초자아로 구성되어 행동과 사고를 좌우하게 된다. 프로이드는 퍼스낼리티를 세 가지 기본 구조인 id, ego, superego로 나누며 이들은 각기 고유 기능과 특성, 구성요소를 갖고 있으며 서로 밀접하게 관련되어 상호작용 한다고 주장하였다.

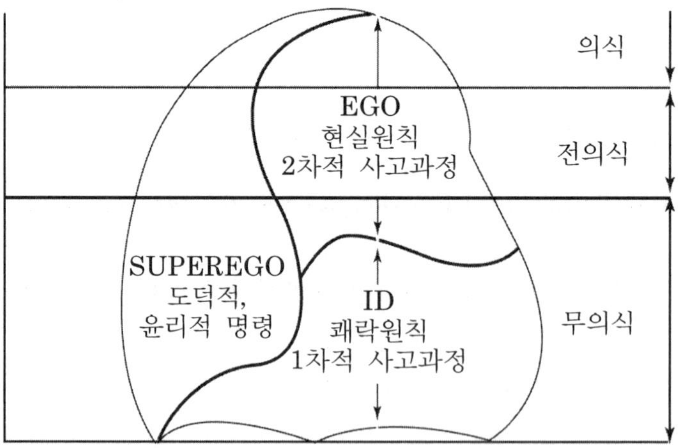

자료: L. A. Hjelle & D. J. Ziegler, Personality Theories, McGraw-Hill, Inc., 1992(3rd), p.88.

그림 4-1 인식수준의 구조적 관계

8) 윗책, pp.88～91.

위 세 가지 요소를 의미, 기능 그리고 작용 과정으로 구분하여 정리하면 다음과 같다.9)

1. Id

id는 라틴어로서 'it'의 의미를 가지고 있는 마음(mind)의 가장 근원적이고 오래된 것으로 원욕 또는 원초아(源初我)라고 한다.

이것은 생물학적 유전에 의해서 형성된 유전적인 요소이고 원초적이며 본능적인 욕구를 관장하는 곳으로 생리 작용 즉 먹고, 잠자고, 배변하는 동물적인 것이다. id는 생물학적 과정에 밀접하게 관련되어 있어서 충동적이고 불합리하며 자애적(narcissistic)인 방법으로 표현된다. 그리하여 id는 자신이나 다른 사람의 행동의 결과를 무시한다. 이 경우 본능은 두 가지 차원으로 발산된다. 즉, 삶의 본능(libido)과 죽음의 본능(mortido)이 그것이다.

삶의 본능이 충만하면 남을 사랑하고 용서하고 협조하며 남에게 주는 것을 즐기며 항상 건설적으로 생각하고 활동한다.

반면에 죽음의 본능에 차 있으면 남을 미워하며 타인을 회피하며 분노에 차 있고 타인의 결점을 들춰내며 다툰다. 또한 보복하려 하고 자살, 살인 지향적이며 받으려고만 한다. 항상 부정적 생각으로 행동에 자신이 없다.

첫째, 어떤 흥분이 지각 시스템을 통해 들어올 때 운동 시스템을 통해서 배설시키는 일종의 반사장치적인 행동의 의미와 본능적 과정의 의미를 가진다. 예를 들면 반사 행동은 목이 간지러워 재채기를 한다든가 눈에 티가 들어가서 눈물을 흘리는 것을 말하고 본능적 행위는 어린이가 배가 고플 때 엄마의 젖가슴이나 우유병을 상상하는 것을 말한다.

둘째, id의 기능은 쾌락원칙에 의하여 쾌락을 추구하면서 자기 보존적 기능을 한다. 또한 유기체의 정신적이고 육체적인 매개자의 기능을 가진다.

셋째, id의 작용과정은 본능적이고 자연스러운 행동이나 필요한 욕구 충족을 통해서 배설하는 경우와 ego의 영향으로 통제되는 경우 두 측면으로 나눈다.

---

9) 윗책, pp.88~91 참조 보완.

2. Ego

ego는 'I'라는 라틴어로서 id의 바램을 충족시키고 표현하려는 정신적 장치에 대한 의사결정요소(decision-making component)이다. ego는 id로부터 진화되었으며 id는 무의식적이지만 ego는 의식적이어서 자기의 보존과 안전을 위하여 id로부터 얼마간의 에너지를 빌린다. 그래서 끊임없이 지각하여 배우고, 사고하며 추리하면서 인지 기술을 발달시킨다. 발달된 합리적 사고의 힘 또는 프로이드가 말한 2차 과정(secondary process)에 의하여 자신이나 타인에게 해를 끼치지 않고 본능적인 욕구를 만족시키는 적절한 과정을 밟는 부분으로 현실 지향적이다. 이러한 내용을 정리하면 다음과 같다.

첫째, ego는 경험과 훈련을 통해서 형성되며 id가 쾌락 원리에 의해 지배받는 의미를 가진 반면에 ego는 현실원칙(reality principle)에 지배되는 의미를 가지고 있다. 즉, ego는 버릇없고 맹목적이며 충동지향적인 id를 통제한다.

둘째, ego는 퍼스낼리티의 집행 기관으로서 id와 superego를 통제하며 외부환경과 관계를 가지면서 전체적 인격의 발현과 장기적인 욕구 충족 기능을 가지고 있다.

셋째, 작용과정은 원욕의 대상이 어디에 있는지? 어떻게 손에 넣을 수 있는지를 계획과 실천을 통해서 현실적으로 찾거나(발견) 만들어 내는(발명) 문제해결과정 또는 문제판단과정으로 사고와 인지력이 동원된다.

3. Superego

superego는 'over-I'라는 라틴어로서 행동의 표준이나 사회의 규범 즉, 도덕에 대한 내면화된 경향성을 발전시키거나 나타내는 퍼스낼리티의 최종 요소이다. 즉, 한 개인이 사회의 집단적 양심(collective conscience)을 자기 속에 반영한 것이다.

프로이드는 초자아를 다시 두 개의 하위 시스템인 양심(conscience)과 자아이상(ego-ideal)으로 나눈다.

양심은 부모나 선생의 가르침에 의해서 형성된다. 부모나 선생이 해야 될 것과 하지 말아야 할 것을 분명하게 구분하여 가르칠 때에 양심이 올바르게 형성된다.

자아이상은 개인으로 하여금 목표와 포부를 가지게 해주어 이를 달성하면 자존심과 긍지를 느끼게 한다.

양심과 자아이상이 완전히 정착되어 자기 조절 기능이 가능하면 성숙한 초자아 상태가 되었다고 할 수 있다. 초자아의 자기 조절 기능은 id의 충동을 억제하고 ego의 현실적 욕구를 통제하면서 이상적인 목표가 더 낫다는 것을 ego에게 설득한다. 이의 조절 정도에 의하여 퍼스낼리티의 차이와 행동의 차이를 보인다. 이러한 내용을 정리하면 다음과 같다.

첫째, superego는 유아기에 부모, 선생, 또는 다른 사람들에 대한 동일시와 그들과의 상호작용을 통하여 형성되며 퍼스낼리티의 도덕적, 윤리적 측면으로서 내적 도덕율(內的 道德律)의 의미를 가진다. 즉, 부모나 선생이 행하는 선과 악에 대한 기준을 그대로 따르는 경향이 있으므로 부모나 선생 또는 사회가 주는 보수와 처벌에 의하여 퍼스낼리티가 형성된다.

둘째, superego는 도덕적 기능 또는 배심적 기능과 자아이상의 실현기능을 한다. 그러므로 나쁜 일을 할 때 누가 그들에게 말하지 않아도 양심이 그들을 꾸짖고 나무라며 건전한 자아이상을 실현하도록 돕는다.

셋째, superego는 사람에게 죄의식을 느끼게 하는 처벌적 작용을 하여 건전한 퍼스낼리티를 갖게 하는 양심과 긍정적인 차원으로 작용하여 언제나 보상을 주는 자아이상으로 나타난다.

4. 상호관계

id, ego, superego는 퍼스낼리티를 구성하는 요소로서 각 요소는 별개의 것이 아니고 다음과 같은 점에서 상호관련성을 갖는다.

첫째, id가 진화과정의 산물로서 생물학적인 유전의 결과라면 ego는 현실과 이상의 상호관계의 결과이며, superego는 문화와 전통 속의 사회화과정의 결과이다.

둘째, 세 가지 퍼스낼리티 요소는 주로 통합된 행동을 일으키지만 경우에 따라서는 서로 조화를 이루지 못하고 갈등을 일으킨다. 우리가 흔히 심적 갈등이라고 할 때의 상태를 말한다. 이러한 갈등상태는 성장 과정에서 id의 유전적 요소가 정상이 아니고 ego와 superego가 성장할 때의 교육적 환경과 현재의 생존적 환경이 불일치하고 자아정체성이 뚜렷하지 못할 때 나타난다.

셋째, 인간의 성장 과정(육체적, 정신적)에 따라 id ⇒ ego ⇒ superego로 진행된다. 그러나 행동 유형은 심리적 에너지가 어디에 가장 많이 축적되어 있는가에 따라 결정된다. 즉, id에 에너지가 많으면 id 지배적인 행동 유형이 나타나서 퇴행적 행동이 나타날 가능성이 많고, ego에 에너지가 많으면 ego 지배적인 행동이 나타나서 지나치게 현실주의적인 행동을 나타낸다. 즉, 지나치게 이기적이고 현실적인 사람이 되어 주위 사람들로부터 고립될 수도 있다.

그리고 많은 에너지가 superego에 축적되어 있으면 성숙적이며 도덕적인 행동 유형을 가지게 되어 사람들로부터 존경을 받게 된다.

제4절 퍼스낼리티 발달에 대한 연구

1. 정신분석적 이론(psychoanalytical theory)

1) 정신분석적 접근

퍼스낼리티 발달에 대한 연구는 정신 분석적 접근을 시도한 프로이드의 갈등관점을 들 수 있다. 그는 id와 ego, ego와 superego가 갈등하면서, 또 한편 조화와 균형을 유지하려는 항상성(homeostasis)이 있다고 보았다. 그러면서 그는 퍼스낼리티가 발달되는 것을 두 차원으로 보았다. 즉, 그 하나는 의식수준 차원이고 다른 하나는 해부학적 구조차원이다. 이 때 의식수준은 의식(the conscious), 전의식(the preconscious), 무의식(the unconsciousness proper)차원으로 나누고 해부학적 차원은 id, ego, superego로 나눈다.

프로이드는 퍼스낼리티 발달 과정에서 일어나는 모든 변화는 첫째, 성숙, 둘째, 외부적인 욕구불만에서 오는 고통 셋째, 충족과 부족에서 오는 내적 갈등에서 이루어지는 괴로움 넷째, 개인적 부적응 다섯째, 불안에 의해서 일어난다고 하였다. 바로 이 다섯 가지 요인에 의해서 변화가 일어날 때 이들 방해물을

제거하거나 적응하는 과정에서 퍼스낼리티는 발달한다.[10)]

2) 특성이론(trait theory)

이 이론은 퍼스낼리티의 다양성을 인정하고 공통성이나 특성의 양적 이해에 관심을 두는 이론으로 개인을 통해 산출되는 여러 종류의 퍼스낼리티 특성을 통계적 방법으로 분석 구분하고 있다.[11)] 정신 분석적 이론이 인간의 무의식적 동기를 중시한 데 비하여 특성이론은 인간의 의식적인 동기를 중시한다. 즉 인간 행동에서 자아역할을 강조하고 있다.

(1) 알포트의 특성이론

알포트(G. W. Allport)는 영향력 있는 특성 이론가로서 특성을 신경학적 토대를 가진 신경 정신적 구조로써 개인의 독특성을 밝히는데 역점을 둔 성격심리 학자이다. 그는 어떠한 사람이라도 같지 않으며, 같은 심리상황이나 같은 자극이라도 똑같이 반응하는 사람은 없으므로 특성을 퍼스낼리티의 기초 벽돌이고 행동의 도표라고 했다. 또한 개인의 독자성의 근원이고 개인의 행동을 지도하는 추론적인 전제가 되며 행동의 일관성을 유지시켜 준다.[12)]라고 한다. 그러므로 특성은 다른 일반 것과 구별되는 분명한 어떤 것이라고 볼 수 있다. 그러나 한 특성과 행동 간에 반드시 1 : 1의 관계는 없다고 하였다. 즉, 두 상황이 유사하더라도 한 상황에서는 불안이나 적개심으로 반응할 수 있고, 또 다른 상황에서는 불안과 의존심으로 반응할 수 있다. 이와 같은 특성이론의 목적은 인간 행동을 예측하기 위하여 인간 개개인의 특성을 발견하고 특성을 활용하는 것이다.

(2) 카텔의 특성이론

카텔(R. B. Cattell)은 "특성은 성격을 형성하는 요인"이라고 강조하고 있다. 성격의 특성의 존재에 대한 견해는 알포트와 같지만 알포트가 특성을 퍼스낼

---

10) 전병자, 사회심리학, 경문사, 1984, 75쪽.

11) 이현림, 김영숙, 인간발달과 교육, 교육과학사, 2006, 244쪽.

12) J. L. Gibson, J. M. Ivancevich and M. Donnelly, Organization, Plano, Texas, Business Publications, Inc., 1982, p.58.

리티의 구조로 보는 것과는 차이를 두고 있다. 카텔이 주장하는 16가지 주요성격특성 요인은 <표 4-5>와 같다.

┃표 4-5┃ 카텔의 16개 주요 성격특성요인

요인 명칭	높은 점수 ……………… 낮은 점수
A	내향성 ……………… 외향성
B	낮은 지능 ……………… 높은 지능
C	정서 불안성 ………………정서안정성
E	겸손함 ……………… 독단성
F	심각함 ……………… 낙천성
G	수단성 ……………… 양심적임
H	수줍음 ……………… 대담함
I	강인함 ……………… 예민함
L	신뢰함……………… 의심이 많음
M	실제적……………… 상상력이 풍부함
N	솔직함 ……………… 교활함
O	평온함(자신감) ……………… 걱정이 많음(죄책감)
Q[1]	보수적임(보수주의) ……………… 실험적임(급진주의)
Q[2]	집단의존성 ……………… 자립성
Q[3]	변덕스러움 ……………… 자제함
Q[4]	긴장이 안 됨 ……………… 긴장함

자료 : 이상섭. 오만록, 인간과 교육, 형설출판사, 1994, 300쪽.

2. 심리적 발달 차원에서 본 퍼스낼리티 발달 단계

1) 에릭슨의 사회 심리적 8단계론

에릭슨(E. H. Erikson)은 퍼스낼리티의 발달 과정을 사회적 적응에 맞추어 설명하였다. 그는 "개인의 심리적 발달이 생애 여러 시점의 사회적 관계와 관련 있으며 각 단계의 위기가 최적으로 해결되어야 한다.[13]라고 하여 프로이드

13) E. H. Erikson, Childhood and Society, N. Y., Norton, 1963, p.373.

처럼 단계 개념을 주장하고 있다. 그는 개인의 사회적 적응에 초점을 맞추어 퍼스낼리티의 성숙 과정을 다음 <표 4-6>과 같이 8단계로 구분하여 퍼스낼리티는 어렸을 때 형성되어 변화하지 않는 것이 아니라 일생을 통해서 새롭게 형성되고 변화한다고 하였다.

▌표 4-6▐ 에릭슨의 심리 · 사회적 발달의 8단계

단 계	심리사회적 위기	중요한 사회적 관계	좋은 결과
1. 인생의 첫해	신뢰감對불신감	어머니나 어머니 대리자	• 신뢰와 낙천주의
2. 둘째 해	자율성對회의	부모	• 자기통제와 적절감
3. 셋째 해에서 다섯째 해	솔선성對죄의식	기본 가족	• 목적과 방향 : 자신의 활동을 적극적으로 할 수 있음.
4. 여섯째 해에서 사춘기	근면성對열등감	이웃 : 학교	• 지적, 사교적 및 신체적 기능이 유능함.
5. 청년기	정체감對혼미	동료집단과 외집단	• 독자적인 자신에 대한 통합된 이미지
6. 초기 성인기	친밀성對고립	친구 : 성, 경쟁, 협동	• 친밀하고 지속적인 관계의 형성 능력 : 경력을 쌓기 시작함.
7. 중년기	생산감對침체감	일의 분담과 가사를 공동 부담함	• 가족, 사회 및 미래의 후손에 대한 배려
8. 노년기	통합감對실망감	인류(人類),아류(我類)	• 충만감과 자기 인생에 대한 만족 : 죽음에 떳떳이 대함

자료 : R. L. Atkinson et als., Introduction to Psychology, N. Y., Hacourt Brace Jovanovich, Inc., 1983, p.97.

이들 각 단계를 요약하여 설명하면 다음과 같다.

첫째 단계인 초기 유아단계에서 유아는 자신이 접하는 환경, 특히 만나는 사람들을 믿을 수 있는지 여부를 학습한다.

둘째 단계인 후기 유아단계에서는 어떤 사건에 대해서 스스로 대처하는 방법을 학습한다.

셋째 단계인 초기 아동단계에서는 스스로 의사결정을 하고 자신의 잘못된 행동에 대해서 죄책감을 갖는다.

넷째 단계인 중기 아동단계에서는 스스로 어떤 일을 수행할 수 있는지를 배운다.

다섯째 단계인 사춘기 또는 청년기 단계에서는 자신이 누구이며 무엇이 되려고 하는지를 배운다.

여섯째 단계인 초기 성인단계에서는 자신이 다른 사람들에게 얼마나 깊이 관여할 수 있는가를 배운다. 타인과의 관계에서 친근감을 가지려 하지만 그것이 여의치 못할 때는 고립감을 느낀다.

일곱째 단계인 성인 중기단계에서는 건강한 퍼스낼리티를 형성 유지하면서 동시에 전문가로서, 조직의 기여자로서 자신의 인생과 타인을 위해 행동한다. 그리하여 가정이나 직장에서 모두 안정을 누리고 자기충만감을 느끼며 정체감을 갖기도 한다.

여덟째 단계인 성인 후기단계에서는 퇴직을 준비하고 막연하나 죽음에 대한 생각을 하고 삶을 정리할 준비를 한다.

2) 쉬히(G. Sheehy)의 5단계론

쉬히는 성인은 다섯 단계에 걸쳐서 다섯 번의 변환점을 맞으면서 퍼스낼리티가 발달되어 간다고 하였다.[14)]

(1) 정체위기시기(pulling up roots)

이 시기는 18세부터 22세까지의 시기에 해당하며 한 개인이 가정을 떠나 부모로부터 자립을 이루는 때이다. 불안과 불확실성을 불완전한 자신감이나 반항적인 행동으로 은폐하려 한다. 만일 이 시기에 정체 위기를 겪지 않으면 훗날 이 단계를 거치면서 고통을 겪는다.

(2) 시도의 20대(trying twenties)

20대는 자신의 존재의의를 찾고 무엇인가를 획득하려고 한다. 무엇인가 기회가 충분하며 만사가 가능한 것처럼 보인다. 준비, 의욕, 노력 그리고 대가에

---

14) G. Sheehy, Passages : Predictable Crises of Adult Life, N. Y. Dutton, 1976, p.13.

대한 약간의 두려움 속에 자기 인생의 방향에 대해서 고민하는 때이다.

(3) 획득의 30대(catch thirties)

30대는 삶에 대한 성실한 노력 뒤에 무엇인가 목표와 이상을 실현하기도 하고 때로는 좌절을 맛보기도 하는 시기이다. 현실적인 목적을 달성하기 위해서 꿈에 그리는 이상을 현실에 맞게 재조정하기도 한다. 그 사이에 변화와 혼돈이 생기기도 하고 현실을 도피하고 싶은 충동도 생긴다.

(4) 마감의 10년(deadline decade)

35세부터 45세까지의 10년간은 인생의 갈림길로서 위험과 기회가 공존하는 시기이다. 또한 지금까지의 성과를 앞으로 어떻게 이용할 것인가를 재검토하기도 한다.

(5) 재생 또는 단념(renewal or resignation)

40대 중반 이후의 안정감을 가진 시기이다. 지금까지의 정열이 식어가며 만사를 단념하기도 한다. 그러나 생에 대한 목적과 방향이 확실하면 가장 보람 있는 시기가 될 수도 있다.

이러한 다섯 단계 설명이 인간의 행위를 이해하는데 중요한 이유는 우리가 살아가면서 맞이하는 위기들 즉, 불안정, 불확실 등을 예견하고 대응할 수 있다는 점이다. 단계별 위기에 대한 인식을 하게 되면 부모가 자녀에게, 조직의 관리자가 종업원들에게, 교사가 학생에게 현 단계의 문제점이 한 개인에게만 직면하는 문제가 아니라 모든 인간이 직면하는 문제이며 단순히 퍼스낼리티 발달 과정에서 나타나는 현상일 뿐이라는 설명을 하여 그들의 불안과 불만이 현명하게 해결될 수 있다는 확신을 줄 수 있다.

3. 성숙 미성숙의 계속성

아지리스(C. Argyris)는 퍼스낼리티 발달과 관련하여 “건강한 사람은 자율과 폭넓은 관심, 평등한 대우, 자신의 능력을 과시할 수 있는 기회가 제공되는 환경에서 살기를 바라고 있다"라고 하였다.15) 그는 또 주장하기를 건강한 사람은 아래의 <표 4-7>과 같이 미성숙 단계로부터 성숙 단계로 연속적(continuum)으로 이행하려 한다는 것이다. 구체적 변화의 내용은 다음과 같다.

첫째, 수동적인 상태로부터 보다 많은 활동에 참여하는 능동적인 상태로 이행하려 한다.

둘째, 타인에게 의존하는 의존성 상태에서 자율적인 독립성의 상태로 이행하려 한다.

셋째, 소수의 행동 양식을 가지고 있는 상태에서 다양한 행동 양식을 가진 상태로 이행하려 한다.

넷째, 우연적이며 얕은 관심을 가지고 있는 상태에서 보다 더 깊고 강한 관심을 가진 상태로 이행하려 한다.

다섯째, 단기적인 시야를 갖고 있는 상태에서 장기적인 시야를 갖는 상태로 이행하려고 한다.

▌표 4-7▐ 성숙, 미성숙 단계의 특성

미성숙의 특성	성숙의 특성
• 수동성(passivity), 소극적 활동	• 능동성(activity), 적극적 활동
• 의존성(dependence)	• 독립성(independence), 자주적
• 한정된 단순한 행동(few ways of behavior)	• 다양한 행동(deverse behavior)
• 얕고 약한 관심(shallow interest)	• 깊고 강한 지속적 관심(deep interest)
• 단기적 관점(short-term perspective)	• 장기적 전망(long-term perspective)
• 종속적 지위(subordinate position)	• 우월적 지위(superordinate position)
• 자기인식결여(lack of self-awareness)	• 자기인식, 통제력(self-awareness, control)

자료 : C. Argyris, Personalty and Organization, N. Y., Harper, 1957, p.50.

여섯째, 자신을 타인에게 종속적인 위치에 있는 사람으로 보는 대신에, 타인과 동등하거나 타인을 지배하는 지위에 있는 사람으로 보는 상태로 이행하려 한다.

이와 같이 인간의 퍼스낼리티는 미성숙 단계로부터 성숙 단계로 발달되며

15) C. Argyris, Personality and Organization, N. Y., Harper, 1957, p.50.

건강한 사람들은 성숙한 행동 유형을 보이는 반면에 건강하지 못한 사람은 유치한 미성숙 행동 유형을 보이게 된다. 그는 이러한 성숙, 미성숙에 대한 설명을 통하여 조직에서 관리자들이 성원들을 미성숙한 존재로 보기 때문에 성원들이 의존적이고 수동적이며 얕은 관심에만 머물러 있게 된다고 하면서 성원들의 성숙을 방해하는 것은 바로 관리자들의 잘못된 관리 방법 때문이라고 하였다.

제 5 절 퍼스낼리티의 결정 요인

무엇이 퍼스낼리티를 결정하는가? 이러한 질문에 대답하기는 대단히 어렵다. 퍼스낼리티를 결정하는 요소는 다양하기 때문이다. 퍼스낼리티는 <그림 4-2>와 같이 유전적 요소와 환경적 요소에 의하여 형성된다.

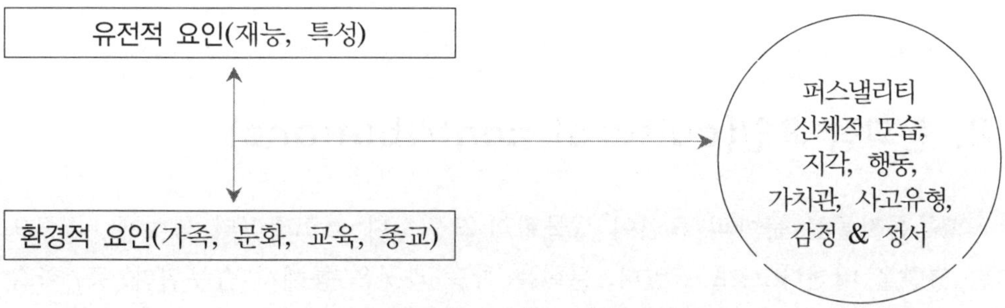

자료 : R. Kreitner/ A. Kinicki, Organizational Behavior, Irwin, 1992(2nd), p.91.

┃그림 4-2┃ 퍼스낼리티의 형성 요인

또한 루탄스는 퍼스낼리티의 요인을 다음과 같이 다섯 가지 요소로 나누어 설명하고 있다.[16)]

16) F. Luthans, Organizational Behavior, N. Y., McGraw-Hill Inc., 1992(6th), pp.90～102 참조.

1. 생물학적 요인(biological contributions)

1) 유전(heredity)

유전은 자신과 상관없이 전적으로 부모로부터 물려받은 것으로 퍼스낼리티에 대하여 유전적 영향이 크다는 것은 오래전부터 알려져 왔지만 환경과 유전의 어느 쪽이 더 강하게 작용하는가는 아직 밝혀지지 않고 있다. DNA의 발견으로 유전 인자에 대한 연구는 진일보하고 있다. 미네소타大 심리학자들의 350쌍의 쌍동이에 대한 연구에 의하면 리더십, 권위 인정, 전통 고수 등 퍼스낼리티 형성 요소와 유전은 밀접한 관련을 가지고 있다고 한다.

2) 신체적 특성과 성숙의 정도

퍼스낼리티 형성에 신체적 특성이 중요한 요소라는 것이 인정되고 있다. 용모, 피부색깔, 체중, 신장, 왼손잡이, 곱슬머리 등의 신체적 특징이 다른 사람들에게 영향을 주고 결국 자아개념 형성을 통하여 퍼스낼리티로 나타난다. 또한 신체적 성숙의 정도도 퍼스낼리티 형성에 영향을 준다. 예를 들면 조숙아는 또래들과 다른 특징을 나타낸다.

2. 문화적 요인(cultural contributions)

행동론자들은 문화적 요인이 생물학적 요인보다 퍼스낼리티 형성에 더 중요한 영향을 미친다고 보고 있다. 문화는 학습 과정을 통해서 습득된다. 즉, 학습과정은 퍼스낼리티 발달에 결정적인 요인이 되며 학습과정에서 문화적 요소인 가치관, 의식, 관습, 습관, 언어가 습득된다. 문화적 요소는 학습과 모방을 통해서 그 문화 환경 속에 살고 있는 성원들의 가치관, 태도, 행동이 내재화 되어 퍼스낼리티를 결정한다.

3. 가 족

가족은 어렸을 때에 퍼스낼리티를 결정하는 중요 요소이며 인간이 인간다워질 수 있는 사회화는 부모와 형제 또는 다른 가족과 접촉하면서 이루어진다. 부모가 성장할 때까지 살아 있는 경우와 홀어머니와 홀아버지 밑에서 자란 아이들의 퍼스낼리티는 다르다. 또 계모 또는 계부와 함께 자란 아이들의 퍼스낼리티도 다르다. 또는 출생순서(birth order)도 퍼스낼리티 형성과 관련이 있다. 예를 들면 맏이는 다른 아이들보다 관계 욕구와 지배 욕구가 강하고 포용력이 있다.

4. 사회화 과정(socialization process)

사회화는 일찍이 짐멜(G. Simmel)이 "집단의 형성 과정 혹은 관계 형식이 형성되는 과정"[17]이라고 설명한 이후 기딩스(F. P. Giddings)의 "인간의 사회적 성격이 형성되는 과정"[18]이란 개념 설명이 오늘날까지 사용되고 있다. 그 외 사회화란 문화 동질화 과정, 행동의 통제 능력 형성 과정, 역할 훈련 과정 등의 여러 가지 의미로 쓰이고 있다. 사회화는 태어나서 어머니와 접촉하면서 시작되고 집단이나 조직의 성원으로 역할을 하면서 이루어지는데 퍼스낼리티는 바로 사회화 과정에서 생긴다. 또한 직접 접촉을 하지 않는 준거집단(reference group) 즉, 신념, 태도 그리고 행동을 동일시하고 있는 집단의 영향에 의해서도 퍼스낼리티는 형성된다.

5. 상황적 요인(situational contributions)

퍼스낼리티는 그가 속한 집단, 조직, 사회, 군대, 학교와 같은 환경적 요인에 의해서도 결정된다. 군대 생활을 오래 한 사람이 절도 있는 언행을 한다든가, 학교생활을 오래한 교사가 학생과 같은 행동을 하는 것이 그 예가 된다.

---

17) G. Simmel, "The problem of sociology", Annals of American Academy of Political & Social Science, 1895, Vol. 6, pp.412~423.

18) F. P. Giddings, The Theory of Socialization, N. Y., The Macmillan Co., 1897.

Chapter 05

자아개념

Chapter 05

자아개념

제 1 절 자아개념에 대한 새로운 이해

자아개념이란 용어는 20세기 초에 애매한 개념으로 시작하였으나 이제는 심리학과 교육학 영역에서 중요한 개념으로 자리 잡았다.

자아개념은 우리들 자신이 자존심과 자기애착을 가지고 있다는 것을 알려준다. 자신을 되돌아보면서 자기반성을 하고 새로운 각오와 그에 따른 행동을 정하고 인간답게 살아갈 수 있는 것은 자아개념이 있기 때문이다. 모든 인간은 장점과 단점을 공유하고 있다. 우리 자신을 살펴서 바르고 정확한 긍정적 자아개념을 가지고 나와 남에게 모두 유익한 삶을 살도록 하는 것이 자아개념을 이해하는 주요한 목적이다.

1. 의 의

자아개념(self-concept)은 개인의 행동 연구를 위한 기본적 개념일 뿐만 아니라 개인의 가치를 정립하고 개인의 존재 의의와 삶의 의미를 제공하는 개념으로서 자아도식(self-schema, self-schemata)이라 하기도 한다. 사람이 세상을 보는 방법이나 관점은 언제나 자기가 자기 자신에 대해서 갖는 생각이나 상(像)에 따라 좌우된다.

자아개념은 자기 자신에 대해 갖고 있는 상(像) 또는 자신의 본질(I-myself as I really am)을 개념화한 것으로서 자아(ego), 자신(self), 자기인식(self-knowledge, self-awareness), 자아정체(self-identity), 자아상(self-image), 자아존중(self-esteem), 자기이해(self-understanding) 등의 개념과 동의어 또는 유사어로 쓰인다. 자아개념은 인간 자신의 태도, 감정, 지각과 인간 자신에 대한 모든 평가를 포함한다. 펠크(D. W. Felker)는 "자아개념은 개인이 자신에 대해서 가지는 지각, 관념 그리고 태도의 독특한 구성(a unique set)이다"[1]라고 했으며, 또한 코헨과 그 동료(A. R. Cohen et als.)들은 "자아개념은 사람들이 자기 자신을 보는 상태(way)"[2]라고 했다. 이와 같이 자아개념이란 '내가 또 하나의 나를 바라보는 상태'를 말한다.

자아개념은 최초로 자기에게 관심을 가짐으로서 형성되기 시작한다. 자기에 대한 관심은 자기 모습을 묘사하는 단계, 자신의 모습을 평가하는 단계, 자기 모습을 표출하는 단계, 자기를 망각하는 무아의 경지 단계로 나누어 볼 수 있다.

2. 자아개념에 내재된 의미

자아개념은 개념적인 설명에도 불구하고 그 개념이 가진 의미를 다 설명할 수 없는 한계를 가지고 있다. 이러한 한계를 탈피하기 위하여 펠크는 자아개념의 특성을 다음 세 가지 요소로 설명하고 있다.

1) 자아지각

행동은 사물의 지각과 지각된 사실의 학습에 의한 태도의 표현이다. 곧 행위의 시발점은 다섯 가지의 감각 기관을 통해서 이루어지는 지각이다. 자아개념은 이러한 지각을 통해서 인지된다. '내가 나를 어떻게 보는가', '내 목소리가 어떠한가' 또는 '내가 멋있어 보이는가' 하는 것이 자아지각(self- perception)이다. 우리가 눈을 감고 자신의 상(picture)을 마음에 그려볼 때 자신에 대한

1) 김기정 번역, 긍정적 자아개념의 형성, 문음사, 1987, 16쪽(원전 : D. W. Felker, Building Positive Self-Concepts, 1974).

2) A. R. Cohen et als, Effective Behavior in Organization, Homewood, Ill., R. D. Irwin, Inc., 1984(3rd), p.190.

지각적 해석은 개인마다 다르다. 또한 자신의 목소리를 녹음하여 들어보면 평소에 나의 목소리라고 생각하는 내 목소리와 다르게 느껴진다. 이와 같이 사람마다 자신에 대해서 다르게 느끼는 자신의 지각적인 경험은 자아에 대한 관념이나 태도의 기초가 된다.

2) 자아관념

사람들이 자아개념을 가지고 있다고 말할 수 있는 것은 감각적 자료들을 받아들여 의미를 부여하기 때문이다. 감각적 자료에 부여하는 의미는 사람들이 그들의 환경에 대한 지각으로부터 자신에 대해서 내리는 결론들이다. 받아들여진 자료들은 자기관념(self-ideas)이나 개념의 전체 체계 속에 통합된다.

개인은 환경으로부터 받아들인 자료에 기초하여 자신에 관한 결론을 끌어내며 자신을 추상적 용어로 보기 시작한다. 예를 들면 '영리한', '사랑스러운', '장난기 있는' 등의 단어들은 수집한 자료들을 바탕으로 자아에 대해 내린 결론을 표현한 것이다.

그러므로 주위의 사람들이 바람직하지 않게 생각하는 특성을 가지고 있으면 계속적으로 부정적 평가를 받기 때문에 부정적 자아개념이 형성되기 쉽다. 반대로 지속적으로 긍정적인 평가를 받으면 긍정적 자아개념이 형성된다.

3) 자아태도(self-attitudes)

개인은 지각적 경험을 통하여 자신이 어떤 사람인가를 평가할 뿐만 아니라, 자기 자신에 대한 일련의 태도를 형성한다. 반면에 자신의 내적 생각을 발달시켜서 자신을 태도의 대상물로 삼으며 자기를 향한 외부의 태도가 부정적이거나 고통스러울 때는 피하려 한다. 그러므로 자아는 타인의 부정적 태도로부터 자기를 방어하기 위하여 합리화, 고집, 변명, 회피 등의 태도를 가진다.

3. 자아개념의 개념화

자아개념은 인간의 다양한 경험에서 형성된다. 이러한 경험은 그 경험의 내용, 경험을 처리하는 작용과정과 그 경험의 결과 차원의 3차원으로 구분한다.[3)]

1) 내용차원

인간이 경험하는 정신작용의 대상이 되는 경험내용이 무엇이냐에 따른 개념화이다. 자아개념의 내용은 보는 시각이 다양하기 때문에 자아개념을 측정하는 요인이 다양하다. 예를 들면 성취 자아개념, 능력 자아개념, 학문 자아개념, 사회 자아개념, 가족 자아개념, 정서 자아개념, 신체 자아개념 등의 내용이 있다. 예를 들면 가족 자아개념을 보면 "나는 항상 내 어려움을 도와주는 가족이 있다".

2) 정신작용의 차원

경험의 내용을 받아들여 작용하는 활동으로 인간의 정신활동에 따른 개념화이다. 인간의 정신 활동 중에서 결정적인 정신작용을 자아개념의 이론 측면에서 보면 다음과 같다.

(1) 평가성(平價性)

자기 자신의 가치 적합여부를 판단하는 '옳다-그르다', '맞다-틀리다'라는 차원에 비추어 경험적 내용을 판단하는 능력과 같은 경험이다. 특히 자신의 특성들에서 나타나는 경험들을 스스로 판단함을 뜻한다.

(2) 승인성(承認性)

경험내용에 그 자신이 적응할 수 있는 정도에 대한 지각이다.

(3) 자신성(自信性)

할 수 있다 또는 할 수 없다는 자신에 대한 신념의 개념이다.

(4) 기대성(期待性)

기대는 현실적 정보를 토대로 자신의 가능 정도 관련된 미래지향적인 개념이다.

---

3) 송인섭, 인간심리와 자아개념, 양서원, 1988, 94~100쪽 참조.

(5) 열망성(熱望性)

열망은 현실에 근거를 두지 않는 이상적인 사고과정을 통해서 자신의 미래에 대한 가능성을 관련시키는 정신 작용의 개념이다.

3) 결과 차원

자아개념을 행위에 관련시킨 개념이다. 즉 긍정과 부정의 연속선상의 특성으로 나타나는 것으로 긍정적 자아개념과 부정적 자아개념으로 제시된다.

4. 자아의 통제 모형

자아인식 이론에 의하면 자아는 스스로의 행위를 통제하는 저장된 표준을 가지고 행동의 방향을 결정한다. 즉, 이러한 표준을 충족하지 못하면 행동을 수정하고, 저장된 표준과 일치하면 적극적으로 자아를 표현한다. 카버(C. S. Carver)와 샤이르(M. F. Scheier)는 밀러(G. A. Miller)와 그 동료들의 온도 통제 이론을 원용하여 다음 <그림 5-1>과 같은 자아통제 모형을 만들었다.

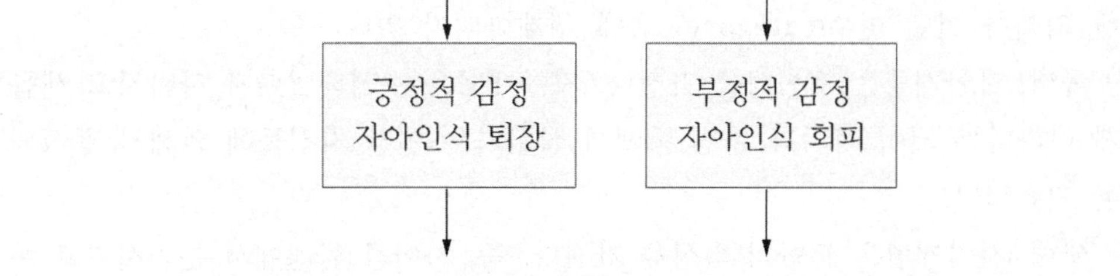

자료 : R. A. Lippa, Introduction to Social Psychology, California, Wadsworth, Inc., 1994(2nd), p.99(원전 : C. S. Carver and M. F. Scheier, 1981).

▌그림 5-1▐ 자아통제모형

이 모형에 의하면 자아가 자아인식 상태에 있을 때 자아는 통제 시스템으로 작용한다. 예를 들면 당신이 진급에 대하여 생각할 때 통제 시스템인 자아가 이렇게 묻는다. '내가 나의 표준을 맞출 수 있는가?' 라고 했을 때 우수한 학생이라면 '예'라고 대답함과 동시에 기쁨을 느끼고 행동의 변화를 하지 않는다. 이 때 자기 인식은 퇴장할 수 있으며 또 다른 일에 대하여 관심을 돌릴 것이다. 그러나 노력을 하지 않은 학생이라면 그는 '나는 내 표준에 맞도록 나의 행동을 변화시킬 수 있는가?' 하여 만일 '예'라고 대답한다면 그 때에는 표준에 맞도록 하기 위하여 동일한 일에 더 많은 노력을 투입할 것이다. 그러나 노력을 하더라도 바라는 진급을 하지 못한다면 당황하여 죄의식, 부끄러움 등을 느끼면서 자신에 대하여 생각하는 것을 회피하고 자기 인식을 퇴장시키려 할 것이다.

제2절 자아개념의 특징과 중요성

1. 자아개념의 특징

자아개념은 자기 자신에 대한 지각과 감정 또는 의미 내용으로서 자신에 대한 각 개인의 공적 특성(正的 特性)을 말하는 것으로 그 특징은 다음과 같다.[4)]

첫째, 자아개념은 어떤 범주 속에 일정하게 개념화된 것으로 각 개인의 경험에 의해서 어떤 범주(category) 속에 체계화되어 있다.

둘째, 자아개념은 계속성을 가진다. 자아개념은 형성되었다가 사라지고 새롭게 나타나는 것이 아니라 환경 속에서 살아가는 인간 자신들에 의해서 형성되어 지속된다.

셋째, 자아개념은 분화의 속성을 가진다. 즉, 자아를 환경에서 분리시키고 주체적 자아(I)와 객체적 자아(me)로 구분한다.

넷째, 자아개념은 기술적이고 평가적인 특징을 가진다. 평가는 이상적인 표

4) 송인섭, 앞책, 86~88쪽.

준이나 자기 또래나 중요 인물의 지각된 평가에 의하기도 한다. 남이 좋다고 평가하더라도 자신이 나쁘다고 생각하면 그것으로 부정적 자아개념이 형성된다. 이러한 평가는 자존심 또는 자기존중감에 반영된다.

2. 자아개념의 중요성

실체적 자아 인식에 오류가 생기면 정신 질환이 초래된다. 현실의 적절한 자아에 대한 인식 없이 이상적 자아나 자아상을 실체적 자아와 혼돈하거나 착각한다든지 이상적 자아를 추구해야 하는 바람직한 장래의 희망으로 보지 않고 현재와 괴리되는 데에서 오는 불만감을 다른 방향으로 해결하려고 하면 자기와 주위 사람들에게 많은 피해를 주게 된다. 실제로 정신병원에 있는 많은 사람들이 자신들이 나폴레옹이나 예수와 동격이거나 바로 자신들이 그런 위대한 사람이라고 하는 착각이나 과대망상증을 가지고 있다. 또 육체적으로는 성장하였으나 정신적으로는 성숙하지 못한 미성숙아 상태에 있는 철부지 증세를 나타내는 사람들도 있는데 이들이 바로 실체적 자아를 제대로 파악하지 못한 경우이다. 그러므로 자아개념의 올바른 이해는 건강한 삶을 사는 지름길이 된다.

또한 이상적 자아와 실체적 자아를 근접시키려는 노력을 하는 과정에서 잠재 능력이 확대되고 욕구만족의 정도가 커진다. 자아실현이 이상적 자아와 실체적 자아가 근접하는 의미를 가진다고 볼 때 자아실현은 인간이 추구하는 최고 수준의 욕구이기 때문에 자아실현을 하려고 노력을 하여 자아실현에 도달된다면 성원들의 만족 수준은 극대화된다.

그러므로 개인적으로 긍정적 자아개념을 확립하여 적극적으로 삶을 살아가고, 집단과 조직 차원에서는 성원 전체가 건전하고 적극적인 자아개념을 형성한다면 조직 분위기가 활성화되며 건강한 조직이 된다.

제 3 절 자아개념의 기능

누가 자기 이름을 부르면 관심을 집중시키며 반응을 한다. 이는 우리 자신이 자신에 대해 가지고 있는 관념, 즉 자아개념이 있기 때문이다. 그러므로 자아개념이 가지고 있는 기능 분석을 하면 올바른 자아를 형성하는데 도움을 준다. 구체적으로 자아개념은 다음과 같은 세 가지 기능을 가지고 있다.[5)]

1. 정보처리기능

인간의 정보 처리 특징을 설명하기 위하여 영국의 바틀레트(F. C. Bartlett)는 '도식'이라는 개념을 사용하였다. 도식은 기억 속에 저장되는 개념, 생각, 믿음으로 이루어진 추상적인 체계를 말한다. 미시건 대학의 마르쿠스(H. Marcus ; 1980)는 자기와 관련된 정보처리의 특색을 '도식'을 원용하여 자기도식이라는 개념을 사용하였다. 자기도식이 갖는 정보처리상의 특징은 세 가지로 요약된다.

첫째, 자기 도식을 가진 사람은 그런 특정 도식이 없는 사람에 비해서 관련 정보를 빨리 처리한다.

둘째, 새로운 정보가 자기 도식과 일치하면 정보를 쉽게 받아들이고 모순되면 저항을 하면서 여과를 한다.

셋째, 자기 도식과 관련된 정보는 쉽고 빠르게 배울 수 있다. 왜냐하면 인간은 자기를 판단의 참조로 삼으면 쉽게 이해할 수 있기 때문이다. 이를 '자기참조효과'라 한다.[6)]

이와 같이 사람들은 자기와 관련된 정보로 도식화되어 있으므로 자기중심적이고 보수적인 인지구조를 가지고 있다. 따라서 자기의 공로를 많이 내세운다. 그러므로 자기 공로를 많이 내세우는 것은 그가 욕심이 많다거나 탐닉적이기 때문이 아니고 정보처리 기능을 하는 인지 구조가 그렇게 구성되어 있기 때문이다.

5) 한규석, 사회심리학의 이해, 학지사, 1995, 60~73쪽.

6) F. C. Bartlett, Remembering, Cambridge, England, Cambridge Univ. Press.

2. 행동의 동인기능

자아의 두 번째 기능은 행동의 동인으로 작용한다는 점이다. 자아 행동의 동인으로서는 세 가지 욕구가 작용한다.[7]

첫째, 자기지식욕구이다. 사람들은 자신의 능력을 알고 싶어 하고 자신의 지각을 확인하는 증거를 찾으려 한다.

둘째, 자기고양욕구이다. 이는 자아를 보호하고 스스로에 대한 긍정적인 자아상을 가지려는 활동으로 나타난다.

셋째, 자기향상욕구이다. 이는 자신을 이상적인 특정한 모습으로 끌어 올리려는 것으로 나타난다.

3. 행위의 평가기능

자아는 자기 행위에 대한 평가를 한다. 사람들은 보통 자신에게 관심을 기울이지만 어떤 경우에는 주위 환경에 더 주의를 기울인다. 전자의 경우 자신에게 의식의 초점이 주어졌을 때 두 가지 성향으로 나누어진다. 하나의 성향은 자신이 남에게 보이는 면(공적자아)에 신경을 쓰는가 하면, 또 다른 성향은 자신의 내밀한 면(사적자아)에 신경을 쓴다. 물론 공적 자의식에 강한 사람들은 자신의 외모와 유행에 관심을 가지며 주위 사람들의 견해에 동조적이고 친화적으로 외향적인 사람이 되며, 사적 자의식에 강한 사람들은 자기 내면의 감정에 치중하는 내향적인 성향의 사람이 된다.

---

7) M. Banaji & D. Prentice, "The self in social contexts", Annual Review of Psychology, 1994, Vol. 45, pp.297~332.

제4절 자아개념의 결정요소

자아개념은 인간이 살아가는 동안에 다양한 사회적 경험을 하면서 형성된다. 그러므로 인간의 출생과 동시에 진행되는 사회화 과정에서 형성된다.

1. 상황적인 요소

현재의 상황적 요소가 자아를 결정한다. 예를 들면 한 개인이 사병으로서 근무하다가 장교가 된다면 그는 동일인이면서 다른 자아개념과 퍼스낼리티를 표출한다. 또는 어린아이가 부모에게 응석을 부리다가 동생이 생기면 의젓해지는 것은 상황이 자아개념에 미치는 영향을 말하는 것이다.

2. 문화적 요인

인간의 행동에 결정적으로 중요한 영향 요인은 문화적 요소이다. 마찬가지로 자아개념 형성에 중요한 영향 요인 또한 문화적 요소이다. 이러한 예는 동서양 사람들의 퍼스낼리티를 보면 분명하게 나타난다. 동서양 사람들이 가지고 있는 자아개념 역시 차이가 분명하다. 서양 사람들은 자신을 '독립적인 존재'라고 생각하는 반면에 동양 사람들은 '가족 속의 나' 또는 '집단 속의 나'라는 상호의존성과 관계성을 대단히 중요시한다.

3. 자극의 강도

개인이 가지고 있는 신체적 특징, 예를 들면 머리털이나 피부색, 몸의 체형 같은 차이가 자아를 결정하는 요소로 작용한다. 흑인과 백인, 뚱보와 홀쭉이, 대머리와 곱슬머리 등 개인의 신체적 차이는 자아개념 형성과 밀접한 관계를 가진다. 즉, 뚱뚱이는 좀 느긋하거나 낙관적인 성향을 가지며 자신이 후덕한 것으로 생각하고, 홀쭉이는 모든 것이 시간에 맞추어서 규정대로 되어야 직성이 풀리는 퍼스낼리티를 가지고 있기 때문에 자신이 원칙에 충실한 사람이라고 생각한다.

4. 유용성

유용성은 유효성이라고도 번역할 수 있는 것으로서 가장 최근의 활동에 의한 자기자신의 상(像)을 의미한다. 예를 들면 최근에 좋은 상을 탔다든가 기분 좋은 칭찬을 받았다면 그의 자아개념은 긍정적 차원으로 형성된다.

5. 순간적인 욕구

현재의 충족되지 못한 일시적인 욕구가 일시적인 자아개념으로 구체화된다. 순간적으로 충족되지 않는 욕구에 대한 자신의 태도를 어떻게 가져야 될 것인가를 짧은 순간에 판단하면서 자신을 보는 것이다. 그러므로 욕구가 자아개념을 형성하는 것이 아니고 욕구 충족 과정에서 순간적으로 자아개념을 형성한다.

6. 지속적인 가치관

과거의 강화경험(past reinforcement history)에 의한 지속적인 가치관이 자아개념을 형성한다. 즉, 과거의 보상이나 처벌에 의해 형성된 자기수양과 학습에 의해서 자아개념이 형성된다. 예를 들면 공부를 열심히 하여 상을 많이 받은 아이는 긍정적 자아가 형성되어 모든 사물을 긍정적으로 본다.

제5절 유사개념

자아개념과 같은 뜻으로 사용되는 용어는 self(Meltzer; 1970), self-estimation (W. James ; 1890), self-identity(R. B. Burns ; 1979), self-imaginery 또는 self image (Allport ; 1955), self-perception, self-consciousness(Bertocci ; 1945) 등이 있으며 자존심과 자아실현에 관련된 유사 개념도 여러 가지가 있다.

1. 자존심

자존심(self-esteem)은 자기 존중감과 동의어이다. 자존심은 한 개인이 자신을 존귀하게 평가하는 것이다. 이는 자신의 가치와 존재에 대한 확신이며 자신의 행동, 능력, 외모, 가치관에 대해 자신들 나름대로의 신념과 견해를 가지는 것이다. 물론 이러한 평가는 현재 처한 상황, 성공여부, 다른 사람들의 평가, 한 개인의 퍼스낼리티에 의해 크게 영향을 받는다. 그러므로 자존심은 조직 내외를 막론하고 인간관계 형성과 직업이나 직무 선택에 중요한 변수가 된다. 예를 들면 자존심이 강한 사람은 높은 목표를 설정하고 목표 달성을 위해 강한 집착력을 보이는 반면 자존심이 약한 사람은 그렇지 못하다. 따라서 자존심은 자기주장, 독립심, 창조성과 관련을 가지며 과업 성취나 목표 달성의 정도와 밀접한 관련을 가진다.[8)]

또한 자존심이 강한 사람은 외부 환경의 영향을 잘 받지 않지만 자존심이 없거나 약한 사람은 외부영향을 쉽게 받는다. 한편 지나친 자존심이 실체적 자아와 현격한 차이가 있을 때는 사회 구성원이 이를 수용하지 못하므로 자기만의 상상세계를 구축하여 이상한 행동을 하게 된다. 그 결과사회화가 불가능하여 사회의 정상적인 성원으로서 행동하기 힘들다.

8) Helliriegel D. et al., Organizational Behavior, N. Y., West Pub. Co., 1986, p.73.

2. 자기 이미지

자기에 대한 개념 속에는 이미 여러 가지의 자기 이미지(self-image)가 내재되어 있다. 자기 개념을 구성하고 있는 이상적 자아와 자아상이 자기 이미지 형성에 주요 요소로 작용한다. 이는 태도의 요소와 같이 3대 요소로 구성되어 있다.[9)]

첫째, 인지적 요소(cognitive-component)로서 개인이 자신의 능력, 외모, 사회적인 의미에 대해서 내리는 평가이다. 즉, 자기가 우등상을 받은 것이나 어떤 경기에서 우승한 것을 자기 이미지로 나타낼 것이다. 둘째, 감정-평가적 요소(emotional-evaluative component)로서 자기 존중, 자기비판, 이기주의, 자기 멸시 등이 있다. 이는 감정적 평가 요소라고도 하며 자기에 대한 감성적 평가로서 자기에 대한 이미지를 가지게 된다. 셋째, 행동적 요소(behavioral component)로서 나의 행동에 대해서 남의 시선을 받고 싶어 하는 것을 말한다. 이와 같이 자기 이미지는 자기에 대한 태도로서 퍼스낼리티로도 나타난다.

3. 자아실현

로저스는 "인간 유기체(human organism)를 자극하는 기본적인 힘은 자아실현(self-actualization) 즉, 유기체의 유지와 증진, 실현과 충만을 향한 어떤 경향이다"[10)]라고 하였다.

매슬로우는 절정 경험(peak experience)을 느끼는 순간들이 바로 자아실현의 상황이라고 하였다. 절정 경험은 인간이 가질 수 있는 고도의 전심, 열중, 몰입, 그리고 헌신의 순간이며 동시에 최선 상태에 있다고 느끼는 순간, 경외, 행복감, 환희, 황홀의 순간이다. 즉, 절정 경험이란 인간이 자신들의 개인 생활 가운데서 충분히 자신의 기능을 발휘하고 있고, 강하다는 것을 느끼며 자신감을 가지고 자신을 완전히 지배하고 있는 순간들을 말한다.[11)]

---

9) 김정택 번역, 인간행동의 심리학, 서울, 사상사, 1993(원전 : A. V. Petrovsky et al., Psychology).

10) R. L. Atkinson et al., Introduction to Psychology, Harcourt Brace Jovanovich,, Inc., N. Y., 1983, p.400.

11) 박아청, 자기의 탐색, 교육과학사, 1998, 366쪽.

사람은 자기의 행동이 성장 쪽인지 퇴행 쪽인지 언제나 분명하게 인식하고 있는 것은 아니다. 그것만 분명히 안다면 사람은 반드시 성장 쪽을 택할 것이다. 즉, 관념이나 상상 속의 내가 추구하는 성장의 방향에서 현실적으로 성장한 나로 변화시키는 것을 자아실현이라 할 수 있으며 이러한 성장 쪽을 택하려는 욕구를 '자아실현의 욕구'라고 부를 수 있다. 매슬로우는 자아실현의 욕구가 있는 사람들에게 나타나는 공통적인 성격을 다음과 같이 설명하고 있다.[12)]

1) 자기나 타인, 자연을 받아들이려는 심성
2) 문제의 중심을 파고들 수 있는 능력
3) 초연할 수 있는 성격
4) 자율성, 문화와 환경으로부터의 독립 의지와 적극적 주체
5) 신비적 경험, 절정경험(peak experience)
6) 인류애를 공감할 수 있는 능력
7) 대인관계능력
8) 민주적 성격구조
9) 수단과 목적 그리고 선악을 구별할 수 있는 능력
10) 칠희적이고 비적대적인 유미 감각
11) 창조성
12) 환경에 대한 저항(특수 문화에 대한 효율성)

12) A. H. Maslow, Motivation and Personality, N. Y., Harper & Row, 1970(2nd), pp.153~174.

Chapter 06

지 각

Chapter 06

지 각

제1절 지각의 본질

지각(perception)이란 감각기관(눈, 코, 혀, 귀, 피부와 신경섬유)을 통하여 사물을 인식하는 것이다. 지각은 사물과 관찰자의 특성에 따라서 같은 사물이라도 다르게 받아들인다. 이것은 외부의 정보 자체에 대한 실체보다는 지각자의 주관에 의하여 정보에 대해 반응하기 때문이다. 따라서 지각은 개인행동의 차이 또는 개인차 즉, 개인행동을 차별 짓는 하나의 요인이다. 지각은 美와 같은 것이어서 '제 눈에 안경'이란 말처럼 지각하는 사람의 눈에 따라 대상과 사물이 달리 보인다. 흔히 장님이 코끼리 만지는 이야기에 비유할 수 있는 것이 바로 인간의 지각 차이를 말하는 것이다. 바로 이처럼 지각의 차이는 행동의 차이로 나타나며 인간의 차이를 만드는 요인이다. 따라서 개인이 각각 가지고 있는 퍼스낼리티, 가치관, 과거의 경험 등 인지구조에 따라 각자의 반응과 행동은 다르게 나타난다.

1. 지각의 의의

지각은 현실과 아주 다를 수 있는 독특한 장면을 야기하는 매우 복잡한 인지과정(cognitive process)으로써 "사람이 환경에 의미를 부여하기 위해 감각적인 인상을 조직화하고 해석하는 과정이다"[1]라고 하여 감각과 인지 등의 유사 개념과 구별된다. 즉, 감각(sense)은 심리적인 자극이 오감의 감각기에 전달되어 얻어진 느낌이며, 인지(cognition)는 사물을 과거의 경험에 따라 인식하고 그것에 이름을 붙여 행동의 변수로 작용할 수 있게 하는 과정이다. 그러므로 지각은 외부로부터 들어오는 자극(정보, 지식, 사물)을 선택(selection)하고, 조직(organization)하며, 해석(interpretation), 평가하는 총체적인 과정으로써 단순히 자극을 받아들이는 감각과는 구별된다.[2]

첫째, 지각과 감각(sensation)은 관련이 깊은 개념이면서 다른 의미를 가지고 있다. 즉, 화이트(D. D. White)와 베드나(D. A. Bednar)는 "감각은 환경의 자극을 받아들이는 신체적 과정이며, 지각은 자극을 선택, 조직화, 해석하는 심리적 과정"[3]이라고 하여 양자를 구분하였다.

둘째, 사람은 실재(reality, what is)에 근거하여 행동하기보다는 지각된 실재(perception of what reality is, What is perceived)에 근거하여 행동한다. 즉, 많은 사람들의 경우에 실질적인 내용이나 의미보다 자기의 선택적인 지각에 의해서 행동한다.

셋째, 감각은 모든 사람이 동일하게 경험하지만 지각은 주관적인 선택과 해석에 따라 사람들마다 다르다.

2. 지각의 중요성

지각이란 철저하게 개인의 주관과 심리에 의하는 것으로 지각에 대한 반응이 나타나기 전 까지는 아무도 알 수 없다. 인간의 행동은 오감의 감각 기관을 통해서 지각에 의한 학습 경험을 바탕으로 형성된 태도로 나타난다. 지각 과정이 없으면 행동이 있을 수 없다. 그러므로 인간 행동을 이해하기 위해서는 지각에 대한 연구와 이해가 필수적이다.

또한 인간의 행동은 단순한 감각에 의해서 이루어지는 것이 아니라 지각된

1) S. P. Robbins, Management, N. Y., Mc Graw-Hill, 1994(2nd), p.135.
2) 이한검, 인간행동론, 형설출판사, 1994, 166~168쪽.
3) D. D. White & D. A. Bednar, Organizational Behavior, Allyn & Bacon, 1991(2nd), p.69.

사실에 근거하여 행해지기 때문에 올바르게 지각할 수 있는 경험과 교육, 그리고 학습과 훈련이 중요한 전제가 된다. 그렇지 않고 지각이 왜곡되면 사실에 대한 해석이 달라지기 때문에 개인의 퍼스낼리티, 동기부여, 의사소통, 인간관계, 갈등과 스트레스에 대한 관리 방법, 리더십의 유형들이 바람직하지 못한 방향으로 진행된다.

지각의 중요성은 사회의 복잡화와 개인 욕구 계층의 다양화에 의하여 더욱 강조된다. 정보, 지식 그리고 자극이 폭발적으로 증가되는 현실 속에서 개인적으로 어떻게 하면 지각을 정확하게 바로 하는가, 개인과 집단과 조직의 이미지를 어떻게 상대방에게 정확하게 지각시켜 원하는 목표를 달성 하는가 등이 현대를 살아가는 개인이나 집단과 조직에 중요한 문제가 된다.

3. 지각과정

지각의 과정에 대한 학자들의 구분은 다양하다. 즉, 선택과 조직화로 구분하는 학자(F. Luthans), 또는 관심(attention)과 조직화 두 단계로 구분하는 학자(J. R. Gordon)가 있는가 하면 선택, 조직화, 저장, 해석 등의 네 단계로 구분하는 학자(J. A. Wagner, J. R. Hollenbeck)도 있다. 여기에서는 지각의 과정을 정보를 선택하고 그것을 조직하여 해석하는 세 단계로 논하고자 한다. 이것을 그림으로 표시하면 <그림 6-1>과 같다. 지각과정은 외부의 자극에 대하여 의미를 부여하고 이해하는 과정으로 인간 행동 형성에 영향을 끼치는 중요한 과정이다. 이때 지각자는 내적 요인 즉, 준거 틀에 의하여 외부의 자극을 선택하고 조직하며 해석하는 과정을 거친다.

1) 선택(selection)

인간은 외부로부터 오는 수많은 정보와 지식과 자극을 인간의 감각 능력으로는 다 받아들여 처리할 수 없다. 이것이 인간 능력의 한계이자 지각상의 제약이다. 그러므로 제한된 범위 내에서 자기와 관련된 유리한 자극만 선택하여 받아들인다. 이와 같이 자기와 관련된 것만 선택하여 지각하는 것은 지각관련성(perception relevancy)의 원리라 한다.

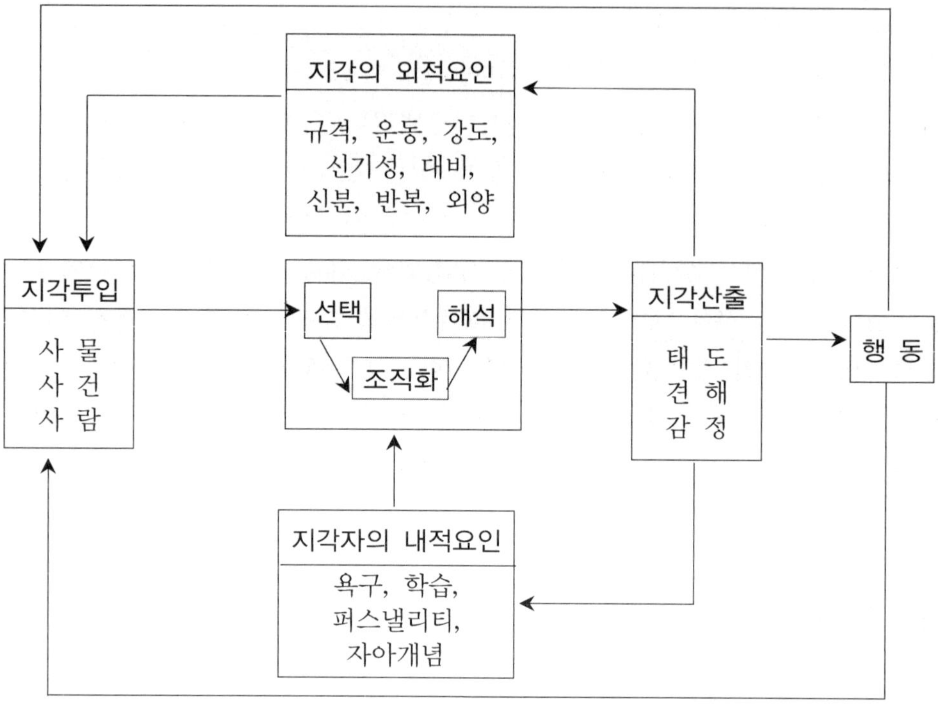

자료: Chung, K. H. and L. C. Megginson, Organizational Behavior : Developing Managerial Skills, New York, Harper & Row Pubilshers, 1981, p.112.

그림 6-1 지각의 과정

따라서 인간이 선택적 지각을 하기 때문에 동시에 두 가지 일을 한다는 것은 잘못이다. 우리는 이러한 경험을 수 없이 하면서 살아간다. 운전 중에 휴대폰을 들고 통화를 하다가 사고를 내는 경우와 한 사람과 대화를 하면 다른 사람의 말은 들리지 않는 것은 지각에 한계가 있기 때문이다.

이러한 성향을 지각적 선택(perceptual selection)이나 선택적 지각(selective perception) 또는 선택적 주의(selective attention)라고 하며 이에는 두 가지 심리적 원리가 있다.[4] 즉, 그림-배경의 원리와 지각조직결집의 원리이다.

(1) 그림-배경(figure-ground relationship)의 원리

인간이 어떤 사물을 지각할 때 모든 사물이 꼭 같은 정도와 강도로 우리 의

4) F. Luthans, Organizational Behavior, N. Y., Mc Graw-Hill Inc., 1995(7th), pp.99~101.

식 속에 들어오는 것은 아니다. 즉, 의미 있는 것으로 부각되는 것과 무의미한 것으로 남아 있는 부분이 있다. 이 때 전자를 그림 또는 형태(figure)라 하고 후자를 배경 또는 바탕(ground)이라고 한다. 이 그림과 배경은 상황에 따라서 역전될 수도 있다. 이것은 인간이 동일한 상황이나 사건을 다르게 지각할 수 있다는 것을 설명해 주는 현상이다.

다음 <그림 6-2>을 보면 우리의 지각 선택에 따라 다른 해석을 할 수 있다는 것을 쉽게 알 수 있다.

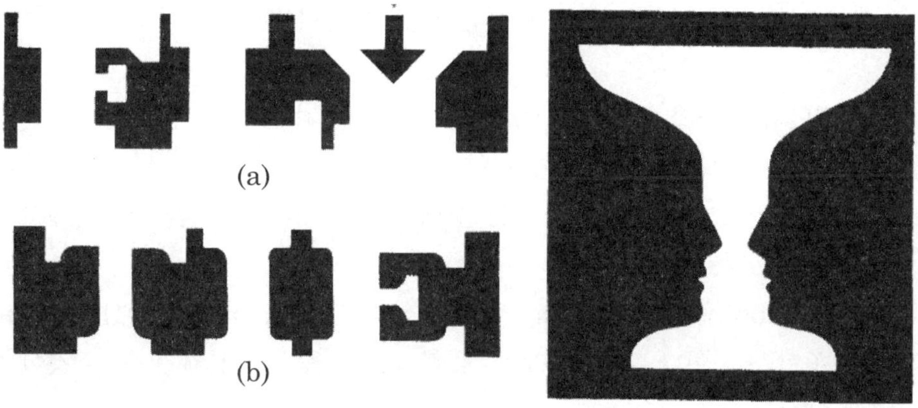

자료 : F. Luthans, Organizational Behavior, N. Y., Mc Graw-Hill Inc., 1995(7th), p.98.

| 그림 6-2 | 그림과 배경

(2) 지각조직결집의 원리(the grouping principle of perceptual organization)

이 원리는 조직화의 기본 원리로 이해해야 한다. 욕구와 관련된 선택적 지각으로 리비트(H. J. Leavitt)는 자신을 기쁘게 하는 것만 지각하고 방해되는 것은 거절하며 위협적인 것은 주의를 기울이는[5] 심리를 말한다.

2) 조직화(organizing)

인간은 감각이 주어지면 그것을 조직화하여 지각이 용이하도록 집단화한다.

5) H. J. Leavitt, Managerial Psychology, University of Chicago Press, 1978(4th), p.17.

이를 독일어에서는 'Gestalt'라고 한다. Gestalt는 형태나 전체의 의미로 사용된다. 그래서 Gestalt의 의미는 감각에 의해 주어진 부분적인 것을 전체적으로 지각하여 본래의 부분 이상의 대상으로 파악하는 것을 말한다.[6] 조직화는 바로 이러한 Gestalt적인 의미로서 여러 가지의 자극을 이해 가능한 유형으로 집단화하는 경향성을 말한다. 이를 지각조직결집의 원리에 의하여 설명하기도 한다. 이 원리는 인체 외부로부터 지각된 조각난 정보나 고립적인 자극을 그대로 두지 않고 조직화하고 완결시켜 완전한 정보나 사물로 지각하려는 경향을 말한다. 지각 조직 결집의 원리에 의하면 우리의 지각구조는 아주 기본적이며 타고난 일정한 법칙이 있다. 그 내용은 다음과 같다.

지각 집단화 현상은 다음[7]과 같은데 이것은 지각된 전체는 단순한 부분의 합 이상이라는 Gestalt적 현상이다.

① **완결성**(closure) : 완결되지 않는 상태로 그림을 그려도 완결된 상태로 지각하려는 경향을 말한다.

② **연속성**(continuity) : 연속적인 형태로 모인 것에 안정감과 참신함의 의미를 두어 제품이나 디자인, 행렬 등에 연속성을 부각시키려 하는 것이 이에 해당된다.

③ **근접성**(proximity) : 가까이 있는 자극들을 한 쪽으로 뭉쳐서 지각하는 경향을 말한다. 조직의 여러 성원들을 단일 집단으로 보거나 흩어져 사는 사람들의 집을 한 마을로 지각하는 것이 이에 해당하며 한 집단에 불성실한 사람이 있으면 집단 모두를 불성실한 것으로 지각한다.

④ **유사성**(similarity) : 자극의 속성이 같은 것끼리 뭉치는 것이 이에 속한다. 흑인은 흑인끼리, 한국인은 한국인끼리 유사한 집단에 가담하고 모이려는 것은 지각의 유사성에 근거한다.

3) 해석(interpreting)

지각된 것을 해석하는 과정은 지각의 마지막 단계로서 선천적인 느낌으로 감각 정보를 처리하는 것을 말한다. 그러나 또 다른 학자들은 경험을 통해서

---

6) 한국심리학회 편, 현대심리학의 이해, 학문사, 1997, 144쪽.

7) F. Luthans, 앞책, pp.99~100.

정보 처리 능력이 생긴다고 한다. 인간은 자신의 목적에 맞도록 지각된 현상을 해석한다. 물론 이 해석은 주관적(subjective)이고 판단적(judgemental)이며 선택적이기 때문에 쉽게 왜곡될 수 있다.

지각에 대한 해석 능력은 과거 경험과 기대 또는 상황에 대한 적응 과정에서 형성된다. 그 과정에서 자신의 마음이나 지각에 나름대로 일정한 모양새를 갖추고 해석을 한다. 이러한 모양새를 지각의 갖춤새(perceptual set) 또는 마음의 갖춤새라고 한다.[8] 이러한 갖춤새에 의해 형성된 개념의 틀은 친숙하지 않은 정보나 새로운 정보를 해석하는데 큰 도움을 준다. 예를 들면 짐승의 형상을 한 바위를 보고 이름을 붙이고, 큰 소리를 듣고 대포 소리나 비행기 소리 등 자기의 경험에 의한 해석을 한다.

4. 지각선택에 대한 영향요인

지각 과정에서 영향을 주어 지각 선택이 되도록 하는 요인은 다음과 같다.[9]

1) 외적 요인

외적 요인은 지각선택에 영향을 미치는 외부환경 요인이다.

(1) 강도(intensity)

외부 자극의 강도가 강하면 강할수록 지각이 잘 된다. 이를 주의강도의 원칙(the intensity principle of attention)이라 한다. 소리를 높이 지르거나 강한 색이나 조명을 쓰는 것이 이 예에 해당된다. 주로 간판이나 TV의 광고로 많이 활용한다.

(2) 규격(size)

대상이나 자극체의 규격이 크거나 특이한 모양으로 되어 있으면 쉽고, 빠르게 지각이 잘 된다. 이를 규모의 원칙(the principle of size)이라 한다. 광고탑

8) 윗책, 156~157쪽 참조.

9) F. Luthans, 앞책, pp.90~97.

을 크게 세우거나 신문의 전면에 광고하는 것은 소비자에게 잘 지각시키기 위한 것이다.

(3) 대비, 비교(contrast)

다른 것과 비교가 되도록 하면 잘 지각된다. 이를 비교의 원칙(the principle of contrast)이라 한다. 주변보다 중심이 되는 것을 두드러지게 하거나 대비되는 색깔을 사용하여 광고할 때 또는 경쟁 기업의 제품을 비교하여 제시하며 설명할 때 주제와 관련된 것을 비교하는 것은 비교의 원칙에 따른 지각 효과를 증대시키기 위한 것이다.

(4) 재현, 반복(repetition)

반복되는 자극은 단 한 번의 자극보다 더 많은 주의를 하게 한다. 이를 반복의 원칙(the principle of repetition)이라 한다. 예를 들면 네온사인은 반복 효과를 높이기 위한 것이다.

(5) 운동(motion)

물체의 움직임이 있을 때 더 잘 지각하게 된다. 이를 운동의 원칙(the principle of motion)이라 한다. 예를 들면 네온사인은 반복 효과도 있지만 운동 효과도 있다.

(6) 진기성(novelty)과 친숙성(familiarity)

진기하거나 친숙한 사항에 대해서는 주의를 크게 기울인다. 이를 진기성과 친숙성의 원칙(the principle of novelty and familiarity)이라고 한다. 진기성과 친숙성은 서로 다른 의미를 가지지만 지각의 효과를 높이는 데에는 극단적인 조처로서 다 같은 효과가 있다.

2) 내적 구성요인

(1) 모티베이션

수많은 인간의 동기 요인들이 지각 선택의 주요 요소가 된다. 인간욕구 계층에 입각한 동기차원의 순서에 따라 낮은 동기에서 고차원적 동기 순으로 지각의 차이를 나타낸다. 성, 식욕, 갈증욕, 수면욕 같은 기본적인 생리적 욕구에서 권력욕, 성취욕, 사회적 욕구 등으로 주의를 끈다.[10)]

(2) 퍼스낼리티

퍼스낼리티 구성은 가족적인 배경, 문화적인 배경, 개인의 동기, 욕구, 목표에 의해서 이루어진다. 긍정적인 퍼스낼리티를 가졌느냐 또는 부정적인 퍼스낼리티를 가졌느냐에 따라 사물과 정보와 자극을 지각하는 데에 큰 차이가 있다.

(3) 학습과 경험

과거의 경험에 의한 학습 내용에 따라 지각 능력에 차이가 있다. 성장 과정의 학습 경험에서부터 학교생활, 군대생활 같은 특수한 경험에 이르기까지 모든 생활의 경험은 지각에 크게 영향을 미친다. 또는 정규 교육 과정 이외의 훈련이나 강연 등에 의해 흡수된 정보나 지식도 지각에 영향을 미친다. 예를 들면 어려운 군대 생활 경험을 가진 사람은 다른 사람이 어렵다고 하는 일을 아무렇지도 않게 생각하며 쉽게 해결한다. 이는 지각에 차이가 있기 때문이다.

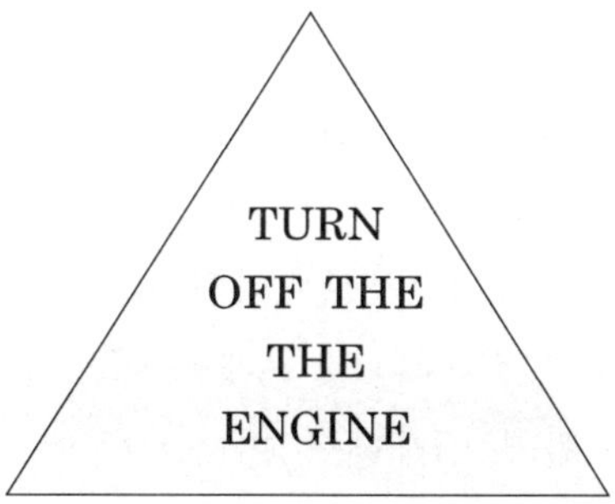

자료 : 유기현, 앞 책, 63쪽.

❙그림 6-3❙ 경험과 자각

위 <그림 6-3>의 문장을 볼 때 우리는 직감적으로 문구 속에 THE가 더 추가되었다는 것을 바로 알게 된다. 이런 경우가 바로 평소에 학습되어진 결과가 지각선택에 영향을 미치기 때문이다.

이 이외에도 개인의 지각에 영향을 미치는 내적인 요인으로서는 지능, 개인

---

10) 유기현, 조직행동론, 무역경영사, 2002, 62쪽.

의 능력, 개인의 목적이나 기대치 또는 관심의 정도 등이 있다.

3) 귀인에 의한 요인

귀인은 지각에 영향을 끼치는 요인이 어디에 있는가를 말한다. 요인으로 지각자(perceiver), 피지각자(perceived) 또는 대상물(object, target), 상황(situation)으로 구분한다.

지각은 지각자 주관적 관점에 의해서 받아들이게 되므로 개인의 특성 즉, 퍼스낼리티, 과거경험, 자아개념, 인지구조 등에 따라서 해석이 달라진다. 또 피지각자나 혹은 대상물의 특성에 따라서 영향을 받으며, 지각자나 피지각자가 같아도 상황에 따라 지각은 달라진다.

제2절 사회적 지각

사회적 지각(social perception)이란 한 개인이 타인을 지각하는 문제이다. 이는 지각자가 피지각자에 대하여 내. 외적 정보의 요소보다는 피지각자 자신이 지각자에 대하여 자신이 가지고 있는 내적 요인이 타인을 지각하는데 더 많은 영향을 미치게 된다. 사회적 지각의 문제를 이해하기 위해서는 지각자의 특질과 피지각자의 특질을 먼저 이해해야 한다.[11)]

1. 사회적 지각의 중요성

타인 평가에 관한 문제는 조직에서 매우 중요한 사회적 지각의 문제로 어떻게 하면 다른 사람을 공정하고 정확하게 평가할 수 있느냐 하는 것이 중심 문

---

11) F. Luthans, Organizational Behavior, N. Y., Mc Graw-Hill Inc., 1995(7th), p.102 참조.

제가 된다. 사람에 대한 지각일 경우에는 평가 대상의 실제 모습보다는 잘 되었건 잘못 되었건 지각자가 지각하고 있는 모습이 지각 과정에 투입된다는 점에서 타인 평가의 중요성이 있다. 그 결과는 조직 구성원들 간의 인간관계와 업무 성과에 영향을 미치므로 매우 중요하다. 여기서 타인을 지각하기 위하여 타인의 신분이나 지위가 그 사람의 지각과정 뿐만 아니라 행동에 대한 판단에도 변수는 작용하고 있음[12]을 이해하여야 한다. 따라서 공정하고 정확한 평가 능력은 본능적인 것이라기보다는 훈련과 노력을 통해 향상될 수 있다. 사회적 지각은 지각 대상자, 지각자, 조직의 상황의 상호작용으로 이루어진다. 이것은 아래 <그림 6-4>와 같다.

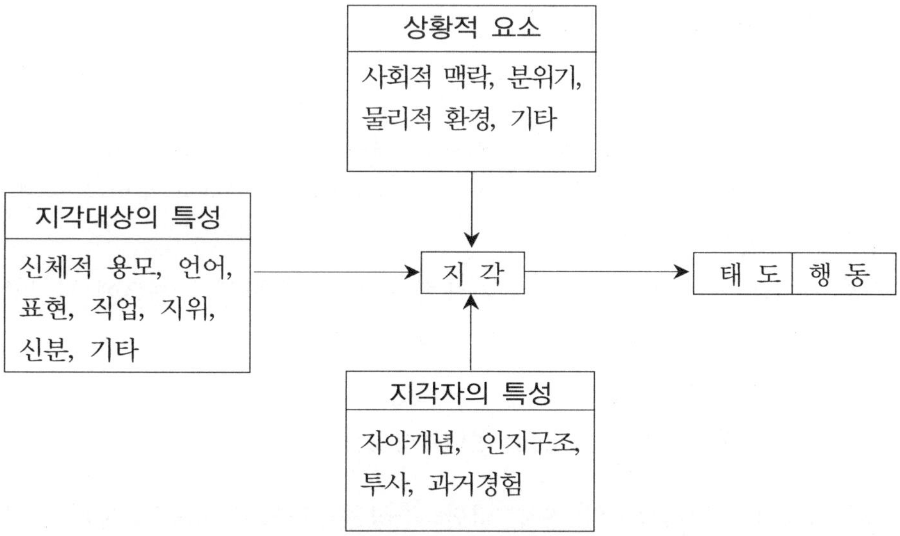

자료 : Richard. M. Steers and J. Stewart Black, Organizational Behavior, N. Y., Harper Collins, 1994(5th), pp.69~71.

▌그림 6-4▐ 사회적 지각 과정

1) 지각자의 특성 차원

지각자의 특성에 따라서 사회적 지각은 달라진다.

첫째, 자기 자신을 아는 것은 지각 대상자를 정확하게 이해하는 데에 도움을 준다. 즉, 자아에 대한 정확한 이해가 선행되어야 비로소 지각 대상자 또는 사

12) 유기현, 조직행동, 무역경영사, 2002, 55쪽.

회 현상에 대한 지각을 올바르게 한다.

둘째, 자기 자신을 수용하는 긍정적인 자세의 사람은 타인의 긍정적인 면(favorable aspects)을 잘 볼 수 있으며 사회를 바람직한 면에서 본다.

셋째, 조직에서 경영자의 지각 대상자에 대한 평가 능력이 관리에 미치는 영향은 공식적, 비공식적인 과정을 통해 이루어지고 있기 때문에 중요하다. 이때 지각 대상자의 특성 즉, 신체, 성격, 능력 등 다양한 기준을 활용할수록 보다 정확하게 지각하게 된다.

넷째, 자기의 특성(characteristics)을 잘 알면 지각 대상자의 특성을 이해하는데 바람직한 영향을 줄 수 있다.

2) 피지각자의 특성 차원

피지각자의 특성에 따라서도 다음과 같이 지각에 차이가 생긴다.

첫째, 피지각자의 지위와 역할에 따라서 지각자에게 영향을 준다.

둘째, 피지각자는 지각자의 지각 활동을 단순화하기 위하여 지위나 역할 등의 범주로 묶어서 생각한다.

셋째, 자기의 가시적 특성이 지각자에게 크게 영향을 주기 때문에 피지각자를 잘 이해하는 것은 올바른 지각을 위해서 필요하다.

3) 조직 상황(organization situation)

조직 내에서 지각대상자의 위치, 역할, 구성원들과의 관계형성, 물리적 환경 등에 따라서도 지각에 영향을 미친다.

2. 사회적 지각에 영향을 미치는 요인

사회적 관계의 형성이 지각자와 피지각자의 관계로 형성되는 데에서 사회적 지각의 문제가 생긴다. 사회 각 구성원은 지각자와 피지각자의 관계를 형성한다. 이 때 지각자는 자신의 내부적 특성에 따른 지각과 피지각자의 외부적 특성에 따라 지각의 정도를 결정하게 되는데 여기서 지각자가 피지각자와 비슷한 경우 비교적 정확하게 지각하게 된다.[13)]

1) 지각자의 특성

지각자의 특성은 주로 지각자 자신이 가지고 있는 내부적 성향을 말하며 다음과 같다.[14)]

(1) 욕구와 동기

지각자의 욕구와 동기가 피지각자에게 중요한 영향을 미친다. 즉, 정치인의 권력 욕구는 국민에게 중요한 영향을 미치며, 부모의 욕구는 자식의 생활에 중요한 영향을 미친다.

(2) 과거의 경험 또는 학습

과거의 경험이나 학습은 한 사람이나 대상을 어떤 일정한 방식으로 지각할 준비를 갖추게 하면 지각에 크게 영향을 미친다. 사람들은 친숙하지 않는 것보다 과거의 경험을 통해서 친숙한 것을 더 빨리 지각한다. 이것을 반응 경향(response disposition)이라 한다.[15)]

(3) 자아개념(self concept)

자아개념이란 자신을 지각할 때에 가지는 자신의 상을 개념화한 것으로써 우리가 주위의 사물이나 사람을 지각할 때에 기본적 준거체계가 된다. 우리가 지각하는 세계는 자신이 지각하는 자아를 중심으로 해석된다. 예를 들면 우리가 자신을 무능력하다고 지각하면 사회가 두렵거나 위협적인 것으로 지각되지만 자신을 유능하다고 지각하면 사회를 일할 수 있는 곳으로 생각하게 된다. 이때 자신을 잘 알고 있는 사람일수록 정확하게 지각하게 되며 자신을 용인할 수 있는 사람은 호의적으로 지각한다. 또한 지각자가 보다 안정적이고 독립적이며, 모호성을 잘 참는 사람이라면 타인을 따뜻하게 지각하게 된다.

---

13) 양창삼, 인간관계론, 경문사, 2005, 136쪽.

14) D. Dearborn and H. Simon, "Selective Perception : A Note on the Departmental Identification of Executives", Sociometry(21, 1958), pp.140~144.

15) T. R. Michell, People in Organization, McGraw-Hill Kogakusha, Ltd, 1978, p.93.

(4) 퍼스낼리티

퍼스낼리티도 타인을 지각하는데 영향을 미친다. 낙관적인 사람은 사물을 긍정적인 관점으로 보고, 비판적인 사람은 부정적인 관점에서 파악한다.

(5) 가 치

지각자가 깊은 관심을 두고 있는 것일 경우 다른 것보다 쉽게 지각된다. 이것을 지각 강조(perceptual accentuation)라 한다. 이때 생각이 깊은 사람은 흑백의 논리로 지각하거나 극단적으로 지각할 가능성이 낮다.

2) 피지각자의 특성

(1) 신체적 특성

피지각자의 얼굴 생김새, 성, 인종, 키, 체중 등과 같은 신체적 특성이 지각에 영향을 미친다.

(2) 언어적 의사소통

피 지각자의 언어 사용을 통해 피지각자의 교육의 정도 등을 파악할 수 있으므로 지각 대상이 사용하고 있는 악센트, 사투리 등을 통한 의사소통이 지각에 영향을 미친다.

(3) 비언어적 의사소통

언어 이외에도 피지각자 내면의 정서 상태가 표출된 얼굴 표정, 시선, 신체적 언어(body language) 등과 같은 비언어적 의사소통을 통해서 지각 대상의 정서 상태, 태도, 의욕 등 호의성 여부를 알 수 있으므로 비언어 또한 지각에 영향을 미친다.

(4) 사회적 특성

피 지각자가 가지고 있는 직업, 지위, 종교 집단내의 역할 등과 같은 사회적 특성이 지각에 영향을 미친다.

3) 지각이 이루어지는 상황

지각이 이루어지는 주변 환경의 상황은 피 평가자에 대한 첫 인상을 형성하는 중요한 역할을 한다. 지각 대상을 만나는 장소, 시기, 동행자, 시간, 차림새 등 주변 환경은 동일한 지각자와 피지각자라 하더라도 상황의 변화에 따라서 지각 상태가 달라진다.

3. 지각평가이론

1) 인상 형성(impression formation)이론

지각을 할 때 우리는 처음 만난 사람에 대하여 몇 안 되는 정보로 대상자를 쉽게 판단해버리는 오류를 범하기도 한다. 그러나 이렇게 지각되어진 인상은 앞으로 계속되는 인간관계에 많은 영향을 미친다.

(1) 의의

인상형성이론[16]은 애쉬(S. Asch)가 연구의 기초를 체계적으로 제시한 것으로써, 인상 형성이란 타인을 처음 만났을 때 그를 전인적(全人的)으로 지각하고 그에 대한 판단을 내리는 과정을 말한다. 이 이론의 주요 내용은 다음과 같다.

A : 그룹에 제시한 형용사

현명하다－기교 있다－부지런하다－온화하다－단호하다－실제적이다－조심성 있다

B : 그룹에 제시한 형용사

현명하다－기교 있다－부지런하다－냉정하다－단호하다－실제적이다－조심성 있다

자료 : 양창삼, 인간관계론, 경문사, 2005, 138 쪽.

▌그림 6-5▐ **에쉬의 인상 형성 실험**

16) 이관용 외 공저, 심리학개론, 율곡, 1990, 479쪽. (원전 : S. E. Asch, Social Psychology, N.J., Prentice-Hall, 1952).

애쉬는 <그림 6-5> 인상 형성 실험을 위해 실험자들을 두 집단으로 나누고 성격특성에 관련된 형용사를 불러 주었다. 이 때 중간에 한 단어만 달리하여 불러 준 후 인상 결과를 알아보았다. 그런데 결과는 중간에 달리한 단어로 그 사람을 평가하고 있음을 알 수 있었다.[17)]

(2) 인상 형성의 특징과 과정

① **일관성** : 지각 대상이 사물일 경우 우리는 상반된 정보들을 모두 혼합하여 지각하게 되지만 사람일 경우는 어느 쪽이든 한 쪽의 정보로만 지각하려는 경향이 있다. 다시 말해 인상을 형성할 때에 사람들은 단편적인 정보를 통합하여 타인에 관해서 일관성 있는 특징을 형성하려고 한다.

② **중심 특질과 주변 특질** : 인상을 형성하는 데에는 중심적인 역할을 수행하는 특질과 주변적인 역할밖에 하지 못하는 특질이 있다. 중심 특질이란 어느 한 사람의 전부를 평가해버리는 특정한 성질을 말한다. 에쉬의 실험에서처럼 가운데에 설명한 다른 의미의 단어인 온화하다와 냉정하다와 같이 그 사람을 평가하는 기준이 된 것을 말한다. 그 외에 현명하다, 기교가 있다, 부지런하다, 단호하다, 실제적이다, 조심성 있다는 주변적인 역할밖에는 하지 못하고 있음을 말한다. 예를 들면, 갑순이는 온화한 사람, 갑돌이는 냉정한 사람 등으로 평가되는 것이다.

③ **합산 원리와 평균 원리** : 합산 원리란 전체 인상이 여러 특질들의 단순한 합계라는 원리인데 반해, 평균 원리란 모든 정보가 동시에 들어오고, 그 정보의 무게가 같으면 단순 평균의 형태로 평가치가 이루어진다는 원리이다. 여기서 리친스(A. Luchins)는 초두효과(primacy effect)를 강조하고 있다. 이것은 먼저 들어 온 정보가 나중에 들어 온 정보보다 인상형성에 보다 큰 영향을 미친다고 주장하고 있으며, 엔더슨(N. Anderson)은 리친스의 주장을 인정하지만 그 보다 부정 또는 긍정적인 정보에 따라 인상 형성에 더 큰 영향을 끼친다고 주장한다.

④ **내재적 퍼스낼리티 이론** : 내재적 퍼스낼리티 이론 또는 상관적 편견이란 사람마다 타인의 퍼스낼리티를 그 나름대로 판단하는 독자적인 틀 또는 방향 감각을 가지고 있다는 이론이다. 이 이론은 자칫 오류를 범할 수 있

17) 양창삼, 윗책, 138쪽.

다. 그것은 한 가지 정보 즉, "근면하다"라는 하나만으로 당연히 정직할 것이라고 판단해 버리는 오류를 범할 수 있다.

2) 귀속 이론(attribution theory)

(1) 의의

귀속이론 또는 귀인이론[18]이란, 하이더(F. Heider)가 창시하고, 켈리(H. H. Kelley)가 발전시킨 이론으로서, 사람들에게는 타인들의 행위를 보고 그 행위의 원인을 추리하려는 경향이 있다는 것이다. 이 이론은 인간의 행위에는 그 사람이 지닌 의도, 동기, 목표가 반영된다고 보아 타인의 행위를 의도적인 것으로 파악한다. 그리고 그들이 어떠한 것을 원하기 때문에 그렇게 행동하느냐 하는 것을 파악하고자 하는 이론으로 개인의 행동은 내적 요소와 외적 요소에 의해서 일어난다. 여기서 내적 요소는 개인이 갖고 있는 능력, 노력 등을 말하며 외적 요소는 상황으로 과업의 난이도, 운 등을 말한다.[19]

귀속 과정(attribution process)이란 피지각자의 행위의 관찰을 통하여 그 행위의 원인을 이해하고 찾는 과정을 뜻하는 것으로서 귀속 이론이라는 주제 하에 연구되어 오고 있다. 여기에서 귀속(귀인)이란 우리가 행위의 원인을 어느 쪽으로 돌리느냐 하는 데서 붙여진 말이다.

(2) 켈리의 귀속 이론

켈리는 사람들이 귀속을 결정하기 위해서는 세 가지 기준에 맞추어서 관찰자의 행동 결과를 판단한다고 주장한다. 그가 말하는 귀착과정과 행동경향의 세 가지 기준은 일치성(합의성 : consensus)과 특이성(distinctiveness), 일관성(consistency)을 말하고 있다. 여기에서 일치성이란 평가 대상자의 행동이 평가자와 같은 행동을 하는가의 여부이다. 타인의 행동과 같을수록 일치성이 높다. 특이성은 이 상황에서만 일어나는 대상자의 특이한 행위를 말한다. 일관성은 대상자가 다른 상황에서도 같은 행동을 하는가를 말하는 것으로 항상 안정되어 있을수록 일관성이 높다. 이것을 표로 나타내면 <표 6-1>과 같다.

---

18) 고영희 외, 심리학, 양서원, 1990, 303쪽 참조.

19) Fritz Heider, The Psychology of Interpersonal Relations, N. Y., John Wiley & Sons, 1958)

▌표 6-1▐ 내적-외적 귀속의 기준

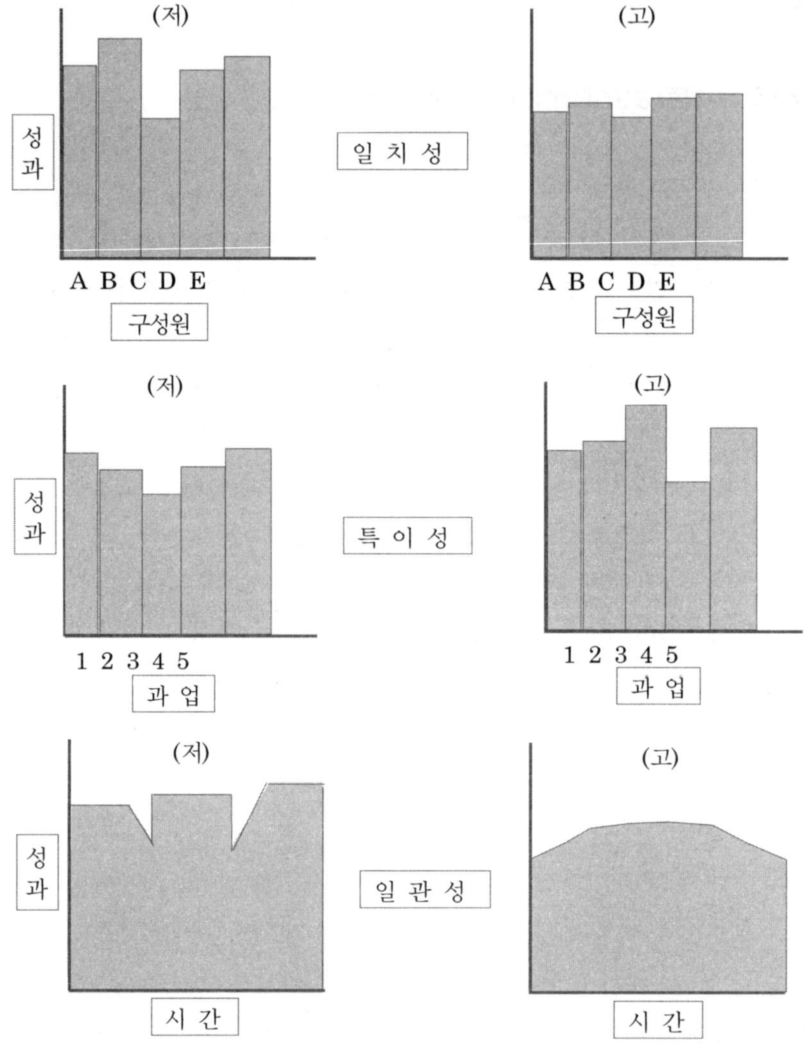

자료 : Karen A. Brown, "Explaining GroupnPoor Performance : An Attributional Analysis," Academy of Management Review(January,1984). p.56.

(3) 원인의 귀속

우리가 타인의 행위를 보고 그 원인을 설명하는 데는 크게 3가지 방향이 있다.

① **내적 귀속** : 내적 귀속이란 어떤 행위를 보고 그것을 해석할 때 지각의 원인을 지각하는 사람 자신의 내적 특성에 있다고 보는 것이다. 즉, 지각자의 능력, 동기, 성격, 과거 경험, 자아개념 때문인 것으로 이해하는 것이다.

② **외적 귀속** : 외적 귀속이란 어떤 행위를 보고 그것을 해석할 때 지각의 원인을 피지각자의 외적인 것, 즉, 피지각자의 신체적 외관, 지위, 교육 수준, 종교, 종족, 얼굴 표정 등에 있는 것으로 이해하는 것이다.

③ **상황** : 상황에 의한 것으로 이해하는 것이다. 즉, 지각하는 사람과 지각당하는 사람이나 대상이 같더라도 상황 또는 환경이 다르면 달리 지각된다.

4. 지각자의 피지각자에 대한 오류

1) 현혹효과(halo effect)

(1) 의의

현혹효과는 한 분야의 어떤 사람에 대한 호의적인 혹은 비호의적인 인상이 다른 분야에서도 그 사람에 대한 평가에 영향을 주는 경향, 즉, 한 가지 요소의 인상에 의하여 전반적 요소로 평가하려는 경향을 말하며 후광효과라고도 한다. 관찰한 지각 내용으로 관찰하지 않은 것까지 영향을 미친다.[20]

(2) 제거 방법

평가 요소를 분명히 하고 뚜렷한 행동과 연결시킴으로써 어느 정도 오류를 제거할 수 있다.

(3) 오류를 방지하기 위한 기법

① **중요사건법** : 인사고과의 성패에 미치는 영향이 큰 중요한 평가 항목을 중점적으로 기록, 검토하여 피고과자의 태도와 업적이 개선되도록 유도하는 것이다.

② **행동기준 고과법** : 동기를 유발시킬 수 있도록 특정 직무의 수행에 직접 관련된 행위 표본을 선정하여 계량적인 척도를 만드는 것이다.

③ **목표관리법** : 직무의 담당자가 사전에 상사와 협의하여 목표를 설정하고 이에 대한 성과를 사후에 서로가 신뢰하면서 참여를 통하여 평가하는 방법이다.

---

20) K. M. Bartol / D. C. Martin, McGraw-Hill, 1994(2nd), p.449.

2) 상동적 태도

(1) 의의

상동적 태도(stereotyping)는 연판(連版)이란 뜻으로 1922년 Walter Lippmann에 의해 최초로 사용된 용어[21]로서 경직된 편견을 가진 지각을 말한다. 즉, 타인에 대한 평가가 개인차를 무시한 채 그가 속한 사회적 집단에 대한 지각을 기초로 해서 이루어지는 것을 말하는데 고정관념이라고도 한다.

(2) 문제점

상동적 태도는 제한된 인지구조로 한 번 투입된 정보에만 치중한다. 그러므로 그 다음에 투입된 정보도 앞에 투입된 정보에 의하여 평가하려는 경향을 갖고 다음과 같이 인간관계에서 도덕적, 경제적 문제점을 가지고 있다.

첫째, 도덕적 관점에서 사람 평가를 어떤 범주(성, 연령, 종교, 직업 등)에 따라 내림으로써 인간의 평등성을 근원적으로 흔드는 도덕적 범죄를 저지르게 된다.

둘째, 고정관념에 의해 경제적으로 중요한 인적 자원들에게 고용이나 참여의 기회를 주지 않기 때문에 잠재적인 손실을 초래할 수 있다. 왜냐하면 모든 사람은 그들의 능력을 최대로 발휘할 기회가 있어야 하며 성, 연령, 종교, 직업 등이 제한 요소가 되어서는 안 되기 때문이다.

(3) 제거 방법

상동적 태도는 한 집단의 여러 구성원들과 접촉할 기회가 많을수록 편견이 줄어들게 되므로 논리적인 체계나 도덕적 기준에 의하여 바꾸어 질 수 있다.

3) 편견(prejudice)

(1) 의의

편견은 확실하고 객관적인 판단이 아닌 일방적인 의견으로서 한 집단이나 개인이 다른 사람이나 집단에 대해 갖는 비합리적인 호감 또는 부정적인 시각과 행위를 지칭하는 반감을 말한다. 편견적 지각에 의해 나타나는 행동이 차별

21) F. Luthans, 앞책, p.103.

(discrimination)이다.

(2) 특징

편견의 특징은 다음과 같다.

첫째, 편견은 태도와 행동을 포함하는 복잡한 과정이다.

둘째, 편견을 가진 개인이나 집단은 자신들의 편견을 교정하는데 너그럽지 못하다.[22)]

셋째, 편견은 많은 사람들에게 이로움을 주기 보다는 해롭게 작용한다. 특히 인종적, 종교적 편견은 다민족, 다종교 국가의 중요한 사회적 문제 요인이다.

(3) 제거 방법

첫째, 접촉 빈도를 증가시켜 상호 이해와 오해를 제거하도록 해야 한다.

둘째, 공동 과제를 주어서 그 해결을 위한 상호작용을 하도록 한다.

셋째, 상위 목표를 설정하여 응집력을 강화하도록 한다.

4) 주관의 객관화(projection)

(1) 의의

주관의 객관화란 자기 자신의 특성이나 관점을 타인에게 귀속 또는 전가시키는 경향을 말하며 투영 또는 투사라 하고, 자신과의 유사성 효과(similar-to-me effects)[23)]라고도 한다. 지각자 자신을 평가의 기준으로 하여 피지각자를 판단하는 것으로 타인들도 나와 같은 생각을 하고 나와 같은 특성을 가지고 있다고 지레 판단한다. 예를 들면 사기꾼은 다른 사람을 사기꾼이라고 판단하고, 거짓말쟁이는 다른 사람도 거짓말쟁이로 생각한다. 또 능력 없는 관리자가 자신의 잘못을 자기 동료나 상사를 비판하면서 전가시키는 것도 물론 이에 해당한다. 단 이것은 '투사의 오류'라고 한다. 일반적인 투사의 오류는 관리자와 부하들의 욕구가 같다거나, 아버지와 아들의 기대가 같다는 등 우리 주위에서 빈번하게

22) 이관용 외, 심리학개론, 율곡, 1990, 492쪽(원전 : P. M. Wallace et als., Introduction to Psychology).

23) D. Rollinson, Understanding Employee Relations : A Behavioral Approach, Addison-Wesley, 1993, p.32.

일어난다.

(2) 심리학적 의미

투사는 수용 불가능한 감정들로부터 우리 자신을 방어하는 방어기제의 역할을 한다. 즉, 다른 사람에게 비난을 투사함으로써 죄책감이나 실패감으로부터 풀려나려고 하는 것이 그 예에 해당한다.

(3) 제거방법

평가자가 자신의 퍼스낼리티에 대한 통찰력을 늘림으로써 어느 정도 제거할 수 있다. 다시 말해 지각자 자신의 특성에 대하여 정확하게 지각하고 긍정적일 때 피지각자를 정확하게 파악할 수 있게 된다.

5) 선택적 지각(selective perception)

선택적 지각이란 자신의 준거체계에 의하여 지각자에게 유리한 정보만을 부분적으로 받아들여 전체에 대하여 판단하는 데에서 나타나는 오차를 말한다. 외부적 상황이 모호할수록 내부적 단서 즉, 경험, 욕구, 동기를 근거로 눈에 먼저 들어오는 정보에 의존하는 경향이 커지는데 의사소통과 의사결정에 중요한 영향을 미친다. 선택적 지각은 자극 전체를 받지 않고 일부분만 선택적으로 받아들이므로 자극에 대한 정확하고 객관적 지각이 어려우므로 정확한 의미부여가 어렵다. 이를 제거하기 위해서는 당사자 간 커뮤니케이션의 개선이 필요하다.

6) 지각적 방어(perceptual defence)

지각적 방어란 기존의 상동적 태도와 지각이 불일치할 경우 이를 제거하기 위해 정보를 회피하거나 왜곡하는 것을 말한다.[24] 즉, 개인에게 불유쾌하거나 또는 위협을 안겨주는 자극이나 상황적 사건이 있을 경우 이에 대해 담을 쌓거나 인식하기를 거부함으로써 방어를 구축하는 것을 말한다. 방어의 방법은 부정(denial), 수정과 왜곡(modification and distortion), 지각의 변화(change

24) F. Luthans, 앞책, p.101.

in perception) 그리고 인지하면서 변화를 거부하는 등의 행위로 나타난다.[25) 따라서 사람들은 자신에게 불리한 정보는 필요에 따라 거부하거나 왜곡시켜 수용하기도 한다. 그러면서 유리한 정보만 수용하려고 한다. 이런 문제를 해결하기 위해서는 커뮤니케이션의 개선이 필요하다<그림 6-6 참조>.

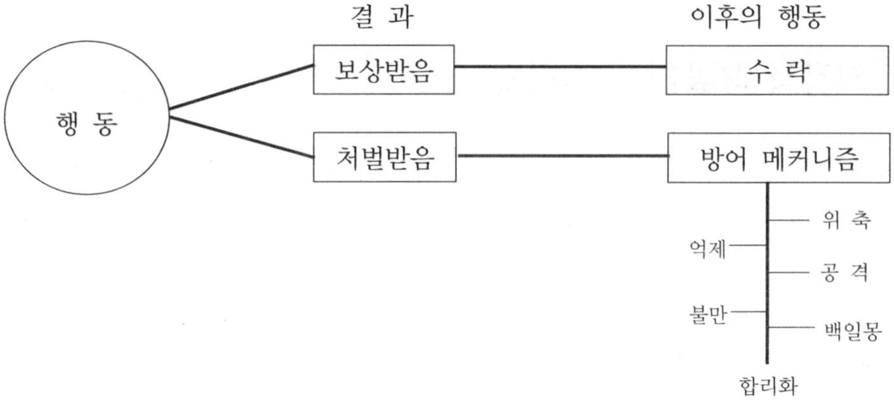

자료 : J. L. Massic/ J. Douglas, Managing, Prenitice-Hall, 1992(5th), p.325.

|그림 6-6| 지각적 방어

7) 평가적 오류

(1) 관대화 경향

관대화 경향이란 개인을 평가할 때 가급적이면 후하게 평가하려는 경향으로서 정규 분포보다 관대하게 평가하여 평가 결과의 분포가 위로 편중되어 있는 경향을 말한다.

(2) 가혹화 경향

가혹화 경향이란 타인을 가혹하게 평가하여 평가 결과의 분포가 아래로 편중되는 경향을 의미한다. 일반적으로 타인에 대하여 자세히 알면 알수록 가혹화 현상이 일어난다고 한다.

25) 윗책, p.101.

(3) 중심화 경향

중심화 경향이란 평가 점수가 가운데로 몰리는 것을 말한다. 이러한 중심화 경향을 제거하기 위해서는 정규 분포선을 이용하여 각 등급의 해당자를 강제로 배분하면 상당히 해결할 수 있다.

5. 지각적 오류의 감소방법

서로 다른 요인에 의해서 영향을 받으며 진행되는 감각에 의한 지각 중에는 사람에 따라 정도의 차이는 있어도 누구든지 오류를 범한다. 그러나 이런 경우에도 자신의 지각을 객관적 실재에 가깝게 하고 타인들과 거의 같게 할 수 있는 가능성을 증대시킬 수 있는 방법으로 던함(R. B. Dunham)은 다음과 같은 몇 가지 방법을 제시하고 있다.[26)]

첫째, 자기이해(self-understanding)의 방법으로 상동적 태도, 현혹효과 등에 의해 야기되는 오류를 자신도 범할 수 있음을 생각하고 타인에게 자신의 정당함을 믿게 하려고 하기 보다는 타인들을 이해하려고 노력해야 한다.

둘째, 자기수용(self-acceptance)의 방법으로 이는 자신의 불완전함을 인정하는 것이다. 즉, 자신이 완전하지 않음을 이해하고 새로운 정보를 접하게 될 때마다 언제든지 자신을 변혁하려고 하면 지각 방어와 투사의 오류를 줄일 수 있다.

셋째, 의식적인 정보과정(conscious information process)의 방법으로 자신의 지각이 타인과 비교하여 정확한 것이 되기 위해 의사소통의 기회를 증대하며 선택, 조직화, 해석 등의 지각 과정을 주의 깊게 살펴야 한다.

---

26) R. B. Dunham, Organizational Behavior, People and Process of Management, Irwin., 1984, pp.259~260.

Chapter

07

학 습

Chapter 07

학 습

제 1 절 학습의 본질

인간의 행동은 학습의 산물이며 출생과 함께 환경과의 상호작용을 통하여 형성되는 학습의 결과이다. 인간은 어떤 환경을 통해 학습되느냐에 따라서 가치관이 달라지며 행동도 다르게 나타난다. 뿐만 아니라 개인이 갖고 있는 지능이나 소질도 훈련이라는 반복된 학습을 통해서만 능력으로 바뀌진다. 그렇지만 대부분의 사람들은 학습의 의미를 잘못 사용하고 있다. 즉, 학습 기관에서 하는 것만이 학습인 줄로 알고 있다. 우리 주위의 모든 요소들이 학습의 소재이며 학습 대상이다.

그러므로 학습에 대한 올바른 이해는 학습 능률을 높이는데 도움이 된다. 인간은 탐구적 존재로서 지식 욕구를 충족시켜야 하므로 학습 방법을 올바르게 이해하는 것은 지식 욕구를 합리적으로 해결하는 길이 된다.

따라서 학습은 감각기관을 통하여 지각된 사실들에 대해서 인지한 내용을 파악하여 우리 삶을 삶답게, 삶에 유익한 것은 이해하고 내면화하여 태도로 고양시키고 삶에 유익하지 않은 것은 행동화하지 않는 소거과정을 거치게 된다.

1. 의 의

학습(learning)이란 개인의 행동뿐만 아니라 집단이나 조직 구성원의 행동을 변화시키기 위해 행해지고 있는 일련의 과정을 말한다. 학습에 대한 정의 몇 가지를 살펴보면 다음과 같다.

먼디와 그 동료들(R. W. Mondy, A .Sharplin, S. R. Premeaux)[1]은 "학습이란 일정하게 유형화된 행동과 연습을 통해 기능, 지식, 능력, 태도를 습득하는 과정"이라고 하였고, 로빈스(S. P. Robbins)[2]는 "학습이란 경험의 결과로 일어나는 비교적 영구적인 변화"라고 하였다. 그 외에도 직・간접적으로 얻어지는 행동이나 잠재적 행동의 비교적 영구적 변화, 지각 또는 경험으로 얻어지는 행동의 변화라고 말한다. 따라서 학습이란 이들의 개념 정의에서 보듯이 경험이나 연습에 의해서 획득된 비교적 영구적인 행동 변화가 이루어지는 과정을 말한다.

2. 학습의 특성

학습은 훈련과 경험을 통한 비교적 영속적인 행동의 변화로써 학습의 특성은 다음과 같다.[3]

첫째, 학습에는 변화가 포함된다. 이는 학습 후에는 좋은 방향이거나 나쁜 방향으로 행위의 변화가 일어난다는 것을 의미한다.

둘째, 학습의 변화는 지속적이고 항구적이다. 이것은 학습에 의한 행위는 지속되는 것이어야 한다는 의미도 있다. 다시 말해서 학습을 통한 행동의 변화는 영구적으로 이루어져야 한다. 순간적인 변화는 반응 그 자체이기 때문에 지속적이지 못하므로 학습이라고 할 수 없다.

셋째, 학습은 행동과 관련이 있다. 즉, 학습은 어떤 자극에 대한 행위의 변화가 있을 때 이루어진다.

넷째, 특정한 연습이나 경험이 필요하다. 학습은 정해진 유형을 가진 학습 준비 도구나 학습 관련 자료에 의한 규칙적인 연습 또는 실제적인 경험이 필요하다. 학습은 반복된 연습과 경험을 통한 지속적이고 영구적인 행동의 변화가

---

1) R. W. Mondy, J. R. Gordon, A. Sharplin, S. R. Premeaux, Management and Organizational Behavior, Allyn and Bacon, 1990, p.409.

2) S. P. Robbins, 김지성 외 옮김, Organizational Behavior, Prentice-Hall International, Inc., 2005(11th), 87쪽.

3) 윗책, 87쪽 보완.

있어야 학습이라 한다.

다섯째, 특정한 연습이나 경험은 강화(reinforcement)되어야 한다. 학습은 특정 연습이나 경험이 반복되어 내면화되는 특징을 가지므로 새로운 행동의 영구적인 변화를 가져온다.

여섯째, 자연적 신체 변화나 본능에 의한 행동은 학습이 아니다. 이것은 학습에 의한 행동의 변화가 아니라 성장에 따른 자연적이고 본능적인 변화이다.

3. 학습과정의 유형

학습에 대한 연구는 파블로프(I. Pavlov)에 의해 시작되어 그 후 손다이크(E. Thorndike)와 스키너(B. F. Skinner) 등 행동과학자들에 의해서 이루어져 왔다.[4]학습 과정에는 학습을 자극과 반응의 연상으로 파악하는 행태론적 학습 과정과 자극과 반응을 연결시키는 중간에 유기체의 사고 기능을 개입시킨 인지적 학습 과정이 있다.[5]

1) 행태론적 학습과정

행태론적 또는 행동론적 학습이론은 왓슨(J. B. Watson), 손다이크, 스키너 등에 의해 발전되어 온 이론이다. 왓슨은 S-R 행동주의 이론으로 관찰가능한 행동과 환경적 요인에 초점을 두었고, 손다이크는 효과의 법칙으로 행동을 어떻게 강화하며 약화할 수 있는가를 강조하였다. 스키너의 조작적 조건화는 반응(S-R)과 조작적 행동(R-S)의 차이를 구분하고 조작적 행동이 환경에 따른 결과에 어떻게 통제되는가를 연구하였다.[6] 행태론적 학습 과정은 연습과 경험으로 인한 행위의 변화를 말하는데 고전적 조건화 이론과 조작적 조건화 이론이 있다. 고전적 조건화 이론에는 파블로프(I. Pavlov), 조작적 조건화 이론에는 스키너(B. F. Skinner)를 들 수 있다. 이들을 비교하면 <그림 7-1>과 같다.

4) L. J. Mullins, Management and Organization Behavior, Pitman, 1993(3rd), p.117.

5) 추헌, 조직 행동론, 형설출판사, 1994, 305쪽.

6) R. Kreitne r/ A. kinicki, Organizational Behavior, Irwin, 1992(2nd), p.239.

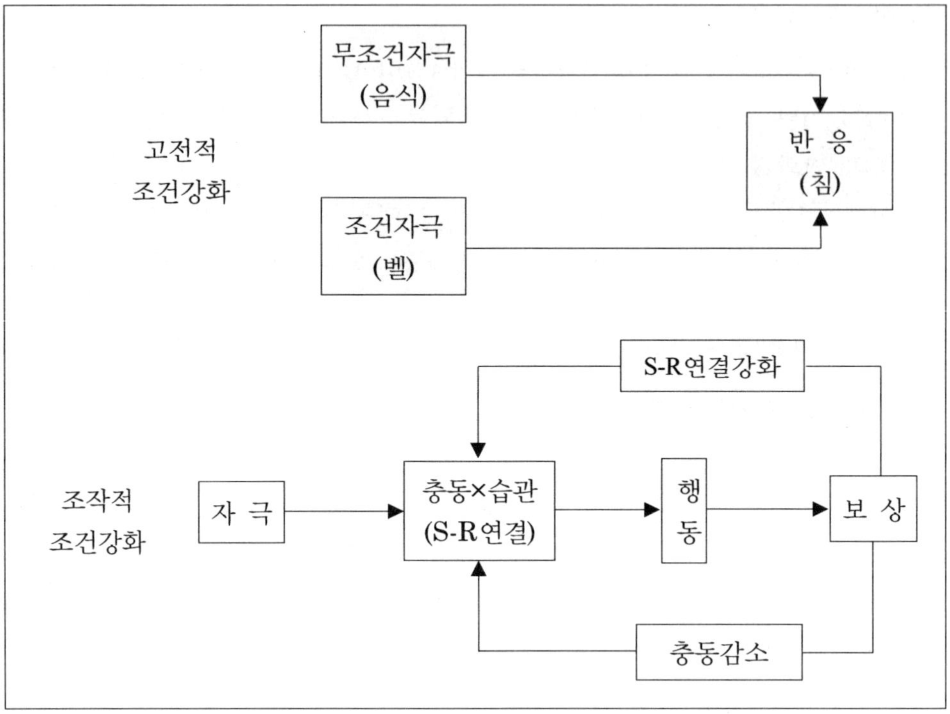

자료 : R. M. Steers and J. S. Black, Organizational Behvior, N, Y., Harper Collins College Publishers, 1994(5th), p.102.

┃그림 7-1┃ 고전적 조건강화와 조작적 조건강화

(1) 고전적 조건화

① 의의

고전적 조건화(classical conditioning) 이론[7]은 1902년 파블로프(I. Pavlov)가 제시한 이론으로서 연습을 통한 능동적 행위의 학습 과정을 말하는데 반응적 행위라고도 한다. 그는 개를 실험에 이용하여 조건 자극(종소리)과 무조건 자극(고기)을 반복해 짝지음으로써 조건 자극과 조건 반응(침) 사이의 자극-반응 관계를 형성하여 학습을 설명하였다. 개는 고기(무조건 자극)를 보고 반사적인 행동으로 침(무조건 반응)을 흘린다. 이러한 사실에 착안하여 고기를 줄 때마다 종소리(조건 자극)를 울리게 되면 나중에는 종소리만 울려도 침을 흘리

7) S. P. Robbins, 앞책, 88쪽(원전 : I. P. Pavlov, The Work of the Digestive Glands, trans by W. H. Thompson, London, Charles Griffin, 1902).

게 된다. 이 때 고기를 보고 침을 흘리는 것은 무조건 자극에 대한 무조건 반응이라고 하며 종소리에 침을 흘리는 것은 학습에 의해 이루어진 조건 자극에 대한 무조건 반응이라고 한다. 이와 같이 개의 침 분비를 유도해내는 과정을 설명한 이론을 고전적 조건화 이론이라고 한다<그림 7-2 참고>. 물론 인간에게도 이와 같은 학습의 과정을 진행시키면 행동의 변화가 나타난다. 회사들이 광고를 하는 것 역시 고전적 조건화를 이용하여 소비자들을 자극 시키는 행위이다. 그러나 고전적 조건화이론은 반사적 행동에만 중점을 두므로 비자발적 반응에 대한 한계를 갖고 있다.

	자극(stimulus)	반응(response)
학습이전	음식(무조건적 자극) 종소리 반응 없음	타액분비(무조건반응)
학습과정	음식(무조건적 자극)과 종소리(중성적 자극)	타액분비(무조건반응)
학습이후	종소리(조건자극)	타액분비(조건반응)

자료 : R. J. Aldag / T. M. Stearns, Managing, South-Western, 1991(2nd), p.385.

▌그림 7-2▐ 파블로프의 고전적 조건화 실험

② 특징

첫째, 고전적 조건화에서는 환경이 행동을 유발한다. 즉, 개인은 반응에 대해 전혀 통제를 하지 못하고 환경에 좌우된다고 본다.

둘째, 연습의 법칙으로 행위의 학습 과정을 설명한다.

③ 강화와 소거

학습의 강화란 어떤 요인에 의해 자극과 반응 사이의 특정 관계가 강력해지는 현상 즉, 습관을 강하게 하는데 기여하는 바람직한 행동 후에 보상을 제공하는 것을 말한다. 반대로 학습의 소멸 또는 소거란 새로운 행위의 학습에 의한 결과가 부정적으로 나타나서 점차 새로운 행위가 그 힘을 잃게 되는 것을 말한다.

(2) 조작적 조건화

조작적 조건화(operant conditioning)이론[8]은 스키너(B. F. Skinner)의 동물실험에 의해 제시된 것으로 행동은 자극(조건 : stimulus)에 의한 반응(행동 : response)이 아니고 그 결과(보상 : consequence)에 의한 것으로 결과를 도구로 바람직한 결과를 얻기 위해 환경에 작용을 가함으로써 자발적 행위가 학습된다는 설명을 하고 있다. 즉, 결과 조작을 위해 보상이나 처벌 등의 조작적 요인이 있어야 한다. 또한 이 이론은 반응 행동 예를 들면 막대에 닿는 행동이 결과를 얻기 위한 도구 역할을 하기 때문에 도구적 조건화(instrumental conditioning)라고도 한다<그림 7-3>.

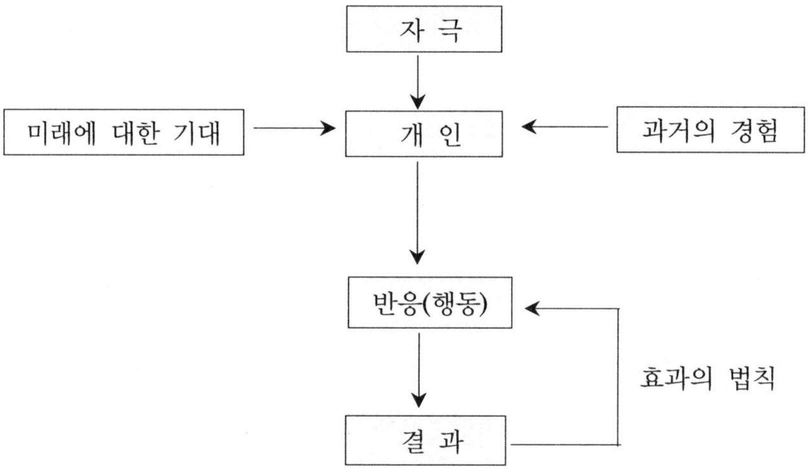

자료 : Duncan, W, J., Organizational Behavior, Boston, Houghton Mifflin Co., 1981(2nd), p.120.

❙그림 7-3❙ 조작적 조건화의 일반적 과정

고전적 조건화와의 차이점은 행동의 변화 원인에서 고전적 조건강화는 자극의 변화 즉, 무조건 자극에서 조건자극을 주장하고 있으나 조작적 조건강화는 이전 행동의 결과 즉, 보상받은 행동은 반복되지만 벌 받은 행동(보상받지 못한 행동)은 반복되지 않는다. 그리고 보상의 역할과 빈도 면에서 고전적 조건화는 무조건 자극이 보상으로 작용한다고 보는 반면 조작적 조건강화는 정확

8) 윗책, 89쪽(원전 : B. F. Skinner, Contingencies of Reinforcement, East Norwalk, C, T, Appleton-Century-Crofts, 1971).

한 반응을 보인 것에만 바람직한 보상을 한다는 점이 다르다. 이것을 표로 나타내면 <표 7-1>과 같다.

| 표 7-1 | 고전적 조건 이론과 조작적 조건 이론의 비교

유형 / 비교	고전적 조건 이론	조작적 조건 이론
대표 학자	파 블 로 프	스 키 너
S와R의 관계	S-R의 조건화 관계 : 자극이 반응에 앞서 나타남으로써 자동적으로 반응이 유발됨	R-S(S")의 조건화 관계 : 반응이 선행된 뒤에야 강화작용이 따름
조건화의 과정	조건자극을 무조건자극과 결합시켜 조건반응을 일으키게 함.	최초의 자극 후 나타난 반응에 따라 강화되어 제공되는 자극
행동의 원리	자동적 신경체계에 의한 수동적 반응이 유발됨	중추신경계에 의한 작동적(의식적)반응이 나타남
조건화의 원리	결합에 의한 접근원리	욕구, 동기의 만족(강화원리)에 의한 원리
조건화의 유형	S형 조건화	R형 조건화

자료 : 이상섭. 오만록, 인간과 교육, 형설출판사, 1994, 400쪽.

스키너는 조작적 조건 형성을 증명하기 위해서 상자에 배고픈 쥐를 놓아둔다. 그리고 일정한 조작 도구로서 막대를 놓아두고 쥐가 돌아다니다가 막대에 닿았을 때 먹이가 떨어지도록 만들어 둔다. 그렇게 되면 쥐는 우연히 막대에 닿았을 때 먹이라는 반응이 주어졌기 때문에 먹이가 생각나면 막대에 닿게 한다. 즉, 조작적인 막대가 쥐의 행동을 강화시켜 막대에 닿게 하는 행동을 계속적으로 하도록 한다. 이 이론은 결과 내지 강화를 통해 행위에 대한 영향력 행사가 가능하다는 것을 암시하고 있다. 그리하여 자극은 단서일 뿐이고 행위는 보상에 의해서 학습된다고 보고 있다. 즉, 효과(결과)의 법칙(law of effect)이 발생한다. 효과의 법칙이란 행동의 결과가 좋으면(보상) 그 행동을 반복하게 되고 결과가 좋지 않으면(벌) 다른 행동을 한다는 강화의 효과에 초점을 두고 있는 것으로 손다이크(E. L. Thorndike)가 제시한 설명이다.

2) 인지적 학습이론

인지적 학습이론은 고전적 조건강화와 조작적 조건강화이론이 자극과 반응에서 오는 보상이나 처벌 같은 외적 요인에만 치중한 것에서 벗어나 내적 요인의 중요성을 강조한 이론이다. 앞의 두 가지 학습이론은 자극-반응-결과 즉, S-R-C의 관계의 행동주의적 관점이다. 그러나 인지적 학습이론은 자극과 행위사이 인지(cognition)와 기대(expectation)라는 변수가 있음을 강조하면서 학습은 환경의 인지적 단서(cognitive environmental cues)와 기대의 관계에 의해서 이루어진다고 주장한다.[9] 즉, 인지학습은 S-O-R-C의 관계로 나타내고 있다. 인지적 학습 과정을 그림으로 나타내면 <그림 7-4>와 같다. 인지적 학습(cognitive learning)[10]은 톨만(E. C. Tolman)이 처음 주장한 것으로서 학습과정은 벌이나 보상과 같은 외부적 요인뿐만 아니라 인지와 지각 같은 내부적 요인들의 중요성도 인정하고 있으며 행태론과 인지론의 양측면을 지니고 있기 때문에 인지적 행동주의(cognitive behaviorism)라고도 한다.

톨만은 그의 유명한 흰쥐 실험을 통해서 복잡한 미로 속에서 먹이를 찾도록 'T' 자형 갈림길에서 오른쪽으로 돌아가도록 훈련을 시켰으나 다음 행동 때 처음 훈련시킨 오른쪽으로 가지 않고 왼쪽으로 행동하였다. 이는 먹이를 찾겠다는 기대 때문에 실제로 먹이가 있다고 인지한 방향으로 행동이 이루어졌다는 결과이다. 이처럼 인지 학습은 직접 경험하거나 보지 않고도 개념이나 이론을 통해 머릿속으로 인지하여 행동하는 것을 말하며 시행착오를 줄여 주는 효과도 있다. 강의실에서 하는 강의, 강연 등이 인지 학습에 해당한다.

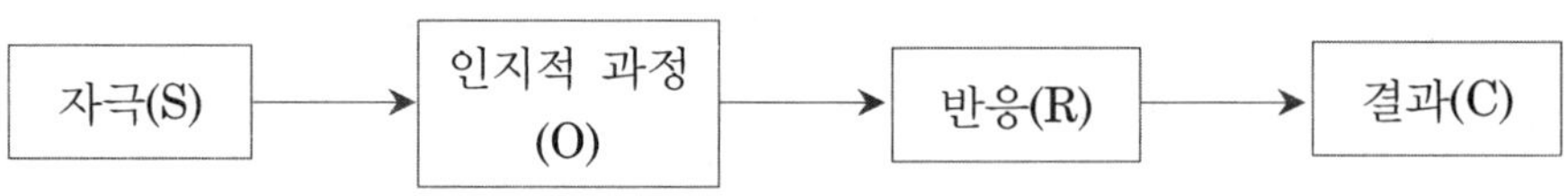

자료 : R. W. Mond et als., Management and Organizational Behavior, Allyn & Bacon, 1990, p.411.

| 그림 7-4 | 인지적 학습과정

---

9) E. C. Tolman, Purposive Behaviors in Animals and men, Appleton Century Crofts, 1932,

10) F. Luthans, Organizational Behavior, N. Y., McGraw-Hill Inc., 1995(7th), p.201(원전 : E. C. Tolman, Purposive Behaviors in Animals and Men, N. Y., Appleton Crafts, 1932).

톨만의 인지 학습 이론은 기대와 목표 설정에 대한 행동을 설명한다는 점에서 동기부여 이론으로 이어진다.

3) 사회학습이론(social learning)

사회 학습이란 직접적인 관찰과 경험에 의해 학습이 이루어지는 과정으로써 이러한 관점의 이론을 사회 학습 이론이라 한다.[11] 물론 관찰은 간접 경험으로서 인지적 성격을 띠고 있다. 그리고 사회 학습 이론[12]은 행위론적 학습 이론과 인지적 학습 이론을 통합한 성격을 가지고 있으며 인지적, 행위적, 환경적 요소의 상호작용적인 성향을 강조한다.

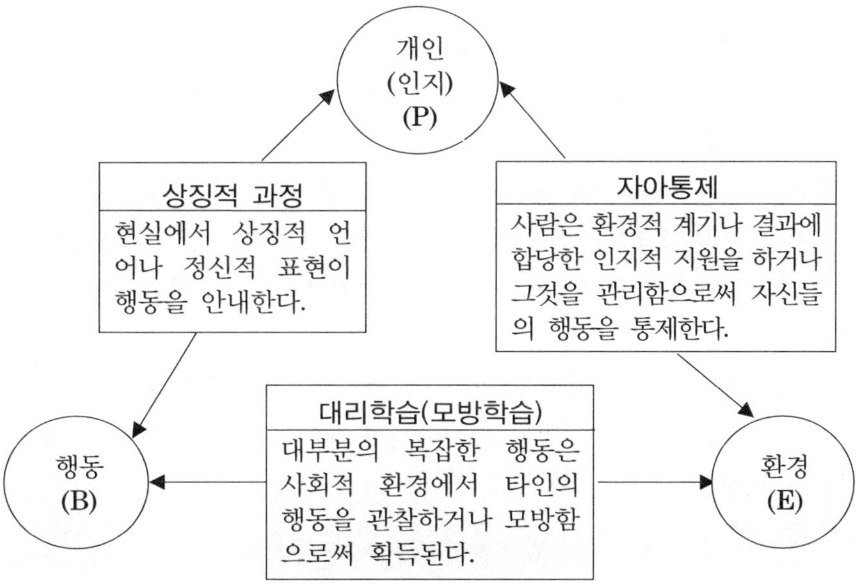

자료 : R. M. Steers and J. S. Black, Organizational Behavior, N. Y., Harper Collins College Publishers, 1994(5th), p.10.

┃그림 7-5┃ 사회학습 이론의 모델

11) S. P. Robbins, 앞책, p.71(원전 : A. Bandura, Social Learning, Prentice-Hall, 1977).

12) R. W. Mondy, J. R. Gordon, A. Sharplin, S. R. Premeaux, Management and Organizational Behavior, Allyn and Bacon, 1990, p.411.
F. Luthans, Organizational Behavior, N. Y., McGraw-Hill Inc., 1995(7th), pp.201~202.

또한 사회 학습은 관찰학습(observational learning)의 성격을 가지고 있다. 관찰 학습이란 한 모델의 행위를 관찰한 결과 이루어지는 학습을 말하며, 모델이 되는 타인의 행동과 그에 따른 결과를 관찰한 후 반복 또는 중단이라는 행동을 결정하는 것이다. 즉, 타인의 행동 결과가 자신에게도 좋으면 그 행동을 반복하고 그렇지 않으면 중단하게 된다. 학습 모델은 사회 구성 요소인 부모, 스승, 친구, 배우, 상급자 등 아주 다양하다. 이 이론을 그림으로 표시하면 <그림 7-5>와 같다.

사회 학습의 과정은 두 단계를 거친다.[13] 먼저 대상을 주의 깊게 관찰하고 그런 연후에 행위와 그 결과에 대하여 머릿속으로 구도(picture)를 그린다. 다음으로 기억된 이미지를 실제 행동으로 연출한다. 이때 학습된 행위가 계속 유지되려면 결국 보상이 뒤따라야 하며 보상이 없으면 그 행동은 소멸된다. 그래서 이 이론은 조작적 조건화 이론과 관련이 있다.

자아통제에 의한 학습은 개인이 스스로 환경의 절대적 영향을 받지 않고 능동적으로 자신과 관련된 문제를 직접 점검(self-controlling)을 한다. 그리고 난 뒤 바람직하게 요구되는 것과 자신과의 차이를 분석하고 그 차이를 메울 수 있는 수정행동을 취한 후 만족 또는 불만족과 같은 자기평가를 함으로 스스로 학습하는 것이다. 대리학습은 개인이 타인의 행위 또는 그 행위로 나타나는 결과들을 관찰하고 분석하여 자신이 직접 경험하지 않고도 관찰과 모방에 의해서 학습하는 것, 상징적 과정에 의한 학습을 말한다.

즉, 인지학습 조직에서 타인의 언어나 다른 상징체계를 통하여 전달되는 가치, 신념, 목표 등을 개인이 인지하고 이것이 개인행동의 지침으로 기능함으로써 학습이 되는 것을 말한다.

제 2 절 행위변화 전략의 유형

인간의 행위는 학습을 통하여 형성된다. 이때 어떻게 행위를 이끌어 내느냐는 그 방법에 달렸으며 그 결과로 나타난 행위에는 바람직한 행위와 그렇지 못

13) F. Luthans, 윗책, p.202.

한 행위로 나타나게 된다.

어떤 결과와 어떤 행위가 결합되는 방식을 강화의 결속 관계라 한다. 강화의 원칙은 손다이크(E. L. Thorndike)의 효과의 법칙(law of effect)에 근거를 두고 있다. 조직 구성원들의 행동 변화는 강화전략을 통해 나타난다. 경영자가 이용할 수 있는 행위와 결과의 결합 방식 즉, 행위 변화 전략의 유형으로 바라는 행위를 강화시켜 주는 방식으로 적극적 강화와 부정적 강화가 있으며 바라지 않는 행위를 약화시켜 주는 방식으로 소거와 벌이 있다.[14] 이들 전략 유형들은 <그림 7-6>과 같다.

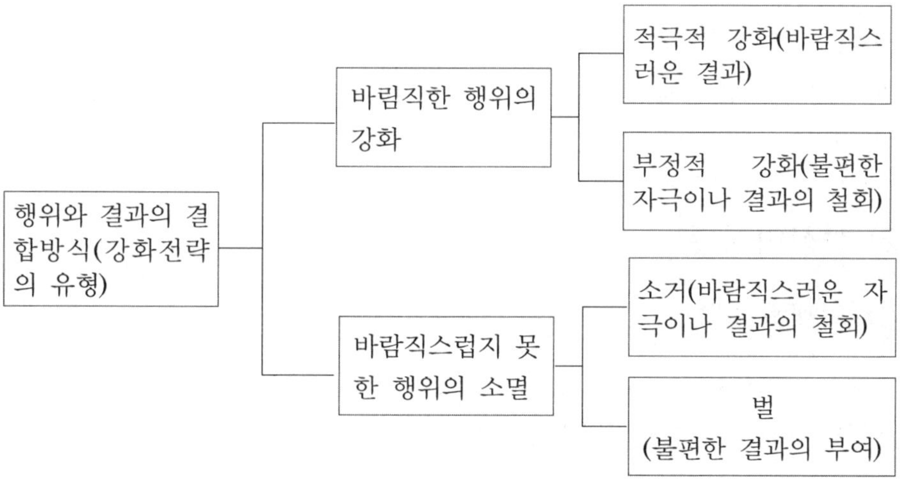

자료 : 김종재, 조직행위론, 박영사, 1985, 256쪽(원전 : H. Rachlin, Mordern Behaviorism, N. Y., Freeman, 1970).

┃그림 7-6┃ 강화전략의 유형

1. 적극적 강화

적극적 강화(positive reinforcement)란 어떤 자극을 주어 바람직한 조작적 반응의 확률을 강력하게 하거나 증가시키기 위한 것이다. 즉, '효과의 법칙'에 따라 개인이 훌륭한 성과에 따르는 환경으로부터 유쾌한 결과를 얻기 위해서 열심히 일하는 것을 말한다. 이는 심리학자 스키너(B. F. Skinner)의 생쥐 실

14) S. P. Robbins, 앞책, p.66.

험에서 볼 수 있듯이 생쥐가 프레스 바(press-bar)를 건드리면 먹이가 나오도록 하여 생쥐로 하여금 프레스 바를 건드리는 횟수를 높이는 것처럼 자극과 반응의 관계를 강하게 해주는 방식이다. 적극적 강화에 의한 유형으로서 보상(rewards)을 들 수가 있다. 보상이란 개인에게 만족을 주는 것이며 그가 바람직하다고 생각하는 것이다.

1) 보상의 조건[15)]

첫째, 보상 그 자체가 종업원에게 매력이 있어야 한다.

둘째, 보상은 바람직한 행위와 긴밀한 연결 관계가 이루어져야 한다.

셋째, 바람직한 행위가 어느 정도 수행 가능해야 한다. 왜냐하면 너무 높은 성과에 대해 보상이 제공된다고 하면 그에 대한 시도를 하기 전에 처음부터 포기해 버리기 때문이다.

2) 보상의 유형

(1) 외재직 보싱

외재적 보상(extrinsic rewards)은 행위 그 자체와는 직접적인 관련이 없는 물질적인 보상으로서 인정과 승진, 상금 등이 이에 속한다.

(2) 내재적 보상

내재적 보상(intrinsic rewards)이란 행위 그 자체와 심리적으로 관련되는 보상으로서 만족감, 성취감 등이 이에 속한다. 이는 경제적이며 동기유발에 효과적이고 외부적 보상의 한계를 보충해주기도 한다. 인본주의적, 인지적 입장에서는 외부적 보상보다는 내재적 보상이 더 효과적임을 주장하고 있다.

---

15) W. C. Hammer and D. W. Organ, Organizational Behavior : An Applied psychological Approach, Dallas, Texas, Business Publications, Inc, 1978, pp.43~44.

2. 부정적 강화

스키너의 생쥐 실험에서처럼 부정적 강화(negative reinforcement)란 필요한 행위가 작동되도록 하기 위하여 보상을 주는 것이 아니라 불쾌한 자극을 제거해줌으로써 행위를 강화시켜 주는 것으로 소극적 강화라고도 한다. 개인은 환경으로부터 오는 불편을 피하기 위해서 행동한다는 전제 아래 행하는 행위 변화 전략이다.

3. 소거

소거(extinction)란 행위에 대한 긍정적인 결과를 제거하는 것으로 행위를 유지하던 어떤 강화 요인을 제거하여 보상되지 않는 상황이 반복되면 그 결과 반응율이 하락하는 것을 말한다.[16] 음식을 주지 않으므로 차츰 프레스 바를 건드리는 행위를 줄여 앞으로 프레스 바를 건드리는 행위를 소멸시키는 것으로 전에는 바람직했기 때문에 부여하던 보상을 일시에 철회하거나 또는 바람직하다고 생각한 행동에 반응이 없을 때 그 행위는 소거된다.

4. 벌

벌(punishment)이란 한 반응에 대해 싫거나 불편한 자극을 주거나 또는 적극적 효과를 제거하여 바람직하지 못한 행위를 감소시키고자 하는 것을 말한다. 마치 프레스 바를 건드릴 때 마다 전기 쇼크를 주면서 건드리지 않게 하는 방법이다. 이는 소거보다 적극적인 방법이다. 그러나 그 행위 대신 또 다른 부정적인 행위가 나타날 수 있다. 그 예는 담배 대신 술을 하는 경우와 같다. 그리고 벌은 강압적이므로 그 행위를 완전히 종식시키지 못하며 더 나아가 감정 대립의 부정적 결과도 나타날 수 있다.

'뜨거운 난로의 법칙'에서 난로의 예를 들어 어떻게 감정적인 문제를 야기 시키지 않고 효과적으로 학습이 되는가를 다음 네 단계에 의해서 설명해 보면 다음과 같다.[17]

---

16) 윗책, p.72.

(1) 즉시성(burns immediately)

뜨거운 난로를 만지면 즉시 화상을 입듯이 징계도 즉시 행해져야 효과가 있다. 시간이 지나고 난 뒤의 징계는 그 효과를 반감하게 된다. 이처럼 즉시성이란 행위와 결과간의 연결이 즉각적으로 일어나야 한다는 것이다.

(2) 사전 경고(provides warning)

뜨거운 난로를 만지면 화상을 입는다는 것을 미리 알려 화상을 예방하듯이 규정을 어기면 처벌받는다는 것을 미리 알려주는 것이 필요하다.

(3) 일관성 있는 징계(gives consistent punishment)

뜨거운 난로를 만지면 모든 사람들이 화상을 입듯이 징계는 징계 대상의 모든 종업원에게 일관되게 적용되어야 한다.

(4) 비인격적 징계(burns impersonally)

뜨거운 난로가 사람을 차별하여 불에 데게 하지 않는 것과 같이 징계 행위는 해당 대상자에 대해서 자신의 사사로운 감정이나 일시적인 분노를 개입시키지 말고 침착하고도 공정하게 규칙을 적용해야 한다.

또한 강화 방법은 강화 요인의 적용 시기에 따라 다음 두 가지로 나눌 수 있다.[18)]

① 연속 강화법(continuous reinforcement schedule)

연속 강화법은 반응 행위가 나타날 때마다 강화 요인을 적용하는 방법이다. 그러므로 이 방법은 효과가 바로 나타나는 장점이 있는 반면에 강화 요인이 중단되면 반응 행동도 즉시 소멸되어 학습 효과가 감소된다는 단점이 있다.

또한 지속적인 강화 요인의 제공으로 싫증을 느끼거나 포만효과(satisfaction effect)가 나타나서 효과가 반감될 수도 있다. 강화 요인이 없어질 때의 급격한

---

17) R. W. Mondy and R. M. Noe Ⅲ, Personnel : The Management of Human Resources, Allyn and Bacon, Inc., Newton, Massachusetts, 1996(6th), p.563.

18) S. P. Robbins, 앞책, pp.67~68(원전 : C. B. Ferster and B. F. Skinner, Schedules of Reinforcement, N. Y. Appleton Century-Crafts, 1957).

학습 효과 감소 등의 문제점이 있다.

② 단속 강화법(intermittent reinforcement schedule)

단속 강화법은 부분 강화법이라고도 하며 반응 행위가 나타날 때마다 강화 요인을 제공하지 않고 불규칙적으로 강화 요인을 제공하는 방법으로써 네 가지 방법이 있다.

첫째, **고정 간격법**(fixed interval schedule) : 반응 행위와 관계없이 일정한 간격으로 강화 요인을 제공하는 방법인데 임금 노동자에게 주는 주급 또는 월급 등의 고정급여 제도 방식이 이 방법에 속한다.

둘째, **변동 간격법**(variable interval schedule) : 강화 요인이 예측할 수 없는 시점에 주어지는 방법이다. 강사가 예측할 수 없는 시점에 퀴즈 시험을 치는 방법이 이 예에 해당된다. 칭찬, 승진 등을 시행할 때는 이상적이다.

셋째, **고정 비율법**(fixed ratio schedule) : 반응 행동에 대해 일정 비율에 따라 강화 요인을 적용하는 방법으로 생산량에 비례하여 지급하는 성과 장려급이 이에 해당한다.

넷째, **변동 비율법**(variable ratio schedule) : 반응 행동에 대해 일정 비율에 따라 강화 요인을 사용하지 않고 변동적인 비율을 적용하는 방법이다. 판매량에 따라 커미션을 받는 것이 이 예에 해당된다.

제3절 학습에 대한 영향요인과 학습단계

1. 학습에 대한 영향 요인

1) 인간은 그가 한 행위에 대해 보상이 뒤따를 때 그 행위를 계속하고 그렇지 못한 행위는 지속하지 않고 소거(extinction)한다. 이때 보상받는 행위를 반복하려 하고 보상받지 못하는 행위는 제거하려는 경향을 손다이크(L. Thorndike)는 효과의 법칙(law of effect)[19]이라고 하였다.

2) 자극의 빈도 : 자극이 빈번할 때 학습이 잘된다. 학습은 그 어원적 의미가 말하듯이 반복성을 의미한다. 지속적으로 반복하면 학습 효과가 올라간다.
3) 보상의 크기 : 보상이 클 때 학습이 잘된다. 보상이 크면 학습은 빠르고 그렇지 못하면 관심의 대상에서 멀어지므로 학습 효과가 떨어진다.
4) 수행시간과 보상시기의 시차 : 성과를 나타낸 행위에 보상이 즉시 이루어질 때 그 행위를 빨리 학습하여 잊어버리지 않게 된다.
5) 반응하는데 소요되는 노력의 크기와 기간 : 결과가 나타나는 기간이 오래 걸리거나 노력은 많이 했는데 결과가 좋지 못하다면 다른 사람들이 그것을 보고 노력하지 않는다.

2. 학습단계

인간이 지각 과정을 거쳐 학습되는 과정을 구분하여 보면 다음과 같은 단계를 거친다.[20)]

1) 깨달음(awareness)

막연하게 어떤 사실을 오감을 통해 감지하는 것을 말한다. 오감을 통한 감지 사실은 의식적, 무의식적으로 이루어지지만 평소에 학습되었거나 관심의 대상이 되었던 부분이 먼저 깨달아진다. 즉, 이 단계는 놀람 단계이다. 예를 들면 뜨거운 무엇이 닿았을 때 깜짝 놀라는 것을 말한다.

2) 인지(recognition)

감지되었다는 사실을 확인하는 단계이다. 놀란 상황을 진정하고 무엇 때문에 놀랐는지 확인한다. 예를 들면 '뜨겁다', '차다' 등에 해당한다.

19) F. Luthans, 앞책, p.203(원전 : E. L. Thorndike, "Animal intelligence", Psychological Review Monograph, 2, 4whole No. 8, 1898).
20) H. G. Hicks, The Management of Organization, McGraw-Hill, Tokyo, Kogakusha, 1972, pp.124~125 참조 보완.

3) 설명(description)

오감을 통해서 감지된 사실을 구체적으로 기술할 수 있는 단계이다. 놀란 사실이 구체적으로 뜨거운 것 때문인지 찬 것 때문인지 구분한다.

4) 이해(comprehension)

기술된 사실에 대해서 그 본질을 이해하는 단계이다. 뜨거운 것 때문에 놀랐는데 구체적으로 촛불 때문인지 난롯불 때문인지 확실히 구분하고 이해한다.

5) 활용(use)

사실에 대한 본질을 이해하고 활용하는 단계이다. 촛불 때문이었다면 끄거나 밀어낼 것이고 난롯불 같으면 역시 끄거나 물러설 것이다. 이 정도는 높은 수준의 학습 단계이다.

6) 일반화(generalization)

누구에게나 자연스럽게 자신의 입장으로 사실을 설명할 정도의 높은 수준의 이해 단계이다. 뜨거운 것은 몸에 좋지 않으므로 미리 사전에 뜨거운 곳에 가지 않아야 된다고 의식이 무의식에게 학습시킨다.

7) 내면화(internalization)

완전히 체질화, 내면화되어 자신의 규범 또는 가치관으로 자리를 잡고 신념화된 단계이다. 뜨거운 것이 있으면 무의식적으로 가까이 가지 않는 단계이다.

Chapter 08

태도와 가치관

Chapter 08

태도와 가치관

제 1 절 태도의 본질

인간을 평가할 때에 우리는 그 사람의 태도를 본다. 태도는 마음의 상태를 외부적으로 나타내는 결과이기 때문이다. 따라서 태도는 인간이 가지고 있는 모든 것을 순간적으로 파악하는 평가 요소가 된다. 그래서 우리는 좋은 태도를 가질 필요가 있다. 좋은 생각은 좋은 습관을 낳고, 좋은 습관은 좋은 태도를 낳으며, 좋은 태도는 좋은 운명을 만든다.

1. 의 의

태도(attitude)란 인간행동을 결정하는 것으로 <그림 8-1> 환경의 자극에 대한 반응으로 개인의 감정(feelings), 사고(thoughts) 및 경향(predisposition) 등의 규칙성(regularities)이다.[1] 따라서 태도란 어떤 사람이나 사물에 대해 호(好), 불호(不好)의 방식으로 평가 반응하려는 지속적인 경향성(a persistent tendency)이며 행위의 선행 지수이다. 또한 태도는 "퍼스낼리티의 내재적 부

1) Secord and Backman,, Also see M Fishbein and I. Ajzen, Belief, Attitude, Intention, and Behavior : An Introduction to Theory and Research(Reading, Mass : Addison- Wesley, 1975). p.95.

분"2)이며 복잡한 인지과정(cognitive process)으로써 여러 가지 학습과 경험에 의해 형성된 고유의 사상과 행동의 양태를 의미하며 의견과 신념의 유사개념이다. 그러므로 본질적인 의미에서 퍼스낼리티를 배제한 태도에 대한 이해는 무의미하다.

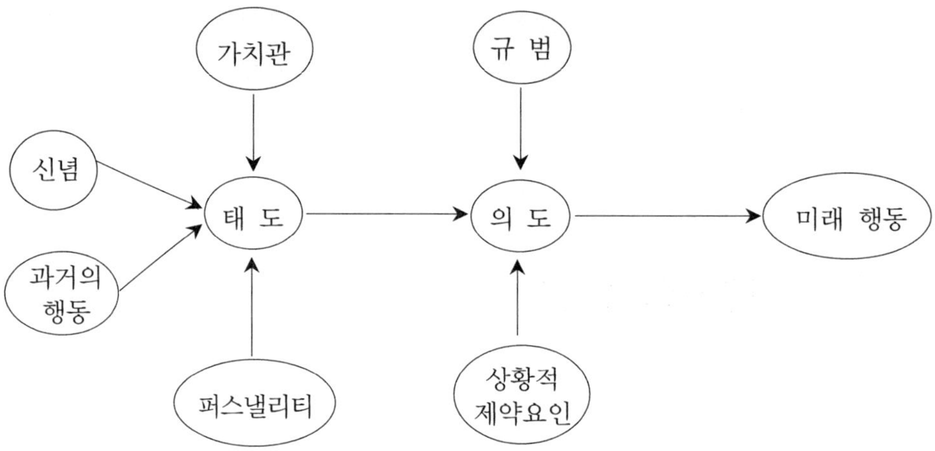

자료 : T. R. Michell & J. R. Larson, People in Organizations : An Introduction to Organizational Behavior, McGraw-Hill, 1988(3rd), p.118.

▌그림 8-1▐ 태도와 관련된 개념간의 관계모형

2. 태도의 특성

태도는 학습된 평가적인 반응이고 특정 목적을 가리키며 비교적 지속적인 것이다. 또한 목표를 향한 우리 행동에 영향과 자극을 준다. 이것은 태도의 특성을 압축하여 표현한 것인데 구체적으로 다음과 같다.[3)]

첫째, 태도는 평가적(evaluative)이다. 즉, 좋고 싫은 것을 나타낸다.

둘째, 태도는 반드시 어떤 목표를 가리킨다. 이를 달리 '선택적 반응을 요구한다'라고 표현하기도 한다. 태도는 오감(五感)에 의하여 인지되는 지각 단계로

2) J. L. Gibson, J. M. Ivancevich and M. Donnelly, Organization, Plano, Texas, Business Publications, Inc., 1982(4th), pp.52~53.

3) R. A. Lippa, Introduction to Social Psychology, California, Wadsworth, Inc., 1994(2nd), p.214.

부터 선택과정을 거치는 성질을 가지고 있다. 흔히 '태도를 분명히 하라'고 할 때 이는 곧 태도의 본질적 속성인 '선택적 반응'을 요구하는 것이다.

셋째, 태도는 비교적 지속적이다. 즉, 태도는 하나의 태도가 다른 또 하나의 태도로 변화하지 않는 한 지속성을 가진다. 태도가 지속될 때를 신념[4]이라 한다.

넷째, 태도는 우리의 행동에 영향과 자극을 준다.

다섯째, 태도는 학습된다. 즉, 경험에 의해서 태도가 형성된다.

여섯째, 태도는 나타나는 결과는 볼 수 있어도 그 자체는 추리할 뿐이다.[5] 그러나 일부 학자들은 유전적 요인이 있다고 한다.

3. 태도의 구성요소

피쉬바인(M. Fishbein)을 비롯한 로젠즈버그, 루탄스 등의 학자들에 따르면 태도는 감정적(emotional) 요소, 정보적(informational) 요소, 행위적 요소로 구성되어 있다.[6] 태도는 인간이 살아가면서 생각하고, 느끼고, 행동하는 것으로 이 중에서 우리가 볼 수 있는 것은 행동으로 나타나는 행위적 요소다.

1) 감정적 요소

감정적(emotional) 요소는 정서적 요소라고도 한다. 개인이 갖고 있는 느낌이나 감정을 말하는 것으로 좋다, 밉다 등의 긍정, 부정적, 중립적 느낌을 말한다. 이러한 감정적 평가는 행동의 정신과 심리에 영향을 주어 태도로 나타나게 되는 성격의 내적 부분이라 본다. 정서적 요소는 자극에 대한 조건반응의 결과로 나타나게 되는 것으로 감정에 의한 개인 신념이나 가치관을 기초로 해서 상

---

4) 신념은 '나는 ~ 라고 믿는다.'라는 관념 또는 사고를 말하는데 태도가 지속되어 신념으로 형성됨. 신념은 진위(眞僞)의 주장을 내용으로 하는 기술적 신념(descriptive belief), 호악(好惡)의 주장을 내용으로 하는 평가적 신념(evaluative belief), 바람직 하느냐의 여부 주장을 내용으로 하는 규제적 신념(prescriptive belief)의 세 가지로 구분할 수 있음.

5) L. J. Mullins, Management of Organizational Behavior, Pitman, 1993(3rd), p.112.

6) S.P.Robbins, Organizational Behavior, Pearson Education, Inc., N.J., 2003, p.71.

황의 자극에 따른 특정 양태의 성향을 말한다.

2) 인지적 요소

인지적(cognitive) 요소는 신념적 요소라고도 한다. 사람들은 자신의 행동에 대하여 어떠한 결과를 믿거나 기대하는데, 이 믿음과 기대감이 태도를 형성하는 중요한 요소가 된다. 인지적 요소는 인간이 가지고 있는 사고, 아이디어, 신념을 말하는 것으로 신념의 강도와 좋고 나쁨의 감정적 농도에 의해 결정된다.

3) 행동적 요소

행동적(behavioral) 요소는 느낌에 대한 결과로 태도와 일치하도록 하는 의도적 요소라고도 하며 수용, 접근, 거부, 회피 등의 행위 요소로써, 어떤 방식으로 행동하려는 경향과 관련된 요소이다. 이 요소는 신념과 자신의 주관과 사회적 규범으로부터 영향을 받는다. 직무수행에서 이런 요소들이 부정적일 때 직무태만으로 나타나게 된다.

이 세 가지 요소를 도식으로 보면 다음과 같다.

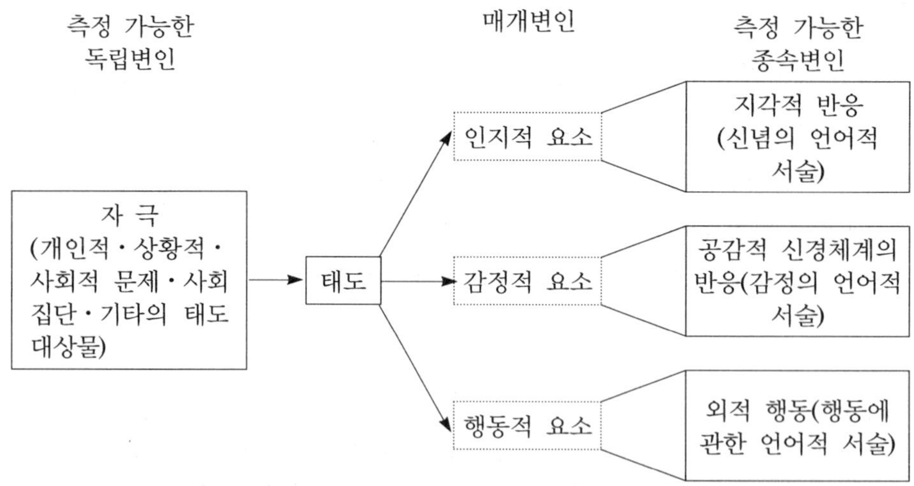

자료 : 차백근, 태도변용이론, 나남, 1992, 33쪽.

그림 8-2 태도의 개념과 구성 요소

4. 태도의 형성과 기능

1) 태도의 형성

태도란 우리가 생각하는 것과 느끼는 것, 즉 사고와 감정의 함수로 볼 수 있다. 이 경우에 사고는 신념이라 할 수 있고, 감정은 가치라고 할 수 있는데, 신념과 가치가 한데 어우러져 태도를 형성한다. 태도는 곧 행동으로 표현된다. 즉, 신념 + 가치 ⇒ 태도 ⇒ 행동으로 표현할 수 있다.[7]

이들의 관계에 대한 예를 들면 다음과 같다.

학교는 우리에게 도움이 된다. ⇒ 신념
학교에서 공부하는 것은 좋은 것이다. ⇒가치
그래서 우리는 학교에서 공부를 하고 싶다. ⇒태도
따라서 우리는 학교에서 공부를 한다. ⇒행동

또한 특정 태도가 형성되는 여러 가지의 영향 요인은 일반적으로 퍼스낼리티 결정 요인과 유사한 것[8]으로 다음과 같다.[9]

첫째, 유전적 요소가 태도 형성에 관련을 가지고 있다. 공격성, 성충동의 강도, 음악이나 수학적 능력, 체형, 음식 선호도 등 유전적인 요인은 태도 형성에 결정적인 역할을 한다.

둘째, 태도는 사회적 관계, 인간관계, 비공식집단 관계, 집단내의 성원 자격에 의해 영향을 받는다. 사람들에 대한 중요한 영향 요인은 사람이다(The major influence on people is people)라는 말이 있듯이 태도 형성에 가장 중요한 요인은 사람이다.

셋째, 태도는 인종, 종교, 관습, 문화 속에서 형성된다.

넷째, 가족 관계, 출생 순서, 성장 배경, 성별, 연령 등에서 발생하는 개인적 경험이 태도에 영향을 미친다.

---

7) G, Jhones, Organization Behavior, Harper Collins College Publishers, 1996(4th), p.132.

8) A. J. Dußrin, Foundations of Organizational Behavior : An Applied Perspective, Prentice Hall, Inc. 1984, p.94.

9) 윗책, pp.89~90 참조 보완.

다섯째, 직업, 직무, 집단이나 조직에서 경험한 학습과 훈련이 태도에 영향을 미친다.

2) 태도의 기능

태도는 타인의 행위를 예측하도록 해 준다. 캇츠(D. Katz)는 태도의 기능을 분석하여 다음과 같이 네 가지 즉 적응기능(adjustment function), 자기 방어적 기능(ego-defensive function), 가치 표현적 기능(value-expressive function), 지식기능(knowledge function)으로 들고 있다.[10] 캇츠의 설명에 근거하여 코스텔로(T. W. Costello)와 잘킨드(S. S. Zalkind)는 다음 <표 8-1>과 같이 분류하고 있다.

(1) 적응기능

태도는 적응 기능(the adjustment function, the instrumental function)을 가지고 있다. 즉, 사람은 누구나 외부 환경과 관련하여 보상을 극대화하고 벌을 극소화하여 사회에 적응하려는 태도를 가진다. 이 기능을 공리적 기능(utilitarian function)이라고 함도 이 때문이다.

(2) 자아방어적 기능

태도는 자아 방어적 기능(the ego-defensive function)을 가지고 있다. 즉, 태도는 자신을 내적인 두려움이나 외부 환경의 위험으로부터 보호하기 위해서 형성된다. 또한 자기의 이미지(self image)를 보호하려 하고 자기 결점을 나타내지 않으려 하며 환경에서 위험이 감지되면 자아 방어 태도는 두려움을 감소시키려 하기도 한다. 따라서 자아 방어적 태도는 욕구 좌절 시에 자아가 붕괴되는 것을 막고 자아를 방어하려는 역할을 한다.

10) D. Katz, "The Functional Approach to the Study of Attitudes", Journal of Opinion Quarterly, Summur 1960, pp.163~204.

| 표 8-1 | 태도기능

기 능	내용(기원과 동태성)	각성의 조건	변화의 조건
적 응	• 사람은 환경으로부터의 보상을 극대화하고 처벌을 극소화하려고 노력함	• 욕구의 활성화 • 욕구충족에 관련된 단서(cues)의 돌출(salience)	• 욕구의 결핍 • 새로운 욕구와 새로운 욕구수준의 생성 • 보상과 처벌의 이전(shifting) • 욕구충족을 위한 새롭고 좋은 통로의 강조
자아방어	• 사람은 내부적 갈등과 외부의 변화(위협)로부터 자신을 보호하려 함	• 위협의 제시 • 증오 및 억압의 등장 • 욕구불만의 증대 • 권위주의적 제안의 활용	• 위협의 제거 • 카타르시스 • 자기통찰(self-insight)의 개발
가치표현	• 사람은 자신에게 중요한 가치관을 표현하여 자기 정체성을 유지하고 자신의 이미지를 고양하려 함	• 가치관에 관련된 단서의 돌출 • 자기 이미지를 주장하기 위한 호소 • 자아개념을 위협하는 모호함	• 자신에 대한 어느 정도의 불만 • 자신을 위해 새로운 태도가 보다 적절함 • 옛 가치관의 포기를 지원 하는 환경
지 식	• 사람은 여러 가지 욕구를 충족시키고 혼란한 세계의 의미를 부여하려고 고도의 지식을 탐색함	• 옛 문제에 관련된 단서의 돌출	• 새로운 정보나 환경변화에 의한 모호함 • 문제에 관한 보다 의미 있는 정보

자료 : F. Luthans, 앞책(1992), p.111 & J. M. Ivancevich / M. T. Matteson. 앞책(1993), p.93

(3) 가치표현적 기능

태도는 가치표현적 기능(the value-expressive function)을 가지고 있다. 즉, 태도는 사람들의 중심적인 가치와 자신의 퍼스낼리티에 근거하여 형성된 신념과 사상, 관념을 적극적으로 표현하는 기능이 있다. 사람들은 개인의 책임이나 사회적 가치를 언어나 생활 태도(life style)를 통하여 투영하려 한다.

(4) 탐구적 기능

탐구적 기능(the knowledge function)은 지식기능이라고도 한다. 탐구 기능적 태도는 혼란한 세계를 설명하고 조직하는데 도움을 준다. 그리고 자기 주변의 사람들이나 사건들을 이해하고 해석하는 기준이나 준거 체계를 제공한다.

태도와 관련된 변수로는 독립 변수로서 자극과, 매개 변수로서 태도와, 종속 변수로서 감정, 인지, 행위 등이 있다. 외부로부터의 자극은 사람의 태도를 매개 변수로 하여 감정(좋아하거나 싫어하는 감정의 표현), 인지(신념의 표현), 행위(행위의 표현)가 나타난다. 따라서 태도의 유형에 따라 같은 자극이라 하더라도 감정, 인지, 행위가 다르게 나타날 수도 있다.

제 2 절 태도변화

1. 태도의 변화성

인간의 행동을 이해하기 위해서는 태도에 대한 연구가 필수적이다. 그 이유는 인지적이고 감정적인 요소가 행동에 영향을 미치기 때문이다. 태도는 신념과 가치관이 고정되어 있지 않다면 변화한다. 물론 태도가 변화하지 않으려고 저항하여 고정관념화 되는 경향도 있다.

그러나 개인이 안정되어 있거나 없거나 강한 외부의 자극 즉, 공포, 압력, 협박을 받으면 태도의 조직체계가 변하여 태도 변화가 일어난다. 그렇지만 언제나 태도 변화가 일어나는 것은 아니다.

그러므로 태도 변화가 일어나는 경우와 일어나지 않는 경우 두 가지로 구분할 수 있으며, 여기에서 변화는 다시 쉽게 변하는 경우와 쉽지 않게 변하는 경우로 나눌 수 있다. 다음과 같은 경우에는 개인의 태도 변화는 용이하다.[11]

11) H. C. Kelman, “Three process of social influence”, in E. P. Hollander & R. G. Hunt, Current Perpectives in Social Psychology, N. Y., Oxford Univ. Press, 1963, pp.454~462.

첫째, 한 문제(자극)에 대한 저장된 정보의 양이 적으며,

둘째, 태도가 중심적인 것이 아니며,

셋째, 문제가 된 태도가 다른 태도와 강하게 결부되어 있는 것이 아니며,

넷째, 그 사람이 폐쇄적이거나 편협하지 않은 성격을 가진 경우이다.

반면에 조직, 민족, 국가와 같은 대집단의 경우는 집단과 조직의 기동력의 정도와 비례해서 태도 변화의 속도가 달라진다. 그러나 이들 대집단의 경우 태도 변화가 쉽지 않다.

2. 태도변화의 이론

태도 변화의 이론적 기초가 되고 있는 것은 인지학파의 인지일치원칙(the principle of cognitive consistency)이다. 인지일치원칙의 네 가지 명제는 다음과 같다.

첫째, 인지 구조의 수정 즉, 태도 변화는 인지 불일치의 결과이다.

둘째, 인지 구조를 이루고 있는 요인간의 불일치는 요인들이 서로 상충한다는 데에 기인한다.

셋째, 태도 변화의 양은 인지 불일치의 정도에 비례한다.

넷째, 인지 구조의 균형이 깨어졌을 때의 상호작용 과정의 역동현상은 인지 불일치를 해소하기 위한 것이다.

이 인지 일치 원칙에서 태도 변화를 설명하기 위한 다음의 이론이 파생되어 나왔다.[12)]

1) 균형이론

균형 이론(the balance theory)이란 하이더(F. Heider)[13)]가 제시한 이론으로써, 한 사람이 다른 상대에 갖는 태도(+와 −로 분류)와 그들 두 사람이 하나의 대상이나 주제에 대하여 어떻게 생각하는지(+와 −로 분류)에 따라 불균형 상태에 이르면 태도를 변화하도록 동기부여가 된다는 이론이다. 즉, 어떤

12) 전병재, 사회심리학, 경문사, 1984, 332~338쪽 참조.

13) F. Heider, The Psychology of Interpersonal Relations, N. Y. John Wiley & Sons, 1958.

특정의 지각자(perceiver ; p)와 제 3자인 다른 사람(other ; o)이 어떤 대상(object ; χ)에 대하여 가지고 있는 태도를 호(+) 불호(−)로 나누어 각 대상에 대한 세 가지 관계의 곱$\{(p+o)\times(p+\chi)\times(o+\chi)\}$이 +값이면 균형 상태라 하며, 세 가지 관계의 곱$\{(p-o)\times(p-x)\times(o-\chi)\}$이 −값이면 불균형 상태라 한다. 불균형 상태가 되면 태도구조에 변화가 생겨서 지각자 p가 o나 대상물 χ에 대한 태도가 수정된다.

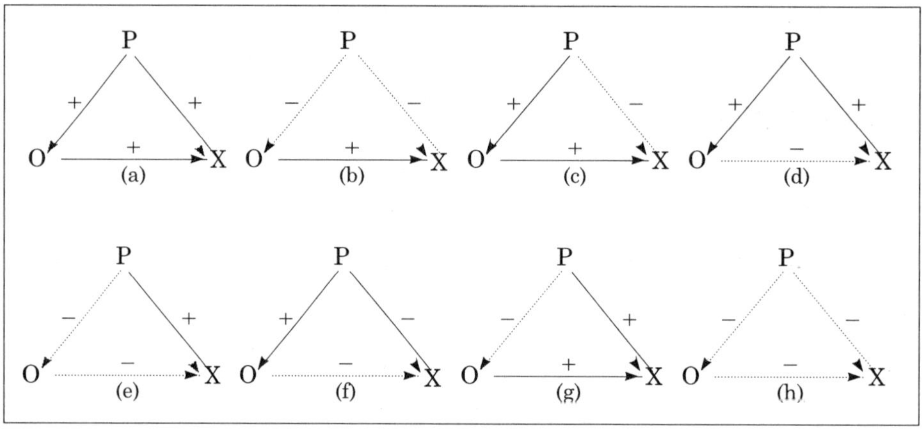

(1) 균형 상태 (2) 불균형 상태

자료 : 차배근, 태도변용이론, 나남, 1992, 102쪽.

▌그림 8-3▐ 균형과 불균형 상태의 형태

하이더는 균형 상태와 불균형 상태를 확인하기 위하여 2개 요소(P와 O 또는 P와 X)간의 2원 관계인 경우와 3개 요소(P와 O와 X)간의 3원 관계로 나누어 <그림 8-3>과 같은 모형으로 설명하고 있다.

2) 인지부조화 이론(the dissonance theory)

인지부조화 이론[14]은 페스팅거(L. Festinger)에 의해 제시된 이론으로 두개의 인지 요소가 심리적으로 불일치되면 부조화 상태에 빠지고 이 부조화 상태를 제거하기 위해 행동 변화가 유발된다는 이론이다.

---

14) 차배근, 태도변용이론, 나남, 1992, 132~136쪽(원전 : L. Festinger, A Theory of Cognitive Dissonance, 1957).

인지적 요소란 한 개인이 자신과 그 주위에 대하여 평소에 가지고 있는 지식, 정보, 태도 또는 신념들을 말하며 이들 요소들은 유관(relevant)하거나 무관(irrelevant)한 관계를 가지고 있다. 유관한 관계란 하나의 인지 요소가 다른 요소에 대하여 무엇인가를 내포하고 있는 것을 말하고, 무관한 관계란 인지 요소 간에 서로 관계가 없는 것을 말한다. 이 때 인지 요소 간에 관계가 있다면 요소간 사이에는 조화나 부조화 상태가 존재한다.

조화 상태는 한 인지요소가 다른 요소를 내포하거나 일치할 때를 말한다. 반대로 부조화 상태는 지각자의 지각 내용과 다른 요소가 맞지 않거나 반대의 의미로 지각될 때를 말한다. 예를 들면 흡연자가 흡연을 하면서 폐암을 유발한다는 사실을 알고 흡연을 하지 말아야 한다고 지각하고 있다면 이것이 바로 부조화 상태이다. 이 경우 흡연자는 부조화 상태에 있으므로 태도 변화가 쉽게 일어나게 된다. 즉, 부조화 상태는 조화 상태가 되도록 하는 동기 요인이 되어 태도 변화가 일어나지만 반드시 태도 변화가 일어나는 것은 아니다.

페스팅거가 제시한 부조화 상태를 해소하기 위한 세 가지 방법은 다음과 같다.[15]

첫째, 행위적 인지 요소를 변화시킨다. 이 방법은 가장 쉽고 많이 이용되는 것으로서 자기의 행위를 변화시킨다. 예를 들면 흡연이 건강에 해롭다고 인지하고 있기 때문에 금연한다.

둘째, 환경적 인지 요소를 변화시킨다. 이 방법은 자기의 행위를 변화시키지 않고 환경적 요소를 변화시킨다. 예를 들면 흡연은 하면서 필터가 달린 담배를 피우거나 의사도 담배를 피운다고 지적하면서 부조화 상태를 감소시킨다.

셋째, 새로운 인지 요소를 추가한다. 앞에서처럼 행위나 인지 요소를 바꾸기 어려울 때에는 부조화적인 인지 요소보다 더 영향력이 큰 새로운 인지 요소를 추가시킨다. 예를 들면 흡연의 금연 여부와 죽음과는 아무 상관이 없다든가 죽어도 좋다는 식으로 하여 부조화 상태를 해소시킨다.

---

15) 윗책, 135쪽.

3. 태도변화의 과정

태도 변화의 과정에 대한 설명은 레윈(K. Lewin)이 제시한 것으로 개인, 집단 및 조직 등의 태도 변화에 전반적으로 적용될 수 있는 이론이다.[16)]

1) 해빙

해빙(unfreezing)이란 개인에게 작용하는 여러 요인들이 이제는 변화를 할 필요가 있다는 것을 알 수 있도록 '녹여 주는 과정'을 뜻한다. 즉, 어떤 일을 하는 옛날 방식을 깨트림으로서 개인이 새로운 대체 안을 받아들일 태세를 갖도록 하며 기존의 생각, 가치관, 태도를 변화하게 하는 것(심리적인 것)이다.

2) 변화

켈만(H. C. Kelman)은 변화(changing)는 실제로 태도가 변하는 것으로 개인의 태도에 영향을 미치는 사회적인 영향력이라는 관점에서 변화를 다음과 같이 순종, 동일화, 내면화의 세 가지 과정을 통하여 이루어진다고 하였다.[17)]

(1) 순응

순응(compliance)이란 한 개인이 다른 사람이나 집단의 호의적인 반응을 얻기 위하여 그들의 영향력을 수용할 때 발생하는 것으로서 순종 과정을 변화의 메커니즘으로 보지 않고 해빙의 과정으로 보는 것이 보통이다.

순종은 행위를 유도하는 가장 신속한 방법이긴 하나 이 방법에는 항상 감독이 따라야 하며 보상이나 벌이 주어져야 한다. 그것은 변화의 영향력이 없어지면 원래의 태도로 돌아가기 때문이다.

(2) 동일화

동일화(identification)란 한 개인이 다른 사람이나 집단과의 관계를 만족스럽게 형성한다는 이유로 해서 한 집단의 태도를 호의적으로 받아들일 때 발생

16) K. Lewin, "Frontiers in Group Dynamics : Concept, Method and Reality in Social Science", Human Relations, No. 1, June 1947, pp.5~41.

17) H. C. Kelman, 앞 논문 pp.454~462.

한다. 부모들은 동일화 과정을 통하여 자신들의 의견, 편견, 선호 등을 자기 자식들에게 전달한다.

(3) 내면화

내면화(internalization)란 유발된 태도나 행위가 내재적으로 보상되며, 한 사람의 가치 체계에 부합될 때 발생한다. 즉, 타인의 주장이 자신의 가치 체계에 부합되거나 합당한 것으로 받아들여질 때 내면화가 일어나게 된다. 내면화가 되기는 어렵지만 일단 되기만 하면 고착되는 재동결의 단계로 변화한다.

3) 재동결

재동결(refreezing)이란 새로 획득된 태도, 지식, 행위가 개인의 퍼스낼리티나 계속적인 중요한 정서적 관계로 통합되어 고착화되는 과정이다. 이 경우 새로운 행위나 태도가 시간이 지남에 따라 소멸되지 않도록 효과적으로 강화해 주어야 한다.

이상의 태도 변화 과정을 요약하여 다음 <표 8-2>와 같이 정리하였다.

표 8-2 태도 변화 과정의 내용 비교

	순종	동일시	내면화
선행요건			
1) 목적	결과적 행동	사회적 의존	가치 전향
2) 수단	물리적 힘	매력	신뢰
3) 방법	행동 선택의 제한	역할 기대의 제시	인식 구조의 변화
결과			
1) 지속의 조건	감 독	관계의 밀도	가치의 연관성
2) 변화의 조건	보상의 정도	관계의 만족도	가치의 극대화
3) 기대되는 행동이 포함된 행동 유형	구체적 상황의 명시적 요구	구체적 역할에 대한 기대	개인의 가치 체계

자료 : H. C. Kelman, "Compliance, identification and internalization : Three process of attitude change", Conflict Resolution, Vol. Ⅱ, No. 1, 1958, pp.51~60.

4. 태도변화의 관리

1) 태도 변화에 대한 저항

태도 변화에는 구성원의 저항이 뒤따른다. 저항은 주장의 반박, 정보원의 격하, 메시지의 왜곡, 합리화, 전면 거부 등이 있다.

2) 조직에서 사용하는 태도 변화의 방법

계획적인 태도 변화의 방법으로는 인적 자원 관리, 참여 제도 등이 있으며 개인적인 태도 변화의 방법에는 다음과 같이 설득, 공포의 유발과 감축, 인지 부조화의 유발 등이 있다.[18]

(1) 설득

설득이란 논리적인 주장과 사실 확인을 통해서 태도를 변화시키는 것으로 언어 또는 문서, 영상 등의 메시지로 구성되며, 대면설득이 가장 효과적이다.

(2) 공포의 유발과 감축

공포감을 유발하는 메시지를 전달할 때 효과적으로 태도 변화가 일어날 수 있으며 공갈, 위협을 예로 들 수 있다.

(3) 인지 부조화의 유발

① 의의

인지 부조화의 유발은 원래 인지의 일관성을 유지하려는 인간 심리의 기본적 속성에서 도출된 개념으로 인지의 비일관성을 의미한다.

의사결정이 중요하지만 선택되지 않은 대안이 매력적일수록 부조화는 큰데, 부조화의 상태는 우리에게 불편함을 주기 때문에 우리는 어떠한 형태의 노력을 기울이든지간에 조화의 상태로 가기 위해 노력하고 그 과정에서 태도 변화가 일어난다.

---

18) 추 헌, 조직행동론, 형설출판사, 1992, 356~360쪽.

인지 부조화의 발생은 불유쾌하기 때문에 개인은 그것을 줄이거나 제거함으로써 심리적 균형을 회복하려고 노력한다.

② 부조화를 감소시키는 방법

첫째, 부조화 요소의 중요성을 감소시킨다.

둘째, 조화 요소들을 더 많이 첨가시킨다.

셋째, 부조화 요소 중 어느 하나를 변화시켜 다른 요소들과 더 이상 불일치되지 않도록 한다.

(4) 참여 제도 활용

참여 제도(participation method)는 개인들에게 그들 자신의 직무 성과와 관련된 결정에 참여할 수 있는 기회를 제도적으로 제공하는 것으로서 개인들의 부정적인 태도를 지양하고 보다 호의적이며 유용한 태도를 구축할 수 있는 효과적인 방법이다.

(5) 여론 지도 역할 담당

여론 지도자(opinion leader)란 일반적으로 지역 사회에서 신망이 높은 중요한 인물로서 외부의 정보를 주위 사람들에게 해석해 주고 전달해 주는 인물이다. 그래서 여론 지도자는 사람들의 태도를 변화시키는 주요한 매개 요소가 된다.

제3절 가치관

1. 의 의

가치관은 사물이나 대상에 대하여 가지는 평가의 근본적인 태도로 어떤 사물이나 대상에 대한 행동을 할 때는 행동화 이전에 형성된 내재된 가치관이 작용한다. 가치관은 태도가 지속적인 신념으로 조직화되고 고정된 것을 말한다.

로빈스는 "가치관은 구체적인 행동 양식이나 생존의 최종적인 상태가 개인적으로나 사회적으로 반대되는 가치관보다 선호되는 기본적인 신념"[19]이라고 했으며 밀톤(R. Milton)은 "개인이 사회적으로 또는 개인적으로 선호하는 어떤 구체적인 행동방식이나 결과적 상태에 대한 확신 또는 신념"[20]이라고 했다. 더브린과 아일랜드(A. J. Dußrin & R. D. Ireland)는 "가치관은 적절한 행동 표준과 바라는 결과에 대한 개인의 신념"[21]이라고 하여 신념이 가치관임을 설명하고 있다. 그러므로 가치관은 '한 개인이 가지고 있는 옳고 그름과 善과 惡을 판단하는 판단기준'으로서 인간 행동을 이해하기 위한 자아개념, 퍼스낼리티, 지각 및 태도 등과 직접적으로 관련이 있다. 여러 학자들의 견해를 통해 가치관에 대한 특징을 살펴보면 다음과 같다.

첫째, 가치관은 태도 등 인간행동에 영향을 미친다. 이것은 개인이 어디에 중요성을 부여 하는가 즉, 정직이냐, 순종이냐, 독립이냐에 따라서 개인의 태도나 행동에 영향을 미친다.

둘째, 가치관은 형성되어지는 것이다. 따라서 안정성과 항구성을 지닌다. 이것은 오랜 시간동안 학습에 의하여 형성되어 온 것으로 쉽게 변화하지 않는 성질을 갖고 있다.

셋째, 가치관은 옳고 그름, 선악의 판단기준인 윤리나 규범과 관련된다.

넷째, 가치관은 최종적인 것과 도구적인 것으로 구분된다.[22] 즉, 가치관은 도달하고자 하는 최종적 상태이고 도구적 가치는 최종적 가치를 얻기 위한 대체적인 행동 또는 수단이다.

2. 가치관의 유형

인간의 가치관의 유형은 사람들 수만큼 많다. 수많은 인간의 가치관을 알포

19) S. P. Robbins, 김지성 외 옮김, Organizational Behavior, McGraw-Hill, Inc., 2005(11th), 110쪽.

20) Milton. Rokeach, The Nature of Human Zalues(NY : Free Press,)1973, p.5.

21) A. J. Dußrin & R. D. Ireland, Management and Organization, South-Western, 1993(2nd), p.67.

22) R. Kreitner / A. Kinicki, Organizational Behavior, Irwin, 1992(2nd), p.105 & S. P. Robbins, Management, Prentice-Hall, 1994(4th), p.172.

트와 잉글랜드 그리고 로키취는 다음과 같이 분류하였다.

1) 알포트의 분류

알포트(G. W. Allport)는 인종, 종교, 직업 등 여러 집단별로 나누어 가치관과 행동경향의 차이를 연구한 결과 인간의 가치관의 유형을 여섯 가지로 구분하고 있다.[23)]

(1) 이론적(theoretical) 유형 : 비판적이고 합리적인 방법을 통해서 지식의 기반인 진리를 발견하는데 중요성과 가치를 두는 유형이다.

(2) 경제적(economic) 유형 : 유용하고 실제적인 것을 강조하는 유형이다.

(3) 미적(aesthetic) 유형 : 형식과 조화 즉, 아름다움을 강조하는 유형이다.

(4) 사회적(social) 유형 : 인간을 사랑하는 즉, 인간관계에 최고의 가치를 두는 유형이다.

(5) 정치적(political) 유형 : 권력과 영향력의 획득에 가치를 두는 유형이다.

(6) 종교적(religious) 유형 : 전체적인 우주에 대한 이해와 경험의 통합에 관심을 두는 가치유형이다. 다시 말해서 정신과 윤리적 도덕성에 가치를 두는 유형이다.

2) 잉글랜드의 분류

잉글랜드(A. W. England)는 가치관을 중심으로 비교문화 관점에서 각국의 관리자들의 행동을 분석한 결과로 개인행동은 가치관에 따른 행동대안과 선택적 지각, 상황적 조건에 따라 형성된다. 그는 이 행동에 영향을 주는 가치관을 세 가지 지향성(value orientation)으로 분류 설명하고 있다.[24)]

(1) 도덕지향성(moral orientation) : 행동의 올바른 매너 지향적이다.

(2) 실존지향성(pragmatic orientation) : 성공과 현실 지향적이다.

(3) 심미지향성(aesthetic orientation) : 기쁨 추구 지향적이다.

---

23) S. P. Robbins, Organizational Behavior, N. J. Prentice-Hall, Inc, 1989(4th), p.119(원전 : G. W. Allport, et als. Study of Values, Boston, Houghton Mifflin, 1951).

24) G. W. England, Managers and Their Value System : "A Five Country Comparative Study", Colombia Journal of World Business, Summer, 1978.

3) 로키취의 분류

로키취(M. Rokeach)는 가치관을 수단적 가치관(instrumental value)과 궁극적 가치관(terminal value)으로 분류하고 수단적 가치관은 개인의 행동방식과 관련하여 일상생활에서 그의 행동선택에 영향을 주는 가치요소(근면, 아량, 능력, 명랑, 청결, 용기, 관용, 도움, 정직, 상상력, 지능, 독립, 논리, 애정, 순종, 공손, 책임, 자제)이며, 궁극적 가치관은 일생을 통하여 개인이 선호하는 최종적인 상태와 관련된 가치 요소(안락한. 화끈한 생활, 성취감, 평화, 평등, 안정된 가정, 미의 세계, 자유, 행복, 심적 조화, 성숙된 사랑, 국가안보, 쾌락, 구원, 자아존경, 사회적 안정, 진정한 우정, 지혜)이다. 따라서 수단적 가치관은 단기적 행동방식에 영향을 미쳐 궁극적 가치관을 실현할 수 있는 행동영향 요소이다.[25)]

3. 태도, 가치관 및 행위의 관련성

사람은 세상을 살아가면서 무수히 많은 질문에 직면하고 태도 결정을 하게 된다. 이 때 그들은 자신의 가치관에 따라서 다른 대답과 태도를 보이게 된다. 따라서 가치관은 행동론 연구에서 중요한 연구 과제가 된다.

가치관은 행위를 하는 광범위한 신념 체계를 지닌 규범적인 신념이며 행동양식이다. 따라서 인간 행동의 차이를 이해하기 위한 성격, 지각 및 태도 등의 기초가 되며 자신의 옳고 그름을 판단하는 규범과도 관련된다.

한편, 태도는 반응과 행위의 예측 지표가 될 수 있기 때문에 그 자체로서도 의미가 있지만 행위와 관련하여 중요성을 갖는다. 이는 태도와 행위 사이에 인과관계가 매우 높은 수준의 正의 관계를 보인다는 데에 그 근거를 두고 있다.

위의 근거를 종합해 보면 가치관, 태도 행위의 관련성은 다음<그림 8-5>와 같다.

25) Robert Kreitner & Angelo Kinicki, Organizational Behavior, Chicago, IL : Richard D. Irwin, 1995(3rd), pp.98~99.

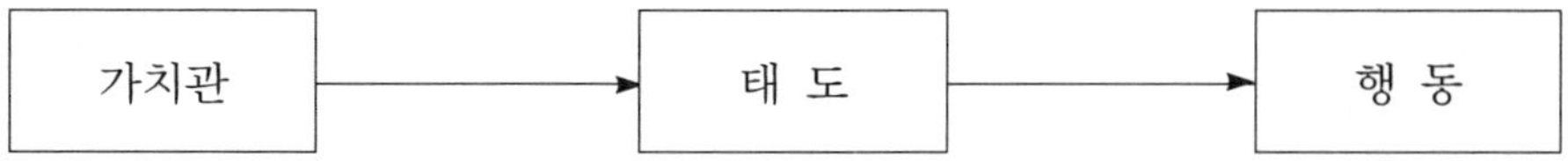

▌그림 8-5▐ 가치관, 태도, 행위의 관련성

4. 지각, 학습, 태도 그리고 행동의 상호관계

지각, 학습, 태도 및 행동의 상호 관계를 도표화해 보면 <그림 8-6>과 같다. 다섯 가지 감각기관을 통해 지각된 정보나 지식은 학습의 과정을 거치면서 태도를 형성한다. 형성된 태도가 표출되는 것이 행동이며 그 행동을 어떻게 하는가에 따라 결과가 나타난다. 이와 같이 우리 행동은 여러 과정의 심리적 경로를 거쳐서 이루어진다.

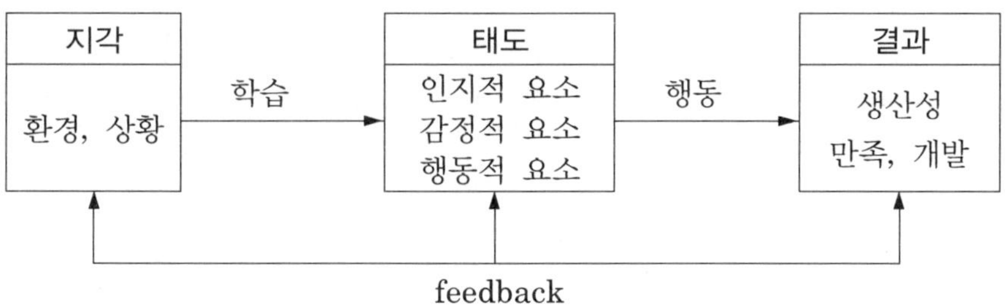

▌그림 8-6▐ 지각, 학습, 태도 그리고 행동의 상호 관계

Chapter
09

동기부여

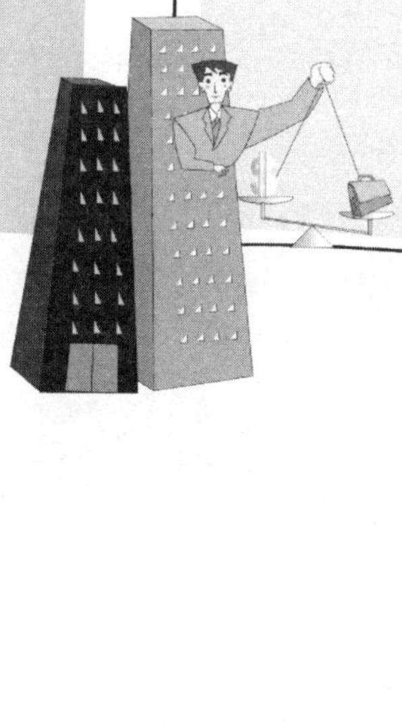

Chapter 09

동기부여

제 1 절 동기부여에 대한 이해

동기부여는 영어로는 motivation이라 하며 to move(움직인다)의 의미로 라틴어 'movere'에서 유래되었다. 오늘날 경영자들이 조직을 경영하기 위하여 반드시 이해해야 할 두 개념을 든다면 리더십과 동기부여(모티베이션)이다. 그만큼 조직 관리를 위해서 인간행동을 이해하는 것은 초미의 관심사이다. 이는 인간 행동은 대상의 심리를 바탕으로 나타난 결과이기 때문이다. 과거에는 경영자나 관리자의 일방적인 명령과 지시 또는 통제에 의해서 성원들이 움직였다. 그렇지만 지금은 성원들이 조직의 목적을 충분히 이해할 때에 비로소 자발적으로 참여하고 협조할 수 있는 분위기를 조성하고 성원들을 유인할 수 있다. 바로 이렇게 하도록 하는 것이 동기부여이다.

따라서 동기부여는 오늘날 조직에서 성원들의 행동 동기와 행동 변화를 이해하기 위하여 필요한 개념으로서 경영자의 최대 관심사 중의 하나가 되었다.

1. 동기부여의 의의

1940년대 이전까지 동기부여에 대한 연구는 주로 심리학적 배경을 가지고 전개되어 왔다. 이것은 동기부여라는 말이 움직이도록 한다는 의미를 가지고 있는데 기인한다. 사람이 움직이는 것은 육체가 그냥 움직이는 것이 아니라 마음이 먼저 움직여야 비로소 육체가 그 뒤를 따라 움직이므로 마음에 대한 연구가 필연적으로 선행되어야 한다. 동기부여는 바로 이러한 마음에 대한 연구이므로 눈으로 볼 수도 없고, 손으로 만질 수도 없다는 한계점을 가지고 있다.

동기부여(motivation)라는 말은 그 어원에서 보는 바와 같이 「움직인다」는 라틴어의 'movere'에서 나왔고, 영어의 의미는 'to move'이며 그에 대한 연구는 2300여 년 전의 그리스에서부터 이루어졌다.[1] 그렇지만 관리론적인 의미를 가지고 동기부여에 대한 연구가 체계적으로 수행된 것은 근대부터이다.

동기부여는 인간을 동태적인 상태로 변화시키기 위하여 인간행동에 주요 동기를 주입시키는 것을 의미하는 것으로서 동기부여, 동기유발, 동기화라고도 한다.

비치(D. S. Beach)는 "동기는 인간 행동의 주요 원인"(motives are the main spring of action in people)[2]이라고 정의함으로써 조직의 리더(leader)는 목표지향적인 종업원의 행동을 자극하고 유발시키기 위해서 재무적 또는 비재무적 보상(reward)을 보장해야 한다고 암시하고 있다. 그러므로 동기(motive)는 동인(動因)과 유사어로서 개인이나 집단의 목표를 효율적으로 달성하고 동시에 보상을 달성하게 하는 계기, 자극, 또는 원인이다. 그리하여 다른 개인이나 조직의 성원들에게 자극, 계기, 동인 그리고 동기를 제공하여 행위를 촉진하는 것을 동기부여라고 한다.

동기부여는 학자마다 유사개념을 많이 제시하고 있는데 그 정의 속에는 바람(wishes), 목적(aims, goals), 욕구(needs), 동기(motives), 유인(incentives)의 의미가 있다.

루탄스는 "목표(goal)나 유인(incentive)에 표적을 두고 행동이나 충동욕구(drive)를 구체화하는 물적 및 심리적 결핍이나 욕구로부터 나타나는 하나의 과정"[3]이라고 하였고, 달톤과 그 동료들(M. Dalton et al.)은 "인간의 행동을 일으키는 정서적인 자극"[4]이라고 하였다.

---

1) F. Luthans, Organizational Behavior, Tokyo, McGraw-Hill, Kogakusha, Ltd. 1981(3rd).
2) Dale S. Beach, Personnell, 1967, p.445.
3) F. Luthans, Organizational Behavior, N. Y., McGraw-Hill Inc. 1992(6th), p.147.
4) M. Dalton et als. Human Relations, South-Western, 1992, p.117.

또한 보비와 그 동료들은 동기부여는 "개인의 행동을 일으키고 방향을 제시하며 계속하게 하는 힘"이라고 하였다.[5)]

바르톨(K. M. Bartol)과 마르틴(D. C. Martin)은 "동기부여는 행동에 활기를 불어 넣어 줄 뿐만 아니라 방향을 제시해 주고 지속하려는 경향을 뒷받침해 주는 내적인 힘"[6)]이라고 하였다.

또한 그린버그(J. Greenberg)와 베이론(R. A. Baron)은 "동기부여란 개념은 격려(arousal), 지휘(direction), 목표지향적인 행동의 유지(maintaining)라는 의미를 내포하고 있다"고 설명하고 있다. 예를 들면 차를 타고 집에 갈 때 엔진에 시동을 거는 것은 격려이고, 바퀴를 굴리고 길을 선택하는 것은 지휘이며 목적지까지 계속 가는 것은 유지가 된다.[7)]

즉 동기부여란 '경영자의 구성원들의 목표달성을 위한 지속적 노력'을 의미하며 조직행동의 연구에서도 이러한 관점에서 연구된다. 이처럼 경영자의 주도적인 역할을 통하여 구성원들의 욕구를 만족시키려는 행동을 이끄는 내부적인 과정을 강조한다.

2. 동기부여의 유사 개념

심리 상태에 대한 동기부여와 유사 개념은 emotion, force, drive, instinct, need 등의 생물학적 특성(biological import)과 urge, wish, feeling, impulse, want, striving, desire, demand 등의 정신적 특성(mental import)을 나타내는 개념들이 포함된다.[8)] 심리적 상태와 의존적 또는 독립적으로 나타나는 외부적 표출을 나타내는 동기부여와 관련된 개념들로 force, attitude, incentive, goal, reinforcement, behavior, expectancy 등이 포함된다. 이들은 기본적으로 심리적 상태의 방향 또는 표적의 의미를 가진다. 이와 같이 동

5) C. L. Bovee et als., Management, N. Y. McGraw-Hill Inc. 1993, p.436.

6) K. M. Bartol and D. C. Martin, Management, N. Y. Mcgraw-Hill Inc. 1994(2nd), p.377.

7) J. Greenberg and R. A. Baron, Behavior in Organizations, Pearson Education, Inc. 2003(8th), p.190.

8) C. N. Cofer and M. H, Appley, Motivation : Theory and Reserch, N. Y. John Wiley & Sons, Inc. 1964.

기부여에 관련된 유사 개념들은 대단히 많다. 그러나 이들 개념들은 학자에 따라 동기부여의 의미를 파악하는데 선별적으로 이용되고 있다.

3. 동기부여 기본과정

리비트(H. J. Leavitt)는 인간 행동의 기본적 모델을 다음과 같이 설명하고 있다.[9] 즉, 원래 유기체인 인간은 여러 가지 욕구(동인)를 지니고 있다. 인간은 욕구가 충족되지 않으면 긴장 상태에 있거나 불쾌감을 느끼게 된다. 인간은 그와 같은 상태에서 벗어나기 위하여 외부로부터 적절한 자극(유인)이 주어지기만 하면 목표를 달성하려는 행동을 한다. 행동은 긴장이나 불쾌감을 해소하기 위해 일어난다. 이런 면에서 볼 때 인간의 행동에는 반드시 세 가지 요인, 즉, 자극 · 욕구 그리고 목표가 있게 마련이다.

즉, 개인은 욕구 충족의 정도를 증대하려 하거나, 욕구 충족의 감소를 회피하려는 두 가지 이유 중의 하나를 위해 행동한다. 뿐만 아니라 인간은 욕구 충족을 위해 행동을 반복하려 하면서도 처벌받는 행동은 회피하려는 경향이 있다.[10]

동기부여가 어떤 과정을 거쳐서 이루어지게 되는가를 알기 위해서, 욕구(needs)와 목표(goals)라는 변수를 중심으로 보면 <그림 9-1>과 같이 순환 과정으로 파악할 수 있다. 욕구란 어떤 시점에서 개인이 경험하는 결핍(deficiency)으로, 행동의 촉진제의 역할을 한다. 그리고 개인이 추구하는 목표나 성과는 동기부여가 목표 지향적 차원에서 보면 개인의 행동을 이끌어내는 동인이다.

<그림 9-1>에서 보듯이 개인은 욕구가 결핍되면 긴장을 감소시킬 수 있는 방안을 모색하게 되고, 그 결과 하나의 행동안이 선택되어 그에 따른 목표지향적 행동을 한다. 그 다음 일정한 시간이 지나 성과를 평가하고 이것을 바탕으로 보상과 벌이 주어진다. 이들은 다시 개인들에 의해서 저울질되어 욕구 결핍을 재평가하는 일련의 순환 과정을 되풀이한다.

9) H. J. Leavitt, Managerial Psychology, University of Chicago, 1972, p.12.
10) 이준범, 현대경영관리론, 박영사, 1980, 29~30쪽.

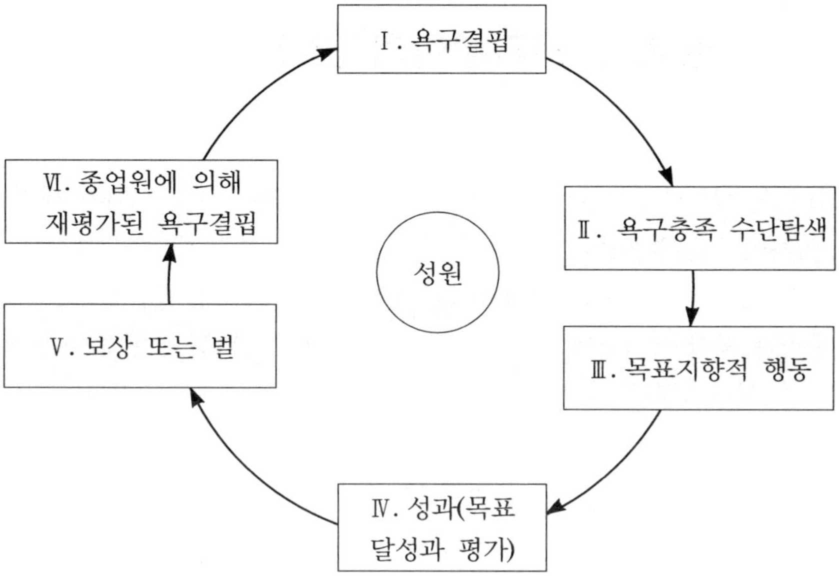

자료 : J. L. Gibson, J. M. Ivancevich and J. H. Donnely, Jr., Organizations : Behavior, Structure, Processes, Plano, Texas, Business Publications, 1982(2nd), p.80.

| 그림 9-1 | 동기부여의 기본 과정

그러나 동기부여 과정을 보다 쉽게 이해하기 위해서는 앞의 변수 과정에 다른 여러 변수들을 추가하여 설명해야 한다. 여러 변수는 노력과 능력, 직무설계, 관리의 폭, 리더십 스타일 등과 같은 조직변수(organizational variable)와 만족(satisfaction)을 들 수 있다. 이러한 변수들을 사용한 동기부여의 순환과정을 <그림 9-2>와 같이 파악할 수 있다.

자료 : J. L. Gibson, J. M. Ivancevich and J. H. Donnely, Jr. Organizations : Behavior, Structure, Processes, Plano, Texas : Business Publications, 1982(4th), p.81.

| 그림 9-2 | 동기부여 과정의 종합 모델

제2절 성과와 동기부여의 관계

인간이 성과를 추구할 때 그가 가지고 있는 능력만으로는 성과를 달성할 수 없다. 여기에서 능력 이외의 어떤 요인이 성과를 결정할 때에 그 요인이 바로 동기부여이다. 즉, 성과(performance)=능력(ability) × 동기부여(motivation)의 함수라는 공식이 성립된다. 이를 P=f(A×M)라고 할 수 있는데 이와 유사한 설명을 한 여러 학자들의 설명을 정리하면 다음 <표 9-1>과 같다.

표 9-1 성과와 동기부여의 관계 분석

학 자	내 용
Bovee, Bartol, Martin	동기부여×능력
Lussier	동기부여×능력×제자원
Robbins	동기부여×능력×기회
Ivancevich, Mattcson	동기부여×능력×기회×의지
Schnake	동기부여×능력×후원

자료 : 이한검, 인간행동론, 형설출판사, 1994, 504쪽.

제3절 인간행동 동기의 유형

인간의 동기는 매우 복잡하여 어떤 한 형태로 나타나지는 않는다. 즉, 개인의 퍼스낼리티나 문화, 관습의 차이에 의해서 다양하게 나타나고 유사동기가 상이한 행동으로 나타나며 상이한 동기가 유사행동으로 나타나기도 한다. 또한 동기가 잠재되거나 위장되기도 한다. 우리 인간의 행동의 원인이 되는 동인 또는 동기를 많은 학자들은 다음과 같이 구분하고 있다.[11)]

11) F. Luthans, 앞책, pp.147~149.

1. 기초적 동기(primary motives)

기초적 동기는 학습되지 않는 원천적인 동기로서 갈증, 식욕, 수면욕, 고통 회피 욕구, 성욕, 모성애 등이 포함된다. 기초적 동기는 생리적인 것으로서 보고 배우지 않아도 자연스럽게 나타나는 본능적인 욕구이므로 물리적 동기(physiological motives), 생물적 동기(biological motives), 무학습 동기(unlearned motives)라고도 한다.

2. 일반적 동기(general motives)

1) 호기심, 조작, 활동에 대한 동기(curiosity, manipulation and activity motive)

어떤 새로운 일에 대한 호기심, 무엇인가 만들고 조작하려는 마음에 기초하여 활동 하고자 하는 동기를 말한다.

2) 애정동기(affection motive)

애정 동기는 다른 사람으로부터 사랑과 귀여움을 받고자 하는 욕구에 포함되며 일차적인 동기에 속하지만 2차적인 제휴 동기와 관련이 있다.

3. 이차적 동기(secondary motives)

사회가 복잡해지고 인간의 욕구가 다양해지면서 원초적인 1차적 욕구보다 학습된 2차적인 욕구가 인간 행동의 주요 동기 요인으로 자리매김한다.[12] 2차적 동기는 후천적으로 형성된 동기로 그 내용은 다음과 같다.

12) F. Luthans, 앞책, pp.149~154.

1) 권력동기(power motive)

권력 동기는 비교적 오랫동안 논의된 동기 요인으로 이를 이론화한 사람은 아들러(Alfred Adler)이다. 프로이드는 과거, 성적 요소와 무의식의 영향을 강조하였지만 아들러는 미래와 우월적 요소와 권력 동기를 강조하였다. 권력 동기는 정치적 분야에 종사하는 사람만이 가지는 것이 아니라 기업, 학교, 병원, 정부기관, 군대 등 조직에 속한 성원들이 모두 가지고 있는 욕구이다. 인간은 홀로 살아갈 때에는 권력 동기를 가지지 않지만 여러 사람이 모여서 사회적 관계를 형성하면 권력 동기를 가지게 된다.

2) 성취동기(achievement motive)

성취동기 연구는 오래되지 않았다. 그러나 연구의 역사에 관계없이 가장 주목을 받고 있는 동기 요인이다. 이 동기에 대한 연구는 하버드 대학의 심리학 교수인 맥클랜드(D. C. McClelland)에 의해 이루어졌다. 성취동기는 적당한 위험 부담을 가지고 과업 수행에 대하여 얼마나 수행되었는지 즉시 확인(feedback)하려 하고, 성과달성에 대해 만족하며 더 많은 과업을 수행하려는 욕구이다.

3) 제휴동기(affiliation motive)

제휴 동기는 가입 동기, 친교 동기라고도 한다. 행동과학자들은 제휴 동기는 학습된 동기가 아니라고 본다. 제휴 동기는 호손 실험에서 제기되었던 본능적 욕구인 사회적 욕구보다는 집단 역학의 측면에서 이해되어야 하는 주장도 있다. 즉, 본래부터의 원천적인 동기라기보다는 집단이나 조직에 소속되면서 구체화된 동기이다.

4) 안정동기(security motive)

안정 동기는 산업사회에서 사람들이 가지는 일반적인 욕구이다. 이는 의식적인 차원에서 뿐만 아니라 무의식적인 차원도 고려되는 동기이다. 무의식적인 안정 동기는 1차적 동기로 볼 수 있지만 의식적인 안정의 동기는 학습된 동기로서 장래를 대비하기 위한 보험 가입이나 저축 행위의 동인이다.

5) 지위동기(status motive)

지위 동기는 명성의 동기(prestige motive)와 유사개념으로 산업화 사회에서 학습된 동기이다. 현대의 풍요를 누리는 사람들은 지위추구자(status seeker)적 요소가 있다. 지위 욕구를 제대로 충족시키지 못한 사람들은 보상심리가 작용하여 지위에 버금가는 상징물로써 의복, 자동차, 저택, 가구를 택하기도 한다.

제4절 동기부여 이론의 계보

1960년대에 들어와서 <그림 9-3>에서 볼 수 있는 바와 같이 동기부여에 관한 유용한 여러 이론들이 개발・제시되었다. 즉, 입장과 견해에 따라 동기부여에 관한 제이론은 여러 유형으로 구분하고 있다. 그러나 캠펠(J. P. Campell) 등은 이들을 내용이론(content theories)과 과정이론(process theories)으로 대별하고 있다.[13)]

내용이론은 욕구이론이라고도 하며 사람들을 모티베이트(motivate)시키는 요인은 욕구라고 생각하고 구체적인 내용을 규명하고자 하는 것이다. 즉, 어떤 요인들이 사람들을 모티베이트 시키는 데 크게 작용하게 되는가에 주목하여, 욕구 충족의 관점에서 동기부여를 해명하고자 하는 것이다. 인간의 기본적 욕구는 무엇인가? 이 무엇인가(what) 하는 것이 과제가 된다. 이러한 욕구 중심의 내용 이론으로는 매슬로우(A. H. Maslow)의 욕구단계설(need hierarchy theory), 허즈버그(F. Herzberg)의 2요인이론(two-factor theory), 알더퍼(C. P. Alderfer)의 E.R.G.이론, 맥클랜드의 성취동기이론(achievement motivation theory) 등이 있다.

한편 과정이론은 인간의 동기부여가 어떠한 과정을 거쳐 이루어지는가(how)

---

13) J. P. Campell et al. Managerial Behavior, Performance and Effectiveness, N. Y. McGraw- Hill, Inc., 1970, p.341.

하는 것, 즉, 동기부여 과정에서 발생하는 제변수와 이들 변수들의 상호 연관성을 검토하는데 초점을 두고 있다. 이러한 과정이론에는 기대이론(expectancy theory), 공정성이론(equity theory)이 포함된다.[14] 이 외에 그 과정이 왜 일어나는가? why에 초점을 둔 강화이론(reinforcement theories)을 첨가하여 세 가지로 구분하기도 한다. 그러나 강화이론을 도구적 조건화(instrumental conditioning) 또는 조작적 조건화(operant conditioning), 행동수정(behavior modification)등의 개념으로 거론하기도 한다. 강화이론은 보상의 역할을 강조하면서 결과를 중시한다. 그러나 내용이론과 과정이론을 부정하지는 않는다. 이 이론에는 스키너(B. F. Skinner)의 '조작적 조건화'를 들 수 있다.

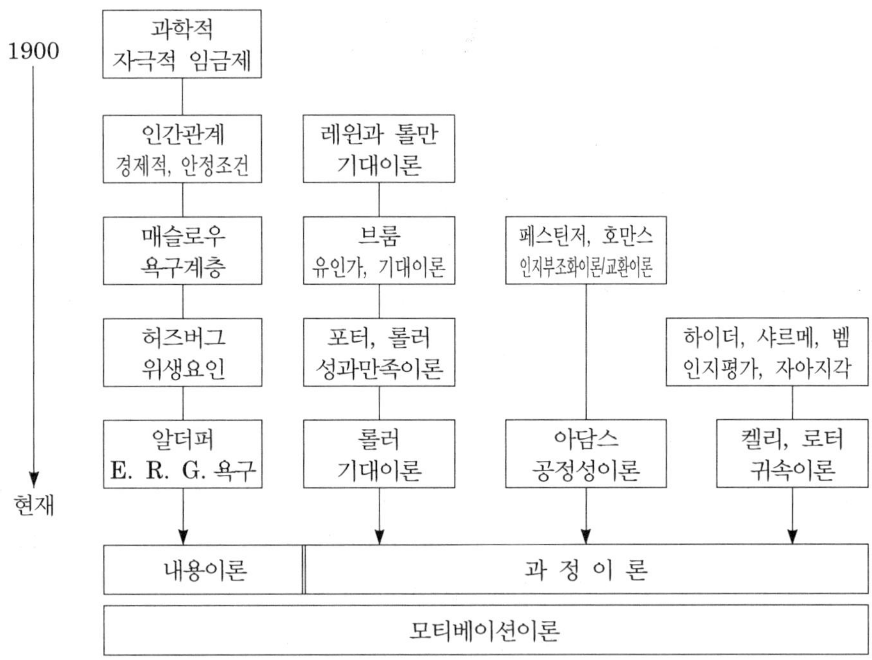

자료 : F. Luthans, Organizational Behavior, N. Y. McGraw-Hill Inc. 1992(6th), p.155.

▌그림 9-3▐ 동기부여 이론의 계보

14) 정경섭, 조직행동론, 법문사, 1986, 86쪽.

제5절 동기부여에 대한 전통적 접근 방법

1. 전통적인 심리학적 접근 방법

1) 쾌락주의

전통적 동기이론은 쾌락주의(hedonism)에 바탕을 두고 있다. 사람은 쾌락을 추구하고 고통을 회피하려는 경향이 있다. 이러한 쾌락주의적 사고는 고대 그리스 철학자들로부터 시작하여 18~19C의 스미스(A. Smith), 벤담(J. Bentham), 밀(J. S. Mill) 등의 경제·사회학자들에 이르기까지 기본가정이 되어 왔다.[15)] 그러나 19세기 말엽부터 개인행동에 대한 쾌락주의적 연구 경향은 철학 영역에서 보다 더 실증적인 심리학적 연구와 관리적인 관점으로 옮겨지게 된다. 쾌락주의적 연구에서는 무엇이 즐거운 것이고 무엇이 즐겁지 않은 것인가, 또 이에 관한 개인차의 문제, 경험이나 환경은 결과의 매력성에 어떤 영향을 미치는가 등의 문제에 대해 적절한 답을 제공해주지 못하였고 행위를 예측하기 위한 실증적 내용을 갖지 못하고 나아가 검증을 불가능하게 하였다.

그러나 이러한 한계에도 불구하고 쾌락주의의 동기부여 연구에 대한 영향은 지대하다. 쾌락주의적 연구에서는 쾌락을 추구하는 본능이 무엇인가를 밝히는 것이 곧 동기를 밝히는 것이 되므로 인간의 내면 깊이 존재하는 쾌락적 동기를 밝히고자 하였다.

따라서 그 이후의 동기부여 연구는 주로 쾌락주의적 연구에서 결여된 경험적·검증적인 방향으로 진행되면서 뒤이은 본능설과 결합된다.

2) 본능이론

본능이란 행동을 일으키는 본래적이고 생래적인 움직임의 근원을 말한다. 따라서 동기이론에서 본능 이론(또는 본능설)은 행동의 동기가 본능이라는 이론이다. 본능 이론(instinct theory)에서는 행동을 일으키는 동인이 본능이기 때문에 본

15) A. D. Jr. Szilagyi & M. J. Jr. Wallace, Organizational Behavior and Performance, Glenview, Illinois, Scott, Foresman and Co. 1983(3rd), pp.81~82.

능을 밝히면 행동의 원인을 밝힐 수 있다고 보았다. 본능 이론은 다윈(Darwin, 1859)에 의해 최초로 규명된 것인데 그는 동물이나 인간 행동이 본능에 의해 결정된다고 보았다. 본능 이론의 대표적 학자로서 맥두갈(W. McDougall), 제임스(W. James), 프로이드(S. Freud) 등이 있는데 이들은 전통적 쾌락주의와 Darwin의 본능설을 가미하였다. 요약하면 다음과 같다.

먼저 맥두갈은 "행동은 본능의 결과이며 본능은 목표지향적"이라 하였다. "본능이란 본능의 소유자로 하여금 일정한 대상을 지각하게 하고 특수한 정서자극을 경험하게 하며 특수한 방식으로 활동하게 하거나 활동을 하도록 충동을 경험하게 하는 유전적이거나 생래적인 정신물리학적인 경향성"[16]이라고 하였다.

다음으로 제임스는 "본능은 맹목적이며 기계적인 활동이다. 예를 들면 운동, 호기심, 사회성, 애정 등을 말한다."[17]라고 하였다.

이들이 주장한 본능은 학습되지 않아도 일정하게 나타나는 행동이나 충동(drive)이라는 것이다.

또한 본능과 관련하여 프로이드는 "인간 행동의 주된 동기는 개인 자신이 모르는 무의식적인 힘"이라고 하였다. 그는 예를 들면 꿈, 실언, 신경증적 증상은 쾌락원리(pleasure principle)에 의해 지배되는 본능들이 무의식적 수준에서 나타난 것이라고 본다[18]. 따라서 인간 행동의 주된 동기는 자신도 잘 모르는 무의식적인 힘이라는 것이 프로이드의 주장이다.

2. 인간관적 접근 방법

인간의 본성 또는 본질을 어떻게 보는가 하는 인간관은 사람들을 어떻게 대해야 하며 어떻게 행동해야 하는가를 알게 하는 중요한 척도가 된다. '사람이 무엇인가'에 관한 물음에 답하기 위한 연구는 그 역사가 오래되지만 주로 철학적, 심리학적, 종교적인 차원에 집중되었다. 경영학적인 연구는 20세기에 들어

16) 한덕웅, 조직행동의 동기이론, 법문사, 1983, 39쪽(원전 : W. McDougall, An Introduction to Social Psychology, London, Methuen, 1908).

17) 윗책, 39쪽(원전 : W. James, The Principles of Psychology, Vol. 1 & 2, N. Y., Henry Holt, 1890, reprinted in 1953).

18) 윗책, 39쪽(원전 : S. Freud, "The Unconscious", Collected Papers of S. Freud, Vol. 4, translated by J. Riviere, London, Hogarth Press, 1949).

와서 테일러에 의한 경제인적 관점, 메이요 일파에 의한 사회인적 관점, 60년대의 매슬로우에 의한 자아실현인적 관점 또는 Y이론적 관점으로 전개되어 왔다.

여기에서 테일러나 메이요 또는 매슬로우 등은 인간이 이렇다고 한정적으로 설명하였지만 맥그리그는 'motivation'이란 용어를 사용하여 2분법적인 설명을 하였다. 즉, 극히 대조적인 두 가지 가설 X이론적 가설과 Y이론적 가설을 적용하여 각 유형에 따라 다른 형태로 동기부여시켜야 한다고 주장하였다. 그 하나가 X이론적 가설에 입각한 X이론형의 인간에게는 강제적인 동기부여 방법을 사용해야 한다는 것이고, 다른 하나는 Y이론적 가설에 입각한 Y이론형의 인간에게는 자율적인 동기부여 방법을 사용해야 한다는 것이다.

먼저 X이론은 인간이 저차원적 욕구 충족에 만족하고 일을 싫어하므로 이들을 통제하려면 강경한 수단인 강제와 처벌, 엄격한 통제와 감독 등의 방법을 써야 한다고 주장한다. 그러나 오늘날 많은 사람들은 이미 저차의 욕구가 충족되어 고차원적 욕구를 충족하고자 하는 강력한 바람을 가지고 있기 때문에 X이론적 접근에 의한 관리 방식은 타당하지 않다. 따라서 Y이론적 가설에 바탕을 두고 관리해야 한다.

Y이론은 인간이 저차원적 욕구뿐만 아니라 고차원적 욕구를 가지고 있기 때문에 기회나 조건만 주면 긍지와 보람 그리고 자율성과 책임감을 가지고 조직의 목적 달성을 위해 기꺼이 참여하여 상상력과 창의력을 최대한 발휘할 것이라는 설명이다. 그러므로 Y이론에 의한 관리는 부하들이 자율적 행동을 하고 자발적인 책임의식이 있다는 전제를 그 바탕으로 하기 때문에 다소 이상적이고 비현실적이라는 비판도 제기된다. 따라서 조직 성원들의 저차원적 욕구가 충족되고 참여와 자율을 중시하는 민주적 리더십을 가진 유능한 관리자가 관리하는 조직이라면 성공 확률이 높을 것이다.

X이론과 Y이론을 비교하면 다음 <표 9-2>와 같다.[19]

19) D. McGregor, The Human Side of Enterprise, Tokyo, McGraw-Hill Kogakusha, Ltd., 1960, pp.33~48. 맥그리그가 1957년 제시하였던 X, Y이론의 가설 내용은 1960년에 <표 9-2>에서와 같이 수정되었음.

|표 9-2| X이론과 Y이론의 비교

X 이론적 가설	Y 이론적 가설
• 보통 사람들은 본능적으로 일을 싫어하고 가능하면 일을 피하려 한다. • 일을 싫어하는 인간성 때문에 조직 목표 달성을 위해서 처벌을 사용하고 강제, 통제, 지시, 위협해야 한다. • 평균적인 사람들은 지시받기를 좋아하고 책임을 회피하기를 바라며 별로 야심도 없으면서 안정만 원한다.	• 보통 사람들은 일을 놀이나 휴식처럼 자연스러운 것으로 생각하여 싫어하지 않는다. 통제적인 조건하에서는 일이 만족이나 처벌의 근거가 될 수 있다(일을 자발적으로 달성할 수도 피할 수도 있다). • 외부적 통제와 처벌의 위협이 조직 목표를 달성하는 유일한 수단이 아니다. 사람들은 책임 맡은 목표에 대해서 자 율 지시와 자율 통제를 행한다. • 목표에 대한 몰입은 성취에 대한 보상 기능을 한다. 자아와 자아실현 욕구의 만족은 목표 달성을 위한 직접적인 노력의 산물일 수 있다. • 평균적인 사람은 적절한 조건 아래에서 책임을 수용할 뿐만 아니라 추구한다. 책임성과 야신이 결여, 안정의 강조는 인간의 본성이 아니다. • 문제 해결의 높은 수준의 상상력, 독창성, 창조성을 실행하는 능력은 모든 인간에게 광범위하게 주어져 있다. • 현대 산업 조직에서 평균적인 사람의 잠재적, 지적 능력이 일부분만 활용되고 있다.

3. 경영학적인 접근 방법

스티어스(R. M. Steers)와 포터(L. W. Porter)는 동기부여를 경영학적인 관점에서 세 가지 차원으로 구분하여 접근하였다.

1) 전통적 모형

전통적인 접근법은 테일러의 과학적 관리법과 관련이 있으며 X이론적 인간관과 경제인적 인간관에 바탕을 두고 있다. 전통적인 접근법은 성원들이 자발적으로 일하려고 하지 않기 때문에 그들의 가까이에서 과업을 세분화하여 직접적이고 전제주의적인 관리를 해야 하며 경제적인 보상을 유인책으로 제공해야 한다는 접근 방법이다.

2) 인간관계 모형

테일러의 과학적 관리 방법에 의한 경제인적 인간관에 의한 접근 방법이 충분하지 못하다는 비판에 의해 초기 인간관계론자들에 의해 시도된 이 접근 방법은 성원들이 경제적 보상 이외의 다른 고차원의 욕구를 가지고 있다는 가정에서 출발한다. 즉, 인간은 사회적 욕구를 가진 존재이므로 비공식 조직을 지원해 주고 자유로운 인간관계를 갖도록 사회적 욕구 충족 차원에서 동기부여를 해야 한다. 또한 부하들 각자가 조직에서 중요하므로 필요한 정보를 제공해 주고 반대 의견도 청취해야 하며 약간의 자주 관리를 허용해야 한다. 그러나 이 방법 역시 경영자의 배려에 의한 환경을 부하들이 피동적으로 받아들여야 하는 경영자 중심의 접근 방법이라는 한계를 가지고 있다.

3) 인적 자원 모형

60년대 이후의 많은 행동과학자들[20]이 주장한 경영자 중심의 접근법이 아닌 구성원 중심의 사고를 바탕으로 접근하는 방식이다. 성원들에게 일이란 본래부터 싫은 것이 아니고 의미 있는 일을 부여하면 더 창의적이고 자주적으로 일을 한다. 따라서 관리자들은 성원들에게 용기와 성취 욕구를 자극시켜 주어 조직과 성원의 욕구가 동시에 만족되는 동기부여를 해야 한다는 접근 방법이다.

이상 세 가지 모형의 내용을 정리하면 다음 <표 9-3>과 같다.[21]

20) 이 범주에 들어가는 학자로는 맥그리거, 매슬로우, 아지리스, 리커트 등이 있음.

21) R. M. Steers and L. W. Porter, Motivation and Work Behavior, N. Y., McGraw-Hill Inc., 1991, p.16.

❙ 표 9-3 ❙ 동기부여의 경영학적인 접근 방법

	전통적 모형	인간관계 모형	인적 자원 모형
기본 가정	• 일은 대부분의 사람들이 원래 싫어한다. • 무슨 일을 하는가는 일에서 얻는 바의 것보다 덜 중요하다. • 창의성 또는 자주관리를 요하는 일을 원하거나 할 수 있는 사람은 거의 없다.	• 사람들은 쓸모 있고 중요한 존재임을 느끼고자 한다. • 사람들은 집단(조직)에 속하면서 동시에 인정받기를 원한다. • 이 같은 욕구는 사람들이 동기부여 하는데 돈보다 더 중요하다.	• 일이란 원래 싫은 것이 아니다. 사람들은 의미 있는 목표에 공헌하기를 원한다. • 대부분의 사람들은 현재의 직무가 요구하는 것보다 더욱 창의적이고 자주적으로 일할 수 있다.
동기부여 정책	• 관리자의 기본적인 과업은 부하들을 세심하게 감독하고 통제하는 일이다. • 관리자는 과업을 단순하고 반복적이며 쉽게 할 수 있도록 세분화해야 한다. • 관리자는 세부적인 작업의 일상화와 정착을 위하여 철저하고 공정하게 관리해야 한다.	• 관리자의 기본적인 과업은 각자로 하여금 쓸모 있고 중요하다고 느끼게 하는 일이다. • 관리자는 부하들에게 정보를 제공하고 자신의 계획에 대한 반대 의견을 청취해야 한다. • 관리자는 부하들의 일상적인 일에 약간의 자주 관리를 허용해야 한다.	• 관리자의 기본적인 과업은 '개발되지 않은(untapped)'인적자원을 활용하는 일이다. • 관리자는 구성원들이 능력을 최대로 발휘할 수 있도록 환경을 조성해야 한다. • 관리자는 부하가 중요한 문제에 참여하도록 용기를 주어야 한다.
기대 효과	• 사람들은 임금이 알맞고 상급자가 공정하면 일을 참을 수 있다. • 과업이 매우 단순하고 구성원들을 가까이에서 관리하면, 그들은 작업표준을 달성할 것이다.	• 부하들과 정보를 나누고 일상적인 의사결정에 참여시키면, 그들은 집단에 소속된 중요한 존재임을 느끼는 기본적 욕구를 충족할 것이다. • 욕구의 만족은 사기를 증대시키고 공식적인 권한에 대한 저항을 줄여 기꺼이 협동할 것이다.	• 부하들의 영향력과 자주관리의 폭을 넓혀주면, 직접적으로 능률적인 작업 증대로 연결될 것이다. • 직무 만족은 그 부산물로써 부하들이 지니고 있는 제자원의 활용을 최대한 증대시킬 것이다.

자료 : R. M. Steers / L. W. Porter, Motivation and Work Behavior, N. Y., McGraw-Hill. Inc., 1991, p.16.

제6절 동기부여에 대한 현대적인 접근 방법

현대적인 접근 방법은 크게 두 범주로 나눈다.

첫째, 내용이론은 '인간을 동기부여 시키는 내용(what)을 욕구로 보고 어떤 욕구가 있는가?' 즉, 욕구의 내용을 파악하는데 중점을 둔 이론이다. 내용이론가들은 인간의 수많은 욕구들을 분류하고 체계화하여 제시하면서 이들 욕구들에 의해서 인간이 동기부여 된다고 설명하고 있다.

둘째, 과정이론은 '동기부여는 어떤 과정(process)에 의해서 이루어지는가?' 하는 이론이다. 즉, 동기부여 되는 행동들이 어떻게 나타나는가에 초점을 맞추어 설명하는 것이다.

1. 내용 이론

1) 욕구단계이론

욕구단계이론은 매슬로우에 의해 발표된 것으로 개인의 행동은 자신의 욕구를 충족하는 과정에서 형성된다고 전제하고 개인 욕구의 단계적 구조를 이론화하였는데 그 내용은 다음과 같다.[22)]

(1) 생리적 욕구(physiological needs)

생리적 욕구는 생존을 위한 가장 기본적이고 필수적인 욕구이다. 예를 들면 식욕, 수면욕, 성욕 , 갈증, 배설욕 등의 욕구로서 가르쳐주지 않아도 터득한 본능적인 욕구를 말한다.

(2) 안전적 욕구(safety needs)

일단 생리적 욕구가 어느 정도 충족되면 그 다음에는 편안하게 지내고 싶다

22) W. Natemeyer, ed., Classics of Organizational Behavior, 1978, pp.42~56(A. H. Maslow, "A Theory of Human Motivation", Psychological Review, Vol. 50, July 1943, pp.370~396).

든가 신체적인 위해(危害)로부터 안전해지고 싶다는 욕구, 경제적 위험이나 손실 등을 피하고 싶은 욕구가 나타난다. 이것이 안전의 욕구인데 안전의 욕구는 안정의 욕구라고도 한다. 이것은 인간이 불안이나 염려를 덜어버리고 안정적 상황을 추구하는 것과 무관하지 않다. 고용의 안전, 보험, 연금, 안전관리 등이 모두 안전 또는 안정의 욕구 충족을 위한 것이다.

(3) 소속·애정 욕구(belongingness and love needs) 또는 사회적 욕구(social needs)

사회적 욕구 또는 소속·애정 욕구는 안전의 욕구 다음의 단계로서 집단의 일원으로 귀속(affiliation)되고 싶다는 욕구이며, 타인과 함께 있다는 소속감을 맛보고 싶은 욕구이다. 사회적 욕구는 소속의 욕구, 친교의 욕구 또는 애정의 욕구라고도 한다.

인간은 사회적 동물이므로 다른 사람과 사랑을 주고받고 싶다거나 같이 더불어 살고 싶은 욕구가 있다. 이 욕구가 보통 사람이라면 누구나 가지고 있는 욕구라는 명제에 반대하는 사람도 있다. 즉, 인간 관계론의 연구자인 메이요(E. Mayo) 교수는 비공식 조직의 연구를 하면서 동료들과 같은 집단에 소속하기를 원하지 않는 사람들도 있다는 것을 파악하였다.[23] 그러나 이들은 소속의 필요성을 인지할 수 없었기 때문에 그런 것이지 그들이 소속의 욕구 그 자체가 없어서 그런 것은 아니었다.

사회적 욕구를 이해하기 위해서 미네소타 대학의 섹터(Stanley Schachter) 교수의 설명을 들을 필요가 있다. 그는 사회적 욕구는 다른 것을 얻기 위한 것이 아니라 친교 그 자체가 즐겁기 때문이며 나아가서 친교의 동기가 자신의 신념을 가진 사람을 찾고 그와 같이 있고 싶어 하는 것이라고 설명하였다. 사랑과 친구애, 동료애, 소속감 등이 이에 속한다.

(4) 자존의 욕구(esteem needs)

자존의 욕구는 소속감이 충족된 다음 단계의 욕구로서 자아의 욕구, 존경의 욕구 또는 인정의 욕구라고도 한다. 즉, 인간으로서 자존심을 지키면서 타인으

23) Paul Hersy & Ken Blanchard, Management of Organizational Behavior, Prentice-Hall, Inc., 1982(4th), p.33~34(원전 : E. Mayo, The Social Problems of an Industrial Civilization, Boston, Harvard Business School, 1945).

로부터 존경을 받고 싶다는 욕구이다. 자존의 욕구에는 먼저 개인적인 가치, 적절성, 능력에 대하여 인정받고 싶다는 욕구가 있으며, 다음으로 존경, 승인, 지위 등의 욕구가 있다. 또한 자존의 욕구는 개인의 위신과 권력과도 깊은 관련을 가진다. 물론 위신은 존경과 신뢰 그리고 개인의 사회적 지위와 관련을 가진다. 권력은 지위와 개인의 능력으로부터 나온다.

(5) 자기실현의 욕구(self-actualization needs)

자기실현의 욕구는 자아실현의 욕구라고도 하는데 무엇이라고 단정적으로 말할 수 없고 확인할 수 없는 가장 난해한 욕구이다.

자기실현의 욕구는 능력(competence)과 성취(achievement) 두 가지에 대한 이해를 전제로 한다.[24] 능력은 인간이 처한 환경적 요인(물리적 환경과 사회적 환경)에 대한 통제력을 말한다. 자기실현의 욕구가 있는 사람은 환경적 요인을 그대로 받아들이는 것이 아니라 스스로 환경을 조종하고 능동적으로 대처하여 무엇인가 달성하려고 한다. 무엇인가 달성하려는 것이 성취 욕구이다.

맥클리랜드는 20년 이상의 연구를 통해서 성취 욕구를 다른 욕구와 분리하여 설명하였다. 성취 욕구는 어떤 일에 대한 성공에서 얻는 성과나 보상보다 성취 그 자체에 더 관심을 가지고 매달린다는 점이 다른 욕구와 다르다.

따라서 자기실현의 욕구는 스스로 능력을 발휘하고 무엇을 성취하려는 욕구를 말한다. 매슬로우에 의하면 인간의 욕구는 이렇듯 단계적이지만, 개인의 발달과 성취 과정에 따라서 점차 고차원의 욕구로 이행하게 된다는 것이다. 그런데 저차원의 욕구가 충족되지 못하는 한 고차원의 욕구로 이행되지 않는다고 주장하기도 한다. 또 한 번 충족된 욕구는 이미 행동을 위한 동기부여의 요인이 되지는 못한다는 것이다, 그러나 이런 주장들은 나중에 비판을 받기도 한다.

2) 2요인 이론

2요인이론(two-factor theory)은 허즈버그(F. Herzberg)에 의해 제시되었다. 그는 '인간은 왜 일을 하는가?' 그리고 '일에서 무엇을 찾는가?'라는 의문에 대한 해답을 구약성경에서 찾았으며 매슬로우의 연구를 발전시킨 이론을 제시하였는데 동기・위생이론이라고도 한다. 그는 그의 저서 『일과 인간성』[25]에서

24) Paul Hersy & Ken Blanchard, 앞책, pp.37~39.

인간의 동기부여를 설명하면서 ① 불쾌한 것을 회피하는 욕구와 ② 정서적으로 성장해서 자기실현을 구하는 욕구는 전혀 이질적인 것이며, 양자는 전혀 다른 요소에 의해 충족된다는 가설을 제시하였다. 즉, 인간은 원래 두 가지 종류의 욕구를 지니고 있으며, 그 하나는 동물적 본능에서 오는 인간성(아담적 인간)에 따른 욕구(예를 들면 기아, 통증, 성적 결핍 등)이며, 또 하나는 계속적인 정신적 성장에 의해 자기의 존재 능력을 현실화하고자 하는 강력한 인간충동이라고 설명되는 인간성(아브라함적 인간)에 따른 욕구로서, 상기한 ①②의 경우처럼 제각기 대응하게 마련이라고 주장한다. 그는 이상의 가설을 검증하기 위해 실제로 피츠버그(Pittsburgh)에서 약 200명의 기사(技師)와 회계사를 대상으로 한 면접 조사를 실시하였다. 이 면접에서 허즈버그는 어떠한 경우에 만족감과 불만족감을 느끼는가를 질문하였다.

그 결과 적극적 만족감(직무만족)을 초래한 요인은 ① 달성 ② 승인 ③ 일 그 자체 ④ 책임 ⑤ 승진의 다섯 가지 요인이었으며 이를 동기부여요인(동기부여요인)이라고 하였다. 그 가운데서 「일 그 자체 · 책임 · 승진」의 세 가지 요인은 좋은 직무태도(일에 대한 의욕이나 정서)를 지속시키는 요인이기도 하였다.

또한 불만족(직무불민)을 초래한 요인은 ① 회사의 성책과 관리 ② 감독 기술 ③ 급여 ④ 대인관계 ⑤ 작업 조건의 다섯 가지 요인이었으며 이를 위생요인(衛生要因)이라고 하였다. 그런데 적극적인 만족감을 초래한 여러 요인은 불만족을 초래한 요인이 되지 않는다는 뚜렷한 경향(직무의 만족 요인과 불만족 요인과는 서로 다른 요인 군으로 구성되고 있다)이 나타나 그의 가설이 실증되기에 이른 것이다.

▌표 9-4▐ 동기요인과 위생요인

동기요인	위생요인
달성	회사의 정책과 관리
승인(달성을 인정하는 것)	감독(감독 기술)
일 그 자체(할 의욕이 생기는 일)	급여(금전, 지위, 안정)
책임(책임의 증대)	대인 관계(상사)
승진(승진, 성장 및 발전)	작업 조건

25) F. Herzberg, Work and the Nature of the Men, N. Y. 1966.

이러한 결과는 앞의 <표 9-4>에서처럼 ① 적극적 만족을 초래하는 다섯 가지 요인은 직무를 통해서 정신적 성장과 자기실현을 가능하게 하였다. 이러한 요인들을 동기요인(motivator)이라 하였으며 ② 불만족을 해소하는 다섯 가지 요인은 동기부여 요인이 되지는 않지만 직장에서 불쾌한 상황을 없애며 양호한 환경을 유지하는 가능성을 지닌다고 하여 이를 위생요인(hygiene factor)이라 하였다.

실제로 이들 두 요인이 모든 조직에서 동기요인 또는 위생요인으로 그대로 적용되지는 않는다. 조직체의 성격이나 문화적 배경 또는 구성원에 따라서 다르다.

3) E. R. G. 이론

(1) 기본 욕구

E. R. G 이론[26]은 알더퍼(C. P. Alderfer)가 매슬로우의 욕구단계이론을 수정하여 조직 속의 개인의 욕구 동기를 설명한 이론이다. 압축된 개인의 기본적 욕구 체계와 그 내용은 다음과 같다.

① **존재 욕구**(Existence Needs) : 존재 욕구는 목마름·주거 등의 생리적·물질적 소망에 대한 욕구로 조직에서는 임금이나 이윤(benefit) 및 양호한 작업 조건에 대한 욕구가 이 범주에 속한다. 이 욕구는 매슬로우의 생리적 욕구와 생리적 측면의 안전 욕구와 대응된다.

② **관계 욕구**(Relatedness Needs) : 관계 욕구는 대인 관계와 관련된 모든 것을 포함한다. 관계 욕구는 사고와 감정을 타인과 서로 나누려는 욕구이다. 이 욕구는 매슬로우의 안전, 소속감·애정 및 존경 욕구의 일부에 대응된다.

③ **성장 욕구**(Growth Needs) : 성장 욕구는 직무에 대해 창의적·개인적 성장을 지향한 개인의 노력에 관계된 욕구이다. 따라서 성장 욕구의 충족은 개인 능력의 근본적인 변화와 관련된다. 이 욕구는 매슬로우의 자아실현과 존경의 욕구 중 일부와 대응된다.

---

26) A. D. Jr. Szilagyi & M. J. Jr. Wallace, Organizational Behavior and Performance, Glenview, Illinois, Scott, Foresman and Co. 1983(3rd), p.93(原典 : C. P. Alderfer, Existence, Relatedness and Growth, N. Y. The Free Press, 1972).

(2) 욕구 충족 행동

E. R. G. 이론에서는 하위 욕구가 충족될수록 상위 욕구의 자극은 더욱 강하게 나타나고, 상위 욕구가 충족되지 않을수록 하위 욕구의 강도가 더욱 커진다고 보고 있다. 또 매슬로우 이론은 저차원적 욕구가 충족된 후에 고차원적으로 욕구가 충족되는 것으로 설명하지만 E. R. G. 이론에서는 고차적 욕구에서 저차원적 욕구로 내려가는 좌절과 퇴행도 설명하고 있다. 예를 들면 성장 욕구가 좌절되면 관계 욕구의 중요성이 더 커져서 하위 욕구가 중요한 동기로 작용한다는 것이다.

이와 같이 E. R. G. 이론은 욕구단계 이론과 주요한 차이점을 갖게 된다.

첫째, 욕구단계 이론은 만족-진행 접근법(satisfaction-progression approach)[27]에 기초해 있지만 E. R. G. 이론은 만족-진행접근법 뿐만 아니라 좌절-퇴행 접근법(frustration-regression approach)[28]의 요소가 가미되어 있다. 이 관계는 <그림 9-4>에 설명하고 있다.[29]

둘째, E. R. G. 이론은 욕구단계 이론과는 달리 일정 시간에 한 가지 이상의 욕구가 동시에 작용할 수 있다고 본다.

셋째, E. R. G. 이론은 기본적으로 고수준 · 저수준 욕구의 구별을 유지하지만 욕구의 우월성에 대한 언급이나 한 욕구가 어느 정도 충족되면 다음 욕구의 활성화로 이른다는 언급을 회피함으로써 덜 제약적인 입장을 취한다.

따라서 고수준 · 저수준 욕구 둘 다 모티베이터(motivator)로서 작용할 수 있으며 어떤 경우에는 고수준 욕구가 충족되면 개인은 저수준 욕구에 의해서 모티베이트 될 수도 있다.

E. R. G. 이론의 타당성을 검증 · 보고한 연구는 거의 없다. 그러나 알더퍼는 자신이 수행한 조사 결과를 토대로 매슬로우의 욕구단계 이론보다 E. R. G. 이론을 더욱 지지한다고 주장하며 많은 행동과학자들도 이 이론을 욕구 개념에 기초한 동기부여의 최신 이론으로 받아들인다.

이 이론은 매슬로우나 허즈버그의 이론보다 경영자들이 동기부여에 더욱 적용 가능하고 현실적인 접근을 가능하게 한다. 즉, 만족-진행 및 좌절-퇴행의 이

---

27) 이는 저수준의 욕구가 일단 만족되어야 고수준의 욕구로 진행해 간다는 것임.

28) 이는 고수준의 욕구에 대해 더 크게 중요성을 느끼거나 희구하게 된다는 것임.

29) A. D. Jr. Szilagyi & M. J., Jr. Wallace, Organizational Behavior and Performance, Glenview, Illinois, Scott, Foresman and Co. 1983(3rd), p.93.

중적 요소를 포함하고 있으므로 조직의 인간 행위를 더욱 잘 이해할 수 있게 해 준다.30)

그러나 한 연구는 E. R. G. 이론의 보편성에 의문을 제기하였는데31) E. R. G. 이론이 어떤 조직에서는 맞지만 어떤 조직에서는 맞지 않다는 증거가 있다고 하였다.

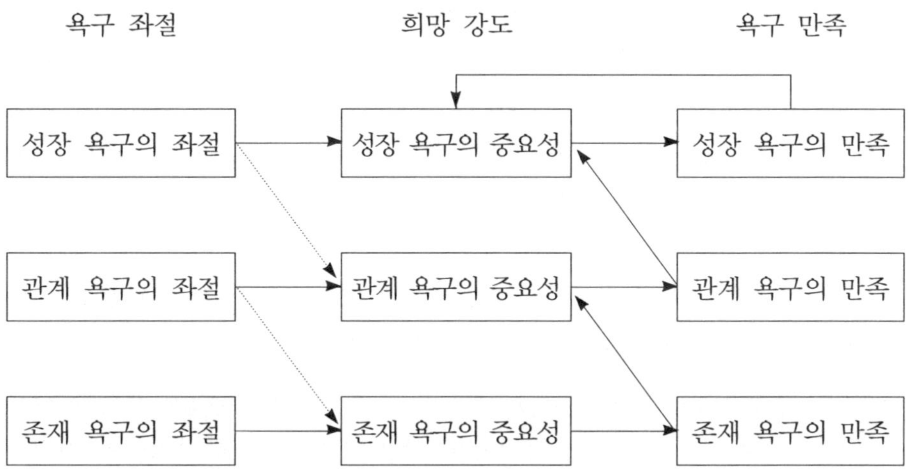

자료 : A. D. Jr. Szilagyi and M. J. Jr. Wallace 앞책, p.93.

❙그림 9-4❙ E. R. G. 이론의 만족-진행/좌절-퇴행 구성 요소

4) 성취동기이론

맥클리랜드(D. C. McClelland)의 저서 「성취하는 사회」에서 개인의 동기는 사회 문화 환경과 상호작용하는 학습 과정에서 획득되고 개발될 수 있다는 가정 하에 설명한 이론으로 '성취 동기이론' 또는 '학습에 의한 동기이론'이라고도 한다. 특히 맥클리랜드는 경제발전에 가장 중요한 욕구는 성취 욕구라고 결론 짓고 개인이나 국가, 기업에서 부족한 것은 자원, 자본, 능력, 지식, 기술이 아

30) A. D. Jr. Szilagyi and M. J. Jr. Wallace 앞책 p.93(원전 : F. J. Landy and D. A. Trumbo, Psychology of Work Behavior, Homewood, Ill, Dorsey Press, 1976, p.301).

31) J. P. Wanous and A. Zwany, "A Cross-sectional Test of Need Hierachy Theory," Organizational Behavior and Human Performance, 1977, Vol. 18.

니라 바로 성취동기라고 설명하였다.[32] 이 성취욕구(성취동기)는 사회적으로 학습되는 욕구로서 소속 욕구와 권력 욕구와 함께 삼욕구이론(three-need theory)으로도 불린다.

(1) 기본욕구

① **성취 욕구**(need for achievement) : 성취 욕구는 개인이 스스로 위험이나 노력을 무릅쓰고 무엇을 성취하려는 욕구를 말한다. 동시에 자기실현을 하기 위해 부단히 창조적으로 노력하고, 그 대가로 인정과 보상을 받기를 원하는 욕구를 말한다. 이 욕구는 실현 가능한 목표를 추구하고 도전을 즐겨하는 공격적인 이상주의자(aggressive idealist)또는 '성취인'(achievement man, achiever)들로부터 강하게 나타난다.

② **권력 욕구**(need for power) : 권력 욕구는 리더가 되고자 하고 권력을 획득하려는 욕구이다. 권력 욕구를 가진 사람은 말하기 좋아하고 고집이 세며 타인을 자기가 바라는 대로 행동하도록 유도하고 충동질한다. 일반적으로 성공적인 경영자는 보다 강한 권력 욕구와 타인 지배 욕구를 가지고 있다. 그러나 성공하려면 지나치게 강한 권력 욕구는 자제해야 한다.

③ **친화 욕구**(need for affiliation) : 친화 욕구는 친교 욕구, 가입 욕구 또는 소속 욕구라고도 하며 다른 사람과 친밀한 관계를 가지고자 하는 욕구로서 경영자에게 앞의 두 욕구 수준보다 낮은 동기로 작용한다. 친화 욕구를 가진 사람은 친절하고 동정심이 많으며 다른 사람과 좋은 관계를 맺으려고 노력한다.

(2) 성취 동기자의 특징

성취 욕구가 강한 사람들은 다른 사람들에 비하여 더욱 성공하며 이들의 주요 특징은 다음과 같다[33].

① **적절한 위험 부담** : 성취 욕구가 높은 사람들은 보통 사람들에 비하여 적절한 수준의 위험 부담을 한다. 실험에 의하면 링 던지기 경기(ring toss game)를 했을 때 성취 욕구가 높은 사람과 낮은 사람의 행동은 아주 다

32) Edited by W. E. Natemeyer, Classics of Organizational BehIn, Oakark. llinois, 1978, pp.88~94.

33) F. Luthans, Organizational Behavior, McGraw-Hill Inc. 1995(7th), pp.144~146.

르게 나타났다고 한다. 성취 욕구가 높은 사람은 자기 자신의 능력에 맞추어 적절한 거리를 계산하고 적당하게 떨어져서 자신의 능력에 도전하는 자세를 보였다. 반면 성취 욕구가 낮은 사람은 아주 가까이에서 던지거나 멀리 떨어져서 거칠게 던지는 모습을 보였다. 이는 위험 부담을 안고 행동하는 것이 서로 다름을 보여주는 좋은 예이다. 즉, 높은 성취 욕구를 가진 사람은 적절한 위험 부담을 무릅쓰고 행동하고, 낮은 성취 욕구를 가진 사람은 낮거나 지나치게 높은 위험 부담을 안고 행동을 한다.

② **결과 피드백(feedback)** : 목표 달성 과정에서 성취 욕구가 높은 사람들은 목표를 향한 활동들이 어떻게 진행되고 있는지에 관한 정보를 곧바로 피드백 받기를 원한다. 그래서 이들은 직업이나 취미도 성취욕이 낮은 사람들과 다르게 나타났다. 즉, 성취 욕구가 높은 사람들은 결과가 바로 확인될 수 있는 판매원이나 관리직을 선호하고 취미도 목공과 기계 조작 등을 즐기며 긴 시간이 필요한 연구, 개발, 교육직을 선호하지 않았으며 동전 모으기 같은 취미에도 관심이 없었다.

③ **성취에 대한 만족** : 성취 욕구 수준이 높은 사람들은 과업의 달성에 따른 물질적 보상에 만족하지 않고 과업의 달성과 과업 그 자체에 만족하는 경향이 있다. 또한 금전적 보상을 목표의 관점으로 보지 않고 그들이 달성한 결과의 형태나 측정치로 본다.

④ **과업에 몰두(preoccupation with task)** : 높은 성취인은 한번 목표가 정해지면 그것이 달성될 때까지 몰두하는 경향이 있다. 그들은 일을 대충하고 자리를 뜨는 일이 없으며 최대의 노력을 하지 않으면 만족하지 않는다. 종종 이러한 몰입 형태는 그들의 외향적인 퍼스낼리티에 반영되어 그들과 접촉하는 사람들에게 부정적인 영향을 미친다. 또한 종종 다른 사람들은 그들을 비우호적인 사람 또는 독불장군으로 여긴다. 그들은 자신들의 능력을 믿고 목표 달성의 과정에 다른 사람들을 참여시키려 하지 않는다. 그래서 그들은 뛰어난(excellent) 판매원은 될 수 있어도 좋은(good) 판매원은 될 수 없다는 말을 듣게 된다.

(3) 이론의 확대 적용

맥클리랜드는 성취 욕구가 개인에 미치는 영향에 대한 연구의 적용 범위를 확대하여 전체 사회와 국가의 경제 성장에 미치는 영향까지 연구하였는데, 성취 동기의 수준과 경제 발전 수준 간에는 정(positive)의 관계가 있음을 발견하였다. 즉, 높은 성취 욕구를 가진 사람들로 구성된 국가나 사회는 경제 발전과 사회 발전이 빨랐다.[34)]

한편, 맥클리랜드는 TAT(Thematic Apperception Test)에 의해 발견한 세 가지 욕구 중 하나인 권력 욕구에 대하여 오랫동안 별다른 관심을 보이지 않다가 1970년대에 성취동기의 제한된 범위를 인식하면서 연구를 재개하였다.

권력 욕구는 명성(prestige), 영향력(impact) 등에 대한 열망을 나타내는데 이에 대한 연구는 권력을 사회적 과정 또는 개인적 자질 및 특성으로 보는 두 가지의 접근 방법으로 하였다. 맥클리랜드는 성취동기로서 설명하기 어려웠던 경영상의 성공을 권력 욕구의 개념을 가미하면 보다 잘 이해·예측할 수 있다고 하였다.[35)]

또한 친화욕구에 대한 연구가 제대로 진행되지 않았는데, 그 이유는 친화에 대한 유사개념이 많아 개념 정의가 쉽지 않고 이를 따로 분리해내기 어렵기 때문이었다. 그러나 연구가 많지 않다는 사실이 이 욕구의 중요성을 감소시키지는 않았다. 일반적으로 친화 욕구가 너무 강력하면 조직 유효성에 미치는 영향은 부정적인 것으로 여겨진다. 즉, 지나치게 강력한 친화 동기부여는 효과적인 경영 성과를 방해한다.

(4) 이론에 대한 비판

맥클리랜드의 성취동기 이론이 알려지면서 실무가들로부터 환영을 받았으나 다음과 같은 비판도 가해지고 있다.

첫째, 맥클리랜드가 추출한 세 가지 욕구를 결정하기 위해 이용한 TAT조사의 타당성에 대한 논란이 있다. 즉, TAT법(Thematic Apperception Test Manual)은 사람들의 무의식적인 동기를 알아낸다는 점에서 허즈버그의 자기 보고식 질문서(self-report questionnaire)보다는 나은 기법이지만 그 해석에 문제가 있다.

둘째, 맥클리랜드는 성취 욕구를 학습할 수 있다고 하였지만 학습된 욕구가 지속하는가 반대로 일정 기간이 경과한 후에는 감소하는가에 대한 언급이 없

34) D. C. McClelland, The Achievement Motive, N. Y, Appleton-Century-Crofts, 1953.

35) D. C. McClelland and D. Burnham, 앞책.

다. 만일 어떤 개발 프로그램 등을 통해서 욕구를 개발한다고 하더라도 실제 작업 상황에서 이용할 수 있을 만큼 충분한 지속성을 갖지 못하면 이를 실행하기 어렵다.

(5) 동기부여 연구에 대한 공헌

성취동기 이론은 동기부여 연구에 대한 공헌을 했다.

첫째, 맥클리랜드의 이론은 기업 구성원의 행동을 모티베이트 시키는 것에 대한 유효하고 실천 가능한 대안을 제시해 준다. 즉, 성취동기는 적당한 크기의 도전적 과업과 경쟁에서 유효하고 성과에 대한 피드백을 할 때 유효성이 높아지므로 조직의 직무설계와 직무충실화를 위한 방법을 결정하는데 주요한 시사점을 준다.

둘째, 맥클리랜드의 연구 범위 확대는 경제발전 이론에도 적용된다. 즉, 이 이론은 경제 발전의 이론은 아니지만 경제 발전의 이유를 설명하는 주요 변수는 될 수 있다. 즉, 경제적 후진 국가에서 국민의 성취 욕구를 자극하면 후진 상태를 상당히 개선할 수 있다는 시사점을 준다.

5) 내용이론의 종합

내용 이론들은 개인의 욕구에 기초하지만 또 다른 입장에서 개인의 행위를 설명하였다. 한편 내용 이론에 대한 비판가들은 행위를 단지 욕구나 희망의 기초에서만 설명하려고 하는 것에 의문을 갖고 있다. 왜냐하면 이러한 접근법은 어떤 개인이 욕구를 만족시키기 위하여, 어떤 행위를 취할 것인가에 대하여 최소한의 이해밖에 제공해 주지 못하기 때문이다.

그러나 내용 이론은 사람들이 다양한 욕구를 가지며 이들은 서로 다른 만족 수준을 결정한다는 것을 우리에게 알려 준다. 따라서 내용 이론은 모두 인간의 욕구에 기초를 둔 동기부여 이론이라는 점에서 <표 9-5>와 같이 종합할 수 있다.

｜표 9-5｜ 내용이론의 상호관련

<table>
<tr><th>맥클리랜드
(성취동기이론)</th><th>허즈버그
(이요인이론)</th><th></th><th>매슬로우
(욕구단계이론)</th><th></th><th>알더퍼
(ERG이론)</th></tr>
<tr><td>성 취 욕 구</td><td>직무 그 자체·책임감
승 진·성 장</td><td rowspan="2">동기
요인</td><td>자 기 실 현</td><td rowspan="2">——</td><td rowspan="2">성 장</td></tr>
<tr><td>권 력 욕 구</td><td>성 취·인 정</td><td>존 경</td></tr>
<tr><td>친 화 욕 구</td><td>동료·감독자·부하
간의상호관계의 질
기술적 감독의 질</td><td>——</td><td>소속감·애정</td><td></td><td>관 계</td></tr>
<tr><td></td><td>직무안정</td><td rowspan="2">위생
요인</td><td>안전·안정</td><td rowspan="2">——</td><td rowspan="2">존 재</td></tr>
<tr><td></td><td>작업조건
급여</td><td>생 리 적</td></tr>
</table>

자료 : A. D. Jr. Szilagyi and M. J. Jr. Wallace, Organizational Behavior Performance. 1983, p.94와 Gibson, J. L., et al., Organizations, 1982, p.91 참조.

2. 과정이론

대표적인 과정이론은 브룸(V. H. Vroom)의 기대이론과 아담스(J. S. Adams)의 공정성이론이 있다.

1) 기대이론

기대이론(expectancy theory)은 수단성 이론, 기대－유의성 이론이라고도 하는데 인간행동이 본능적으로 이루어지는 것이 아니라 어떤 행동의 결과에 대해서 개인이 느끼는 기대(매력)의 정도에 의해서 행동이 이루어진다고 보는 이론이다. 이 이론은 심리학의 오랜 역사를 배경으로 하여 종합적인 분석 과정을 거쳐서 이루어진 이론으로서 톨만(E. C. Tolman)[36]의 인지(cognition)에 바탕을 둔 기대 개념과 레윈(K. Lewin)[37]의 유의성(valence)과 힘(force)의

36) F. Luthans, 앞책, p.186(원전 : E. C. Tolman, Purposive Behavior in Animals and Men, N. Y., Appleton Century, 1932).

개념을 브룸(V. H. Vroom)과 포터(L. W. Porter)와 롤러(E. E. Lawler) 등이 동기부여 이론에 적용한 것이다.

(1) 브룸의 동기부여 이론

브룸에 의하면 한 개인이 행동하려고 할 때 자신이 어떤 결과를 얻을 것인가를 기대하고 그 기대에 의하여 행동의 실행여부를 결정한다는 것이다.[38] 즉, 개인은 자신의 행동 과정 중에서 중요하다고 기대(생각)되는 가능한 행동 대안(behavior alternatives) 또는 행동 전략(behavior strategies)을 선택한다. 즉, 행동성향은 그 행동이 어떤 결과를 가져올 것인가 하는 기대의 강도와 매력의 정도에 달려 있다는 것이다. 그래서 기대 이론에서 제시한 주요 변수가 되는 개념 은 다음과 같다.

① **기대감(expectancy)** : 자기 행동이 자신에게 가져올 결과에 대한 예측이나 확신으로서 주관적 확률값이다. 행동과 결과 사이에 아무 관계가 없는 0의 상태에서 행동과 결과 간에 관계가 확실한 1까지 가치범위인데 가능성이다.

② **유의성(valence)** : 유의성은 개인이 원하는 결과에 대해 선호하는 강도로 매력의 정도이다. 보상, 승진, 인정 등과 같은 적극적 유의성(positive valence)과 직무압력, 벌과 같은 부정적 유의성(negative valence)이 있으며 개인의 욕구를 반영한다. 특정 결과를 바라지 않을 경우에는 유의성 0으로 표현한다.

③ **결과 또는 보상(outcome or reward)** : 행동의 산물로서 행동의 성과인 직무 성과와 생산성 등의 1차적 성과와 그 성과에 뒤이어 제공되는 보수나 승진같은 보상인 2차적 성과가 있다.

④ **수단성(instrumentality)** : 수단성은 개인이 지각하는 1차적 결과와 2차적 결과 사이의 상관관계로서 수치적으로 표현하는 주관적 값이다. 즉, 수단성은 높은 성과가 항상 승급과 같은 결과를 가져올 때의 +1의 관계로부터 성과와 보상 간에 아무 관계가 없는 0의 관계, 성과가 도리어 좋지 못

37) F. Luthans, 앞책, p.186(원전 : K. Lewin, A Dynamic Theory of Personality, N. Y., McGraw- Hill, 1935).

38) V. H. Vroom, Work and Motivation, N. Y., John Wiley & Sons, Inc., 1964, pp.14~15.

한 결과를 가져올 때의 −1의 관계 사이에 존재한다.

⑤ 선택 행동(choice behavior) : 개인이 결정하는 특정한 행동양식을 말하며 개인은 기대되는 결과와 중요성을 모두 비교 평가하여 적절한 행동을 선택한다.

예를 들면 조직 구성원이 승진을 원하지만(높은 유의성) 자신의 능력에 자신이 없거나(낮은 기대감) 또는 자기 능력에 자신감을 갖고 있더라도(높은 기대감) 경영층이 높은 성과(1차적 결과)를 승진 결정에 반영하지 않는다면(낮은 수단성) 구성원의 동기수준은 낮게 나타날 것이다. 따라서 개인의 동기는 결과에 대한 욕구의 강도(유의도)와 자신의 행동이 원하는 결과를 실제로 가져오리라는 기대감의 복합적인 함수로서 다음과 같이 표현된다.

$$F_i = f_i\left[\sum_{j=1}^{n}(V_j \times E_{ij})\right] \qquad V_j = f_i\left[\sum_{k=1}^{n}(V_j \times I_{ik})\right]$$

- F(Force) : 힘 또는 동기
- E(Expectancy) : 기대감
- V(Valence) : 유의성
- I(Instrumentality) : 수단성

따라서 개인의 능력이 실제 성과를 거두리라고 기대하고 실제 성과가 승진이나 보상 등 개인이 원하는 결과(보상)를 항상 가져오리라고 기대할수록 개인의 동기는 강하게 작용하고, 반면에 거둘 수 있는 성과에 대한 기대가 약하면 개인의 동기는 낮게 나타날 것이다.

이를 표로 그리면 다음 <표 9-6>과 같다.

이처럼 기대 이론은 결과에 대한 가치는 물론 노력 ⇒ 성과에 대한 기대감과 성과 → 결과에 대한 기대감(수단성) 등의 개인의 인지 여하에 따라 행동의 방향과 강도가 결정된다는 이론이다.

❚ 표 9-6 ❚ 브룸(Vroom)의 기대이론모형

동기 (Fi)	1차 결과에 대한 기대감 (Eij)	1차 결과 (Vj)	2차 결과에 대한 기대감 (Iik)	2차 결과 (Vk)

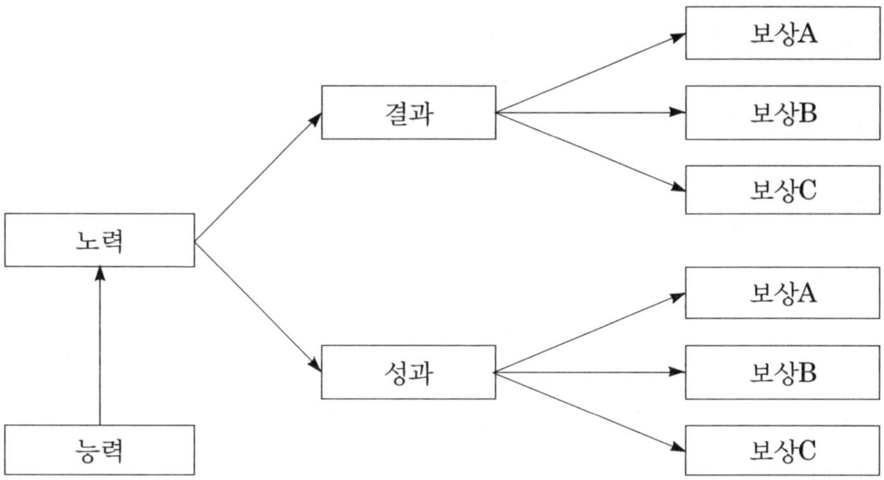

(2) 포터(L. W. Porter)와 롤러(E. E. Lawler)의 모델[39)]

내용이론은 만족이 성과로 나타나고 불만족은 성과로부터 멀어진다고 되어 있다. 그러나 포터와 롤러는 동기부여가 만족이나 성취와 동일하지 않다는 전제에서 출발한다. <그림 9-5>는 동기부여와 성과 그리고 만족 간에 존재하는 복잡한 관계를 설명하는 다변수적인 모델이다. 이 모델에서는 노력(힘 또는 동기부여)이 바로 성취로 진행되지 않고 능력과 특성 그리고 역할 지각과 연결된다. 또한 이 모델에서 중요한 것은 성취 이후에 일어나는 것이 무엇이냐 하는 것이다. 즉, 성취 이후에 뒤따르는 보상과 이것이 어떻게 인지되는가가 만족을 결정한다.

이 모델은 수년간 지지를 받았다. 예를 들면 최근 현장 연구에서 노력의 수준과 그 향방이 개인 성취에 중요하고 성취와 만족 관계에서 보상이 중요하다는 사실이 입증되었다.

39) F. Luthans, 윗책, pp.157~158 설명을 간략하게 간추려 요약함.

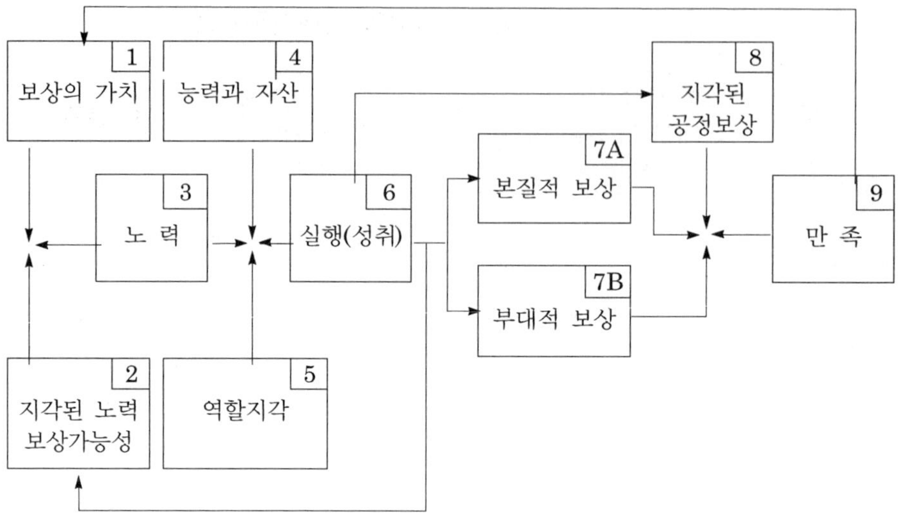

자료 : F. Luthans, 윗책(7판), P.158.

그림 9-5 **포터와 롤러의 동기부여 모델**

2) 공정성이론

(1) 이론의 개요

공정성이론(equity theory)은 한 개인이 다른 사람에 비해서 얼마나 공정하게 대우를 받느냐 하는 느낌을 중시하는 이론이다. 즉, 자신의 공헌과 그에 대한 보상의 크기를 타인의 그것과 비교하여 보상의 공정성을 극대화하는데 관심을 가지고 동기부여의 수준을 결정한다는 이론인데 사회적 비교이론 또는 균형이론이라고도 한다. 이 이론은 페스틴저(L. Festinger)의 인지부조화이론(cognitive dissonance theory)[40]과 호만즈(G. C. Homans)와 블라우(P. M. Blau)등에 의해서 전개된 교환이론(exchange theory)[41]을 기초로 하여 아담스(J. S. Adams)가 동기부여와 관련시켜 체계적으로 제시하였다.[42]

---

40) 인지부조화이론이란 인간은 서로 일치되지 못하는 두개 이상의 인자가 있을 경우에는 긴장과 불편감을 느끼기 때문에 이를 줄이거나 제거하기 위하여 노력한다는 것임.

41) 교환이론은 대인관계를 기반으로 형성된 이론으로서 상대방과의 교류를 통해서 지출보다는 보상이 상호교환 될 수 있을 때 그 관계가 지속된다는 것임.

42) J. S. Adams, "Toward on Understanding of Inequity", Journal of Abnormal and Social Psychology, Vol. 67, 1963, pp.422~436.

이 이론의 골자는 자기의 투입 대비 산출의 비율을 동일한 작업 환경에 있는 타인의 투입 대비 산출과 비교하여 그것이 크거나 작을 때에는 불공정이 지각되고, 같을 때는 공정이 지각된다는 것이다. 만일 불공정이 지각되면 이를 공정으로 되돌리기 위하여 행동의 변화가 나타난다는 일련의 설명이 공정성 이론이다.

즉, 다음과 같은 경우에 불공정(inequity)과 공정(equity)을 지각하게 된다고 한다.

$$\text{불공정을 지각하게 되는 경우} : \frac{\text{자기의 산출(O)}}{\text{자기의 투입(I)}} < \frac{\text{타인의 산출(O)}}{\text{타인의 투입(I)}}$$

$$\text{또는} : \frac{\text{자기의 산출(O)}}{\text{자기의 투입(I)}} > \frac{\text{타인의 산출(O)}}{\text{타인의 투입(I)}}$$

$$\text{공정을 지각하게 되는 경우} : \frac{\text{자기의 산출(O)}}{\text{자기의 투입(I)}} = \frac{\text{타인의 산출(O)}}{\text{타인의 투입(I)}}$$

여기에서 투입 변수는 연령, 성별, 교육 수준, 기술 경험, 노력 정도, 작업 시간 등이 되고, 산출 변수는 급여, 승진 또는 성취감 등이 된다.

(2) 불공정 해소방안

조직에서 개인들이 불공정을 지각하게 되면 대개 부족한 보상에 따른 불만이나 과다한 보상에 따른 부담감이나 불안감으로 나타난다. 이때 지각의 정도는 불공정의 정도에 따라 달라지며 불공정을 감소시키는 방향으로 동기부여가 작용한다. 즉, 과다한 보상은 죄책감을 발생시켜 자신의 투입을 증가시키기 위해서 적극적으로 노력하게 된다.[43]

① **투입의 변경** : 투입을 증가 내지 감소시켜 비교 대상과 성과 결과의 질과 양을 평준화한다.

② **산출의 변경** : 산출을 증가시켜 임금의 인상이나 작업조건을 개선시켜 비교대상과 평준화한다.

43) 정경섭, 앞책, 104쪽.

③ **자신의 투입이나 산출의 왜곡** : 실제 투입이나 산출을 변경시키지 않고 인지구조(또는 생각)를 왜곡시키거나 합리화시켜 평준화한다.

④ **직장이동** : 불공정 상황이 심각하다고 인지하면 아예 당해 직장으로부터 이직을 한다.

⑤ **타인의 투입이나 산출의 왜곡** : 실제 타인의 투입이나 산출을 변경시키지 않고 타인의 것에 대한 인지구조(또는 생각)를 왜곡시키거나 합리화 시켜 평준화한다.

⑥ **비교대상의 변경** : 비교 대상을 변경시켜 불공정한 인식을 변경한다.

3. 강화이론

행동은 결과가 어떤가에 따라서 강화된다고 보는 강화이론의 접근방법은 앞장(제7장 학습)에서 본 것처럼 스키너(B. F. Skinner)의 조작적 조건화를 들 수 있다. 그는 손다이크(E. L. Thorndike)의 고양이와 토끼의 실험결과를 설명하고 있다. 즉, 보상을 얻은 기쁜 결과의 행동은 반복되고 벌을 받은 나쁜 결과는 반복되지 않는다는 것이다. 따라서 인간 행동은 환경에 의한 것으로 행동의 결과가 주위 반응이 긍정적이며 보상을 받게 되면 같은 상황에서 같은 행동을 하기 때문에 계속적인 보상은 지속적인 행동으로 강화된다는 것이다. 지속적인 행동을 위해서는 첫째, 보상 대상의 행동을 구체적으로 설정하여 인식시킨다. 둘째, 중요성에 따라 보상의 정도를 달리한다. 셋째, 일관성 있는 보상이 되어야 한다. 넷째, 행동 즉시 보상해야 효과가 있다. 또한 강화이론에서는 질책이나 처벌 등의 부정적 보상도 행동 변화를 가져오는 중요한 역할을 한다. 그러나 여기에도 효과적인 보상의 방법이 있다. 먼저 부정적 행동을 했을 때는 즉시 구체적으로 지적한다. 다음으로 지적할 때 행위자의 인격을 비하하지 않으며 잘못된 행동에 관한 것만 지적한다. 마지막으로 공식적인 구조를 통해서 하여야 한다. 강화이론의 긍정적 또는 부정적 보상은 인간 행동에 영향은 줄 수는 있으나 인간은 환경에 의해 그 행동을 이해하고 있다는 것과 자의적 의지를 가진 인간을 조작과 통제의 대상으로 본다는 점에서 비판을 받는다.

Chapter 10

스트레스

Chapter 10

스트레스

제1절 의 의

스트레스란 무엇인가? 사전적 의미로 “stress는 몸에 해로운 자극이 가해졌을 때 생체가 나타내는 반응”이다. 많은 사람들이 이 말을 사용하지만 정확한 개념 정의는 하기 힘들다. 스트레스(stress)라는 말의 어원은 라틴어의 ‘stringer’로서 ‘팽팽하게 죄다’ ‘끌어당기다’라는 뜻에서 유래되었는데, 이후 string, strest, straisse 등으로 쓰이다가 14세기에 이르러 stress라는 용어로 쓰이기 시작했다.[1] 당시에는 고뇌, 억압, 곤란이나 역경 등을 의미했다.

그러나 오늘날 뜻하는 “stress”라는 용어는 19세기부터 사용되었는데 다분히 기술과학적인 뜻이 포함되어 있다. 즉, 물체나 인간에게 작용하는 힘, 압력, 강한 영향력 같은 외부 압력에 저항해서 통합성을 유지하기 위해 긴장을 불러일으킨다는 의미가 포함되었다. 스트레스에 대한 개념은 물리학에 도입되면서부터 더욱 일반화되었다. 즉, 고체의 탄력성이 연구되면서 스트레스는 물체에 가해진 외부의 압력을 의미하며, 긴장은 그 압력의 결과, 내부에서 일어나는 수축이나 크기 및 형태의 변화 등을 뜻하게 되었다.

현재 여러 분야에서 공통으로 사용되는 스트레스라는 용어가 일반화된 것은 셀리(H. Selye)의 생활 스트레스(The stress of life) 연구에서 찾을 수 있

1) J. M. Ivancevich and M. T. Matteson, Stress and Work : A Managerial Perspective, Glenview, Ill., Scott, Foresman, 1980, p.6.

다.[2] 셀리는 스트레스를 복잡한 현대 생활에서 나타나는 신체의 쇠약과 관련된 용어로 기술하면서 "어떤 요구에 대한 분명하지 않은 신체적인 반응(the non-specific response of the body to any demand)"[3]이라고 하였다.

또한 생리학자 캐논(W. B. Cannon)은 "스트레스는 한 개인이 적과 싸우도록 준비시키는 바람직한 것"[4]이라고 하고, 카간(Aubrey Kagan)은 스트레스는 "행동을 위하여 유기체(organism)를 준비시키는 생리적인 상태"[5]라고 하여 우리 생명의 가치를 증대시키는 바람직한 것으로 보았다. 물론 이들은 의사로서 병을 치료할 목적으로 스트레스를 연구하였다.

반면 이반스비치와 마테손(J. M. Ivancevich & M .T. Matteson)은 스트레스를 조직 이론에 원용하여 스트레스 연구의 영역을 한 차원 높였다. 그들은 스트레스란 "외부 환경과 개인 차원의 자극의 상호작용(stimulus interaction), 반응의 상호작용(response interaction), 자극-반응의 상호작용(stimulus-response interaction)"[6]이라고 하여 개인에게 미치는 외부 환경의 자극과 개인이 그에 반응하는 상호작용이라는 관점에서 스트레스를 인식하려고 하였다. 따라서 조직 이론적 차원에서 본다면 스트레스란 외부 환경의 자극과 개인이 그에 반응히는 상호직용이다.

셀리는 <그림 10-1>에서처럼 스트레스를 유스트레스(Eustress)와 디스트레스(Distress)로 구분하여 스트레스의 긍정적 측면과 부정적 측면으로 거론한 이후 여러 학자들이 <그림 10-2>와 같이 스트레스를 양측면에서 거론하였다. 여키스(R. M. Yerkes)와 닷슨(J. D. Dodson)에 의하면 유스트레스는 긍정적이며 건설적이고 건강하지만 디스트레스는 스트레스 반응이 건강하지 못하고 부정적이며 파괴적인 측면을 함께 내포하고 있음을 제시하였다. 그들은 이 두 측면의 스트레스가 개인이나 조직에 미치는 영향으로 유스트레스는 개인이나 조직의 성장성, 적응성, 높은 성과 수준과 관련성이 높은 반면에 디스트레스는

2) H. Selye, The Stress of Life, In T. A. Beehr and T. M. Franz(Eds.), "The Current Debate about the Meaning of Job Stress", Journal of Organizational Behavior Management, 1986, Vol. 8, pp.5~18.

3) V. Hamilton and D. M. Warburton(ed.), Human Stress, Cognition, N. Y, John Wiley & Sons Ltd., 1979, p.13에서 재인용.

4) W. B. Cannon, "The Inerrelations of Emotions as Suggested by Recent Phy-siological Researches", Journal of Psychology, 1914, 25, pp.256~282.

5) V. Hamilton and D. M. Warburton, 윗책 p.13.

6) J. M. Ivancevich and M. T. Matteson, 앞책 p.6.

질병, 노쇠, 사망과 관련된 심장병 유발, 높은 결근율 등 조직과 개인에게 역기능의 결과를 갖고 온다고 하였다. 루(L. W. Rue)는 스트레스는 개인성장과 발전에 공헌할 수 있으며[7], 무어헤드(G. Moorhead)는 동기부여 시키며 자극시킬 수 있음을,[8] 쉬네이크(M. E. Schnake)는 직무만족과 직무성과의 증대도 갖고 오는 것으로 말하고 있다.[9]

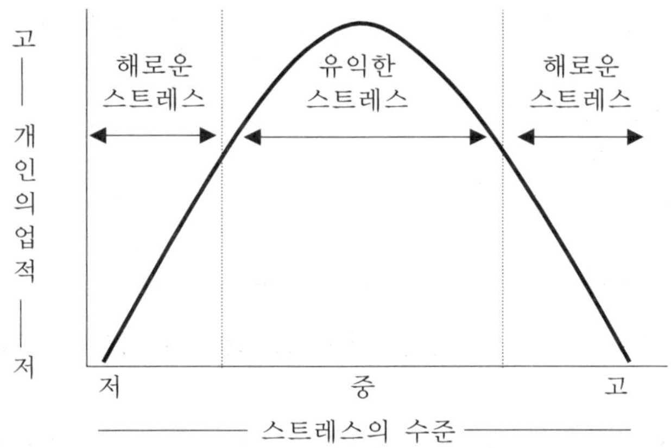

자료 : M. E. Schnake, Human Relations, Merrill Publ, 1990, p.234.

그림 10-1 스트레스와 직무 성과의 관계

학자들의 견해에 따라 스트레스에 관한 몇 가지 특징을 살펴보면 다음과 같다.

첫째, 자극과 반응의 상호작용이다.

둘째, 스트레스는 <그림 10-2>와 같이 양면성을 갖고 있다. 즉, 긍정적인 영향을 미치는 유스트레스(Eustress)와 부정적인 영향을 미치는 디스트레스(Distress)로 구분된다.

셋째, 스트레스는 지각과 경험에 관련된다. 여기에서 지각된 스트레스를 실재적(actual) 스트레스, 그렇지 않은 것을 잠재적(potential) 스트레스[10]라 한다. 잠재적 스트레스가 실재적 스트레스로 나타나려면 지각을 거쳐야 한다.[11]

7) L. W. Rue/ L. L Byars, Management, Prentice-Hall, 1992, p.413.

8) G. Moorhead/ R. W. Griffin, Organization Behavior, Houhton-Mifflin. 1992

9) 이한검, 인간행동론, 형설출판사, 1994, 862쪽(원전 : M. E. Schnake, Human Relations, Merrill Publ., 1990, p.230)

10) R. S. Schuler, "Definition and Conceptualizations of Stress in Organizations", OBHR, 1980 (Apr.) 및 S. P. Robbins, Management, Prentice-Hall, 1994, p.396.

잠재적 스트레스가 실재적 스트레스로 나타나는 과정에서 결과에 대하여 예측이 어렵거나, 중요한 사안일수록 스트레스는 높게 나타난다.

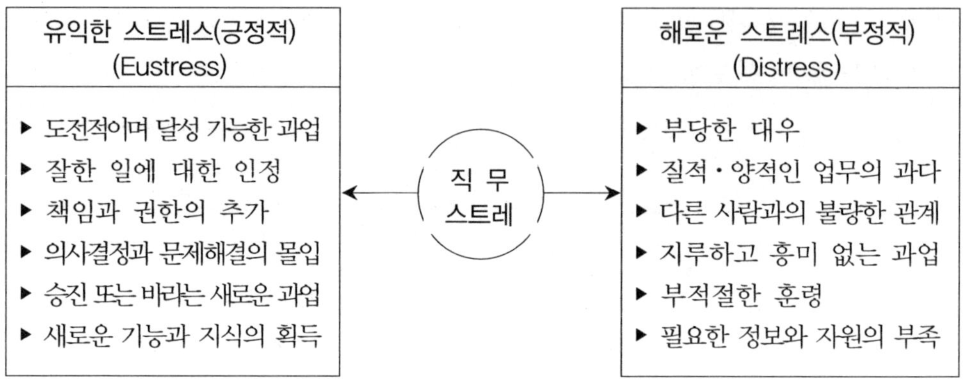

자료 : L. L. Steinmetz/ H. R. Todd, Supervision Irwin, 1992, p.339.

▎그림 10-2▐ 직무상 좋은 스트레스와 나쁜 스트레스

넷째, 스트레스는 불균형 또는 적합성의 결여, 부족 상태에서 일어난다.[12] <그림 10-3>과 같이 스트레스는 자극과 반응의 상호작용으로 나타난다. 이때 자극과 반응이 균형상태가 되면 스트레스가 적게 나타난다.

다섯째, 스트레스는 개인에 따라 반응이나 정도가 다르게 나타난다.

11) R. S. Schuler, "Definition and Conceptualizations of Stress in Organizations", OBHR, 1980 (Apr.) 및 S. P. Robbins, Management, Prentice-Hall, p.635.

12) R. K.reitner/ A. Kinicki, Organizational Behavior, Irwin, 1992, p.596.

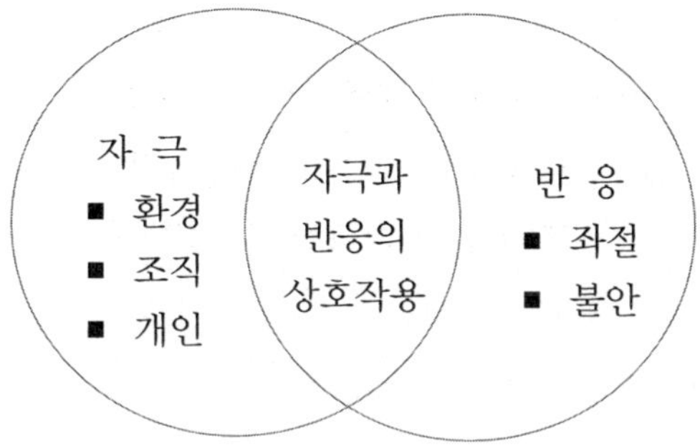

자료 : A. D. Szilagyi/ M. J. Wallace, Organizational Behavior and Performance, Harper Collins, 1990, p.220.

그림 10-3 스트레스 원인, 유형 및 결과의 모형

제2절 스트레스의 원인

1. 물리적 요인

외부로부터 인체에 작용하는 모든 요소들 즉 우리의 일상생활과 밀접하게 관련된 물리적 요인인 조명, 소음, 온도, 음파, 진동, 공기 오염, 사무실 설계 등이 스트레스의 원인이 된다.

1) 조명(illumination)

조명에 대한 연구는 1924년 메이요와 뢰스리스버가 시도한 호손(Hawthorne) 실험에서 비롯된다. 그들은 달빛 정도의 광도에서는 작업량이 감소됨을 알게 되었다. 물론 그들은 조명이 전적으로 작업에 중요한 영향을 미친다는 사실에는 동의하지 않았다. 그러나 그들은 작업자가 갖게 되는 개인적 주의력과 같은 계산하지 않았던 여러 변인들을 이해함으로써 조명과 생산성의 관계를 밝혀내려고 하였다. 대부분 20~40촉광의 밝기를 요구하지만 특히 섬세하고 정교한 과제를 수행할 때는 보다 밝은 조명을 필요로 한다. 그러나 조명이 적절하지 못하면 일을 보다 어렵게 하거나 눈을 피로하게 하고 두통을 일으키게 한다. 조명 조건이 나쁠 경우에는 과제 수행에 요하는 시간이 증가되고 에너지를 많이 소비하게 되므로 쉽게 피로해져 능률이 저하되며 기분이 불쾌해져 높은 수준의 긴장을 유발하는 등 재해를 유발시킬 수 있다.

2) 소음(noise)

소음은 소리의 진동이 비주기적이고 그 배열이 불규칙적이어서 스트레스를 유발한다. 이러한 소음은 음향, 음색, 소리를 듣는 시간, 대화의 상대, 태도 등에 따라서 반응이 다르게 나타난다. 소음은 주의와 집중을 방해하고 일할 의욕을 없애는 심리적 불안의 원천이 되기도 하며 작업률 저하와 생산품의 질을 저하시키기도 한다. 물론 "사람들은 광범위하게 소음에 성공적으로 적응할 수 있지만 이러한 적응 과정에서는 그만큼의 에너지가 소모된다."[13]

이와 같이 소음에 관한 수많은 연구 결과로 소음이 스트레스의 원인이 된다는 사실 이외에 과제 수행과 생리적 현상에도 영향을 준다는 사실이 밝혀졌다. 시끄러운 소음은 과제 난이도에 관계없이 모든 과업을 간섭한다. 시끄러운 소음에 지속적으로 노출되면 어떤 결과가 나타날까? 코헨과 그 동료(S. Cohen, J. E. Singer)들은 뉴욕의 번잡한 고가도로 건너편 아파트 주민들에 대한 소음의 영향에 관한 연구를 했는데 아래층이 위층보다 두 배나 더 시끄러웠다고 한다. 그들은 4년 이상 이 건물에 살고 있는 어린이들의 독서 청취도와 청각 변별력을 측정하였는데 낮은 층에 거주할수록 변별 능력이 더 낮음을 밝혀냈다.[14] 이것은 소음이 스트레스의 원인이 됨을 말해 주는 것이다.

3) 온도(temperature)

극단적으로 높거나 낮은 온도는 인위적 통제 방법에 의해 상당히 조절되고 있지만, 그래도 통제가 불가능할 경우나 통제 영역에서 벗어나서 온도가 인체에 부적절할 때에는 생리적·심리적 측면에 많은 영향을 준다.

부적절한 온도는 생리적으로 혈류량과 심장 박동률을 증가시키고 보다 많은

---

13) 윗책, p.6.

14) S. Cohen, Environmental Load Allocation of Attention. In A Baum., J. E. Singer., S. Valins (Ed), Advances in Environmental Psychology, 1978, Vol. 1.

산소를 필요로 하므로 쉽게 피로해진다. 특히 부적절한 온도와 습도가 결합된 상태가 되면 스트레스가 동반되어 육체적인 병리 현상이 일어난다. 동시에 심리적으로는 정상적인 정서적 기능을 상실하여 흥분을 일으키고 동기를 감소시켜 결국에는 과제 수행 능력이 떨어진다.

따라서 지나치게 높거나 낮은 온도는 스트레스의 원인이 됨과 동시에 질병의 원인이 된다.

4) 음파와 진동(sound wave and vibration)과 기계적 진동(mechanical vibration)

음파와 진동은 스트레스의 중요한 요인이다. 진동의 크기, 진폭이 불규칙적이고 비주기적이거나 또는 개인적 특성에 따라 스트레스 반응을 일으키는 원인이 된다. 진동에 의한 대부분의 스트레스 결과는 시각장애, 두통, 수전증세, 근육 긴장 등에서부터 Reynaud병(손이 부어오르고 통증을 느끼는 병)에 이르기까지 다양한 증상을 일으킨다. 기계적 진동은 진동의 폭과 진동수가 너무 높거나 또는 너무 낮을 때나 장시간 노출된 경우 스트레스의 원인이 되어 두통 체력소모 피로 등 생리적, 정신적, 육체적으로 질병이 유발하게 된다.

5) 공기 오염(air pollution)

공기 오염 문제는 염려의 단계를 지나 이제 인류의 생존을 위협하고 있다. 공기가 오염되면 호흡이 곤란하게 되고 두통이 생기며 스트레스가 급격히 증가하면서 각종 질병이 유발되고 작업의 성과가 저하된다. 특히 많은 전기와 전자 작업 도구는 공기의 이온 현상을 변화시키게 되어 그 결과 과제의 수행 실적을 감소시키고 있다.[15] 이와 같이 생활의 질을 높이고자 하여 추진된 성공적인 산업화는 그 반대 현상으로 인간에게 공기와 수질 오염을 초래하고 각종 질병과 스트레스를 가져다주고 있다.

---

15) J. C. Wofford, "Negative Ionization : An investigation of behavioral effects", Journals of Experimental Psychology, 1966, 71, pp.608~611.

6) 사무실 설계(office design)

올드햄(G. R. Oldham)과 에라스(D. Erass)의 연구[16]에 의하면 전통적인 사무실이 개방된 사무실보다 작업자에게 더 큰 자부심을 느끼게 한다고 한다. 왜냐하면 전통적 사무실은 일견 폐쇄적이고 비능률적인 것 같아도 어느 정도 자기의 개인 비밀이 보장되는 면이 있기 때문이다.

사무실은 일반적으로 다음과 같은 여섯 가지 기본 기능 중 한 개 이상의 기능을 만족시킨다. 즉, 첫째 은신처와 안전 제공, 둘째 사회적 접촉의 촉진, 셋째 상징적 정체감, 넷째 과제 수행 수단에 대한 향상 기회 제공, 다섯째 과제 수행 중의 쾌락과 만족감 제공, 여섯째 성장 자극 조건 제공 등이 있다.

사무실이 바로 이러한 기능들을 적절히 수행하지 못하는 개방형 사무실이나 복잡하고 시끄러운 사무실, 햇볕이 잘 들지 않는 사무실 등일 때 성원들은 스트레스를 받게 된다.

7) 사회적 밀도(social density)

사회적 밀도가 너무 높거나 너무 낮을 경우 스트레스의 원인이 된다. 개인에 따라 대인 관계의 거리감에 대한 욕구가 다를 수 있지만 일반적으로 사회적 밀도가 너무 높아지게 되면 작업할 적당한 장소를 잃게 되어 수행 실적은 떨어지고 작업에 대한 만족감도 감소한다.[17] 이들에게 사무실을 재배치하여 보다 높은 밀착감을 느끼도록 해 보았는데, 그들은 작업에 대해 보다 더 만족하였고, 보다 많은 친구 관계를 형성하였으며, 보다 낮은 스트레스를 경험하게 되었다고 한다. 생리적 측면에서는 지나치게 붐비는 작업장일 경우 혈압이 증가하는 등 스트레스를 받게 된다.

사람들은 개인의 작업 장소에 대해 소유감을 갖게 되고, 낯선 작업장에서는 스트레스를 경험하게 된다. 각 개인은 공간불편지대(zone of space discomfort)를 갖고 있다.[18] 공간 불편 지대란 다른 사람과 한 공간에 있을 때 불편을 느끼는

---

16) G. R. Oldham and D. Erass, "Employee reaction to an open-plan office : A naturally occuring quase-experiment", A. S. Q, 1979, 24, pp.267~284.

17) G. W. Evans, Behavioral and Physiological Consequences of Crowding in Humans, Journal of Applied Social Psychology, 1979, 9 참조.

18) J. M. Ivancevich and M. T. Matteson 앞책, 참조.

영역을 말한다. 대체적으로 여성들은 타인이 옆에 있을 때 가장 싫어하고 남성들은 다른 사람이 맞은편에 있을 때 가장 스트레스를 많이 느낀다고 한다.[19)]

2. 개인적인 요인

1) A형 행동 유형(Type A Behavior Pattern; TABP)

A형 행동 유형은 개인의 행동유형과 스트레스와의 관계를 검토한 것으로 심장병 전문 의사인 프리드만(M. D. Friedman)과 로젠만(R. H. Rosenman)이 자신들이 치료했던 관상동맥심장병 환자의 행동 유형을 1950년대 후반부터 20여 년 동안 연구하였다. 그는 A형 행동 유형(Type A Behavior Pattern)과 B형 행동 유형(Type B Behavior Pattern)으로 구분한 행동 유형을 행위와 감정의 복합성(action-emotion complex)이란 말로 설명하고 있다. 이는 행위와 감정을 결합하여 설명한 내용이라는 의미를 담고 있다.

A형 행동 유형은 스트레스와 직접 관련 있는 유형으로 그 특징은 다음과 같은 사람과 관련이 깊다.[20)] 즉, 언제나 최단 시간 내에 가능한 많은 일을 하려고 발버둥치는 사람, 공격적이고 야심만만하며 경쟁심이 많아서 무리를 하는 사람, 격렬하게 말하며 말한 것을 지키려고 저돌적으로 행동하는 사람, 인내심이 없으며 항상 일에 쫓기고 일 위주로 생활하는 사람, 대인관계나 일과 사물에 대해서 항상 투쟁적인 사람이 TABP에 속한 사람들이다.

반면에 타입 B의 사람은 A형보다 덜 서두르고 덜 경쟁적이나 A형과 똑같이 지적이고 야심적이다.

슐츠(D. P. Schultz)에 의하면 어떤 물리적 요인들 (흡연, 비만, 운동부족 등)이 심장병을 일으킬 수 있지만 이러한 요인은 전체 사례의 25%를 넘지 못하고, 나머지는 특수 성격 요인과 관련된 스트레스가 원인이 된다고 한다.[21)]

---

19) J. D. Fisher and D. Byrne, "Too close for comfort; Sex difference in response to invasions of personal space", Journal of Personality and Social Psychology, 1975, 32, pp.15~21.

20) 윗책, p.159에서 재인용(원전 : M. Friedman and R. H. Rosenman, Type A Behavior and Your Heart, N. Y., Alfred A. Knopf, 1974)

21) D. P. Schultz, Psychology of industry today; An Introduction to Industrial and Organizational Psychology, N. Y., Macmillan Publishing Co, 1982(3rd).

A형 행동이 심장발작과 혈전증 사망과 뚜렷한 관계가 있음이 이미 초기에 밝혀졌다. 즉, 로젠만은 3,400명의 광범위한 표집 조사에서 B형보다 A형이 CHD(coronary heart disease; 관상동맥 심장병)에 걸릴 확률이 훨씬 높음을 입증하였다. 그리고 40대 연령에서는 6.5배, 50대 연령에서는 1.9배의 높은 경향성을 보였다.

2) 희망이 좌절되었을 때[22)]

우리 인간은 희망이 있을 때 진정한 삶이라고 할 수 있다. 희망은 삶을 삶 되게 하는 중요한 촉매제인데 이러한 희망이 좌절되었을 때, 특히 자기가 속한 조직의 목표 달성에 대한 희망이 보이지 않고 환경이 급변하여 목표 수정이 빈번해지고 목표 달성에 대한 보상이 주어진다는 희망이 없으면 스트레스가 생긴다.

3) 인간 상호간의 관련성이 결여(lack of relevance)되었을 때

부자 관계, 부부 관계, 친구 관계, 동업자 관계 등의 관계가 소원해지거나 단절될 때 스트레스가 생긴다. 특히 자기가 신뢰하고 믿었던 사이의 관계가 배신으로 단절될 때 또는 관계를 가진 사람의 죽음으로 인한 관계 단절이 일어날 때의 스트레스는 상상을 초월한다.

4) 직장과 가정 사이의 갈등(career versus family conflicts)[23)]

직장 생활과 가정생활이 조화를 잘 이루지 못할 때 스트레스가 생긴다. 직장생활에 몰입한 나머지 가정을 돌보지 않는다면 가족들은 보급품이 단절된 전투병 같은 신세로 전락할 것이다. 반대로 가정생활에 너무 충실한 나머지 조직생활을 소홀히 하면 자기 성장의 기회를 스스로 포기함과 동시에 다른 성원들에게 피해를 주게 되므로 사회 구성원 자격을 상실하게 된다. 특히 조직과 가정이 장소적으로 멀리 떨어져서 휴식과 재충전의 기회를 박탈당하면 부정적 스트레스가 누적되어 개인이나 조직에 해악을 끼친다. 그러므로 조정자 또는

22) A. J. DuBrin, Foundations of Organizational Behavior, N. J., Prentice-Hall, Inc, 1984, pp.170~172.

23) 앞책, p.168.

총괄자(integrator)가 되어야 한다. 조정자는 가정과 직장 생활을 잘 조정하여 어느 한 곳에 치우침이 없이 균형 있게 조화를 이루어 사는 생활의 지혜를 가진 사람을 말한다.

5) 조직이나 사회의 규정과 규칙이 싫증날 때 [24]

성원들이 정해진 규정이나 규칙이 부당하여 지키기 어렵다고 싫증을 느끼게 되면 그 조직이나 사회에 대한 불만과 갈등이 생긴다. 그리하여 스트레스가 심각한 상태에 달하게 되면 조직이나 사회로부터 이탈하게 된다.

6) 특수 직업 종사자

사람을 많이 상대하는 웨이터, 의사, 버스나 택시 기사, 항상 명령과 지시를 받는 조립기사, 간호보조원, 공무원, 특수한 재능을 계속 발휘해야 하는 음악가 등의 사람에게 일반적으로 스트레스가 잘 생긴다.

또한 캐플란(R. D. Caplan)이 23개 직종에 종사하는 노무직과 사무직 2,000명을 대상으로 연구한 결과에 의하면 노무직이 사무직보다 더 많은 스트레스를 느끼고 있다[25]고 한다.

미국의 전국 직업안정 및 건강연구소(National Institute for Occupational Safety and Health : NIOSH)는 스트레스와 관계되어 죽거나 입원한 130개 직종의 22,000명을 대상으로 시행한 연구에서 스트레스와 관련이 많은 직업과 적은 직업을 가려낼 수 있었다. 즉, 사무 관리자, 행정가, 일선 감독자 그리고 비서 중에서 스트레스와 관련된 환자가 많았으며, 인사담당자, 대학 교수 등에서 스트레스와 관련된 환자가 적었다.[26]

최근에 상담자와 심리학자들은 작업장의 긴장도를 깊이 있게 연구하여 위험과 극도의 압력을 받으며 권한은 없고 책임감이 많은 직업군을 분류하였다. 11가지 힘든 직업군은 ① 교사, ② 경찰관, ③ 광부, ④ 항공관제자, ⑤ 병원 인

---

24) 앞책, p.168.

25) J. R. P. French, R. D. Caplan and R. V. Harrison, The mechanisms of job stress and strain, John Wiley & Sons, 1982.

26) J. R. Quick and J. D. Quick, Organizational Stress and Preventive Management, N .Y, McGraw-Hill Inc, 1984.

턴, ⑥ 주식중개인, ⑦ 기자, ⑧ 고객봉사 / 민원창구 담당자, ⑨ 행정직원, ⑩ 여급, ⑪ 비서직 등으로 나타났다.[27]

프렌치(J. R. P. French)에 의하면 행정가들은 엔지니어나 과학자들과 스트레스의 원천이 다름을 밝혀냈다.[28] 예를 들면 행정가들은 엔지니어나 과학자들보다 작업량이 더 많기 때문에 더 많은 스트레스를 느끼고 있으며, 엔지니어와 과학자들은 행정가들보다 과업에 대한 요구와 도전 의식 때문에 보다 많은 스트레스를 느끼고 있다. 이는 직업에 따라서 스트레스의 전체적인 양의 차이뿐 아니라 스트레스의 본질과 그 원천에서도 차이가 있음을 의미한다.

3. 조직적인 요인

1) 역할갈등(role conflict)

역할갈등이란 역할 전달자와 역할 담당자간의 역할 기대의 모순된 지각을 의미한다. 즉, 역할 전달자와 수령자간에 지각하는 역할에 차이가 날 경우에 스트레스가 생긴다. 한 사람에게 동시에 두 가지 이상의 역할이 주어지거나, 동시에 두 사람 이상의 다른 명령을 받거나, 윤리적으로 도저히 수용할 수 없는 역할을 부여받으면 역할 갈등과 스트레스가 동시에 일어난다.

2) 역할모호성(role ambiguity)

역할모호성은 역할을 부여받은 사람이 그 역할과 관련된 지식이나 노하우와 정보를 충분하게 가지지 못하여 어떻게 행동해야 할지 잘 모를 때, 또는 직무분석이 잘 되지 못하여 역할 구분이 안 될 경우에 생긴다.

루탄스(F. Luthans)는 "직무를 수행하는 정보와 지식의 결여 상태"[29]를 역할 모호성이라고 정의한다. 역할 모호성의 원인으로 홀(R. H. Hall)은 ① 조직요인, ② 성격 요인, ③ 대인 관계 요인을 들고 있다.[30]

27) Newsweek, 1988, April 25.

28) J. R. P. French, et als. Job Demands and Worker Health NOISH Research Report, 1975.

29) F. Luthans, Organizational Behavior, N. Y., McGraw-Hill Inc. 1992(6th), p.406.

반셀(Van Sell) 등은 ① 기대되는 역할 행동에 대한 정보가 부적절할 때, ② 기대되는 역할 행동에 대한 정보가 불명확할 때, ③ 역할 기대를 충족시키기 위해 수행할 행동에 대한 정보가 불명확하거나 혼돈될 때, ④ 역할 행동의 결과가 불확실할 때 역할 모호성이 일어난다고 한다.[31]

따라서 역할 모호성은 조직 구성원이 자신의 역할을 수행하는데 필요하다고 느끼고 있는 정보를 보유하지 못하거나 전달받지 못하는 경우에 발생한다.

역할 갈등을 경험하는 사람들은 그렇지 않은 사람들에 비해서 직무 불만족이 크고 직무관련 긴장이 많으며 자기 확신이 낮다. 또한 우울 경향이 높고 작업 동기의 수준이 낮으며 이직하려는 의도가 강하다.[32] 이런 경우는 부가적인 의사소통 망을 사용하거나 기존의 의사소통 망을 활성화해야 한다. 또는 직무를 재편성하여 정보 흐름을 원활히 하여 역할 모호성을 감소시켜야 한다. [33] 그렇지 않으면 역할 모호성이 역할 갈등과 스트레스를 동반하게 된다.

3) 역할 과중(role overload)과 역할 과소(role underload)

작업장에서 부여되는 역할의 과중 또는 과소는 중요한 스트레스 요인이 된다. 제한된 시간 내에 한 사람이 수행할 수 있는 것보다 더 많은 양의 역할을 부여하는 양적 과중(quantitative overload)과 직무를 수행하는 데 요구되는 기술·지식·능력 및 자격이 지나치게 높아서 감당할 수 없는 질적 과중(qualitative overload)의 두 종류 과중 모두 스트레스를 유발시킨다.[34] 또한 양적 과소(quantitative underload)와 질적 과소(qualitative underload)도 스트레스 유발 요인이 된다. 조직원에게 투입 가능한 노력의 최적 수준을 찾는 것이 스트레스가 가장 적은 조건이 된다.[35]

---

30) R. H. Hall, Organizations : Structure and Process, Prentice-Hall, 1977(2nd), p.175.

31) Van Sell et als. "Role conflict and role ambiguity : Integration of the literature and direction : For future research", Human Relations, 1981, Vol. 34. No. 1.

32) R. D. Caplan and K. W. Jones, "Effects of work load, role ambiguity and type : A personality on anxiety, depression and heart rate". Journal of Applied Psychology, 1975, 60, No.1.

33) J. M. Ivancevich and M. T. Matteson 앞책 참조.

34) J. C. Quick and J. D. Quick, 앞책 참조.

35) R. A. Baron, Behavior in Organizations(2nd Ed.), Allyn and Bacon, 1986.

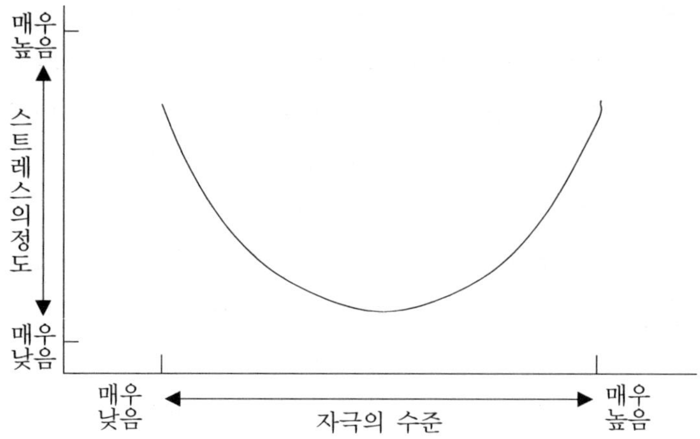

자료 : R. B. Dunham, Organizational Behavior; people and process of management, Homewood, Ill., Irwin, 1984, p.432.

▌그림 10-4▐ 자극 수준과 스트레스의 관계

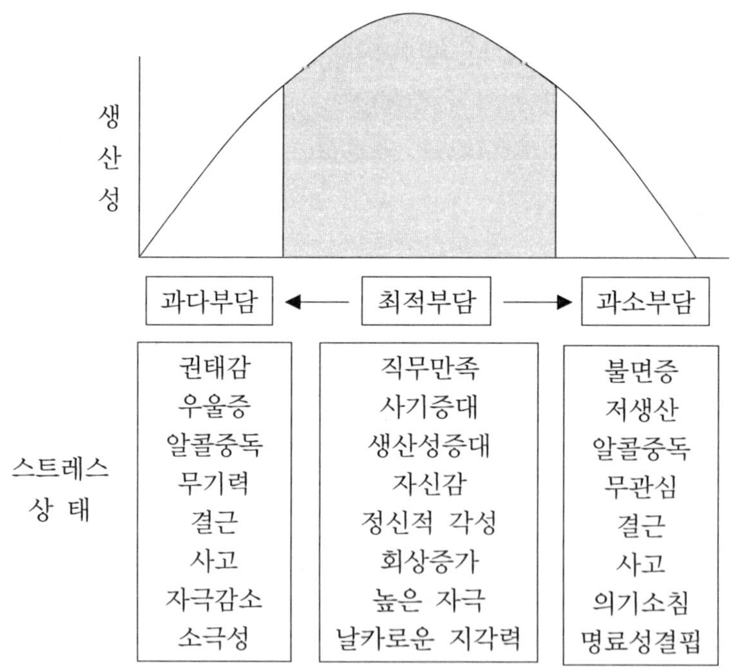

▌그림 10-5▐ 과업부담, 생산성, 스트레스의 관계

<그림 10-4>에서와 같이 과중 상태는 너무 많은 자극과 연관되어 있으며, 반대로 과소 상태는 너무 적은 자극과 연관되어 있다. 따라서 두 조건 모두 높은 스트레스와 연관된다.

포브즈(R. Forbes)나 멜치(W. Gmelch)는 과업수행 할 때의 적당한 부담은 창의적으로 일 할 수 있는 상태가 되지만 역할이 너무 적거나 많은 경우 비생산적인 스트레스 상태에 놓여 <그림10-5>에서처럼 다양한 행동의 양태를 보여주게 된다고 한다.[36]

4) 직무 불안정(job insecurity)

전통적으로 임금 노동자들은 고용 또는 직무불안정에 시달려야 했다. 직무불안정 문제는 심리적 불안정과 재정적인 불안정으로 이어진다.[37] 마찬가지로 산업 구조와 직무 구조의 급속한 개편 과정은 각 개인들의 직무에 대한 불안감을 더해 준다. 그러므로 고용과 직무 불안정은 스트레스의 중요 요인이다.

5) 직무설계와 기술적인 결함

조직에서 성원들의 적성과 능력에 맞지 않는 직무 설계를 하여 직무를 부여하면 직무 수행에 어려움이 생긴다. 또는 직무 수행 과정에서 기술적인 문제가 해결되지 않으면 성원들이 스트레스를 가진다. 이는 조직에서 일상적으로 제기되고 있는 스트레스의 원인이다.

따라서 조직은 직무 설계가 잘 되었는지를 지속적으로 검토하고, 직무 수행 상에 기술적인 문제가 없는지를 확인해야 한다.

6) 일체성지향 압력(pressures toward conformity)

조직 성원들은 조직과 상급자의 가치관이나 규범에 일치하도록 압력을 받는다. 이 때 성원들의 퍼스낼리티가 순응적이라면 조직의 요구를 쉽게 받아들이지만 그렇지 않고 그들의 퍼스낼리티가 도전적이고 변화 지향적이라면 불만

---

36) 양창삼, 인간행동론, 경문사, 2005, 323쪽.

37) A. J. DuBrin, Foundations of Organizational Behavior, N. J., Prentice-Hall, Inc., 1984, pp.170~172.

과 스트레스 또는 갈등을 겪게 된다.

7) 집단응집력(group cohesiveness)

집단은 개인에게 압력, 스트레스 그리고 긴장을 준다. 트리스트(E. L. Trist) 등이 수행한 Tsvistock 연구소의 탄광 광부에 대한 연구는 응집력이 집단의 생산성에 미치는 영향에 대한 연구의 좋은 예가 된다. 응집력은 집단에 끌리는 정도, 구성원들이 가지는 매력의 정도, 집단에 대한 충성심과 몰입의 정도 등으로 해석할 수 있다.

집단 응집력은 물론 긍정적인 측면과 부정적인 측면이 있다. 응집력이 떨어지면 사기와 수행 실적이 떨어지며, 혈압 상승과 스트레스 같은 신체적 변화를 일으키게 된다.[38)]

8) 조직의 분위기(organization climate)

조직의 분위기는 개인행동뿐만 아니라 집단행동에 중요한 영향을 준다. 또한 조직원에 대한 조직의 대응 방법에도 중대한 영향을 끼친다. 조직 분위기를 여덟 개의 변인(친밀성, 생산 강조성, 사기, 초연성 등)으로 나누어 이를 직무 만족과 관련지어 보면 사기가 높은 분위기에서 직무 만족을 느꼈다.[39)]

9) 집단 내와 집단 간 갈등(intragroup and intergroup conflict)

갈등은 두 사람 혹은 그 이상 사람들 간의 상반되는 행동을 말한다. 집단 내 갈등은 다시 역할 갈등(role conflict), 주제 갈등 (issue conflict), 그리고 상호작용 갈등(interactional conflict)으로 나누어 설명할 수 있다.[40)]

10) 리더십 유형(leadership style)

리더십 유형은 오래 전부터 성원들에 대한 감정적 스트레스의 원천으로 생각되어 왔다. 예를 들면, 지도자의 입장에서 볼 때 권위주의적 행동은 성원들

38) J. M. Ivancevich and M. T. Matteson, 앞책 참조.
39) 윗책, 참조.
40) 윗책, p.6.

에게 어떤 압력이나 스트레스를 일으키는 원인이 된다. 이런 경우 성원들은 다음의 두 가지 방법 중 어느 하나를 택해야 한다.

첫째, 그들이 느끼게 되는 긴장과 적대감을 가능한 한 억누르면서 표면적으로 아주 조용하고 수동적인 자세를 취하는 길이다. 이러한 억압된 분노는 상당시간에 걸쳐서 혈압을 상승시킨다.

둘째, 작업장에서 갈등과 공격심을 있는 그대로 표현해 버리는 경우이다.

그러나 이러한 과정을 통해 표현되는 스트레스가 모두 파괴적인 것은 아니다. 성장과 발전을 위해 오히려 스트레스를 추구하는 외향적인 사람의 경우는 이런 것들이 긍정적이고 자극적일 수 있기 때문이다.

리더십 유형에 대한 분류는 연구자들에 따라서 상당한 차이가 있기 때문에 어떠한 리더십 유형이 어떠한 조직 상황에서 유리한가 하는 문제는 아직까지 밝혀지지 않았다. 그러나 성원들에 대한 후원적 리더십 유형이 성원들의 성과와 사기를 증가시켜 주는 것이라 생각한다.[41]

4. 조직 외 스트레스 요인(extra organizational stressors)

1) 가족(family)

가족은 그 구성과 상호 관계에 따라서 스트레스의 한 요인이 될 수 있다. 가족의 연구에서 가장 많은 논의가 진행된 영역이 결손과정(broken home)의 영향에 관한 것이다. 결손 가정의 건강 수준은 결손의 원인과 사회 경제적 지위에 따라 달라지는데, 사회 경제적 수준이 낮은 가정에서 어머니를 잃었을 때 그 자녀들이 정신 건강에 가장 큰 영향을 받는다.

2) 이주(relocation)

전직과 이주라는 이동 문제는 가족 모두에게 상당한 스트레스를 유발시킨다. 연평균 20%가 이주를 하고 평균 3년마다 직장을 바꾸며 개인 소유 자택에서는 일생을 통해 7년밖에 생활할 수 없는 환경 등은 이주의 중요성을 입증하고

41) J. M. Ivancevich and M. T. Matteson, 앞책 참조.

있다.[42] 새로운 곳을 향한 이주는 남편과 부인 상호간의 정서적 의존도를 높여 주기는 하지만 직장의 생산성에 부정적 영향을 준다.[43]

3) 경제적 지위(economic status)

사람들은 자기의 경제적인 지위가 낮다고 생각되면 스트레스를 받는다. 특히 비슷한 수준의 다른 친구나 친지와 비교하여 경제적으로 낮은 수준에 있다고 판단되면 스트레스는 더욱 심해진다. 그리하여 경제적 수준을 향상시킬 다른 수단을 찾게 된다. 즉, 전직을 하거나 부업을 하게 된다. 부업은 경제적으로 도움이 되기는 하지만 여가 시간을 빼앗기고 에너지를 소비하기 때문에 흥분하기 쉽고 보다 많은 스트레스를 경험하게 된다. 부업은 일차적으로 경제적 문제를 해결할 수는 있지만, 반면에 과로나 피로에 의한 스트레스를 증가시킨다.

4) 생활 주변의 사건들(life events)

개인 생활의 변화(이혼, 승진, 이사 등)는 신체 질환과 밀접한 관계가 있다. 생활 주변의 사건이 많을수록 질병에 걸릴 확률이 더 높다.[44] 그러나 생활 주변의 사건으로 인한 부정적 효과뿐만 아니라 긍정적 효과도 기대할 수 있으며, 스트레스에 대한 이해도가 높을수록 긍정적 전망을 하는 경향이 있다.[45]

이상에서 언급한 스트레스 요인에 관해 다음과 같은 몇 가지 결론을 내릴 수 있다.

첫째, 작은 조직에서 일하지만 역할은 클 경우 대부분의 사람들에게 강력한 스트레스가 된다.

둘째, 과업과 대인 관계 요인에 의한 스트레스의 양은 개인적 특성에 따라 현저하게 달라진다.

---

42) 미국의 통계이므로 우리나라와 다소 다르지만 빈번한 이사와 전직을 한다는 점에서는 큰 차이가 없다고 봄.

43) J. M. Ivancevich and M. T. Matteson, 앞책 참조.

44) A. Vinokur and M. L. Selzer, "Desirable versus undesirable life event; Their relationship to stress and mental distress", Journal of Personality and Social Psychology, 1975, Vol. 32, pp.329~337.

45) R. S. Bhagat, et als., "Total life stress : A multimethod validation of the construct and its effects on organizationally valued outcomes and withdrawal behaviors", Journal of Applied Psychology, 1985, 70, pp.202~214.

셋째, 물리적 요인이 스트레스의 원천이 되지만 동시에 지난 세기 동안 직접적으로 물리적 요인에 의해 일어났던 스트레스의 양을 감소시키는데 공헌해 왔다.

넷째, 조직의 통제권 밖에 있는 조직외적 생활 요건이 개인의 스트레스에 커다란 영향력을 행사한다. 일반적으로 기업 분위기, 가족 관계, 생활 위기, 경제적 곤란, 기업과 개인적 신념간의 갈등, 가정적 요건과 기업의 갈등, 출퇴근, 각종 사회적 변화 등이 새로운 조직외적 스트레스 요인으로 등장하고 있다.

제 3 절 스트레스의 증상

스트레스는 그 자체가 가시적인 현상이 아니다. 스트레스에 의해 여러 가지 징후가 나타나고 이러한 징후들은 다른 현상의 출현을 예시한다. 그러므로 여러 가지 스트레스의 징후들을 이해하고 그에 대응하는 것이 개인과 조직관리 측면에서 대단히 바람직한 일이다.

1. 일반적 징후

스트레스 연구의 개척자 셀리는 스트레스는 우리 인체에 최초의 놀람 반응이 나타나고 다음으로 그에 대응하고 소멸하는 3단계 과정을 거치는 일반적응 징후로 설명할 수 있다고 하였다.

최초의 놀람 반응 단계에서 스트레스가 지각될 때 두뇌는 모든 신체 구조에 생리 화학적인 메시지를 전달한다. 이렇게 되면 맥박이 뛰고 혈압이 증가하며 동공이 확대되고 근육이 긴장하는 증상이 나타난다.

스트레스가 진행되면 저항 단계로 진행되며 피로감과 두려움과 긴장을 동반한다. 바로 이 때 우리 인체가 정상 상태로 복원하기 위하여 스트레스 인자와 싸우고 있는 중이다. 이 경우 스트레스 인자의 저항이 강할 수도 있고 약할 수도 있다.

최종 단계는 소멸 단계이다. 즉, 신체에서 이용할 수 있는 적응 에너지가 소모되고 스트레스에 적응하여 스트레스가 더 이상 스트레스가 아닌 상태이다.

그러나 저항 단계에서 스트레스의 부정적 증상이 더욱 강도를 높여서 나타나게 되면 다시 놀람반응 단계로 진입하게 되어 스트레스가 소멸되지 않고 더욱 쌓이게 되어 병리적인 징후가 나타나며 조직에서는 문제가 나타난다. 이러한 일련의 과정을 셀리는 일반적응징후(General Adaptation Syndrome ; GAS)라고 표현하였다.

셀리는 이러한 전 과정을 다음 <그림 10-6>과 같이 제시하고 있다.

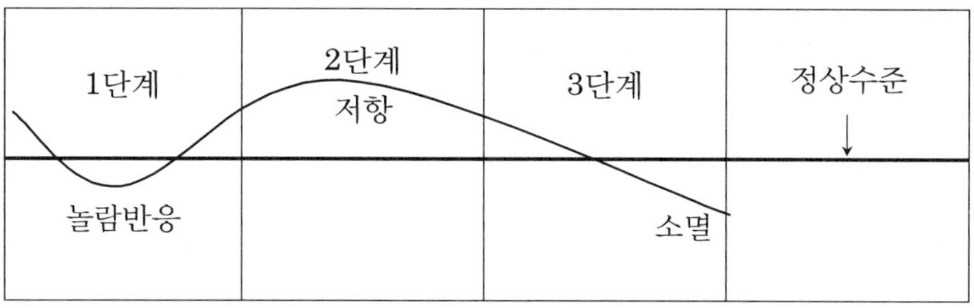

자료 : J. L. Gibson, J. M. Ivancevich and M. Donnelly, Organization, Plano, Texas, Business Publications, Inc., 1982, p.148(原典 : H. Seylc, Thc Stress of Life).

▌그림 10-6▐ 일반 적응 징후의 과정

2. 생리적 징후

스트레스 인자가 비록 다를지라도 신체 내부의 생리적 징후는 거의 동일하다. 모든 종류의 스트레스는 신체 내에 화학적인 반응을 나타내고 단기적으로 생리적인 징후들을 보인다.46) 즉, 심장 박동 수의 증가, 혈압의 상승, 호흡수의 증가, 동공의 확대, 체온의 변화가 온다. 나아가서 스트레스가 지속되면 혈중 콜레스테롤 농도가 증가하고 심장에 충격이 가해지며 교감신경의 흥분도의 저하에 의한 몸의 균형 파괴 현상이 나타난다. 동시에 방광의 수축에 의한 빈번한 소변 증세가 생기고, 타액 분비의 감소에 의한 갈증과 식욕부진과 소화불량 현상이 생기며 구토, 오심, 그리고 변비 현상까지 나타난다.

46) A. J. DuBrin, 윗책, p.163.

3. 심리적 또는 감성적 징후

같은 스트레스 인자에 직면하더라도 어떤 사람은 의기소침해지지만 어떤 사람은 충동적일 수 있듯이 그 심리적 징후들은 다르다.[47] 가장 흔한 심리적 또는 감성적 징후들은 두려움, 긴장, 나태, 자신감의 상실, 불만감, 피해의식, 체념, 무관심, 건망증, 집중력 상실, 의사결정능력 부진, 분노에 이르기까지 광범하며 스트레스의 정도가 심하게 되면 우울증과 정신 분열 증세인 조울증까지 나타난다.

1) 불 안

위협적인 어떤 상황에 대한 일차적 반응은 불안이다. 불안이란 우리 모두가 때때로 여러 경로에 걸쳐서 경험하는 '걱정', '근심', 긴장', 그리고 '공포'와 같은 불쾌한 정서를 의미한다. 많은 연구자들은 사람들에 대해서 위협을 주는 것을 어떻게 보는지에 따라 불안을 다르게 개념화한다.

불안은 일반적으로 어떤 개인의 반응이 그것을 일으킨 상황에 적절하게 보이는지에 따라, "정상적"이거나 "신경증적"이라고 특징 지워진다. 정상적 불안과 객관적 불안(objective anxiety)은 적응적이다. 이것은 사람에게 유해한 상황을 바람직한 방향으로 처리하도록 동기화시킨다. 신경증적 불안(neurotic anxiety)은 제시된 실제의 위험에 걸맞지 않는 것으로서(무대 공포와 같은) 흔히 사람의 대응 능력을 감소시킨다.

스트레스를 받는 동안에 사람들은 과거에 효과가 있었던 행동 패턴들에 의지하는 경향이 있다. 조심스러운 사람들은 더욱 더 조심스럽게 되고 완전히 물러나게 되는 반면에, 공격적인 사람은 자제력을 잃고 무분별하게 좌충우돌한다. 만일 대처하려는 최초의 시도들이 성공을 거두지 못하면 불안이 더욱 심해지며, 더 경직되어 그 문제에 대한 대안적 해결책들을 지각하지 못하게 된다. 예를 들면 사람들이 안쪽으로 열리는 출구들을 반대쪽으로 계속 밀었기 때문에 불이 난 건물 안에 갇히게 된 일이 있었다. 그들은 공황에 빠져서 대안적 조치의 가능성을 고려하지 못하게 되었는데 이는 심한 스트레스에 의한 불안 상태가 되면 판단 능력이 상실되는 좋은 예이다.

---

47) A. J. DuBrin, 앞책, p.163.

2) 분노와 공격

스트레스에 대한 또 다른 보편적 반응은 분노와 공격적 행위가 있다. 실험실 연구들은 어떤 동물들이 과밀, 전기 쇼크, 기대된 음식을 받지 못하는 다양한 스트레스에 대한 반응의 형태로 공격적인 행동을 한다는 것을 증명하여 왔다. 만일 한 쌍의 동물들이 도피할 수 없는 우리 안에서 쇼크를 받게 되면 그들은 쇼크가 시작할 때에 싸움을 시작하고 쇼크가 끝날 때에 싸움을 중지한다.

3) 무감각과 우울증

인간 행동 연구를 복잡하게 만드는 것은 여러 사람들이 비슷한 상황에 대해서도 다른 방식으로 반응하는 경향성 때문이다. 비록 좌절에 대한 반응은 적극적 공격이지만, 그와 반대인 움츠림과 무감각일 경우도 있다. 만일 스트레스를 주는 조건들이 계속되고 그 사람이 이것들에 대처하는 데에 성공을 거두지 못하면 무감각은 우울증으로 깊게 빠져 들어갈 수 있다.

4. 행위적 징후

심리적 또는 감성적 징후들의 문제가 '스트레스를 어떻게 느끼는가'하는 데에 있다고 본다면 행위적 징후는 '스트레스를 받았을 때에는 어떻게 행동하는가'하는 문제에 초점이 주어진다.[48] 스트레스에 대한 가장 일반적인 행위적 징후들은 급격한 체중의 변화, 음주량과 흡연량의 급격한 변화, 식욕 감퇴와 호흡 곤란, 안색의 변화, 의상과 머리 모양과 같은 외모의 변화와 습관과 행동 유형의 변화이다.[49]

5. 직무관련 징후

직무 관련 스트레스는 다음 <표 10-1>과 같이 긍정적인 징후와 부정적인 징

48) A. J. DuBrin, 앞책, p.164.

49) H. J. Reits, Behavior in Organization, Homewood Ill., R. D. Irwin, Inc., 1981 (2nd), p.234.

후로 나타난다.

이때 우리들에게 유익한 긍정적인 스트레스를 유스트레스(eustress)라고 하며 부정적인 스트레스를 디스트레스(distress)라고 한다.[50]

| 표 10-1 | 스트레스의 원인과 직무성과의 관계

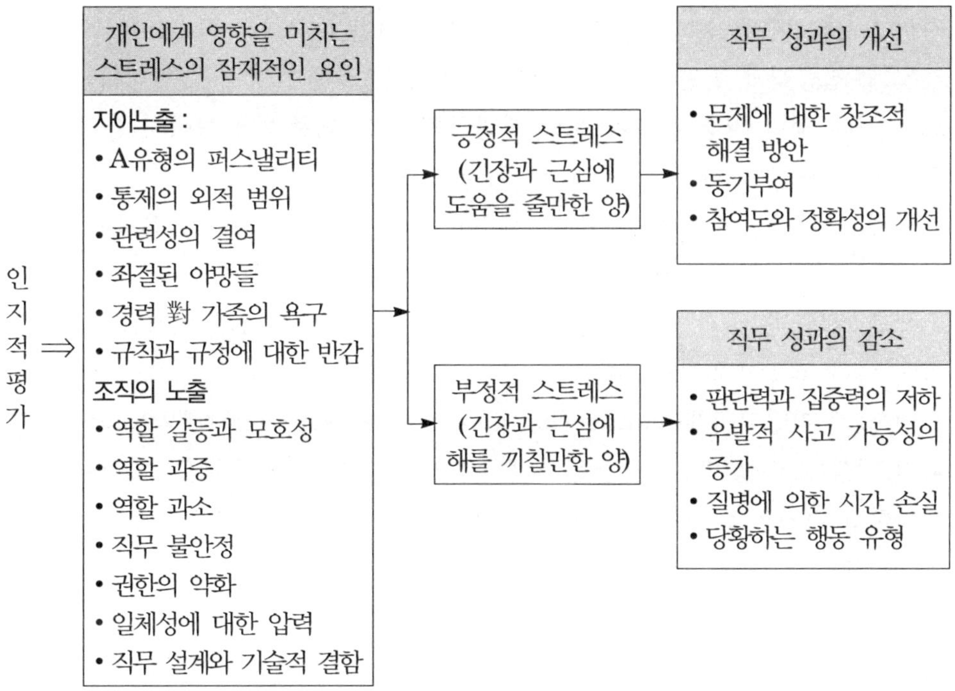

자료 : A. J. DuBrin, 앞 책, p.165.

1) 긍정적 징후

스트레스 상태에 돌입하였을 때 이에 적극적으로 대처하거나 해결하려는 반응을 보이면 스트레스는 다음과 같은 행동을 유발하는 유스트레스가 된다.

첫째, 문제에 대한 긍정적인 해결안을 찾으려 한다. 이는 주로 적극적 행위 유형을 가진 사람들에게 나타나는 징후로서 문제점이 해결될 때까지 분주하게 서두르는 모습이나 몰두하는 행위가 나타난다.

둘째, 개선된 동기부여를 한다. 직무 수행을 효율적으로 하기 위한 새로운

---

50) A. J. DuBrin, 앞 책, 1964, p.172~173.

각오를 하며 직무 성과를 높인다.

셋째, 직무 수행을 정확하게 하기 위하여 직접 참여하고 시간을 준수한다.

2) 부정적 징후

스트레스 상태에 돌입하였을 때 당황하거나 소극적으로 대처하면 문제 해결에 전혀 도움도 되지 않고 다음과 같이 부정적 결과만 나타나는 디스트레스가 된다.

첫째, 집중력과 판단력이 저하되어 직무 수행 중에 실수를 연발한다. 스트레스 인자에 의한 긴장 상태가 오면 산만하게 되고 집중력이 떨어지며 판단력도 떨어진다. 또한 의사결정을 제대로 하지 못한다.

둘째, 당황하는 행동(panic-type behavior)을 한다. 타자수가 갑자기 타자를 치지 못하거나 사격수가 방아쇠를 당기지 못하고 당황한다.

셋째, 결근과 전직을 한다. 현재의 괴로운 상황을 피하려고 결근을 하거나 아예 다른 직장으로 옮겨 버린다.

넷째, 관리방어기제(managerial defense mechanisms)가 발동되어 '나는 이런 상황에서 할 수 있는 모든 것을 하고 있다'라고 생각한다. 즉, 자기를 합리화하고 자기의 근심이나 걱정을 덜어버리려고 하는 심리적인 방어 메카니즘이 생긴다.

제4절 스트레스의 관리

스트레스란 생명을 가진 모든 존재 심지어 식물에게도 있다는 말까지 나올 정도로 생명 있는 모든 존재에 작용하고 있다. 셀리(H. Selye)는 "스트레스로부터 완전한 자유는 죽음이다"[51]라고 표현했다. 특히 복잡다단하며 급격히 변

---

51) H. Selye, "Stress and Health : A Perspective on Aging and Retirement" in A. S. Sethi / R. S. Schuler(eds), Handbook of Organizational Stress Coping Strategies, Ballinger, 1984 및 D. Hellriegel / J. W. Slocum, Management, Addison-Wesley, 1992(6th), p.597.

화해가는 현대 사회에서는 생활하는 모든 것이 스트레스의 중요한 원인으로 밝혀지고 있다. 특히 근래에는 우리 인간들이 가지고 있는 온갖 불편함과 불만들이 모두 스트레스의 원인이 된다고 표현할 정도이다. 그러나 너무 지나쳐 스트레스란 용어를 남발하고 있기도 하다. 이렇게 남발할 정도로 도처에 존재하는 스트레스는 생활의 편익을 추구하려는 목적 때문에 진행되는 산업의 발전으로 인해 우리에게 더 가까이 와 있다. 즉, 인간 생활의 질을 향상시키려는 산업화와 그에 수반된 개인과 조직의 활동이 <그림 10-7>과 같이 오히려 인간에게 갈등과 불안과 공포, 그리고 스트레스의 최대 공급처가 되어 정신과 육체의 정상적인 활동을 저해하고 있다. 그러나 스트레스가 전혀 없거나 너무 낮아도 권태감을 갖게 되며 동기부여가 되지 않는 역기능의 현상이 나타난다.

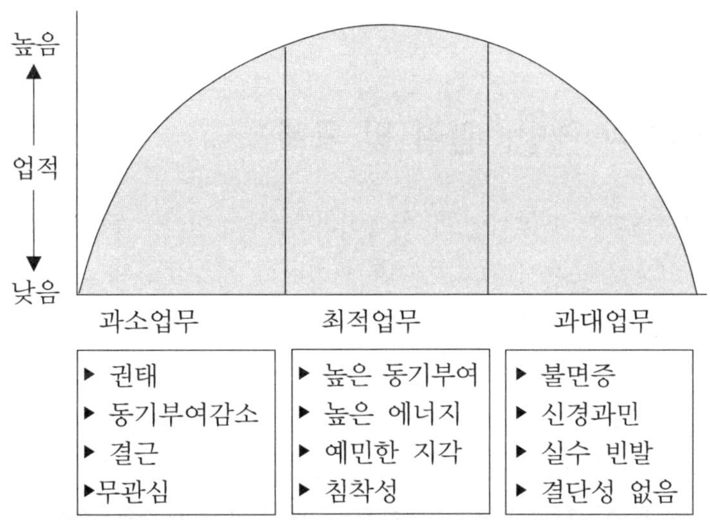

자료 : J. M. Ivancevich/ M. T. Matteson, Organization Behavior and Management, Irwin, 1993, p.253.

▌그림 10-7▐ 스트레스 과대 · 과소의 업무 연속선

루(L. W. Rue), 무어헤드(G. Moorhead), 쉬네이크(M. E. Schnake)등의 학자에 의하면 스트레스가 반드시 개인이나 조직에 해로운 것만이 아니라 적절한 스트레스는 개인을 자극하여 자기 성장을 촉진시키고 조직에 활력을 주는 역할을 한다. <그림 10-8>과 같이 스트레스가 우리의 삶과 사회조직에서 역기능의 역할을 억제하고 활력을 불어넣는 등 긍정적으로 작용하려면 스트레스가 적정 수준을 유지할 수 있도록 관리가 필요하다.

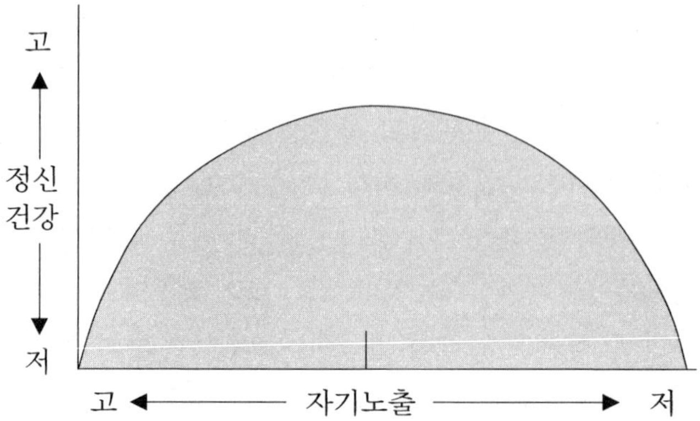

자료 : W. Weiten, Psychology Applied to Modern Life, Brooks / Cole Publ., 1986(2nd), p.256.

| 그림 10-8 | 자기노출과 정신건강과의 가정된 관계

1. 스트레스의 예방, 관리 및 극복

우리의 일상생활은 스트레스의 연속이라 볼 수 있다. 그러나 스트레스를 잘 예방하고 관리하여 극복한다면 오히려 개인이나 사회조직에 활력소가 될 것 이다. 스트레스 관리의 첫 단계는 스트레스에 대한 예방이다. 즉, 스트레스를 적게 받도록 하는 것이다. 대표적인 학자 퀴크(J. C. Quick)등에 의하면 <표 10-2>에서처럼 스트레스를 일으키는 요인을 중심으로 관리해야 한다. 그 다음은 일어나는 반응을 관리하며, 마지막으로 나타난 상황에 대한 관리가 있어야 한다.

그 다음 단계로 스트레스를 극복하는 것으로 스트레스를 줄이거나 감소하려는 행동[52]으로 크라이트너(R. Kreitner)는 스트레스를 건설적으로 처리할 수 있는 포괄적인 방법으로 다음과 같이 제시하였다.[53] 첫째, 상황관리로 스트레스가 일어 날 수 있는 상황을 식별하여 제한하는 것, 둘째, 타인에 대하여 자신을 개방하는 것으로 자신을 잘 이해해주는 사람과 상담한다. 셋째, 자신을 조정하는 것으로 하루의 일을 탄력적으로 계획하고 많은 일을 한 번에 처리하지 말고 나누어서 처리하며 반응하기 전에 먼저 생각하므로 자신을 스스로 조정한다. 넷째, 운동과 긴장, 피로를 해소한다. 이에 대하여 많은 학자들은 개인과

52) W. Weiten, Psychology Applied to Modern Life, Cole Publ. 1986, p.188.

53) R. Kreitner, Management, Houghton-Mifflin,, 1992, p.B-7.

조직적 차원으로 나누어 거론한다.

▌표 10-2▌ 스트레스의 예방관리 단계

예방 단계	내용
제1차적 예방 스트레스 인자 중심	조직차원의 스트레스인자 ▸ 과업 요구 ▸ 역할 요구 ▸ 물질적 요구 ▸ 개인간 요구
제2차적 예방 반응 중심	스트레스의 여러 가지 반응 ▸ 조직의 긴장 ▸ 조직 간의 긴장
제3차적 예방 상황 중심	역기능 스트레스 ▸ 개인적(행동적, 심리적, 의료적) ▸ 조직적(직접원가, 간접원가)

자료 : J. C. Quick / J. D. Quick, Organizational Stress Preventive Managermant, McGraw-Hill, 1984, p.152.

2. 개인적인 차원

스트레스는 같은 상황이라도 개인차로 인하여 개인마다 나타나는 증상은 다르다. <그림 10-9>에서처럼 잠재적으로 각 개인이 가지고 있는 환경, 조직, 개인적 인자들이 스트레스를 받을 때 개인차 즉, 퍼스낼리티, 직무경험 등에 의해서 생리적, 심리적으로, 행동적으로 나타나는 증상은 다르다. 따라서 많은 학자들은 스트레스 관리는 먼저 개인적 차원에서 이루어져야 함을 강조하면서 다음과 같은 방법을 제시하고 있다. 적당한 운동과 휴식, 시간관리, 바이오피드백 등으로 조용히 자기를 뒤 돌아 보고 자아를 안정시키며 현실적인 번뇌에서 탈피하는 것을 주요 내용으로 한다.

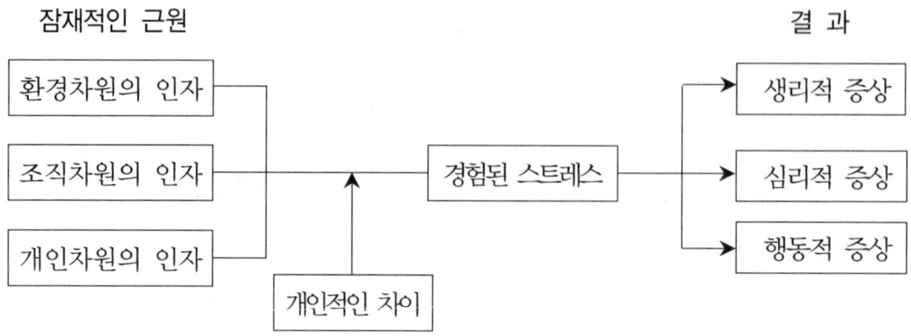

자료 : D. F. Parker / T. A. DeCotis, "Organizational Determinants of Job Stress", OBHP, 1983, Oct.

▌그림 10-9▐ 스트레스의 모형

1) 이완훈련(relaxation)

허버트 벤슨(Herbert Benson)에 의해 보고된 스트레스 해결 방법으로서 이완반응(a relaxation response)이 있다.[54] 이완 반응은 어떤 외부 자극이 주어질 때 심장 박동 수와 혈압이 줄어들고 근육 긴장과 호흡이 완화되는 일종의 신체적 반응이다.

이러한 이완 반응이 쉽게 나타날 수 있도록 조용한 분위기에서 눈을 감고 안정된 자세를 가지고 반복적인 사고를 하는 것을 이완훈련이라고 한다. 스스로 일정한 행동을 반복하여 이완 훈련을 하면 이완 반응이 나타나서 쉽게 안정된 상태를 유지할 수 있고 스트레스도 해소되며 개인적 만족과 건강을 얻을 수 있다.

2) 선, 명상(meditation), 초월적 명상(TM ; transcendental meditation)

선은 명상의 한 형태로써 우리 마음을 사고의 가장 민감한 생각의 根底 마지막 부분을 초월할 때까지 집중하는 것이다. 그러나 그 절차는 단순하다. 즉, 조용한 침묵 속에 기도하는 자세를 가지는 것이다.

또는 눈을 감고 특별한 소리(mantra라고 하는 힌두교의 음송의 한 형태)를 하루에 두 번씩 각각 20분 동안 반복하는 것을 초월적 명상이라 한다. TM의

54) H. Benson and R. L. Allen, "How Much Stress is Too Much?", Havard Business Review, Sep.-Oct. 1980, p.88.

창시자는 인도의 마하리쉬 마헤쉬 요기(Maharishi Mahesh Yogi)이다.

3) 생리적인 감정통제(biofeedback)

생리적인 감정 통제는 환자들에게 혈압의 진행 상태를 그래프로 나타내 보이면서 혈압을 낮추는 방법(예를 들면 주먹을 쥔다든가 호흡을 조절하는 등의 방법)을 스스로 터득하도록 하는 자기감정의 자율적 통제방법이다. 근래에는 과학의 발달로 컴퓨터나 정밀 계측기를 사용하여 심장 박동 수나 뇌파, 혈압 등을 상세히 파악하여 감정 통제의 효과를 측정하는 방법이 연구되고 있다.

4) 정직하고 긍정적이며 낙관적인 생활 실천

먼저 무슨 일을 하든지 정확하고 정직하게 정의에 바탕을 둔 양심적인 생활철학을 실천하면 자신감과 당당함이 생기고 마음속의 생각과 행동이 긍정적이 되며 양심의 질책을 받지 않기 때문에 마음에 평화와 안정이 온다.

다음으로 긍정적인 행동과 사고를 하는 것은 개인적인 스트레스를 방지하는 최선의 전략으로서 이러한 개인이 많이 모인 집단과 조직은 건강한 조직이 될 수 있다. 이러한 개인과 조직은 주위의 다른 사람이나 조직에게도 긍정적인 영향을 미친다.

마지막으로 낙관적인 사고와 유머 있는 생활을 하면 스트레스를 방지할 수 있다. 낙관적인 사고는 기대와 희망을 동반하고 유머는 여유와 우정을 나타내므로 보다 나은 미래와 좋은 인간관계를 갖게 되어 스트레스가 설자리가 없어진다.

5) 봉사와 양보

남을 위해서 무엇인가 봉사하고 베푼다면 자신의 일로 고민하거나 스트레스가 쌓일 겨를이 없다. 봉사는 어려운 일이 아니라 자기가 하고 있는 직업을 통해서 하거나 직업과 관련 있는 일이면 더욱 좋다.

다음으로 양보를 생활 속에 습관화하도록 해야 한다. 양보는 또 하나의 나의 여유 있는 생활 터전을 만드는 것이 된다. 양보를 하면 우선은 지는 것 같아도 결과적으로 최후에 이겨서 즐겁게 웃게 된다.

6) 분위기 전환

하고 있는 일이나 직업을 전환하여 새로운 환경에 접하게 되면 폭넓은 인간관계가 생기고 그에 따른 신선한 충격을 받게 된다. 그렇게 하면 지금까지 가지고 있던 스트레스가 해소된다. 또한 환경이 변화하면 관점이나 행위의 대상이 달라지므로 호기심이나 기대감에 변화가 일어나서 개인적 스트레스가 사라진다. 또는 산보나 레크리에이션 활동을 하면서 또 다른 분위기로 전환하면 스트레스는 자연스럽게 소멸된다.

3. 조직적인 차원

조직 성원들의 스트레스는 개인적인 요인에 의해서 발생하지만 조직이 가지고 있는 규범이나 문화, 작업 조건과 같은 조직적 요인에 의해서도 발생하기 때문에 개인이 가지고 있는 특질적 요인에 대한 관리보다도 조직 전체적 차원에서 관리를 해야 한다. 다음 내용은 스트레스를 방지하고 감소시키는 관리 전략[55]들로서 부정적 스트레스의 제거 차원과 긍정적 스트레스의 활용 차원으로 구분하였다.

1) 부정적 스트레스 제거

(1) 양호한 관리(practice good management)

나쁜 관리 방식은 성원들에게 스트레스를 주는 중요 요인이 된다. 권한과 책임과 역할이 모호하고 명령 체계가 분명하지 않으며 자질과 능력이 떨어지는 성원이 연고나 부정한 방법에 의해 채용되고 승진된다면 다른 성원들의 스트레스가 고조된다. 또한 관리자나 상급자가 부도덕하고 성실하지 못하면서 부하 직원들에게 정직하고 성실하라고 요구한다면 스트레스가 증가한다. 그러므로 양호한 관리를 하여 성원 전체가 정당하고 합리적인 행동을 해야 한다는 조직문화가 형성되면 성원들이 필요 없는 일에 걱정할 필요가 없다. 따라서 양호한 관리 제도의 확립과 그 실천은 스트레스를 방지하는 장기적 전략과 전술이 된다.

---

55) A. J. DuBrin, 앞책, pp.183~187 참조.

(2) 의사결정 과정 참여(participative decision making)

성원들을 적극적으로 의사결정에 참여시키는 참여적 의사결정 시스템 방식은 성원들의 잠재적인 능력 활용을 가능하게 하면서 동시에 잠재된 불만이나 불평을 분명하게 노출시켜 해결 방법을 찾도록 하게 한다. 이때 제시된 해결 방법이 적극적으로 도입되고 투명성이 확보될 때 성원들의 스트레스는 자동적으로 해결된다.

(3) 조직 설계와 직무 설계의 수정과 조직 분위기 개선

조직에서 성원들의 권한과 책임을 정하고 직무 분화와 통합을 직무충실화 계획에 의하여 효과적으로 하는 것은 건강한 조직 분위기를 창조, 개선함은 물론 성원 전체에게 직무만족과 직무몰입을 하도록 한다.

(4) 직장 내의 스트레스 해소 조처

직장 내에서 발생하는 스트레스는 반드시 직장 내에서 해결하도록 한다. 즉, 상담 제도를 실시하여 문제의 즉각적인 해결을 시도하고, 명상의 방이나 기도실을 운영하여 조용히 기도하면서 스스로를 반성하는 기회를 제공해 주도록 한다. 또한 오락실이나 음악실을 운영하여 간단한 운동과 친목을 도모하거나 음악을 들으면서 마음의 평정을 가져오도록 하는 것도 스트레스 해소 조처가 된다.

일본에서는 특이한 기분 전환실을 설치하여 운영하는 곳이 있다고 한다. 이는 관리자들의 마네킹을 펀칭 백(punching bag)처럼 만들어 기밀이 보장되는 장소에 설치하여 불만이 생기는 부하 직원들이 가서 치도록 함으로써 기분을 전환하도록 하는 것이다.

이처럼 직장 내에서 성원들의 스트레스를 해결하려는 관심과 노력이 있으면 여러 가지 방법들이 제시될 수 있다.

(5) 성원에 대한 조직과 사회의 지원 확대

성원들의 개인과 가정적 문제, 건강 문제, 재정적 문제 등에 대한 기업의 전폭적 지원은 그들에게 삶의 의미와 희망을 준다. 조직이 개인에게 친구나 애인이나 건강을 줄 수는 없지만 성원에게 관심을 가진다면 용이하게 필요한 것을 구할 수 있는 분위기는 조성할 수 있다. 조직이 성원에게 분위기를 조성해 주면 성원의 직무 만족과 생산성 향상을 위한 사기가 증진되고 스트레스가 감소된다.

스트레스 상황에 직면하게 되면 후원자를 찾게 된다. 정서적, 정보적, 평가적 및 도구적 지원을 통해서 스트레스를 경험하게 되고 개인의 심리적, 생리적 효과를 약화시키는 데에 그 목적을 둔다.[56] 사회적 지원이 이러한 긍정적 효과를 준다는 설명은 완충가설(buffering hypothesis)과 대체가설(coping hypothesis) 등 두 가지 가설에 의해 지지된다.[57]

완충 가설은 사회적 지원이 스트레스에 의해 생겨난 긴장을 감소시키는 완충 역할을 한다는 가설이다. 코베이사(S. C. O. Kobasa) 등은 상당히 높은 수준의 스트레스를 경험하지만 상사로부터 지원을 받고 있는 관리자는 그렇지 못한 관리자에 비해 스트레스 관련 증상이 훨씬 더 적음을 밝혀냈다.[58] 그러나 키콜트 글라세르(J. K. Kiecolt Glaser) 등은 상당히 높은 수준의 사회적 지원만이 스트레스를 완충시킬 수 있다고 본다.[59]

대처 가설은 부가가설(additive hypothesis)이라고도 하는데, 사회적 지원 자체가 하나의 대처 전략으로 직접 이동되어 개인의 만족감·자존심 등을 향상시킨다는 가설이다.[60]

2) 스트레스의 적극적 활용

개인이나 조직 차원의 적절한 스트레스는 개인과 조직의 성장과 발전을 위해서 필요하다. 스트레스는 인간의 생활 속에서 불가피한 존재이기 때문에 회피하기보다 적극적으로 활용하도록 해야 한다. 이때 긍정적 결과를 가져오는 유스트레스가 되도록 다음과 같은 방법을 활용한다.

---

56) J. S. House, Work Stress and Social Support, Addison-Wesley, 1981.

57) R. A. Baron, Behavior in Organizations, Allyn and Bacon, 1986(2nd).

58) S. C. O. Kobasa et al., "Personality and social resources in stress resistance", Journal of Personality and Social Psychology, 1983, 45, pp.839~850.

59) J. K. Kiecolt Glaser and B. G. Greenberg, "Social support as a moderator of the after effects of stress in female psychiatric impatients", Journal of Abnormal Psychology, 93, 1984, p.93.

60) J. M. La Rocco and A. P. Jones, "Co-Worker and Leader Support as Moderators of Stress-Strain Relationships in Work Situation", Journal of Applied Psychology, 1978, 63, pp.629~634.

(1) 목표와 목표 시한의 설정

개인이나 조직이 어떤 일을 할 때 목표와 목표 시한을 정해 두면 수행자는 제한적 시간 내에 해결해야 한다는 심리적 부담과 강박 관념을 가진다. 이것은 당사자인 개인에게는 고통스러운 스트레스이지만 적극적이고 활기 있게 목표 시한 내에 일을 추진하는 계기가 된다. 동시에 그 성과는 집단이나 조직 전체에 유용한 것이 된다.

(2) 교육 훈련 실시

교육 훈련은 성원들에게 새로운 기회와 변화를 줄 수 있는 방법과 노하우를 제공하는 것이므로 새로운 부담과 긴장을 주는 스트레스 요인이 된다. 그러나 교육 훈련이 끝나면 그에 상응하는 지식과 노하우와 기술이 축적되고 그에 대한 보상이 추가되기 때문에 단기적으로는 스트레스 요인이 되겠지만 장기적인 측면에서 긍정적인 스트레스가 된다.

(3) 팀 설정

팀은 언제나 공식적인 목적 외에 성원들이 가지고 있는 사회적 욕구를 충족시키려는 목적이 있다. 팀을 새로 만들 때에 처음 만나는 성원들끼리 심리적 스트레스를 받겠지만 이때의 스트레스는 바람직한 것이다. 왜냐하면 팀 설정으로 인하여 팀이나 개인을 위하여 좋은 결과를 가져올 무엇인가를 해야 할 것을 생각하고 행동하면서 받는 스트레스이기 때문이다.

(4) 건강의 중요성 주지

성원들에게 건강이 중요하며 만일 건강하지 않다면 그들이 추구하는 모든 것을 잃게 된다는 사실을 주지시키는 것은 스트레스를 감소시키기도 하지만 스트레스를 주기도 한다. 특히 술을 좋아하는 사람에게 절주를 권하거나 담배를 좋아하는 사람에게 금연을 강요하는 것은 당하는 사람에게는 잔소리나 간섭으로 들리기 때문에 또 하나의 스트레스가 된다. 물론 이런 경우의 스트레스는 양면성이 있으나 긍정적 스트레스 요소가 강하다.

Chapter 11

집단-소집단

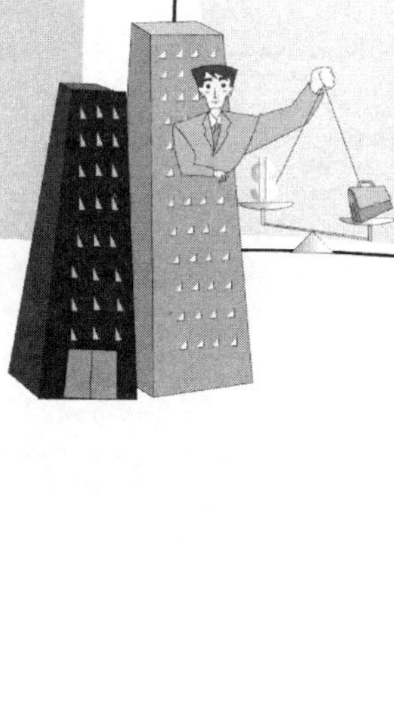

Chapter 11

집단-소집단

제 1 절 집단의 본질

인간이 태어나서 삶을 시작할 때부터 관계하는 최초의 인간들의 집합체가 곧 집단이며 가족이라는 소집단이다. 인간으로 하여금 비로소 인간되게 하는 곳이 집단이며 집단을 통해서 생명 있음을 알고 집단과 관계하면서 삶을 살아가는 사회적 동물이 바로 인간이다.

그러므로 집단에 대한 이해는 인간에 대한 이해로 집단행동에 대한 이해는 인간 행동의 이해로 이어지며 인간의 사회적 활동을 이해하게 된다. 따라서 집단이 무엇이며 어떻게 해서 형성되고 역할과 문제점이 무엇인가를 이해해야 한다.

1. 개 념

집단(group)은 의미 있는 어떤 것을 공통적으로 보유하고 있는 2인 이상으로 구성된 인간의 집합체이다. 이들 2인 이상의 사람들이 상호작용과 상호지각(mutual perception)을 하면서 일체성(identity)을 가지고 공동의 목적과 규범과 역할을 가진 의존적 관계가 분명하여야 집단이라고 할 수 있다. 그러므로 아무런 목적 없이 두 사람 이상이 모인 무작위적인 모임(random gathering)과는 구분된다.[1] 따라서 집단은 때로 유동적이거나 일시적일 수도 있으나 고도의 조직성과 안전성을 지닌 명확한 사회적 관계로 결합된 인간의 집합체이다.

집단은 두 사람 이상이라고는 하지만 무한대의 개념이 아니라 대개 30명 이내의 소집단을 말한다. 규모가 확대되어 대집단이 되면 체계적이고 정교한 조직으로 변하며, 대집단은 곧 조직이라는 의미가 되므로 집단이라면 소집단을 말한다. 그래서 연구 주제도 소집단으로 하였다.

물론 소집단은 조직의 원단위의 성격을 가지고 조직과 불가분의 관계를 가진다. 그러므로 집단의 규모가 증대하면 조직이 되고 조직은 그 안에 수많은 소집단을 포용하게 된다. 그러나 집단과 조직은 몇 가지 점에서 차이가 있다. 이는 다음 <표 11-1>과 같다.

표 11-1 공식조직과 소집단의 차이점

구 분	공식조직	소집단
• 목표	• 조직 목적	• 개인 목적
• 행위 기준	• 방침	• 규범과 약속
• 수행 내용	• 직무와 규정	• 역할과 흥미
• 계층구조	• 직위	• 사회적 지위, 전문성, 구분 없음
• 힘	• 권한	• 영향력
• 정보체계	• 직위 체계	• 사회적 서열과 참여정도
• 보상	• 신분, 물질	• 심리적 만족

2. 집단의 특성

집단이 형성되면 개인과 다른 집단 고유의 특성이 다음과 같이 나타난다.[2)]

첫째, 집단 성원들이 빈번한 상호작용을 한다.

둘째, 개인들이 자신들을 성원으로 알고 있으며 다른 사람들이 어떤 집단에 속해 있는가를 명확하게 안다.

1) K. M. Bartol & D. C. Martin, Management, N. Y., McGraw-Hill, Inc., 1992(2nd), p.468.

2) J. B. Miner, Industrial Organizational Psychology, N. Y., McGraw-Hill, Inc. 1992, p.174 보완.

셋째, 집단 성원들이 상호연결적인 역할 시스템에 참여한다.
넷째, 집단 성원들이 서로를 동일시한다.
다섯째, 성원들은 집단이 보람 있는 것으로 생각한다.
여섯째, 성원들은 상호의존적 목적을 가지고 있다.
일곱째, 외부 환경에 대하여 공동 대처한다.
여덟째, 응집력이 규모가 큰 조직보다 훨씬 강력하다.

이상의 특성들이 일반적으로 집단 특성을 나타낸 것이라는 데에는 의문을 제기할 수 없다. 특히 소집단은 구성원이 적음으로 인해서 외부 환경에 대처하는 능력에는 문제가 있을지 모르지만 응집력은 규모가 큰 조직보다 강력하다.

제 2 절 소집단 연구

1. 소집단 연구의 필요성

인간은 혼자 살 수 없으므로 다른 사람과 어떤 목적을 가지고 상호작용을 하면서 살아간다. 이때 두 사람 이상이 직접 접촉을 하면서 상대방을 이해하고 영향을 미칠 수 있는 상호 관계를 가진 것이 집단이다.

인간이 집단에 속하게 되면 혼자서 행동할 때와 다른 행동을 한다. 경우에 따라서는 동일한 사람이 개인으로 있을 때와 집단의 성원이 되었을 때 전혀 다른 행동을 할 때도 있다. 예를 들면, 개인적인 입장에서는 어떤 의사결정에 대해 반대하지만 집단의 성원으로서는 찬성을 하는 경우와 개인적으로 보면 대단히 내성적이고 수동적인 사람이 집단 속에서는 적극적이고 공격적인 활동을 하는 경우에서 인간의 개인적 행위와 집단 행위에 차이가 있음을 알 수 있다. 이러한 차이는 무엇 때문일까?

첫째, 집단 속에는 사회적 촉진(social facilitation)[3]이라는 보이지 않는 사

3) Camille B. Wortman & Elizabeth F. Loftus, Psychology, N. Y. Alfred A. Knopf, Inc. 1988(3rd), p.514에서 사회적 촉진이라는 용어를 F. Allport가 처음 사

회적 힘이 있기 때문에 개인이 집단에 속해서 행동할 때는 개인으로 행동할 때와 다른 모습을 나타낸다. 사회적 촉진이란 개인이 집단 속에 들어가면 그 활동이 현저하게 촉진되고 확장되는 현상을 말한다.[4] 예를 들면 혼자 산에 오를 때보다 여럿이 함께 오르면 더 쉽게 오를 수 있다던가 혼자 밥을 먹기보다 함께 같이 먹으면 더 맛이 좋은 경우 또는 연주자나 연기자가 청중과 관객이 많으면 더 좋은 연주나 연기를 하는 것이 모두 이에 해당한다. 이는 눈에 보이지 않는 힘에 의한 사회적 촉진 현상이 작용하기 때문이다. 조사에 의하면 개미도 한 마리 있을 때보다는 여러 마리가 있을 때 굴을 더 잘 판다고 한다.[5]

둘째, 집단은 개인보다 더 모험적인 의사결정을 한다. 이를 모험적 이행(risky shift)이라 한다. 스토우너(J. Stoner)는 실제 실험에서 집단이 개인보다 어려운 의사결정을 한다는 사실에 놀랐으며 많은 사회 심리학자들도 이런 사실을 발견하였다.[6] 그러나 언제나 더 모험적인 결정을 하는 것은 아니다. 다만 집단의 결정이 더 모험적이든 아니든 초기 결정이 집단 전체의 결정을 크게 좌우한다. 그러므로 초기에 신중한 토론을 하게 되면 더 신중한 결정을 내리고 반대로 초기에 위험한 쪽으로 토론이 진행되면 더 위험한 쪽으로 결정을 하게 된다. 즉, 모험적 이행에 의한 양극화 현상(polarization)이 생긴다. 이는 집단이 개인과 다른 행동을 한다는 것을 보여 주는 이론적 근거가 된다.

셋째, 집단이 갖는 익명성 때문에 개인으로서는 할 수 없는 행동을 과감하게 하고, 그 행동의 결과에 대해서 아무도 책임지려 하지 않는다. 이 집단이 갖는 익명성이 개인의 행동을 모험적 이행으로 나타나게 하고, 때로는 무책임한 행동과 위험한 행동을 과감하게 한다.

넷째, 집단 구성원의 책임 분산 때문에 개인이 행동을 쉽게 하는 경향이 있다. 즉, '모든 사람의 책임은 모든 사람의 책임이 아니다'라는 경구에서 알 수 있듯이 많은 사람이 관련되어 어떤 일을 했다고 할 때, 그 일이 성공하면 그 功을 많은 사람들이 자랑한다. 그러나 만일 실패하면 책임지는 사람은 쉽게 나타나지 않는다. 왜냐하면 개개인의 책임이 분산되므로 큰 잘못의 작은 부분만

용한 것으로 설명하고 있음.

4) 고영선, 이지영, 홍기원 공저, 인간의 심리학적 이해, 서울, 성원사, 1987, 365쪽.

5) S. C. Chen, "Social modification of the activity of ants in nest-building", Physiological Zoology, 10, 1937, pp.420~436.

6) C. G. Morris, Psychology, N. J, Prentice-Hall, Inc. 1988(6th), p.635.

자기의 잘못이고 전체적인 큰 잘못이 모두 자기의 책임이 아니기 때문이다. 이러한 이유로 인해 집단의 의사결정이나 그 결과에 대해 신중하게 생각하지 않는 경향이 나타난다.

다섯째, 집단에서 사회적 나태(social loafing)현상이 나타난다. 사회적 나태란 혼자서 일할 때에 비해 집단 내에서 일할 때에 개인적 노력을 게을리 하는 현상을 말한다. 이런 현상은 사회적 촉진과 반대되는 현상이다.

여섯째, 집단에서 의사결정자들이 비합리적이고 무비판적인 결정을 내리는 경향이 있다. 이것을 '집단사고'라고 한다. 집단 속에서 소수가 합리적이고 정당한 의견을 제시하더라도 집단 속의 영향력 있는 다수가 분위기를 주도해 나가면 정당한 의견이 무시되고 바람직하지 못한 방향으로 결정될 수 있다. 이것이 바로 집단사고이다. 이때 집단외 성원들은 집단의 특정한 결정 사항이나 정책들이 표출될 때, 다수가 찬성하여 결정한 것으로 착각한다.

이상과 같은 이유로 개인과 집단의 행동이 다르게 나타난다. 그러므로 소집단을 개인과 분리하여 연구해야 집단을 보다 효과적으로 관리하고 이용할 수 있다. 일본의 上田利男은 집단 연구의 필요성을 다음과 같이 설명하고 있다.[7]

1) 사회의 구조나 실태를 파악할 수 있다.

사회의 구조는 다수의 개인이 산재한 형태이기도 하지만 사회를 지도적으로 움직이는 무수한 조직과 집단의 결합 형태이기도 하다. 그러므로 소집단 연구는 곧 그 사회 전체에 대한 이해를 하기 위한 것이다.

2) 집단내의 상호작용을 상세하게 파악할 수 있고 검증이 가능하다.

소집단을 연구하면 집단내의 상호작용을 이해할 수 있다. 왜냐하면 집단 구성원의 상호작용이 없다면 그것은 이미 집단이 아니기 때문에 집단을 파악한다는 것은 바로 구성원의 상호작용을 파악하는 것이 된다.

3) 집단 간의 갈등을 해결하는 방법을 발견하고 사회 건전화를 도모한다.

집단의 행동을 이해하면 집단 간에 일어나는 갈등이 어떤 이해관계와 관련

---

7) 上田利男, 소집단활동, 총합노동연구소, 동경, 1978, 31쪽 보완 설명.

을 가지는지 쉽게 파악할 수 있다. 갈등의 원인이 파악되면 그 해결책은 쉽게 제시될 수 있으며 집단 간의 갈등 해결은 조직 전체나 사회의 건전한 발전과 직결된다.

4) 집단의 사기 앙양을 통하여 생산성을 향상시킬 수 있다.

집단의 행동 구조를 이해하면 구성원 개개인의 행동 구조를 이해할 수 있다. 그것은 곧 구성원들의 개인 사정에 따른 상호작용을 가능하게 하며 개인의 심리적 만족을 가져오게 한다. 그것은 바로 개인의 사기 앙양과 집단의 생산성 향상으로 직결된다.

5) 집단내의 개인의 행동을 변화시킬 수 있다.

개인행동과 다른 집단행동 양식을 이해함으로써 집단의 행동을 예견할 뿐만 아니라 집단내의 성원들의 행동을 바람직한 방향으로 변화시킬 수 있다.

2. 집단연구의 이론적 배경

집단행동을 이해하기 위한 이론은 다음과 같다.[8)]

1) 집단성[9)]이론(group syntality theory)

group syntality는 '집단의 퍼스낼리티' 또는 '전체성을 갖는 집단의 특성'이라는 뜻으로 정의할 수 있다. 집단성 이론은 일찍이 1948년 카텔(R. B. Cattell)[10)]에 의해 제시되어 1970년 샤우(M. E. Shaw)에 의해서 초월적 관점으로 불린 이론이다. 카텔은 집단을 세 가지 범주로 나누어 측정하였다. 즉, 그는 다음과 같이 인구적 특성과 집단성의 특성 그리고 내부 구조의 특성 등의

---

8) Marvin E. Shaw, Group Dynamics, N. Y., McGraw-Hill Book Co. 1981(3rd), pp.19~32.

9) '집단성'은 합성어인 group syntality를 말함.

10) R. B. Cattell, Concepts and methods in measurement of group syntality, Pychological Review, 1948, 55, pp.48~63.

세 가지 범주에 대해서 연구하면 집단의 행동을 이해할 수 있다고 보았다.

첫째, 인구적 특성 요인을 연구 대상으로 삼는다. 인구적 특성 요인에 포함되는 것은 집단을 구성하는 개개 성원들의 특성, 평균적인 지적 능력, 태도, 퍼스낼리티 등이다.

둘째, 집단성의 특성을 연구 대상으로 한다. 즉, 집단이 갖는 어떤 개인의 퍼스낼리티와 같은 집단의 외적 행동 양식으로부터 의사결정, 공격적 행위에 이르는 여러 행위를 보고 추론하는 것이다.

셋째, 내부 구조의 특성을 연구 대상으로 삼는다. 내부 구조의 특성은 집단 성원들 사이의 관계를 나타내는 것이다.

물론 이 세 가지의 관점은 상호 관련적이다. 카텔은 집단을 이해하기 위한 일곱 가지 명제를 다음과 같이 제시하였다.

(1) 집단은 개인의 욕구 만족을 위하여 구성되고 집단이 이 목적에 기여하지 못할 때 해체된다.
(2) 집단의 전체적인 시너지는 집단을 향한 모든 성원들 태도의 배타적 결과이다.
(3) 효과적인 시너지는 집단 외부의 목표를 향한다.
(4) 집단 속의 개인은 개인적 목표를 성취하기 위하여 집단을 이용한다.
(5) 집단 속의 충성심과 같은 행동 유형은 효과의 법칙에 의해서 학습된다.
(6) 집단 성원은 중복 구성된다.
(7) 집단 성원의 퍼스낼리티 특성과 집단의 특성 사이에는 밀접한 유사성이 존재한다.

2) 교환 이론(exchange theory)

티바우트와 켈리(J. W. Thibaut & H. H. Kelly)[11]는 인간 간의 행동(interpersonal behavior)과 집단과정을 강조하였다. 그들은 집단의 관점에서 무엇이 유용하고 효과적인 것인가 하는 점에 초점을 두고 집단의 존재가 집단 내에서 개인의 참여와 만족에 근거하고 있다고 보는 기능주의적 접근을 하였다. 집단 과정의 분석은 개인이 상호의존성 문제의 해결을 시도하는 조정의 견

11) J. W. Thibaut & H. H. Kelly, The Social Psychology of Groups, N. Y., John Wiley & Sons, 1959, pp.1~99.

지에서 보아야 한다. 이 이론에서 주요 개념으로 삼고 있는 것은 상호작용, 인간관계, 행동의 연속, 행동의 목록(behavior repertoire) 등이다.

예를 들면 두 사람이 보상과 비용 면에서 상호작용을 한다고 하자. 즉, 두 사람이 상호작용을 할 때 각자는 상호작용의 어떤 부분을 즐기지만 어느 부분은 보다 덜 즐겁거나 심지어 불유쾌하다. 보상은 개인이 즐겁거나 만족하는 것이고 비용은 행동의 연속을 방해하는 어떤 행위인 지겨움, 피로, 부조화 반응 등이다. 또 주어진 행동의 연속을 방해하는 것이 크면 클수록 그 행동의 실행에는 더 많은 대가가 치러질 것이다. 보상과 비용은 어느 한쪽이 외생적이거나 반대로 내생적인 요인이다. 예를 들면 가치, 기술, 욕구, 수단과 같은 개인적 특성에 기인하는 보상과 비용은 외생적 요인이고, 내생적인 요인은 본래의 관계 그 자체이다. 즉, 보상과 비용은 개인의 행동뿐만 아니라 다른 사람의 행동과도 관련을 가진다. 그리하여 구성원간의 상호작용의 교환에 따른 인간간의 관계와 행동에 집단 연구의 초점을 두는 교환이론이 필요한 접근법으로 대두된다.

3) 대인관계 이론(a theory of interpersonal relation)

대인관계이론은 슈츠(W. C. Schutz)[12)]의 인간간 관계 이론으로서 세 가지 인간간적 욕구(interpersonal needs)측면에서 집단 연구를 하는 접근법이다. 이는 타인간관계를 고려한 관계지향적 성향에 따른 집단 연구의 접근 방법으로서 세 가지 인간관계지향적 욕구는 다음과 같다.

첫째, 공존적 욕구(inclusion, the need for togetherness)이다. 이는 타인과 밀접한 관계를 가지고 싶은 욕구로서 공존적 욕구가 강하면 친구가 다른 사람과 우정을 나누는 것조차 참지 못하는데 이는 깊은 애정과는 다른 욕구이다.

둘째, 통제적 욕구(the need for control)이다. 타인을 통제하고 싶어 하고 타인에게 통제받고 싶어 하는 욕구이다. 이는 상대를 지배하려는 지배욕과는 다르다. 통제욕이 강해서 통제를 거부하거나 반란을 일으키는 사람이 있는 반면, 반대로 통제를 받고자 하는 욕구가 강한 순종적이거나 복종적인 사람도 있다.

셋째, 애정의 욕구(the need for affection)로서 개인 상호간 서로 밀접한 관련을 가지면서 친교를 하고 인정을 수수하려는 것을 말한다.

---

12) 이 이론은 다음 책을 참조 할 것(W. C. Schutz, FIRO : A three-demensional theory of interpersonal behavior, N. Y., Renehart, 1958, pp.1~80).

4) 집단일치이론(group congruency theory)

인간은 사회 속에 불일치 현상이 있으면 이를 바로잡으려는 변화의 시도를 한다. 지위 일치는 소집단 성과에 변수로 작용한다. 아담스(S. Adams)[13]에 의하면 지위 일치의 정도가 낮은 집단은 우정, 신뢰, 만족의 정도가 낮았다고 한다. 다시 말하면 집단의 구조, 응집력, 상호작용 등의 집단의 여러 요소가 집단 성원들에게 조화를 이루고 갈등이 나타나지 않는 집단끼리 일치 상태가 되면 성원들은 오직 목표 달성을 향하여 노력을 기울일 수 있지만 집단의 여러 요소와 불일치 현상이 생기면 성과 달성은 어려워진다. 집단 일치 이론은 집단 성원과 집단의 여러 요소 사이에 일치 또는 조화 여부에 초점을 둔 연구 접근 방법이다.

3. 집단 연구의 초점

집단 연구를 위한 중심이 되는 초점이 무엇이냐 하는 것은 곧 집단이 무엇이냐 하는 말과 같다. 집단의 특성 또는 본질을 이해하는 길은 다음과 같은 제요소의 분석에 의하여 가능하다. 또한 집단 연구의 목적은 곧 집단의 부정적 기능을 약화시키고 긍정적 효과를 극대화하여 조직과 사회의 발전을 가져오는데 있다. 다음은 집단 연구를 위한 중심적인 관심 사항이다.

1) 집단의 특성

집단 연구를 하기 위해서는 집단의 특성을 이해해야 한다.[14] 집단 특성은 다음과 같은 관점에서 이해되어야 한다.

첫째 집단의 구조, 둘째 집단의 계층 구조, 셋째 집단의 역할, 넷째 집단의 규범, 다섯째 집단의 응집성, 여섯째 집단내의 갈등과 집단 간의 갈등 구조, 일곱째 집단내의 리더십 등이 집단 연구의 중심 과제가 된다.

---

13) S. Adams, Status congruency as a variable in small group performance, Social Forces, 1953, 32, pp.16~22.

14) J. L. Gibson, J. M. Ivancevich and M. Donnelly, 앞책, pp.185~194.

2) 행동(behavior)과 태도(attitudes)

모든 사회 시스템의 기본 요소는 시스템을 구성하는 성원들의 행동과 태도이다.[15] 집단에 대한 관찰과 연구의 대상도 다른 시스템에 대한 연구와 동일하다.

먼저 행동의 범주는 상호작용(interaction)과 제활동(activities)이다. 상호작용은 두 사람 또는 그 이상의 성원 사이의 언어와 사물과 사고의 교환을 말하는 것으로서 그 빈도가 시스템의 영역, 우정과 감정을 결정짓는다. 상호작용 이외의 활동 즉, 공사의 구분 없이 또는 직무 관련 유무 없이 일어나는 모든 움직임은 제 활동 영역에 속한다. 예를 들면 차를 마시거나 타이프를 치는 행위를 말한다.

다음의 요소는 태도로서 여기에는 지각(perception), 감성(feelings) 그리고 가치관(values)이 포함된다. 이 세 가지가 결합되어 행동으로 나타날 때 태도라고 한다. 태도는 성원이 가지고 있는 규범(norms)과 가치관에 의해서 발현된다.

규범은 집단을 유지시키고 목표를 달성하는 바람직한 것이므로 성원 개개인의 연결고리 역할을 하는 견고한 불문적인 규율이고 지침이며 행동 표준으로서 성원 전체가 공유하는 신념이다. 규범은 성원들이 가지고 있는 종교, 가정, 조직, 문화적 배경 등에 의해서 형성된다. 그러므로 규범은 집단의 행동을 규제하고, 특성을 나타내지만 이는 비공식적인 행동 표준일 뿐이다. 물론 규범은 집단의 성격, 성원의 구성 특질이나 상황에 따라서 달라진다.

규범의 일치는 집단의 형성에 대단히 중요하므로 집단에서 규범을 준수하기를 강요하지만 경우에 따라서는 성원들이 규범을 거부하는 경우도 있다. 이는 규범이 반드시 생산적이라든가 기능적이라는 일정한 도식이 작용하지 않고 경우에 따라서는 비생산적일 수도 있기 때문이다.

태도발현의 또 다른 요소는 가치관으로서 규범이 집단의 적절한 행동을 공유하는 이념이라고 한다면, 가치관은 당장에 달성할 수 없으나 추구하는 이상적 목적이나 목표에 대한 보다 기본적인 관념을 말한다.

3) 배경 요인

집단 연구의 중요한 요소는 집단내부에 존재하는 사회구조(internal social

15) A. C. Cohen et al, Effective Behavior in Organization, Homewood, Ill., Richard D. Irwin, Inc., 1984(3rd), pp.61~82 참조.

structure)이다.

첫째 내부 구조 요소는 인적 시스템이다. 개개인이 집단에서 어떤 역할, 어떤 의사결정을 하며 집단의 규범을 수용하는가 또는 거부하는가 하는 개개인에 대한 많은 물음들에 대한 것이 연구 대상이 된다.

둘째 요소는 외적으로 나타나는 지위(position, status)가 연구 대상이 된다. 개인의 외부적 지위 또는 직위는 다른 사람이 그 사람을 판단하는 기준이 되고 자신 스스로가 스스로를 판단하는 기준이 된다.

셋째 요소는 문화적 요소이다. 사람은 그가 속한 집단에 의해 관습, 태도, 언어, 가치관, 행위가 결정되는 문화적 산물이다. 그러므로 한 개인은 그가 속한 집단의 문화와 별개로 존재할 수 없다.

넷째 요소는 보상 시스템이다. 집단의 보상 시스템은 집단 성원의 태도와 행동 방향을 결정짓는 중요 요소가 된다.

4) 유효성(effectiveness)

집단의 성립 목적은 어떤 활동에 대한 목표를 달성하려는 것이다. 집단의 목표는 생산성 향상, 성원들의 만족감 증대, 또는 집단과 개인의 성장과 발전이다. 이러한 집단 목표 전체에 대하여 그 달성의 수준과 정도를 높이는 것을 유효성의 증대라 한다. 집단의 궁극적 목표는 바로 이러한 유효성 증대에 있기 때문에 어떻게 하면 유효성을 증대시킬 것인가 하는 것이 집단 연구의 중심 과제가 된다.

5) 응집력(cohesiveness)

집단이 구성되기 위해서는 본질적으로 응집력이 분열력(disruptive forces)보다 커야 한다. 응집력은 집단의 성원으로 남아 있으려는 성향이며, 분열력은 집단으로부터 이탈하려는 성향이다.[16] 응집력은 일반적으로 구성원들의 결집 정도를 말하며 결집을 강하게 하는 것은 집단이 가지고 있는 매력이나 유인이다.

응집력은 상황에 따라서 더 강한 응집력이 되기도 하고 약화되어 집단이 분열되는 경우도 있다.[17]

16) J. M. Ivamcevich & M. T. Matteson, Organizational Behavior and Management, Irwin, 1993(3rd), p.398.

먼저 응집력을 강화시키는 요인은 집단에 대한 좋은 평가, 구성원들 간의 빈번한 상호작용, 구성원들의 동질성, 성공의 경험이 있는 것, 성공적이고 재력이나 권력이 강한 구성원이 많은 경우 등이다.

반대로 응집력을 약화시키는 요인은 집단내의 경쟁, 소수 지배 상태, 이질적인 구성 인원, 성원들의 의견 불일치, 실패의 경험, 자주 만나지 못함 등이다.

제3절 집단의 형태

1. 집단의 규모에 따른 분류

집단은 규모에 따라 소집단과 대집단으로 나누는데 소집단은 2~30명이 통설이 되고 있으나, 소집단에 대한 절내적인 개념이 없고 상대적인 개념으로 쓰이므로 10만 명에 비해서 5만 명은 소집단이다. 그러나 일반적으로 소집단이라고 할 때는 상호작용이 가능한 30명 이내를 말한다. 또한 대집단은 30명 이상의 집단을 말하며 계층과 신분제도에 따른 전체 집단, 민족, 종족과 모든 공식 조직을 포함한다.

2. 집단의 구조에 따른 분류

집단의 구조가 공식적인 절차를 밟아서 구성되었는지 아닌지에 따라 공식 집단, 비공식 집단으로 나눈다. 비공식 집단은 다시 성원들이 공통된 관심 사항을 실현하기 위하여 일시적으로 형성되는 관심집단 또는 이익집단(interest group)과 성원 상호간의 친목을 도모하려는 사회적 욕구 충족이 주목적인 우호집단(friendship group)으로 나눈다.

---

17) F. Luthans, Organizational Behavior, McGraw-Hill, Inc., 1992(4th), pp.207~208 참조.

또한 의사소통의 경로가 수평적이냐 수직적이냐에 따라 수평적(vertical)집단, 수직적(horizontal)집단, 혼성(mixed)집단으로 나눈다. 수평적 집단은 성원 상호간 관계가 대등하게 되어 있는 집단이고, 수직적 집단은 성원간의 관계가 상하간 관계 즉, 통제를 하고 통제받는 관계로 형성되어 있는 집단을 말한다. 그러나 혼성적 집단은 수평적 관계와 수직적 관계가 혼재되어 있는 집단을 말한다.

3. 가입형식에 따른 분류

1) 개방집단(open group)

개방 집단은 가입을 원하는 사람은 누구나 해당 집단의 성원이 될 수 있도록 자격 제한을 하지 않는 집단이다. 동시에 집단으로부터의 탈퇴도 자유롭다. 그러므로 가입과 탈퇴가 자유스러운 개방 집단은 성원간의 응집력이 약하다. 예를 들면 종교 집단, 정당 안의 파당이 이에 해당한다.

2) 폐쇄집단(closed group)

폐쇄 집단은 집단에 가입할 수 있는 자격을 제한하여 아무나 가입할 수 없는 집단이다. 폐쇄 집단은 가입과 탈퇴가 자유스럽지 못하므로 일단 가입하면 성원간의 응집력이 강하게 된다. 따라서 성원외의 다른 사람들에게 배타적인 태도를 가지게 된다. 예를 들면 동창회나 종친회와 같이 가입과 탈퇴에 일정한 제한을 두고 있는 집단을 말한다.

4. 구성형태에 따른 분류

구성 형태에 따른 구분은 본래 1909년 쿨리(C. H. Cooley)가 개인의 사회화 과정에서 집단의 분위기가 퍼스낼리티에 어떻게 영향을 미치는가를 설명하기 위하여 만들어낸 데에서 비롯되었다고 알려져 있다. 그는 정의적인 인간관계에 근거하여 자연스럽게 형성된 집단 즉, 동료 집단, 가족, 이웃, 당파 등을

1차적 집단 또는 원초적 집단이라 하고, 달성할 어떤 목적을 가지고 계획적으로 하나의 수단으로서 조직된 집단을 2차적 집단이라 하여 협회, 교회, 정당, 사교 클럽 등을 이 범주에 넣었다. 1, 2차 집단의 차이점은 다음 <표 11-2>와 같다.

표 11-2 1, 2차 집단의 차이점

1 차 적 집 단	2 차 적 집 단
• 정의적인 집단 • 우연적이고 자발적인 집단 • 대면 접촉적인 집단 • 관계지향, 관심지향집단 • 감정적, 비공식적 집단	• 조직적인 집단 • 계획적이고 의도적인 집단 • 계약적인 집단 • 목적지향, 가치지향집단 • 합리적, 이성적, 공식적 집단

5. 참여의 정도에 따른 분류

한 개인이 실제로 집단에 소속되어 있느냐 없느냐 여부로 분류하는데 개인이 직접 집단의 성원으로 소속되어 있는 집단은 소속집단 또는 성원집단(membership group)이라고 한다.

반면 준거집단(reference group)은 자신이 소속되어 있지는 않으면서 소속되고 싶어 하거나 행동을 할 때 판단의 근거로 삼는 마음속에 두고 있는 집단을 말한다. 그러므로 준거 집단은 실제로 가입하지 않고 의식 속에 있는 집단으로 마음대로 바꾸기도 한다.

뉴컴(T. M. Newcomb)은 준거 집단을 긍정적 준거집단(positive reference group)과 부정적 준거집단(negative reference group)으로 나누었다.[18] 즉, 긍정적 준거 집단은 일반적 의미의 준거 집단으로서 한 개인이 긍정적으로 보고 따르거나 표상으로 삼는 집단이고, 부정적 준거 집단은 한 개인이 그 규범이나 집단의 행동을 싫어하거나 반대하는 집단을 말한다. 예를 들면, 사람들이 싫어하는 부정적 준거 집단으로는 도둑 집단과 사기꾼 집단이 있다.

18) T. M. Newcomb, Social Psychology, N. Y., Holt, Rinehart and Winston, 1950.

6. 힘의 행사 정도에 따른 분류

사회나 조직에서 실권을 가지고 주도적 입장에 있는 집단을 노력집단(in group)이라 하고 주도권을 상실하여 세력 집단의 외곽에 있는 집단을 비세력 집단(out group)이라 한다. 예를 들면 여당은 세력 집단이고 야당은 비세력 집단이다.

제4절 집단의 형성

1. 집단 형성의 이유

집단 형성의 구체적이고 다양한 이유는 다음과 같다.[19]

1) 욕구 충족

인간은 집단을 형성하거나 집단에 가입함으로써 어느 정도 자신들의 욕구를 충족할 수 있다. 그러므로 욕구 충족은 집단 형성의 가장 중요한 이유가 된다. 특히 인간 욕구 중에서 안전의 욕구, 사회적 욕구, 존경의 욕구, 자아실현의 욕구 등 고차원의 욕구는 집단과 조직 안에서 또는 집단과 조직을 통하여 효과적으로 충족할 수 있다.

2) 근접성과 매력과 응집성

대인간 상호작용에 영향을 주는 두 가지 중요한 측면이 근접성과 매력이다.

근접성(proximity)은 직무를 수행하는 종업원들 사이의 물리적인 거리를 의미한다. 물리적 거리가 가까우면 상호 영향력이 커지지만 거리가 멀면 상호간의 영향력은 감소하거나 약화된다.

---

19) J. L. Gibson, J. M. Ivancevich and M. Donnelly, Organization, Plano, Texas, Business Publications, Inc. 1982(4th), pp.183~184 참조.

매력(attraction)이란 지각, 태도, 성과, 동기 등의 유사성 때문에 사람들이 다른 사람에게 주는 호감을 말한다. 우리가 일상적으로 '호감이 간다' 또는 '호감이 안 간다'라고 했을 때 호감이 가는 것을 '매력이 있다'라고 하고 호감이 가지 않을 때 '매력이 없다'라고 한다. 이때 매력이 있을 때는 상호간에 영향력이 강하게 주어지고 반대의 경우에는 영향력은 없다. 왜냐하면 사람들은 좋아하는 사람끼리 가까이 있고 싶어 하고 생각이나 신념, 사상에 대해 의견 교환하기를 좋아하기 때문이다. 그래서 사람들은 집단을 만들어 같이 머물고 싶어 하고 매력을 유지하려 한다.

응집성(cohesiveness)이란 성원 상호간 또는 집단에 대해 끌리는 정도[20]로서 집단에 대한 매력에 의하여 구성원들이 서로 결집하는 정도의 크기를 응집력이라 한다. 일반적으로 성원들의 상호작용의 빈도가 높고, 구성원 중에 사회적 지명도나 힘(재력, 권력)이 강한 사람이 있거나 장래 취득 가능한 보상이 충분히 있으면서 가입이 어렵다면 집단의 응집력은 강하게 되고 그렇지 못하면 응집력은 약하게 된다.

3) 집단 목표

집단 목표가 달성될 때 개인에게 이익이 된다는 확신이 서면 개인은 집단을 형성하고 또 가입하려고 한다. 그러므로 집단의 목표는 집단 성원들을 모이게 하는 동기 요인이 된다. 그러나 집단 목표가 명백하게 제시되지 않을 때도 있다. 이때에 성원들이 명백한 집단 목표를 설정하려는 공동의 노력을 하는 행위가 이루어지면 조직은 계속 존속할 수 있다. 따라서 집단은 목표나 가치를 분명하게 제시하여 성원들을 유인해야 한다. 그렇지 못하면 집단은 해체된다.

4) 경제적 이유

인간은 단독으로 경제 활동을 할 때보다 집단의 단결된 힘을 이용하면 더 많은 이익을 얻을 수 있다는 것을 알기 때문에 집단을 형성하려고 한다. 노동자가 노동조합을 구성하고 업종별로 협회를 만드는 것은 단결된 힘을 이용하여 쉽게 경제적 목적을 실현하기 위한 것이다.

---

20) H. J. Reitz, Behavior in Organization, Richard D. Irwin, Inc., 1977, p.325.

이 외에 로빈스(S. P. Robbins)는 집단의 형성 이유를 ① 안정, ② 지위, ③ 자존, ④ 관계, ⑤ 권력, ⑥ 목적 달성이라고 보고 있다.[21)]

2. 집단의 형성 과정

집단이 만들어지기 위해서는 형성 과정에서부터 목표 달성까지 다음과 같은 몇 단계를 거친다.[22)]

1) 형성 단계(forming)

형성단계란 개인이 집단에 최초로 신참자로 참여하면서 집단의 목적과 구조 등을 이해하고, 상호 관계의 형성을 시도(testing)하며 의존(dependence)관계를 형성하는 초기 단계를 말한다.

인간은 정도의 차이는 있지만 누구나 집단 가입 욕구를 가지고 있기 때문에 집단에 참여하려고 한다. 일단 집단에 참여하면 구성원들 간의 상호작용이 시작되면서 의사소통을 통해서 기본적인 집단의 행동 규범이나 행동의 목표를 정한다.

2) 동요(storming)와 집단 간 갈등 단계

집단이 형성되면 먼저 집단 내에는 동요와 갈등이 시작되고 긴장이 동반된다. 긴장은 구성원들이 전혀 모르는 사람과 교제해야 하고 환경과 친숙하지 못하기 때문에 나타난다. 그러므로 구성원들은 자기를 방어하거나 순응하려고 하며 때로는 혼란스러워한다. 이러한 혼란을 진정시켜 안정을 찾으려고 규범을 정하여 지키게 하고 역할을 부여하여 그 과업을 수행하게 한다.

또한 이 단계에서는 구성원 간에 의견의 불일치 현상과 저항 또는 갈등이 일어난다. 이때 성원들은 자신의 지위가 불안정하고 자신의 의견이 때로는 받아들여지지 않기 때문에 집단에 잔류하느냐 탈퇴하느냐의 문제로 진로를 걱정하

21) S. P. Robbins, Management, Prentice-Hall, 1994(4th) 참조.

22) B. W. Tuckman & M. A. C. Jensen, "Stages of Small Group's Development Revisited", Group and Organization Studies, Vol. 2, 1977. 참조 보완.

게 된다. 따라서 집단의 구성원으로 남아 있는 경우와 이탈하는 경우로 양분된다. 이렇게 혼란한 단계를 효과적으로 넘기면 집단은 형성된다.

3) 규범화(norming)

규범화 단계에서는 집단의 구성원들이 해야 할 행동과 하지 말아야 할 행동의 표준(규범)과 역할을 정한다. 집단 규범은 명문화할 수도 있지만 대부분의 경우 은밀하게 채택된다.[23] 규범은 성원들이 필요에 의해서 정하지만 처음부터 모든 성원이 동의하는 것은 아니다. 규범 채택에 반대하거나 참여를 포기하는 성원들도 있다.

규범은 수행해야 하는 행동을 제시한 지시적 규범(prescriptive norm)과 피해야 할 행동을 제시한 금지적 규범(proscriptive norm)으로 나누어진다.

동시에 구성원 상호간에 자기 역할을 수행하고 친밀한 관계가 형성되면서 목표 달성을 위한 응집력이 형성된다. 또한 집단에 대한 동일시가 이루어지면서 집단 성원의 통합화가 이루어진다. 이때 비로소 성원들에게 공동체의식이 나타나고 LGD(leaderless group discussion)[24] 규범이 일반화 된다.

4) 수행(performance)

수행단계라 함은 집단의 구조가 완전히 형성된 상태에서 구성원들이 집단의 목표를 달성하려고 실천 행동을 하는 과정이다. 구성원들은 집단 내에서 자기가 맡은 역할을 수행한다. 이때 성원들은 전방영역과 후방영역이라는 행동 영역을 나타내는 양극단으로 구별되는 행위 양태를 보인다.

전방 영역이란 수행자가 타인에게 숨김없이 나타내 보이는 행동 영역을 말하며 후방 영역이란 수행자가 나타내 보이는 행동 영역 이외에 또 다른 숨겨진 영역을 말하는데 이는 이중적 행위자가 가지고 있는 행동 영역을 지칭한다. 그러나 이중적 성격의 소유자에게만 특별히 나타나는 현상은 아니다. 일반적으로 모든 인간에게 공통적으로 나타나는 현상이다.

수행자가 전방영역(front region)만 있을 경우에는 타인에게 자신의 행동 영

---

23) 홍성열 번역(Donelson R. Forsyth), 집단역학, 양서원, 1991, 152쪽.

24) LGD는 특정한 리더 없는 상태에서 아주 자연스럽고 편안한 마음으로 성원끼리 자유롭게 토론하는 것을 말함.

역을 개방적으로 노출하여 타인의 기대와 일치하면서 긍정적이고 양호한 성원 관계를 가지려 한다. 반면 후방영역(back stage)만 있을 경우에는 나타내 보이는 행동 영역 이외 자기만의 별도 행동 영역을 가짐으로써 다른 성원들의 기대와 불일치한다.

그러므로 이 단계에서는 수행에 적극적으로 참여하여 집단의 목표 달성을 가능하도록 하는 사람이 있는 반면에 표면적인 행위와 다른 후방 영역을 가지는 이중적 행위를 하는 사람도 있다.

이러한 수행 과정 중에 집단은 자기 고유의 특성을 나타내면서 차츰 안정되고 동시에 구성원들은 집단에 소속되었다는 긍지를 가진다.

5) 집단 유지 또는 쇠퇴

목표 달성은 최종 단계로서 새로운 집단 형성을 위하여 성원들의 일부는 이탈하고 일부는 만족하면서 목표 달성에 고무되어 집단을 유지하려고 한다. 또 일부는 새로운 목표 설정을 시작하는 집단 발달의 마지막 단계인 쇠퇴기로 접어든다.

이상과 같은 설명 이외에도 베스(B. M. Bass)와 리터밴드(E. C. Ryterband)는 ① 상호수용의 단계 ② 의사소통과 의사결정의 단계 ③ 동기부여와 생산성의 단계 ④ 통제와 조직의 단계로 나누고 있다.[25)]

제 5 절 집단의 역할

1. 집단의 기능적 역할

집단은 다음과 같은 기능적 역할 즉, 긍정적 역할을 한다.

25) B. M. Bass & E. C. Ryterband, Organizational Psychology, Allyn & Bacon, 1979(2nd), pp.252~254.

1) 기본적 욕구 충족

(1) 집단은 인간이 가진 안정의 욕구 충족기능을 한다.[26] 인간은 육체적 안정뿐만 아니라 심리적 안정을 추구하려는 욕구를 가진다. 그래서 집단에 소속함으로써 누군가가 자기를 후원하고 있으며, 어려울 때 도와줄 것이라고 생각하여 안정감을 가지게 된다.

(2) 인간은 다른 사람과 관계를 맺고 싶은 친교의 욕구와 집단이나 조직에 소속하고 싶은 사회적 욕구, 귀속의 욕구 그리고 타인으로부터 인정받고 싶은 인정의 욕구를 가지고 있다. 집단은 바로 이러한 인간의 사회적 욕구를 충족시켜 준다.[27] 집단 구성원들은 서로의 가치와 관습이 유사하고 동류의식과 소속감이 있다는 데에서 고립감으로부터 벗어난다.

(3) 사회 속의 한 개인은 개인적 신분으로 행동할 때보다 집단이나 조직의 이름으로 행동할 때 훨씬 더 강력한 힘을 발휘한다. 왜냐하면 집단이나 조직은 개인의 집합 장소인 동시에 힘을 집합시키는 기능을 하기 때문이다. 그러므로 집단은 축적된 힘을 바탕으로 개인이 작은 힘으로 쉽게 이룰 수 없는 개인의 목표 달성을 가능하게 한다. 동시에 집단을 통하여 개인의 능력을 강화시키고 향상된 힘을 사회에 제공하는 매개 역할을 한다. 따라서 집단은 개인의 힘을 집합하여 사회 전체 성원들의 욕구를 충족시키는 매개기능을 담당하는 기구이다.

(4) 집단은 개인의 자아 또는 자존의 욕구를 충족시켜 주는 메카니즘적 기능을 한다. 인간은 자신의 존재를 나타내어 다른 사람으로부터 존경받고 싶어 한다. 그러므로 인간은 집단 속에서 자신의 존재와 가치를 확인하고 기뻐한다. 상호 존중 속에서 이루어진 집단은 인간이 가진 자존의 욕구를 자연스럽게 충족시켜 준다.

(5) 집단은 인간이 가진 자아실현의 욕구를 촉진시키는 기능을 한다. 자아실현의 욕구는 자기 이상을 현실적이고 구체적으로 실현하고자 끊임없이 노력하는 인간 최고의 욕구이다. 인간은 자아실현의 욕구를 충족하기 위하여 보다 강력한 기능을 할 수 있는 조직이나 집단을 활용한다. 집단 속

26) J. R. Schermerhorn, Management for Productivity, N. Y., John Wiley & Sons, 1993(4th), p.536.

27) 윗책, p.540.

에서 자아실현의 기회를 탐색하고 욕구실현을 하며 집단을 통해서 기회를 구체화한다. 그러므로 집단은 인간의 자아실현의 욕구 충족을 제공해 주는 場이 되면서 동시에 매개 수단이 된다.

2) 동기부여

집단은 개인의 성취동기를 자극함과 동시에 동기부여의 매개체가 된다. 이는 개인이 어떤 일을 아무런 자극도 없이 혼자 하게 되면 능률이 오르지 않거나 나태하게 되지만 다른 성원들이 있으면 무의식중에 남보다 돋보이고 싶거나 앞서고 싶은 욕구 때문에 동기부여가 된다. 이는 사회적 촉진 효과에 의한 것이다.

3) 과제 해결에 유용

집단은 주어진 과제를 쉽게 해결할 수 있는 장(場)이다. 집단에는 다양한 기능과 능력을 가진 사람들이 모여 있으므로 개인으로서 하기 힘든 과제를 구성원들의 협동적인 활동에 의해 해결할 수 있다.

4) 커뮤니케이션의 용이

집단은 다양한 커뮤니케이션 채널을 가지고 상호작용하므로 개인이 모르는 다양한 정보를 소유하고 이를 구성원들에게 확실히 전달할 수 있다.

5) 팀워크 형성에 따른 연대감 강화

집단 내에서 집단의 목적을 위한 팀워크를 구성할 수 있으며 동시에 그 활용이 가능하다. 또한 팀워크 활동을 통해서 성원들끼리의 연대감을 보다 심화시킬 수 있다. 성원들끼리 대면 관계를 가지고 일을 하다 보면 자연스럽게 양호한 관계가 형성된다.

6) 퍼스낼리티 발달

인간의 퍼스낼리티는 인간관계가 형성되면서 발달되기 시작한다. 가족 관계를 시작으로 다양한 인간관계가 형성되면서 퍼스낼리티는 지속적으로 발달한다. 예를 들면 농아 부모의 정상아로 태어난 자녀들은 제대로 언어를 사용하지 못하고 정상적인 사고를 하지 못한다. 왜냐하면 정상아로 태어났지만 부모가 말하는 것을 듣지도 보지도 못했기 때문이다. 이는 환경이 퍼스낼리티를 발달시킨다는 좋은 예가 된다. 이와 같이 집단은 바로 인간의 퍼스낼리티 발달을 위한 중요한 장(場)이 된다.

이외에도 격려 역할, 화합 역할, 협상 역할, 보호 역할, 표준설정 역할, 관찰 역할 등을 들고 있다.[28)]

2. 집단의 역기능적 역할

집단은 기능을 가짐과 동시에 집단으로 인한 역기능이 나타나기도 한다. 집단이 가진 역기능은 다음과 같다[29)]

1) 산출 및 노력의 제한

자기 집단과 조직 전체의 목표가 일치하지 않을 때 자기 집단의 이익을 보호하기 위해 집단의 이익을 앞세우는 배타적인 집단이기주의가 팽배하여 생산량을 조절(태업) 또는 제한하거나 사회 전체의 발전을 저해하기도 한다.

2) 책임의 분산

집단의 성원들이 의사결정이나 행동을 할 때 집단이 갖고 있는 익명성에 의해서 '전체의 책임은 아무의 책임도 아니다'라고 하는 무책임성을 드러내고 책임전가를 한다. 이른바 사회적 나태 현상(social loafing)이 나타난다. 이 때문에 어떤 성원들은 의기소침하여 근무의욕을 잃어버리고 적극적인 참여를 포기한다. 반대로 집단이 성과를 달성했을 때는 서로 자기의 공로라고 주장하여 진정한 공로자를 구분하기 힘들다.

따라서 최적의 의사결정을 하지 못하고 최적의 성과도 얻지 못하며 성원들의 책임 소재도 불분명한 상황이 나타난다.

---

28) 노중균, 인간관계론, 산문출판, 2006, 55쪽.

29) Andrew. J. DuBrin, Foundations of Organizational Behavior, Prentice-Hall Inc. 1984, pp.248~249 참조.

3) 부정적 집단 사고

조직 내의 집단 간에 갈등이 일어난다. 조직 내의 갈등은 한 집단의 성원들이 다른 집단 성원들보다 더 중요한 일을 한다는 생각에 사로잡혀 다른 집단을 무시할 때 일어난다. 또한 다른 집단을 타도 대상이나 견제해야 할 대상으로 파악하고 목표 달성에 관심을 두지 않고 상대방 집단의 약점잡기나 흠집 내기에 치중하기 때문에 갈등이 생긴다.

4) 갈등 유발

성원들의 응집력을 바탕으로 집단에 소속하지 않는 사람들에게 소외감과 이질감을 주는 배타적인 행동을 하여 사회적인 갈등을 유발한다.

5) 모험 지향적 사고

의사결정을 할 때 집단은 개인이 내리는 결정보다 훨씬 더 모험적인 결정을 할 수 있다는 것이다. 개인이 의사결정을 할 때는 이해관계에 비추어 결정하지만 집단으로서 의사결정을 할 때는 분위기에 따라 즉흥적으로 무책임하게 한다는 것이다. 이러한 모험 지향적 사고는 집단의 책임분산 성향과 모험을 추구하는 사람과 주장하는 사람에게 더 높은 가치를 부여하기 때문에 모험적인 의사결정을 하게 된다는 것이다.

제 6 절 성공적인 집단을 만드는 방법

집단을 성공적으로 만들기 위해서 다음과 같은 방법들을 활용해야 한다. 성공적인 집단이 되기 위해서는 먼저 성공적인 팀이 만들어져야 한다.[30]

---

30) J. Greenberg &R. A. Baron, Behavior in Organization, Prentice-Hall, 2003(8th), pp.303~309.

1. 팀 구축(team building)을 위한 기법 활용

효과적인 팀이 만들어지기 위해서는 구성원들이 집단의 사명을 인식하고 집단에 공헌할 수 있는 올바른 기술을 가져야 한다. 그러기 위해서 역할을 먼저 정하고, 목표를 설정하며, 문제를 해결하는 훈련을 해야 한다.

2. 성과에 대한 보상

집단이 소정의 성과를 달성하면 그에 따르는 보상을 해야 한다. 집단의 보상이 증대하면 할수록 집단정신은 더욱 강화된다.

3. 적극적인 지원

팀 또는 집단이 성공적으로 기능하기 위해서는 상급 단위의 관리자나 경영자들의 적극적인 후원이 있어야 한다.

4. 팀 내부 또는 팀 간의 협력 증진

팀이나 집단의 성공은 팀 내부와 팀 상호간의 적극적인 협력에 의하여 가능해진다. 협력이 이루어지지 않으면 목적을 달성할 수 없다.

5. 인내심 견지

여러 가지 요인에도 불구하고 목적을 달성하는 데에는 구성원들의 인내심이 필요하다. 왜냐하면 팀 또는 집단이 효과적으로 기능하여 목적 달성을 하기 위해서는 많은 어려움과 장애가 있기 때문에 이를 잘 극복하는 지혜와 참고 견디는 인내심이 무엇보다 필요하다.

Chapter 12

갈 등

Chapter 12

갈 등

제1절 갈등의 본질

조직이나 집단이 점차 복잡하고 다양해짐에 따라 구성원의 욕구도 다양해지고 있다. 이러한 다양한 욕구가 여러 경로로 복잡하게 제기되는 과정에 갈등이 상존하므로 갈등(conflict)은 여러 학문 영역에서 연구되고 있으며 조직 관리자의 주요한 관심의 대상이 되고 있다. 그러면 과연 갈등은 무엇일까?

1. 의 의

갈등은 갈(葛)과 등(藤)의 결합어이다. 갈은 칡을 말하고 등은 등나무를 의미한다. 갈등이란 칡과 등이 서로 얽혀 있는 상태와 같이 서로 뒤엉켜 따로 분리하기 어려운 상태를 말한다. 이처럼 갈등은 해결하기 어려운 상태를 말한다.

conflict는 confligere라는 라틴어에서 나온 말로 '상대가 서로 맞서다'라는 의미를 가지고 있다. 그래서 갈등은 의견이 맞서는 상대가 있고 의견이 맞서므로 서로 대립 충돌하게 된다. 따라서 갈등에는 싸움, 미움, 대립, 분쟁, 논쟁, 경쟁, 전쟁 등의 의미가 있다.

경영학에서는 그동안 주로 노사 간 갈등이 연구의 주제가 되어왔지만 미국을 중심으로 1970년대 이후 라인과 스탭의 갈등, 상하 간의 갈등을 중심으로 연구 영역이 확대되어 왔다.

경영학적인 측면의 갈등에 대한 정의는 다음과 같이 다양하다.

랜포드(1981)는 갈등은 "다른 구성원과 대립되는 행위로서 상반되는 활동이 발생하는 곳에는 언제든지 존재하는 현상"[1]이라고 정의하고 있으며, 로빈스(1983)는 행위보다는 과정을 중시하는 정의를 제시하고 있는데, 갈등이란 "A는 B가 목표를 달성하고 그의 이해관계를 촉진하는데 방해하는 봉쇄 형태를 취함으로써 B의 노력을 상쇄하기 위하여 A가 의도적으로 노력하는 과정"[2]이라고 정의하고 있으며, 브라운(1983)은 "이해관점이 상이한 당사자 간의 양립 불가능한 행위"[3]를 갈등이라고 하였다.

또한 카바노프(1985)는 "개인, 집단, 조직 안이나 또는 개인 간, 집단 간, 조직 간의 인지부조화나 양립 불가능한 잠재적 영향력의 결과"[4]라고 하였다.

90년대 이후에 들어와서 설명된 내용도 큰 차이를 보이지는 않는다.

와그너와 홀렌벡(1992)은 "갈등이란 개인 간 또는 집단 간에 일어나는 대립의 과정이다"[5]라고 하여 갈등을 대립 측면에서 해석하였다.

홀트(1993)는 "갈등이란 한 편이 다른 편을 방해하거나 좌절시키는 목적 있는 간섭 행동(purposeful interference)이다. 이것은 목적을 가지지 않는 경쟁과 다르다[6]"라고 하였으며 바톨과 마틴(1994)은 갈등이란 "상호 적대적인 결과로 가는 둘 이상의 집단 간에 나타나는 지각된 차이[7]"하고 하였다.

이상의 경영학적인 정의를 도표로 정리하면 다음과 같다.

---

1) H. W. Lanford, System Management, Port Washington, N. Y., Kennikat Press Co. 1981, p.49.

2) S. P. Robbins, Organizational Theory, The Structure and Design of Organizations, Englewood Cliffs, N.J. Prentice-Hall, Inc. 1983, pp.288-289.

3) L. D. Brown, Managing Conflict at Organizational Interfaces, Reading, Mass. Addison Wesley Publishing, Co. 1983, p.4.

4) B. Kabanoff, "Potential influences as sources of interpersonal conflict in groups and organizations", Organizational Behavior and Human Decision Processes, 36(1985), p.115.

5) A. Wagner and J. R. Hollenbeck, Management of Organizational Behavior, Prentice-Hall, 1992, p.477.

6) D. H. Holt, Management, Prentice-Hall, 1993(3rd), p.492.

7) K. M. Bartol and D. C. Martin, Management, McGraw-Hill, 1994(2nd), p.489.

▌표 12-1▐ 갈등에 내재된 의미

時代順	내재된 의미
1958	J. A. Stoner; 불일치
1962	K. B. Boulding; 경쟁
1966	L. A. Coser; 투쟁 Marek; 위협
1970	O. C. Walker; 불일치
1976	K. W. Thomas; 좌절
1978	D. Kats & R. L. Kahn; 양립 불가능한 상호 작용
1980	R. H. Miles; 방해
1981	H. W. Lanford; 대립
1983	S. P. Robbins; 방해 Brown; 양립 불가능한 행위
1985	B. Kabanoff; 인지 부조화, 양립 불가능한 영향력
1992	A. Wagner & J. R. Hollenbeck; 대립
1993	D. H. Holt; 방해, 간섭 행동
1994	K. M. Bartol and D. C. Martin; 지각 차이

지금까지 고찰해 본 갈등에 대한 정의 외에도 많은 학자들의 정의가 있으나, 제시된 정의들의 공통점은 다음과 같다. 즉, 조직 내의 갈등이란 '희소 자원이나 업무의 불균형 배분 또는 상황, 목표, 가치, 인지 등에 차이를 가져오는 원인과 조건으로 인하여 개인, 집단, 조직에서 일어나는 심리적인 측면, 행동적인 측면, 또는 이 양 측면에서 일어나는 대립적이거나 경쟁적인 상호 작용'이다.

2. 갈등의 유형

1) 조직 시스템에 의한 분류

조직 시스템의 구조적 요인에 의해 일어나는 갈등의 대표적인 분류 체계는 폰디의 것이 있다.[8)]

8) L. R. Pondy, 앞책, 296~320쪽.

(1) 협상적 갈등

협상적 갈등(bargaining conflict)은 부족한 자원을 둘러싼 이해 당사자 간이나 집단들 간의 갈등을 말한다. 조직에서 이해 당사자는 주로 노동자와 사용자간, 라인과 스탭간, 관련 부서간(예를 들면 제조부서와 영업부서)을 말한다. 또한 조직 성원들의 갈등의 원인이 되는 부족한 자원은 주로 보상 차원이다. 특히 기업 조직 내 분쟁의 대부분은 구성원들의 노력의 성과물을 누가 더 많이 가지느냐하는 파이(pie) 분배에 대한 문제 때문에 일어난다. 보상은 크게 신분적 보상과 금전적 보상으로 분류하는데 이러한 보상의 차이를 해결하기 위하여 당사자 간 또는 집단 간에 보상 조건을 두고 협상을 할 때 일어나는 갈등이 협상적 갈등에 해당한다.

신분적 보상은 더 높은 지위나 직위를 제공하는 것을 말한다. 이는 더 많은 영향력이나 권력을 동반하기 때문에 구성원들이 선호한다. 또 금전적 보상은 바로 급여를 말한다. 직위나 급여 둘 모두는 무제한 공급될 수 없는 한정적인 것이므로 언제나 이를 더 많이 확보하려는 노사 양측의 이해가 충돌되면서 갈등이 일어나는 부분이다. 특히 조직 내에서는 성원들이 직위와 급여 배분에 형평성 또는 공정성이 결여되었다고 생각했을 때 나타나는 불공정 갈등(inequity conflict)과 한정된 자원을 더 많이 차지하려고 할 때 나타나는 자원 갈등(resources conflict)을 내재하는 것이 일반적인 현상이다.

이러한 협상적 갈등은 집단들 간에 협동과 경쟁 또는 통합과 분열이나 합의와 파기라는 절차를 가지고 있는 복잡한 행동 과정이다. 그러므로 이러한 협상 갈등은 쉽게 표출되지는 않는다. 왜냐하면 인간은 오랜 경험으로 자원 배분에 대한 나름대로의 지혜를 터득하고 있거나 욕구를 감소시키는 방법을 알기 때문이다. 그러나 새로운 자원이 발생하거나 기존의 자원이 생명 유지에 지대한 영향을 미칠 때는 협상적 갈등 상황에 직면하게 된다. 또한 교묘하게 자기들의 목적을 달성하려는 이기적인 집단들이 존재하면 협상적 갈등은 지속적으로 일어난다.

이들 협상 갈등을 해결하기 위해서는 두 가지 전략을 쓸 수 있다. 즉, 협상을 원활하게 하기 위하여 자원의 전체 양을 늘리는 포지티브 전략(positive strategy) 즉, 적극적 전략과 당사자들의 욕구를 감소시키는 네거티브 전략(negative strategy) 즉, 소극적 전략이 있다.

그 어느 전략이든 갈등을 용이하게 해결할 수 있는 것은 아니기 때문에 비용과 시간 또는 인력이 드는 단점이 있기는 하지만 협상적 해결을 위한 항구적인 방법은 어떤 제도적 기구나 규정과 규율을 만들어 이들 기구들이 그 규정과 규율에 따라 협상의 원만한 진행과 일어날지도 모르는 갈등을 해결할 수 있도록 해야 한다.

(2) 관료제적 갈등

관료제적 갈등(bureaucratic conflict)은 조직의 계층 상하 간 관계 즉, 수직적 관계인 상급자와 하급자 간에 발생하는 갈등을 말하는 것으로서 수직적 갈등을 말하기도 하며 정치적 갈등이나 조직 내의 상하 간 갈등이 이에 해당한다. 조직의 공식적인 구조는 제도화된 틀로서 그 목표를 달성하기 위하여 상사가 부하를 통제하도록 만들어 놓았다. 이러한 조직은 상하급자 간에는 목표를 달성하기 위해서 협력 관계가 되어야 하지만 동시에 경쟁 관계가 되기도 하고 직무 수행상 의견 차이나 관점의 차이가 반드시 내재하게 된다. 바로 이런 점(공식 조직 내에서 형성되는 수직적 관계 그 자체)이 이미 갈등을 내포하고 있다는 의미이기도 하다.

관료제적 갈등 또는 수직적 갈등은 조직이 가지고 있는 특성상 역할 갈등을 동반하고 권한의 배분과 관련 있는 갈등 또는 영향력 행사와 관련 있는 갈등을 내재한다.

예를 들면 비서에게 커피를 타오라고 했을 경우 비서가 커피를 끓이는 것이 자기의 고유 업무가 아니라고 항변할 때 양자가 겪는 갈등이 이에 해당한다. 2003년 4월에 있었던 전라남도의 한 초등학교의 교장 자살 사건은 해당 교장과 임시교사 사이에서 일어난 관료제적 갈등의 전형적인 형태로서 당사자가 이 문제를 현명하게 해결하였더라면 별문제가 되지 않을 수도 있었지만 제3자(전교조 또는 교장단으로 추측됨)가 개입하면서 문제가 걷잡을 수 없이 확대되어 빚어진 비극이다.

조직은 계층 구조상 각 계층이 자연스럽게 연결핀(linking pin) 역할을 한다. 이들 연결 역할을 하는 계층들은 상사들의 요구와 부하들의 요구가 일치하지 않을 때 갈등을 겪게 된다. 왜냐하면 어느 한 쪽 편만 들게 되면 다른 쪽을 소외시키게 되고 목표 달성에 차질을 빚게 되기 때문이다. 동시에 조직 상하 간의 역할에 상응하는 권력을 배분하게 된다. 역할에 상응하는 제한된 권력이 권한이다. 이러한 권한을 분명하게 명시하여 구성원들이 분명한 행동을 하도록 역할 분담을 함과 동시에 자율성을 제도적으로 한정시킨다. 이러한 경향은 조직의 규모와 비례한다. 즉, 조직이 대규모화하면 할수록 역할 분담과 자율성 제한은 더욱 분명하게 명시된다. 그러나 조직은 살아 움직이는 동적인 존재이기 때문에 정해진 역할 분담에 머물러 제한적인 행동만을 할 수 없다. 이 때문에 조직이 불안정적 환경에 직면하면 구성원들은 기존의 제한된 역할 분담과 환경 변화에 대한 자율성에 대한 욕구 사이에 괴리현상이 생긴다. 이러한 괴리현상은 당연히 갈등을 동반한다.

(3) 시스템적 갈등

시스템적 갈등(systems conflict)은 수평적 갈등 또는 횡단적 갈등으로서 조직 내의 부서 간 갈등과 수평적인 관계인 동일 직급 간 갈등, 동료 간 갈등이 여기에 해당한다. 이들 갈등 역시 직무 수행상의 차이나 관점의 차이 때문에 갈등이 일어난다.

조직의 특성상 조직은 언제나 수직간 아니면 수평적인 부서 간에 업무 협조나 논의가 이루어진다. 새로운 업무가 주어지거나 목표의 재조정이나 책임자가 새로 부임했을 때 흔히 일어나는 갈등이다. 특히 직무 분석에 따른 직무명세서나 직무기술서가 잘되어 있지 않아 직무 분화가 애매할 경우 빈번하게 갈등이 나타난다. 이러한 갈등은 사전에 직무 분석이라는 인사관리상의 예비적 조치를 취해 놓으면 미연에 방지할 수 있다.

표 12-2 Pondy의 갈등 분류 체계

MODEL	내 용	예
협상적 갈등	• 희소자원에 대한 경쟁	• 단체 협상시의 갈등
관료제적 갈등	• 부하에 대한 상급자의 권한 행사(수직적 갈등)	• 비서에게 커피를 청할 때의 갈등
시스템적 갈등	• 부서 간 조정과 협력 획득시도(수평적 갈등)	• 부서 간 업무 수행 시 갈등

자료 : B. J. Hodge & W. P. Anthony, Organization Theory, Mass., Allyn & Bacon, Inc., 1988, p.83.

2) 조직 구조 변화 양태에 따른 분류[9)]

(1) 마찰적 갈등

마찰적 갈등(frictional conflict)은 갈등의 결과 조직 구조상의 변화를 수반하지 않는 것을 말한다. 마찰적 갈등은 조직의 특성상 조직 구조의 변화와 관계없이 자연스럽게 내부적 모순에서 나타나는 갈등이다. 그러므로 갈등이 발생하면 성원들을 재배치하거나 문제 해결을 위한 갈등의 원인 제거에 힘을 기울이는 점에서 갈등을 의도적으로 만드는 전략적 갈등과 구분한다.

마찰적 갈등에서 일어나는 문제점은 건설적 갈등을 활용하는 측면에서 그 해결점을 찾아야 한다.

(2) 전략적 갈등

전략적 갈등(strategic conflict)은 조직 구조를 변화시키기 위해 계획적으로 조장하는 갈등을 말하므로 이를 조장적 갈등이라고 하며 긍정적인 역할을 기대하고 만든 갈등이기 때문에 건설적 갈등이라고도 한다.

이런 점에서 이는 상호작용주의적인 관점에 의한 갈등의 활용 차원의 신개념적 갈등이다. 또한 조직이 갈등의 기능적 역할을 활용하기 위하여 신조직을 편성하거나 새로운 요원을 영입해서 분위기를 새롭게 변화시키고자 할 때 성원 상호 간에 일어나는 갈등을 말한다.

조직이 상황에 대처하고 경쟁적 조건에서 살아남기 위해서 지속적으로 새로운 교육을 받은 전문적 능력을 가진 신입자를 영입해야 한다. 새로운 영입자는 기존의 구성원에게 자극을 줄 뿐만 아니라 조직이 가지고 있는 문제점을 신선한 제3자적 시각에서 바라보고 개선할 점을 제시할 수 있다. 이때 기존의 구성원들이 신입자들과 겪는 갈등을 가치 있는 건설적 갈등으로 인정하는 분위기는 최고 경영자가 만들어 주어야 한다.

9) L. R. Pondy, "Varieties of Organizational Conflict", Administrative Science Quarterly, Vol.14, No.4(Dec. 1969) p.499.

3) 갈등의 주체에 의한 분류[10]

(1) 개인적 갈등(personal conflict)

개인은 누구나 다양한 욕구와 역할을 가지고 있으며 이러한 욕구와 역할들은 서로 간에 복잡하게 얽혀 상충되며 표출방법도 다양하다. 개인적 갈등은 주로 개인의 목표 달성 과정상에서 해당 개인이 심리내면적으로 겪는 갈등인데 좌절에 의한 갈등, 목표 갈등, 역할 갈등으로 구분할 수 있다.

또한 프로이드가 설명한 인간 퍼스낼리티의 세 가지 요소인 원욕(Id), 자아(Ego), 초자아(Superego)가 조화를 유지하지 못하고 행동 대안을 놓고 갈등을 일으키게 될 때 이를 심적 갈등이라고 하는데 이것이 개인적 갈등이다. 따라서 개인적 갈등은 상대가 없는 자기 갈등 또는 자아적 갈등이다.

(2) 개인 간 갈등(interpersonal conflict)

개인 간 갈등이란 전술한 개인적 갈등과 다르다. 즉, 개인 간 갈등은 한 개인이 다른 개인과 관계를 가질 때에 일어나는 갈등이다. 이러한 개인 간 갈등의 초점은 조직 내의 역할 부여자와 역할 수행자 간의 상호 작용 패턴이거나 또는 그들 각 상호 간의 상호작용 패턴이다.

개인 간 갈등은 관련 있는 당사자 간의 상호 의존성, 상이한 행동대안, 불확실성, 이질성 등 때문에 야기된다. 한편 루탄스가 제시한 개인 간 갈등의 원인은 정보의 부족, 역할 부조화(role incompatibility), 환경적 스트레스 등이다.[11]

개인 간 갈등을 해결하기 위한 전략은 윈윈(win-win) 전략, 윈루즈(win-lose) 전략, 루즈루즈(lose-lose) 전략으로 나누어 생각할 수 있다.

첫 번째의 윈윈 전략은 양자 승리 전략으로 가장 바람직한 전략 유형이다. 그 반면에 가장 바람직하지 않는 유형은 두 번째의 윈루즈 전략으로서 한 쪽의 당사자는 목적을 달성하지만 반대쪽은 목적을 포기해야 하는 전략으로 미국 사회에서 지향하는 개인 간 갈등 해결 방법이다. 세 번째의 루즈루즈 전략은 타협이나 협상과 같이 중간 입장에서 양쪽이 조금씩 양보 또는 포기하는 가장 일반적인 방법으로 활용되고 있는 갈등 해결 방법이다.

---

10) F. Luthan, Organizational Behavior, N. Y. McGraw-Hill Book Co. 1981, pp.371~374.

11) F. Luthans, Organizational Behavior, 1995(7th), p.278(원전 : David A. Whetten and Kim S. Cameron, Developing Management Skills, 1991(2nd), pp.397~399).

(3) 조직적 갈등(organizational conflict)

일반적으로 조직적 갈등이란 조직 내에 존재하는 집단 간 갈등(intergroup conflict)을 의미한다. 집단 갈등은 '조직의 성과에 직접적인 영향을 가장 많이 미치는 자원, 정보, 권력, 또는 유리한 직무나 직위 등을 획득하기 위해 일어나는 집단 간의 상호 작용을 조직 갈등'이라고 하며 다음과 같이 세분한다.

① **형태별 유형**12) : 조직적 갈등의 형태별 유형은 수직적 갈등과 수평적 갈등으로 나눈다.

첫째, 수직적 갈등(vertical conflicts)은 조직 계층 간에 발생하는 갈등으로 주로 상위 부서가 하위 부서의 자유 재량권에 지나치게 통제력을 발휘하는 과정에서 생기게 된다.

둘째, 수평적 갈등(lateral conflicts)은 한 조직 계층의 동일 수준의 부문 간에 발생하는 갈등으로 흔히 복합조직에서 각 하위 부서를 조정하는 어려움 때문에 야기된다. 이는 각 조직이 다른 과업을 수행하고 다른 환경에 처하고 있기 때문에 자연적으로 발생하는 것으로서, 사람들은 자기 부서를 우선 생각하고 다른 부서의 노력에 대해서는 2차적인 관심만 보이거나 무관심 때문에 갈등이 일어난다. 이러한 수평적 갈등은 조직의 규모가 대규모화될수록 더욱 빈번하고 심각하게 일어난다.

② **원인별 유형**13) : 조직적 갈등의 원인별 유형에는 기능적 갈등, 계층적 갈등, 경쟁적 갈등이 있다.

첫째, 기능적 갈등(functional conflict)은 각기 기능이 다른 조직 간에 생기는 갈등이다.

기능적 갈등은 과업이나 목표 또는 한계역할(boundary role)의 비양립성으로 인해 발생한다. 목표의 양립성이란 한 집단이 동일한 상황에서 동일한 결과를 성취하는데 다른 집단의 방해를 받는다는 것을 의미한다. 목표의 비양립성은 상호의존적인 집단들 간에 갈등을 일으키는데, 한 집단이 다른 집단의 목표 달성을 방해할 능력을 갖고 있을 때 집단 간 갈등이 표

12) Daniel Robey, Designing Organizations; A Macro Perspective, Homewood, Illinois, Richard D. Irwin, Inc. 1982, p.151.

13) P. L. Kahn, "Field Studies of Power in Organization", in R. L. Kahn and E. Boulding(eds), Power and Conflict in Organizations, N. Y. Basic Books, 1964, pp.146~157.

면화된다. 이러한 기능적 갈등의 예는 기업 조직에서 생산 부문과 마케팅 부문 간의 갈등, 라인과 스탭 간의 갈등 등이다.

둘째, 계층적 갈등(hierarchical conflict)은 조직 내 각 계층 간에 일어나는 갈등이다. 이사회는 최고 경영자와, 중간 관리층은 하급 관리층과 갈등이 있고, 관리자와 작업자 간에도 갈등이 있다. 이러한 계층적 갈등은 주로 승진, 승급, 권한, 임금과 같은 보상과 목표 달성을 둘러싼 방법상의 차이에서 비롯된다.

셋째, 경쟁적 갈등(competitive conflict)은 한 조직 내의 여러 집단이 유사한 기능을 가질 때에 발생한다. 예를 들면 기업에서 특정 고객에 대하여 영업 1부와 2부가 동시에 판매 활동을 할 경우에 일어나는 갈등을 말한다. 여러 집단이 유사한 기능을 수행할 경우 항상 적대감을 일으키는 갈등 관계가 되는 것은 아니며 때로 선의의 경쟁적인 갈등 관계도 성립된다.

제2절 갈등에 대한 견해

조직이 대규모화되고 인적 구성 관계가 복잡해질수록 조직의 갈등은 더욱 심화되므로 조직 내에서 발생하는 갈등 문제는 조직의 유효성[14]과 능률성[15] 증대 여부의 중요한 매개 변수이다. 그러므로 갈등의 존재에 대한 인식과 그 인식에 바탕을 둔 가치 정립은 갈등 관리를 위한 필요조건이다. 그렇지만 지금까지 갈등에 대한 가치 판단의 기준은 갈등이 좋거나 나쁜 상태 또는 바람직하거나 바람직하지 못한 상태 등의 이원론적인 흑백논리에서 다루었다. 그러나 갈등관의 변천에 따라 조직의 갈등은 불가피하다고 인식되었으며 경우에 따라서는 갈등이 자연적이고 불가피한 결과로 해악이 아니라 오히려 조직의 유효

14) 유효성(effectiveness)은 설정된 목표의 달성 정도를 말함. 이 개념에 포함된 목표란 안전성, 생산성, 만족, 성장성 등의 여러 지표가 포함됨.

15) 능률성(efficiency)은 생산성의 의미도 있으며 투입에 대한 산출의 비율을 말함. 따라서 앞의 유효성과 그 의미가 다소 다름.

성을 제고하는데 유용하다고 보게 되었다. 그리하여 이들 갈등에 대한 견해가 다음과 같이 3원론적으로 전개되고 있다.

1. 전통적 견해

갈등에 관한 전통적 또는 고전적 견해(classical view)는 갈등은 폭력, 파멸, 불합리성과 같은 의미로 항상 조직의 유효성에 부정적인 영향을 주는 것이므로 경영자의 책임은 바로 이러한 조직의 갈등을 제거하는데 있다고 보는 견해이다.[16] 즉, 갈등은 문제아들(problem children)에 의해 발생하고 조직에 나쁜 영향을 미치므로 회피해야만 한다. 그러므로 갈등이 발생할 경우 공식적인 규정에 준하여 해결하고, 그로 인하여 속죄양이 생겨나는 것은 어쩔 수 없는 일이라고 보았다. 이러한 견해는 미국의 경우 1930년대와 1940년대에 팽배했던 집단행동에 대한 연구 결과와 그 맥락을 같이 하였다. 그 당시에는 호손 연구와 같은 연구 결과에 근거하여 갈등은 커뮤니케이션이 원활하지 못하여 구성원들이 서로 신뢰하지 못할 때나, 경영자들이 종업원들의 욕구와 기대에 부응하지 못할 때 발생한다는 주장이 폭넓게 받아들여졌다.

따라서 모든 갈등은 바람직하지 못하다는 관점에서 조직과 집단의 성과를 개선하기 위해서 경영자들이 해야 할 일은 단지 갈등의 원인이 무엇인가를 찾아내어 부작용을 없애주기만 하면 된다고 보았던 것이다.

이러한 전통적 견해의 가설을 로빈스는 다음[17]과 같이 요약하고 있다.

첫째, 갈등은 저해요인이므로 해소되거나 해결되어야 한다.

둘째, 갈등은 유익하지 못한 요인이다.

셋째, 환경은 공격적이고 경쟁적이며 부적합하고 불합리한 행동을 형성하는 역할을 담당하는 주요 요소이다.

넷째, 갈등은 커뮤니케이션의 유효성을 저해하고 인간관계에서 이해와 신뢰 및 개방을 방해한다.

---

16) S. P. Robbins, 앞책, 289쪽.

17) Donald Nightingales, “Conflict & Conflict Resolution” in George Strauss(ed.), Organization Behavior; Research and Issues, Industrial Relations Research Association, University of Wisconsin, 1974, p.143.

다섯째, 인간은 선량하면서 신용과 협동의 주요한 존재이고, 성선설적(性善說的)인 인간 본성을 가지고 있다.

이상과 같은 전통적 견해는 갈등은 역기능적이므로 반드시 해소되어야 한다는 관점이다.

2. 행위론적 견해

1940년대를 기점으로 하여 1970년대 중반까지 널리 받아들여졌던 행위론적 견해(behavioral view) 또는 인간관계론적 견해(human relation view)[18]에 의하면 모든 조직과 집단에서 갈등은 필연적으로 발생하므로 완전히 제거될 수 없으며 경우에 따라서 집단의 성과를 향상시키기도 한다고 보았다.[19] 이러한 견해는 갈등을 변화 과정의 본질로 이해하고 적절한 갈등은 오히려 구성원들의 창의력을 고취시킨다고 본 견해로서 갈등을 수용하려는 태도를 취하였다.

현재 이 견해는 많은 조직에서 갈등 관리의 관점으로 인식되고 있으며, 행동과학자의 철학도 갈등의 수용(acceptance of conflict)으로부터 출발한다. 복잡한 조직에서 조직의 목표 수행을 위해서는 의견 불일치와 갈등은 당연하며 목표 수행 과정에서 집단간 갈등은 때로 유용한 기능을 하므로 모든 갈등을 유해한 것으로 생각하지 않는다. 즉, "갈등을 관리(managing conflict)하는 것은 갈등을 해결(resolving conflict)하는 것"[20]으로서 갈등 해결에만 최선의 목표를 둔 갈등의 '소극적 수용론'에 머무르고 있다.

3. 상호작용주의적 견해

갈등에 관한 최근의 견해는 상호작용주의적 견해(interactionist view)로서 갈등은 필수적이고 바람직한 요인으로서 일정한 한계 내에서 고무 내지 조장

18) 로빈스는 1989년 이전에는 behavioral view로 표현하다가 1989년 이후부터 human relations view로 달리 표현하고 있으나 내용은 동일함.

19) S. P. Robbins, Managing Organizational Conflict ; A Nontraditional Approach, Englewood Cliffs, N. J. Prentice Hall, 1974, p.12.

20) S. P. Robbins, Organization Theory, 앞책, .290쪽.

시켜야 한다는 견해이다. 이 견해에는 로빈스와 리코(L. Rico) 등이 동조하고 있다. 행위론적 견해가 갈등의 존재를 수용해야 한다고 주장하는 견해인데 반하여, 상호작용주의적 견해는 갈등을 고무시켜야 된다는 주장이다. 이와 같은 상호작용주의적 견해는 조직 구성원들이 조화를 이루어 다툼이 없고 협력을 잘하는 평온한 집단은 정적이고 무기력한 상태에 빠져 변화와 개혁이 필요할 때 신속히 대응할 수 없다는 가정 하에 오히려 갈등을 조장시켜야 할 필요가 있다는 견해이다. 이러한 시각을 취하는 사람들은 어느 정도 자기 비판적이고 창의적인 분위기를 유지해가면서 집단을 와해시키지 않을 정도의 범위 내에서 경영자들이 최소한도의 갈등을 계속적으로 유지해 나가야 한다고 주장하고 있다.

갈등이 없는 상태는 독재적이고 통일적이며, 정체적 내지 침체적이면서 정신적으로 고착된 상태를 의미한다. 그래서 리코는 상호작용적 관점에 서서 "갈등이 존재하는 상태는 민주적, 성장적 및 자기실현적인 것이 가능한 상태를 뜻하며 갈등의 부재는 독재주의, 획일화, 정체 및 정신적 고착(mental fixity)을 의미한다. 따라서 만일 갈등이 충분한 상태에서 관리된다면 문제 해결을 위한 자극제가 될 가능성이 있다"[21]라고 말하고 있다. 즉, 갈등의 최소한의 수준은 유용하다는 것이다. 이에 동의하는 로빈스는 갈등을 제거하는 상태에서 기능적 갈등(functional conflict) 또는 건설적 갈등(constructive conflict)의 상태까지 갈등의 강도를 연계적인 범주로 고려[22]하여 이 견해가 안고 있는 가정을 다음[23]과 같이 여덟 가지로 제시하고 있다.

첫째, 갈등의 절대적 필요성을 인정한다.

둘째, 현재적(顯在的)으로는 순기능적 대립을 권장한다.

셋째, 갈등 해소 방법뿐만 아니라 자극을 포함한 기능적 갈등 관리를 규정한다.

넷째, 모든 경영자의 주요한 책임으로서 갈등 관리를 고려한다.

다섯째, 갈등은 규칙적으로 제기되어야 하며 동시에 소중하고 신중하게 다루어져야 한다.

여섯째, 갈등은 제한된 보상에 대한 투쟁, 식생활의 원천, 사회적 계층과 신분, 책임 그리고 권력에서 대두되는 결과이고, 동시에 선천적으로 공격적이고

---

21) L. Rico, "Organizational Conflict : A Framework for Reappraisals", Industrial Management Review(fall, 1964), p.67.

22) S. P. Robbins, Managing Organizational Conflict, 앞책, 93~97쪽.

23) S. P. Robbins, Organization Theory, 앞책, 290쪽.

경쟁적인 본능을 더 낮은 상태로 두는 데에서 야기되는 결과이다.

일곱째, 환경의 중요성을 강조하는데 환경에는 많은 행동 결정 요소가 있을 뿐만 아니라 발전적 행동 프로그램에 유전학적이고 심리학적인 요소를 포함하고 있다.

여덟째, 만일 기본적으로 나쁜 성향이 있는 사람이라면 공격적인 자아탐색(self-exploration)과 경쟁적 본능을 유발시킬 수 있다.

이러한 여러 가정과 관련해서 모든 형태의 갈등이 바람직한 것이라든가 아니면 전부 바람직하지 않다는 식의 단순한 양분적인 관점을 취하지 말아야 한다. 갈등은 새로운 아이디어를 창출하는 것을 촉진시키고 집단의 응집성을 향상시키며 다양한 의견을 제시하도록 하거나 욕구 불만의 탈출구 역할도 하는 것이다. 그러므로 갈등이 형태에 따라서는 바람직하지 못한 것도 있지만 바람직한 것도 많기 때문에 이를 구분하여 조직에 긍정적인 영향을 미치는 기능적 갈등 또는 건설적 갈등은 어느 정도 조장시키고 부정적인 영향을 미치는 역기능적 갈등(dysfunctional conflict) 또는 파괴적인 갈등 (destructive conflict)은 제거시켜야 한다는 '적극적 수용론'이 상호작용주의적 관점이다.

여기에서 직무와 관련하여 갈등을 과입갈등(task conflict), 관세갈등(relation conflict), 과정갈등(process conflict)으로 구분할 수 있다.[24] 과업갈등은 직무의 내용이나 목표에 따라 일어나는 갈등이다. 관계갈등은 인간 간에 일어나는 갈등이며, 과정갈등은 직무가 진행되는 과정에서 일어나는 갈등이다. 이 때 관계갈등은 주로 역기능적 갈등이나 과업갈등과 과정갈등은 어느 정도 기능적인 갈등이다.

제3절 조직성원간의 갈등

조직 분화는 수직적 분화와 수평적 분화로 구분된다.

먼저 수직적 분화 과정에서는 분화된 조직의 통합조정기능을 발휘하기 위하

24) S. P. Robbins, Organizational Behavior, Prentice Hall, Upper Saddle River, N, J. 2003(10th), p.397.

여 권력을 차등하여 배분하게 된다. 각 계층의 성원 상호간에는 불공평하게 주어진 권력 때문에 여러 가지 갈등을 겪게 된다.

다음으로 수평적 분화는 조직 성원 개개인에게 상이한 역할을 맡기는 역할 분담이며, 수직적 분화는 수평적 분화에 의한 직능 요원을 다시 하나의 요소로 통합하여 권한과 책임을 부여해 주는 것이다. 폰디(L. R. Pondy)는 "수직적 분화에 의해서 나타나는 갈등을 관료제적 갈등이라 하고 수평적 분화에 의한 성원간의 갈등을 시스템적 갈등"[25]이라고 구분하였다.

1. 수직적 관계에 의한 갈등

1) 상하급자간 갈등

상하급자 갈등에 대한 연구는 레뉘크(P. A. Renwick)와 버르크(R. J. Burke)의 연구 논문이 있다. 상・하급자간 갈등에서 심각하게 문제가 되는 것은 역시 권력이나 영향력이 약한 하급자 측이며 "갈등 관리에 대한 인식은 하급자로부터 제기"[26]되는 반면 "상급자 측면의 조사는 이루어지지 않았다"[27]고 에반(W. Evan)은 말한다. 이처럼 상하급자간의 갈등 연구에서 상급자의 갈등은 무시되어 왔다.

상하급자의 갈등은 다음과 같이 크게 세 가지 측면에서 나타나고 있다.[28]

첫째, 상황에 대한 인식의 차이에 의한 갈등이다.

상급자들은 기업의 목적이나 목표를 보다 장기적이고 포괄적인 관점으로 보고 하급자들보다 더 깊은 이해를 하려고 한다. 반면에 하위직은 그들 상급자보다 더 많은 기술적 정보나 노하우를 가지고 있기 때문에 현실 감각은 더욱 뚜렷하고 문제 인식에 더욱 민감하다. 그리하여 상급자가 장기적이고 포괄적인데

---

25) L. R. Pondy, "Organizational Conflict : Concepts and Models", Administrative Science Quarterly, Sep. 1967, 12, No. 2, pp.296~320.

26) P. A. Renwick, "Perception and Management of Superior-Subordinate Conflict", Organizational Behavior and Human Performance, 1975, 13, p.445.

27) W. Evan, "Superior-Subordinate Conflict in Research Organizations", Administrative Science Quarterly, 1965, pp.52~64.

28) 최해진, 갈등의 구조와 전략, 도서출판 두남, 2004, 118~122쪽.

반해 하급자는 단기적이고 국부적인 관점과 인식"[29]을 가지고 있기 때문에 갈등이 발생한다.

둘째, 정보, 지식, 자원, 권력 소유의 차이에 의한 갈등이다.

상급자는 제자원이나 권력을 통하여 하급자를 통제하려 하며 하급자는 제한된 범위 내에서 전술한 제 자원을 획득하려는 과정에서 경쟁과 갈등이 일어난다. 본래 상하급자의 권력 차이가 존재하는데 "이러한 권력 차이는 효과적인 의사소통과 협력을 촉진시키며 권력 평준화 노력은 상하간의 상호작용을 개선시키는 역할을 한다."[30] 또한 맥클리랜드(D. C. McClelland), 칸터(R. M. Kanter) 등은 권력 차이는 문젯거리가 아니며, 상급자는 당연히 상당한 권력과 높은 권력 욕구를 가져야 한다고 하였다.

셋째, 상하급자 구성원간의 이질적 구성에 의해 갈등이 일어난다.

상하급자의 인적 구성은 연령차이, 성별차이, 경력유무 등의 다양한 요인이 있다.

2) 신입사원과 경력사원간 갈등

조직에 먼저 들어온 성원과 뒤에 경력을 인정받아 들어오는 성원 사이에는 조직에서 제공하는 보상, 승진, 권력이 차별적으로 제공된다. 이때 먼저 조직에 참여한 성원과 뒤에 입사한 경력자 사이에는 다음과 같은 갈등이 나타난다.[31]

첫째, 업무처리방식의 차이에 의해서 갈등이 발생한다.

직무에 대한 인식의 정도는 경력 사원과 신입 사원이 각각 다르다. 경력 사원은 보다 능숙하게 직무를 수행하겠지만 신입 사원은 새로운 직무를 "현실에 대한 자극(a reality shock)이나 놀라움"[32]으로 받아들여 새로운 조직에서 직면하는 사회화(socialization) 미숙으로 인한 역할 갈등을 겪게 된다.

둘째, 정보, 지식, 자원, 권력의 유지와 획득 경쟁에 의해서 갈등이 발생한다.

경력 사원은 대체로 다른 조직에서 이미 획득한 각종 정보와 지식, 자원과

---

29) P. A. Renwick, 앞책, 452쪽.

30) D. Tjosvold, "Power and Social Context in Superior-Subordinate Interaction", Organizational Behavior and Human Decision Process, 1985, 35, p.281.

31) 최해진, 앞책, 122~125쪽.

32) E. C. Hughes, Men and Their Work(1958), quoted in G. R. Jones, "Socialization Tactics, Self-efficacy and Newcomers Adjustments to Organizations", Academy of Management Journal, 1986, Vol. 29, No. 2, p.263.

권력을 새로운 조직에서도 계속 유지하거나 더욱 확대하려고 한다. 이와 반대로 신입 사원은 그들 사회화 촉진의 매개 요소가 되는 조직 생활에 필요한 정보나 지식, 자원, 권력을 획득하는데 서툴지만 그렇다고 뒤에 들어온 경력 사원에게 쉽게 양보하지 않는다. 이와 같이 경력 사원과 신입 사원 양자 사이의 제자원 획득 경쟁(선의의 경쟁 포함)은 갈등을 동반한다.

2. 수평적 관계에 의한 갈등

1) 제조부와 영업부간의 갈등

부서간의 권한 또는 영향력의 차이는 조직이 목적을 달성해가는 과정에서 일어나는 필연적인 현상이다. 만약 조직 목표 수행 과정에서 권한 행사가 없다면 목표수행 자체가 때로 불가능한 상태로 전개된다. 왜냐하면 조직은 바로 힘이 행사되는 장(場)이며, 모든 조직이 직면하는 의사결정의 불확실과 불확정을 극복하는 메커니즘으로서 권력이 상존하는 곳이기 때문이다.

톰슨(J. D. Thomson)은 "조직의 투입, 전환, 산출에서 생겨나는 불확정을 극복하는 과정이 조직 목적을 달성하는 관리 과정"[33]이라고 보고 있다. 조직이 문제의 불확정을 해결하여 확정되게 하는 의사결정이나 행동을 각 부서나 집단, 하위 시스템간의 상호 관계 속에서 추구할 때 바로 권력차등현상이 일어난다. 바로 이러한 권력 차등 현상을 타파시키려는 행위 과정에서 갈등이 일어난다.

페로우(C. Perrow)는 기업의 부서 간 권력 분포를 조사하였는데 "제조, 영업, 재무, 연구부서 중에서 영업 부서가 권력이 가장 큰 부서로 나타났다"[34]그러나 필자의 연구에서는 조사 대상 여덟 개 부서 중에서 인사 부서의 권력이 가장 강하고, 다음으로 조사 계획 부서 그리고 연구 부서였으며 영업 부서와 제조 부서의 크기가 비슷하다고 느끼고 있는 것으로 나타났다.[35]

33) J. D. Thompson, Organizations in Action, N. Y., McGraw-Hill Book Co. 1967, p.162.

34) C. Perrow, Departmental Power and Perspectives in Industrial Firms, edited by Mayer N. Jald, Power in Organization, Nashville Tennesee, Vanderbilt Universty, 1970, pp.62~65.

35) 최해진, 앞책, 126~128쪽.

그러면 제조부와 영업부 사이의 갈등은 왜 일어나는가?

첫째, 부서별 목표 차이에서 일어난다. 조직 전체의 목표는 동일하지만 하위 부서의 하위 목표 간에는 다소의 차이가 있다. 즉, 제조 부문은 가격보다 다량의 제품을 만드는 것에 목표를 두고 영업 부문은 보다 양질의 제품을 소비자에게 제시하여 고객의 기호를 맞추려 한다. 이때 영업 부문은 다소 무리를 하더라도 제조 부문에 영향력을 행사하여 양질의 제품을 납기 내에 맞추어 생산하려 하고, 제조 부서는 영업 부서에 영향력을 행사하여 여유 있는 납기의 조건을 가진 규격화되고 생산하기에 용이한 제품을 주문받으려 한다.

둘째, 역할 수행 과정에서 업적과시와 책임전가 때문에 권력의 차이와 갈등이 생긴다. 예를 들면 호황임에도 불구하고 판매가 부진하면 제조부에서는 영업부의 시장 개척 노력이 부족하여 애써 만든 제품이 팔리지 않는다고 질책하면서 영업부가 고객 접촉에 보다 숙련된 기술과 기법을 사용해야 한다고 주장한다. 반면 영업부 요원들은 제조부 요원들의 기술 부족과 노력 부족 때문에 적시에 적절량의 제품을 판매할 호기를 잃어버리고 있다고 질책한다.

그러나 제품이 잘 판매되면 제조부에서는 그들의 숙련된 기술 때문이라고 하지만 영업부에서는 그들의 뛰어난 영업 능력과 노력이라고 한다. 이때 서로 자기들의 노력이 인정받지 못하고 잘못한 사항에 대해서만 상대 부서나 상급자로부터 비난이나 질책을 받는다고 생각하여 상황에 따라 그들의 발언권과 영향력을 확대하려는 권력 강화를 시도한다. 이들이 권력 강화를 시도하는 과정에서 제기되는 갈등은 새로운 설계 영역, 주문의 접수, 설비의 도입, 서비스의 제공, 하자물품(瑕疵物品)의 반송, 이익 있는 물품의 손실 등과 항상 동반한다.[36)]

그러므로 부서 간에 일어나는 갈등은 차상위부서에서 상위 목표를 제시하여 부문 간의 부조화를 조정·통제하고, 개방적 커뮤니케이션 시스템을 적극 활용하여 상대적으로 느끼는 소외감을 극복시켜 부문 상호간의 협동 분위기를 조성해 나가면 해결할 수 있다. 또한 공동의사결정(joint decision making)기구를 설정하는 것도 갈등 해결의 한 방법이 된다.

---

36) J. M. Dutton and R. E. Walton, "Interdepartmental Conflict and Cooperation : Two Contrasting Studies", Human Organization, Fall 1965, pp.626~628.

2) 라인과 스탭의 갈등

라인(line)과 스탭(staff) 이론은 조직론, 군사참모 이론, 과학적 관리론 등의 주요 부분이다. 라인은 구매, 제조, 판매라는 조직의 1차적 분화에 의한 주요 직능 부서로서 기업의 목표를 성취시키는 직접적인 책임을 가지고 있으므로 기업 현장에서는 직접부서라고 한다. 이에 반해서 스탭은 라인에 대해 충고하고 서비스를 제공하는 부서로서 간접적 책임을 지는 간접부서이다. 그러므로 스탭의 영향력은 라인을 통해서만 발휘될 수 있다.

원래 스탭은 알려지지 않은 일, 창의적인 일, 미래 지향적인 업무를 수행해야 하며, 성공적인 결과에 대해서 공을 앞세우지 말아야 한다. 즉, 스탭은 어떤 어려운 문제에 부딪히면 문제 해결을 위해서 라인을 도와야 하고, 라인이 스탭의 충고에 의해 실행하는 과정에서 실패를 하는 경우에도 문제의 관찰 내용을 상급자에게 보고해야 하며 조직 내 어느 계층, 어느 집단과도 접촉할 수 있지만 자기주장이나 수정된 정보를 주장할 권리는 없다. 바로 스탭의 권한은 제한된 전문적 권력이 부여되는 한정적 조건에서만 설명할 수 있다. 만일 한정적인 권리를 행사하지 않는다면 여러 직능적 부문에서 라인과의 충돌과 갈등은 피할 수 없는 일상사가 된다.

이런 점에서 스탭의 권한은 계획, 조사, 연구 부문에 한정되어야 하며, 집행과 확인은 역시 라인의 최후 책임으로 남아 있어야 한다. 그러나 현실적으로 "스탭의 권력은 조직에서 점차적으로 증대되고 있는 것이 사실이며 주요 의사결정, 인적자원과 재무적 문제에서 더 큰 영향력을 발휘하고 있다"[37].

그러므로 원칙적으로 라인과 스탭 간의 직무 수행상 본연의 자세로 돌아간다면 갈등을 예방 또는 감소시킬 수 있을 것이다.[38]

또 제한된 인원으로 명확한 직무 배치를 한다면 갈등은 쉽게 제거 내지 감소시킬 수 있지만 Parkinson의 설명과 같이 조직에서는 업무량과 관계없이 인원의 증가 현상이 생긴다. 이런 현상은 라인보다 스탭에게 오히려 더욱 심각하게 나타남으로써 라인・스탭 간의 갈등을 심화시키는 원인이 된다.

그러므로 양자 간의 갈등을 감소시키기 위해서 다음과 같이 해야 한다.

---

37) D. McGregor, The Human Side of Enterprise, Tokyo, McGraw-Hill Kogakusha, Ltd. 1960, p.156.

38) 최해진, 앞책, 128~134쪽.

첫째, 양자는 기존의 제 규정을 일단 준수하되 문제가 있는 사항은 단계적으로 개선해 나가는 타협적 자세를 자발적으로 가지도록 해야 하고, 조직에서는 타협과 조정을 할 수 있는 기회를 제공하는 관리 체계를 확립해야 한다.

둘째, 스탭은 연구하는 자세로서 새로운 기법과 노하우를 라인 요원에게 끊임없이 제시하여 그들에게 스탭의 필요성을 계속 인지시키도록 해야 한다. 반면 라인은 스탭의 연구 결과를 진지한 자세를 가지고 검토하는 성의를 보여야 한다.

셋째, 스탭은 권력을 행사하기 보다는 겸허한 자세로서 라인을 돕는다는 생각을 잊지 말아야 한다.

그러므로 한국 기업의 구조적 문제점인 스탭의 왕국적 현상을 탈피하여 스탭의 권력을 축소하고 라인의 권력을 강화시킴으로서 권력이 적절하게 배분되도록 해야 한다.

3) 남녀사원 간 갈등

(1) 구조주의적 관점

일반적으로 "기업에서 경영자(think manager)라고 하면 남성(think male)을 의미"[39]할 정도로 여성의 지위는 취약하며 한국 기업에서 이런 상황은 더욱 심각하다.

여성이 기업에서 역할을 수행한 역사는 오래되지 않았다. 19세기에는 사무실의 비서직에서 조차 여성이 존재하지 않았다. 19세기말과 20세기(1890-1910)의 전환기적 시대에 비로소 여성에 대한 새로운 역할이 현대적 사무실의 출현과 더불어 주어졌다.[40] 즉, 기록 보존 서류를 만드는 서기가 필요해졌기 때문이다. 1870년대에 고안된 타자기가 보급되면서 필요한 업무 요원을 남성만으로는 충족시킬 수 없었으며 더구나 여성 타자수에게 사무실의 잔심부름도 시킬 수 있다는 이점 때문에 사무실의 여성 인력 취업이 크게 확대되었다. 그래서 여성에게 양적인 기회의 확대와 동시에 과거와 같은 제한적 역할 외에도 또

39) Lea P. Stewart, "Differential Factors Influencing the Hierarchical Level and Number of Promotions of Males and Females within an Organization", Academy of Management Journal, Sep. 1982, Vol. 25, No. 3 p.586.

40) R. M. Kanter, Men and Women of the Corporation, N.T., Basic Books, Inc., Publishers, 1977, pp.25~26.

다른 많은 역할이 주어지고 있다. 그렇지만 권력과 권한이 남성과 비교해서 상대적으로 약한 지위에 머물러 있는 현상은 일부 선진국을 제외하고는 타파되지 못하고 있다.

그래서 스튜아트(L. P. Stewart)는 "여성들이 남성에 필적하는 지위나 영향력을 갖고 있지 않다"[41]고 하였다. 또한 그는 "여성이 중요한 승진 경로(promotional process)인 비공식 조직을 활용할 수 없고 또 하려고 하지도 않는다."[42]라고 지적하였다. 이러한 이유는 "남성에 비해서 여성의 정보 채널이 부족하고, 최하위 근접 부서에 근무하며, 정형화된 직무를 수행"[43]하고 있기 때문이라고 칸터(R. M. Kanter)는 그의 실증 조사를 통하여 설명하였다.

또한 자블린(Jablin)은 여성이 권력과 우선권을 행사할 수 없는 것은 오랜 기간 관리직에 머물지 않고 남성처럼 조직 상위 계층에 올라 갈만큼 충분한 교육을 받거나 경륜을 쌓지 못했기 때문[44]이라고 하였다.

그러나 다소 다른 견해를 가진 연구도 제시하고 있다. 즉, 샤인(V. E. Schein)은 "여성의 경영 능력이 남성과 동일하다"[45]고 하였고, 쭈이와 구텍(A. S. Tsui and Barbara Gutek)은 최근 그의 연구에서 여성들이 승진의 장애를 극복하는 것 같이 보인다고 하였다. 즉, "여성이 남성보다 더 빨리 승진하고 그들 직무에 더 만족하는 것"[46]을 발견했다. 이와 관련하여 브라스(D. J. Brass)는 "여성이 비록 조직의 지배연합(dominant coalition)을 잘 통합하지는 못해도 연락망(network)을 형성하는 점에서는 남성만큼 숙련되어 있다"[47]는 것을 발견했다.

41) Lea P. Stewart, 앞책, p.586.

42) 윗책, p.588.

43) R. M. Kanter, 앞책, p.55.

44) F. M. Jablin, "Subordinates's sex and Superior–Subordinate status differen–tiation as Moderators of the Pelz effect", In Nimmo(Ed.), Communication year book 4, New Brunswick, N. J. ; Transacti on, 1980, pp.349~366, quoted in L. P. Stewart, "Differential Factors Influencing the Hierachical Level and Number of Promotion of Males and Females within an Organization", Academy of Management Journal, 1982, Vol. 25, No. 3, p.587.

45) V. E. Schein, "Sex, Role stereotyping, Ability and Performance : Prior Research and New Directions", Personnel Psychology, 1978, 31, pp.259~268.

46) A. S. Tsui and Barbara Gutek, "A role set analysis of gender differences in performance, affective relationship and career success of industrial middle managers", Academy of Management Journal, 1984, 27, pp.445~466.

47) D. J. Brass, "Men's and Women's networks; A Study of Informal Interaction Patterns and Influence in an Organization", Academy of Management Journal,

이와 같이 여성의 능력이 인정되고 있지만 근본적으로 여성에 대한 기회와 가능성이 부여되는 직무의 제공 없이 여성이 권력에 접근할 수 없으며 영구히 무권력군(the cycle of powerlessness)으로 남게 될 것이라는 것이 구조주의 자들의 주장이다. 이들은 모집, 배치, 직무 수행, 평가 등의 제 과정에서 이미 여성에 대해 차별을 두고 있으므로 권력에 근접할 수 없다는 설명을 하고 있다. 전통적으로 우리 사회 구조에서는 출산, 육아, 취사 등의 가정 내의 일을 여성 전용으로 알고 있기 때문에 여성이 조직에서 또 하나의 역할을 담당할 때 수용해야 하는 이중역할 수행중의 역할 갈등과 역할 모호성은 심각한 것이다. 이와 같이 "여성이 역할 갈등과 역할 모호성에 빠질수록 조직의 책임을 덜 부담하려고 한다."[48] 동시에 책임 부담의 감소는 권력과 권한의 감소로 이어지는 악순환 속에서 계속 갈등은 일어난다. 그래서 여성이 이러한 구조적 장애를 스스로 극복하거거나 제도적으로 도와주지 않으면 性의 차이에 의한 권력 차이와 그에 수반된 갈등은 사라지지 않을 것이다.

(2) 사회화 관점

헤닝(M. O. Henning)과 자르딤(A. Jardim)은 "여성이 남성위주의 기업 문화에 적응하기 위한 사회화 학습 과정에서 잘못 적응되었다."[49]고 하였는데 이것은 동서양 다 같이 남성이 지배하는 문화적 환경 속에서 여성의 퍼스낼리티가 수동적인 행위 양태로 변하기 때문에 적극적인 행동이 필요한 기업에서는 남성보다 불리한 입장에 처하게 된다는 좋은 지적이다.

그리하여 디턱크(M. A. Deturck)와 밀러(G. R. Miller)의 말처럼 남녀의 적응전략에는 차이가 있다. 즉, 그는 "여성은 호소전략(appeals-based strategies)을 활용하는 반면 남성은 오히려 약속과 위협 등의 전략을 쓴다"[50]고 하였으며

1985, p.28.

48) Helen La Van and David K. Banner, "The Perception of Role Conflit, Role Ambiguity and Organisational Commitment : Differences Between Sexes", U. K. International Journal of Manpower, 1985, Vol. 6, No. 5, p.32.

49) M. Henning & A. Jardim, The Managerial Woman, N. Y. Pocket Books, 1977, quoted in Lisa A. Mainiero, Administrative Science Quarterly, 1986, 31, p.635.

50) M. A. Deturck & G. R. Miller, "The effect of birth order on the persuasive impact of messages and the liklihood of persuasive messages selection", quoted in Lisa A. Mainiero, Administrative Science Quarterly, 1986, 31, p.635.

팔보(Toni Falbo)는 "여성이 간접적이고 편협한 전략(감정, 의존 눈물, 도움 호소 등)을 쓰는 반면, 남성은 보다 직접적이고 쌍무적인 전략(우협, 협상)을 활용한다."[51]고 하였다.

사회화 이론의 관점에서 보면 이처럼 권력을 획득하기 위하여 여성이 의존적이고 도움을 호소하는 간접적이고 수동적인 전략을 쓰는 반면, 남성은 보다 직접적이고 공격적인 전략을 구사한다. 그 결과 권력 활용 면에서 여성이 남성보다 갈등을 더 느낀다는 것이다.

(3) 두 관점의 통합

조직이 가지고 있는 구조적인 현상에서 이미 여성의 권력이 상대적으로 열악하다고 보는 측면과 여성이 사회화되는 성숙 과정에서 권력이나 영향력을 행사할 수 있는 행위에 익숙해지지 않았다고 보는 사회화 이론 관점에서 어느 관점이 타당한가 하는 점은 규명하기 힘들다. 왜냐하면 두 관점이 지적하고 있는 여성의 무권력 상황은 쉽게 해결할 수 없는 문제이기 때문이다. 무권력 또는 열악한 영향력 행사 과정에서 여성이 겪는 갈등은 직무에 대한 불만족과 바로 직결된다. 이러한 문제점을 타파하기 위하여 우리는 메카니크(D. Mechanic)의 말을 유념할 필요가 있다. 즉, "하급 부서에서 이용할 수 있는 권력의 근거인 인력, 정보, 매력, 위치, 전문성 등의 이용 가능한 권력 자원을 활용하여 권력이나 영향력을 단계적으로 획득"[52]하고 여성이 잠정적으로 가질 수 있는 간접적 정보, 준거적 권력, 성적 권력을 활용해 나감과 동시에 영향력 행사의 범위를 확대하여 심화된 갈등 문제를 해결해야 한다.

---

51) Toni Falbo, "Multidimensional Scaling of Power Strategies", Journal of Personality and Social Psychology, 1977, Vol. 35, pp.537~547.

52) D. Mechanic, "Sources of Power for Lower Participants in Complex Organization", Administrative Science Quarterly, 1962, 7, pp.349~364.

제4절 갈등의 원인

1. 상호 의존성과 일방적 의존성

갈등의 원인은 다양하고 복잡하며 개인간, 집단간, 조직간에 따라 다르다. 여기에서는 조직 차원의 원인을 분류한다.[53]

쌍방은 상호 관계 속에서 지원, 의사소통, 순응, 조정 등의 상호작용을 한다. 개인과 집단간 관계에서 뿐만 아니라 직무간의 상호관계에서 의존 관계가 심화됨에 따라서 갈등 발생의 빈도가 증가한다.

또한 일방의 상대방에 대한 의존적 관계가 일방적일 때 힘의 불균형 상태가 발생하고 상대적으로 세력이 약한 개인이나 집단 또는 조직은 불균형 상태를 해소하려고 하기 때문에 갈등이 생긴다. 일방적 의존 관계에서 발생하는 갈등은 상호의존적 관계에서 발생하는 갈등보다 더 심각하다. 즉, 일방적 의존 관계에서 도움을 받거나 권한이 상대적으로 약한 경우는 자신이 가지고 있는 상대적인 박탈감과 열등감 등이 혼재하여 갈등은 보다 심각하게 인지되고 쉽게 해결되기 어렵다.

2. 직무의 수평적 분화

직무 분화는 수직적, 수평적으로 일어나고 이를 조정하기 위해서 통합의 과정을 거치는 것이 조직의 특성이다. 이때 수직적 직무 분화는 계층을 따라 하위 부서로 권한이나 직무를 위임하는 성격이 강하기 때문에 갈등의 요인이 다소 줄어들지만 수평적인 직무 분화는 직무 내용의 차이, 목표의 차이, 부문 간의 관리 방식과 관리 철학의 차이를 전제로 하기 때문에 갈등은 불가피하게 나타난다. 이런 경우 부문간 당사자들이 끊임없이 논의의 과정을 거치면서 차이

---

53) R. E. Walton & J. M. Dutton, “The Management of Interdepartmental Conflict : A Model and Review”, 앞논문, pp.73~84.
Gibson, Ivancevich and Donnelly, Organization, Plano, Texas, Business Publications, Inc., 1982(4th), pp.210~214.

를 확실히 인정하게 하여 그에 따른 보상을 주거나 직무 부담에 대한 차이를 줄여 나가면 상대적인 갈등은 미연에 방지하거나 줄일 수 있다.

3. 낮은 공식화

낮은 공식화란 규정과 규칙이 덜 표준화되어 있다는 말이다. 합리적인 규정과 규칙이 일정한 양식이나 문서로 정해져 있으면 일관성을 유지하여 성원들의 역할 모호성과 갈등을 최소화할 수 있다. 그러므로 조직에서 규정을 정하지 않으면 행동 지침이 없어 혼란이 일어나면서 성원 간에 갈등은 증가한다. 그래서 규정을 정하여 확실하게 직무를 수행하도록 하면 갈등은 소멸한다. 그러나 운동 경기나 게임의 규칙은 복잡하게 하여 오히려 당사자나 관중에게 긴장감을 주거나 승부 여부에 관한 갈등이 일어나게 만든다.

4. 한정된 자원

관련 당사자가 사용할 자원 즉, 예산, 권한, 직위 등 자원이 한정되어 욕구충족이 충분히 될 수 없고 결국 제로섬(zero-sum)상황이 된다는 인식을 하게 되면 서로 간에 보다 많은 자원을 확보하거나 세력을 확장하려 한다. 이 과정에서 부서간 갈등이 나타난다. 이 경우에는 보다 더 많은 예산을 확보하고 권한을 확대하려는 공동의 목표를 설정하면 갈등을 완화할 수 있다.

5. 평가와 보상 체계의 차이

조직이나 집단이 전체의 성과를 고려하지 않고 부서별 또는 단위별 성과를 강조하여 평가를 하고 그에 따른 보상의 정도가 다르면 부서간 또는 단위 간에 갈등이 증가한다.

보상 체계가 잠재적 갈등을 자극하거나 감소시킨다는 연구 결과도 있다.[54] 즉, 보상 체계에 어떤 성원은 만족하지만 또 다른 성원은 만족하지 않을 수 있

54) R. Likert, New Patterns of Management, McGraw-Hill Co. 1961, pp.35~37.

다. 이와 같이 성원들이 보상 체계에 대한 해석을 달리함으로써 好不好의 다른 감정을 가질 때 갈등이 생긴다.

6. 목표의 차이와 지각의 차이 그리고 지위부조화

개인 또는 집단이나 조직의 목표의 차이와 정보의 전달 경로, 목표에 대한 지각의 차이, 시간관의 차이, 지위부조화에 의해서 갈등이 일어난다.

첫째, 목표의 차이는 갈등의 가장 중요한 원인이 된다. 라인이 추구하는 안정과 스탭이 추구하는 변화가 다르기 때문에 갈등이 일어난다.

둘째, 목표에 대한 지각의 차이에 의해서 갈등이 일어난다. 즉, 동일한 목표라도 추구하는 방법, 목표 달성 도달을 위한 시간관이나 중요도에 대한 인식의 정도가 다를 경우에 갈등이 일어난다.

셋째, 지위 부조화도 중요한 갈등의 원인이 된다. 실질적인 지위와 인식되는 지위의 차이가 다르면 갈등이 일어난다.

7. 정보의 왜곡

성원 간에 수없이 교환되는 의사소통의 과정에서 일어나는 정보 내용의 어려움과 왜곡, 정보의 모호성, 정보량의 과소와 과대 현상, 어휘와 의미의 난해 등이 갈등을 일으키는 원인이 된다. 이러한 갈등은 커뮤니케이션 갈등이라고 한다.

8. 성원의 이질성

성원의 구성 요소에 대한 이질성이 클수록 협동력 또는 응집력이 떨어지고 조직의 분위기가 경직될 것이다. 즉, 구성원의 성장 배경, 가치관, 교육 경력, 연령, 종교, 인종 등의 인적요인이 동질적이라면 인식과 지각의 정도가 비슷하기 때문에 목표 달성을 위하여 보다 협조적이고 순응적이 된다. 그러나 이질적인 성원이 집합체를 이루면 성원 간에 응집력과 친밀도가 떨어지고 상호 이해하고 배려하는 마음이 부족하기 때문에 쉽게 갈등이 나타나게 된다.

9. 합리성과 정의성

우리나라 사람들이 조직에서 겪는 갈등 중 하나는 중요한 일을 처리할 때 공과 사를 분명히 가려서 해야 하는 합리성보다는 의리나 인정에 치우치는 경향이 짙기 때문에 일을 그르치는 경우가 많다.

논리적으로는 합리성을 추구하지만 막상 현실에서는 사정에 사로잡혀 심한 갈등을 겪는다. 이것은 우리나라 사람들이 오랜 세월동안 단일 민족, 단일 언어, 단일 풍습으로 살아온 사실과 무관하지 않다. 특히 공직이나 조직에 근무하는 사람들이 이러한 합리성과 정의성 양자에 의한 갈등 상황에 직면해 있다는 것을 어렵지 않게 생각할 수 있다.

제5절 갈등의 결과

행동과학자들의 많은 노력으로 집단 간에 나타나는 갈등의 기능과 역기능의 결과를 다음과 같이 분석하였다.[55)]

1. 갈등의 개인적 반응 양태

개인이나 조직은 끊임없이 갈등을 경험한다. 그러면서 갈등에 따른 반응 양태 또한 다양하다. 때로는 소극적으로 반응하기도 하고 때로는 적극적인 반응을 하기도 한다.[56)]

55) Gibson, Ivancevich and Donnelly, 앞책, pp.214~216 참조 보완.
56) 천태윤, 갈등관리전략론, 선학사, 2001, 166~178쪽 참조 보완.

1) 소극적 반응

(1) 체념

체념이란 무관심과 유사 개념이며 욕구 불만 상태가 오래 지속되어 목표 달성의 희망을 잃고 현실의 욕구 불만 상태로부터 도피하려 할 때 일어나는 소극적인 행위 현상으로 목표 추구의 대상이나 목표 그 자체를 포기하는 것을 말한다. 즉, 모든 것을 단념하고 운명에 따르기로 마음먹는 것을 말한다. 예를 들면 조직이 자신이 한 일에 대해서 포상을 하든지 질책을 하든지 전혀 상관하지 않는 것이 이에 해당한다. 물론 이런 경우에 관리자는 조직에 활기를 불어넣고 생산성을 높이기 위해서 그러한 체념 상태에 있는 성원들을 파악해야 한다. 그런 연후에 그들이 체념하는 이유를 알아내고 그 원인에 대한 해결책을 제시함으로써 그 체념 상태로부터 벗어난 성원들이 의욕을 갖고 일할 수 있도록 전략을 사용해야 한다.

(2) 억압

억압이란 생각, 충동 등을 완전히 억제하는 것을 말한다. 즉, 어떤 행위로 인해 죄의식이나 걱정을 야기시키는 심리적 혼란을 없애려는 것을 의미한다. 이것은 마음속에 죄의식이나 걱정을 없애려는 심리적 방어기제가 내면에서 활동하는 것이므로 이미 내적인 갈등상태에 돌입한 것이라고 볼 수 있다. 이때에 억압 상태가 지속되면 더 큰 갈등이 야기되거나 갈등이 장기적으로 지속된다. 따라서 조직의 책임자는 성원들이 심리적 억압 상태가 되지 않도록 주의를 기울여야 한다.

(3) 도피

도피란 어떤 상태로부터 심리적 또는 신체적으로 물러나거나 도망하는 즉, 회피 현상 또는 일탈 현상을 말한다. 즉, 불만과 걱정 그리고 갈등과 좌절의 상태로부터 이탈하여 심리적으로 다른 상태로, 신체적으로는 다른 곳으로 이동하는 것을 말한다. 예를 들면 상사로부터 질책을 받은 하급자가 일할 의욕을 잃어버리고 다른 회사로 가려고 하거나 혼자 있고 싶어 하는 현상을 말한다. 이러한 도피 현상은 조직 생활에서 자기 소외로 나타나고 무기력한 태도로 나타나 삶의 의욕까지 없어지는 상태로 가게 된다. 그러나 이러한 사람에게 새로운 일거리를 갖게 하거나 그 심정을 이해하는 사람을 만나게 하면 도피 현상으로부터 벗어나게 할 수 있다.

(4) 전이

전이란 과거에 경험했던 감정이나 욕망을 다른 것으로 나타내는 감정전이를 말한다, 즉, 감정을 일어나게 했던 원인에게 감정을 표출하지 않고 다른 대상(생각, 사람)에게 감정을 표출하는 것을 말한다. 상사로부터 꾸지람을 당한 사람이 그 분풀이를 자기 부하에게 하는 경우가 여기에 해당한다. 이런 감정의 전이는 상당한 자기 수련을 하지 않으면 해결할 수 없다.

(5) 환상

환상이란 현실에 없는 것을 마치 있는 것처럼 상상하여 심리적 만족을 얻는 것을 말하나 정도가 심하면 병적인 것으로 치료의 대상이 될 수도 있다. 이러한 현상은 갈등이나 불만을 가진 당사자 중에서 비교적 영향력의 정도가 약한 쪽에서 갈등이나 불만을 해결해보고자 하는 소극적인 시도를 하는 중에 나타나는 현상이다.

(6) 퇴보

퇴보는 퇴행이라고도 한다. 즉, 행동 유형이 자기의 지위나 연령에 맞지 않게 지금까지와 다른 유치한 행동을 하는 것을 말한다. 즉, 좌절감에 빠진 개인이나 조직의 책임자들이 자기의 책임을 이행하지 않고 본능에 가까운 행동을 하거나 대수롭지 않는 일에 매달리거나 책임을 포기하는 것을 말한다. 예를 들면 혼자 아우성을 치거나 울부짖는다든가 다른 사람에게 짜증을 부리는 행위들이 이에 속한다.

2) 적극적 반응

(1) 고집

고집은 고착 또는 집착이라고도 하며 어떤 일에 마음을 집중함으로써 다른 대안이나 생각을 하지 않으려는 현상을 말한다. 또는 남의 의견을 무시하고 자기 의견만이 최선의 방법이라는 생각을 하게 되어 타인과 타협하지 않고 하나의 방향으로만 행동이 나타나는 현상을 말한다. 갈등이 발생하였을 때 퍼스낼리티가 강하거나 평소 일에 자신감을 가진 사람이 고집이 있을 경우가 많고 연령이 고령화됨에 따라 이런 현상이 나타나기도 한다. 또한 지능이 낮아서 새로운 변화나 상황에 적응하는 능력이 부족하거나 고집 행위를 즐기는 나르시스즘(narcissism)적 의식의 소유자에게도 나타난다.

(2) 반항

반항이란 상대의 말을 순순히 받아들이지 않고 대들거나 맞서는 심리 현상을 말한다. 반항이 특히 문제가 되는 것은 조직에서 상급 부서나 상위자가 지시하는 사항을 받아들이지 않고 저항을 하게 됨에 따라 조직 전체의 목적을 달성할 수 없게 만드는 데 있다는 점이다.

(3) 합리화

합리화는 변명이라고도 표현하며 어떤 목표를 달성하지 못했을 때 다른 원인으로 그 이유를 둘러대든가 목표 미달성의 정당화를 주장하는 것을 말하며 합리화를 통해서 심리적 위안을 얻으려는 의도가 내포되어 있다.

조직이나 집단에 합리화하려는 성원이 많아지면 사회적 나태(social loafing)[57] 현상이 심화된다. 즉, '남들이 그렇게 하니까 나도 그렇게 하는 것이 잘못이 아니다'라고 하는 현상을 말하는 데 일종의 책임 회피 현상이다. 이러한 현상이 나타나면 구성원들의 협동 의식과 근무 의욕이 저하되고 생산성이 급격히 떨어지게 되어 조직의 존립이 위태로운 상태에 빠지게 된다.

2. 갈등의 기능적 반응 양태

1) 역기능적인 결과

행동과학자들의 많은 노력으로 집단 간에 나타나는 갈등의 역기능의 결과를

57) 사회적 나태는 혼자서 일할 때에 비해서 집단 내에서 일할 때 개인적 노력을 게을리 하는 현상을 말함. 이러한 현상은 '다른 사람도 모두 열심히 하지 않기 때문에 나도 게을리 하는 것이 잘못이 아니다.' 라고 자기를 합리화하는 데에 기인함.

다음과 같이 분석하였다.[58)]

갈등이 나타나면 주로 역기능이 나타나고 조직의 생산성을 떨어뜨리게 되는 등의 변화가 나타나게 되는데 집단 내외로 구분하면 다음과 같다.

(1) 집단 내의 변화

집단 내에서 일어나는 변화에 대한 역기능적인 결과는 다음과 같다.

첫째, 부정적인 응집력(cohesiveness)이 증가한다. 즉, 집단 내의 마음 맞는 구성원끼리의 응집력이 강하게 되어 그에 소속되지 않는 다른 구성원에 대하여 배타적인 자세를 가지게 된다. 이렇게 되면 다른 구성원이 소외감을 가지거나 무관심집단이 되어 조직 전체의 목표 달성을 저해하게 된다.

둘째, 갈등이 증가하면 성원들은 강력한 리더십을 원한다. 민주적 리더십은 경우에 따라서 문제 해결을 지연시킬 수 있는 혼란으로 간주될 수 있기 때문에 성원의 자발적인 요청에 따라 리더십의 전제화 또는 독재화현상이 나타난다.

셋째, 갈등이 증가하면 성원들이 태만하게 되며 개인 요구를 묵살하고 전체 집단의 목표 달성을 위한 과업지향적인 일체성과 충성심을 강조한다. 그 결과 조직 구조가 재편되고 조직의 분위기가 경직된다.

(2) 집단 간의 변화

집단 간에 갈등이 생기면 지각이 왜곡되어 부정적인 상동적 태도가 지속되고 집단 간에 건설적인 관계가 형성되기 어려워진다. 즉, 집단 간에 반목과 몰이해 현상이 일반화되고 상대의 견해를 수용하려 하지 않음으로써 커뮤니케이션이 급격히 감소되며 감정적인 적대감과 공격적인 행위가 증가한다.

3. 순기능적인 결과

1) 순기능적 결과를 위한 전제 조건들

갈등 발생 이후의 그 역기능은 자연발생적으로 일어난다고 보지만 갈등이 순기능적인 결과를 가져오기 위해서는 먼저 다음과 같은 몇 가지 전제 조건이

58) Gibson, Ivancevich and Donnelly, 앞책, p.214~216.

충족되어야 한다.

(1) 조직 관리자 또는 경영자의 확고한 갈등관

갈등이 유익한 결과를 가져오는 건설적 갈등(constructive conflict)이 되기 위해서는 조직의 최고 책임자가 갈등이 가지고 있는 순기능을 이해해야 한다. 갈등을 사전에 계획하여 유익한 갈등상태로 만드는 일, 갈등이 발생했을 경우 유익하게 전환하는 일은 전적으로 최고 책임자의 몫이다. 따라서 조직의 관리자나 경영자는 평소에 조직의 분위기 또는 조직 풍토를 민주적이고 개방적인 방향으로 만들어야 한다. 갈등은 단순히 강제적이고 통제적인 방법으로 해결할 수 없기 때문에 작은 문제라도 진지하게 논의하거나 진솔하게 토론하는 것이 중요하다.

(2) 갈등 해결 시스템 구축

갈등이 기능적 역할을 하기 위해서는 조직 내에 갈등을 관리하기 위한 장치들이 마련되어 있어야 한다. 갈등 관리 기구 같은 새로운 조직을 만들게 되면 비용이나 인력을 더 많이 투입해야 하기 때문에 그것보다는 기존의 인사위원회 또는 노사협의회 등을 활용하는 것이 바람직하다. 만일 새로운 기구나 조직이 필요하다면 제3의 외부 전문가들로 구성하는 것이 어느 한 쪽에 치우치지 않고 문제 해결하는 방법이 된다.

또한 갈등이 발생하면 담당 관리자가 책임을 지고 해결하는 책임제도를 도입하여 더 이상 제2의 문제가 발생하지 않도록 하는 것도 한 방법이 된다.

(3) 권력의 평준화

권력의 차등화 또는 권력의 편재는 갈등을 증가시키거나 지속시킨다. 물론 권력은 갈등의 원인이 되기도 하고 갈등이 권력을 만드는 경우도 있다. 이때의 권력이란 보상적 권력, 전문적 권력, 정치적 권력, 경제적 권력 등 다양한 권력을 말한다.

권력이 분점되거나 평준화되어 있으면 갈등이 일어난다고 해도 그 역기능보다 오히려 순기능이 더 표출된다.

권력의 약자가 권력의 강자에게 자기들의 요구를 관철하기 위하여 행동을 취할 때의 갈등은 전략적 갈등(strategic conflict)에 해당되는데 이러한 전략적 갈등은 권력을 평준화하는 기능을 가진 갈등이 된다.

2) 갈등의 순기능

근래에 들어와서 대부분의 갈등 연구자들이 갈등이 가지고 있는 순기능적인 역할을 강조하고 있다. 플리포(E. B. Flippo)는 "성숙한 조직이 가져야 할 특징 중의 하나로 억압된 갈등이 해소될 수 있도록 갈등을 표면화시키는 자발적인 의사나 능력이 있어야 된다." 라고 하였다.[59] 또한 모톤(D. Morton)은 "갈등은 조직이 침체 상태에 빠지는 것을 방지하고. 구성원의 관심과 흥미를 자극하며 조직이 직면한 문제점이 공개되어 해결 방안을 찾아내는 매개체 역할을 한다. 또한 개인과 사회의 개선을 추진하는 기능을 발휘한다." 라고 하였다.[60] 그러므로 갈등은 조직의 창의성과 참신성을 제고하는 매개체로써 그 순기능을 정리해 보면 다음과 같다.

(1) 잠재된 문제의 표출

잠재된 문제가 갈등에 의해 부각되고 문제화되어 문제를 보다 정확히 인지할 수 있고 어떤 대안이 보다 바람직한 문제의 해결 방법인가를 쉽게 채택할 수 있기 때문에 더 이상 사태를 악화시키는 것을 미연에 방지할 수 있다.

(2) 혁신적인 사고와 창의적인 행동

갈등 과정에서 해결책을 탐색하려는 노력을 하다가 평상시에는 생각지도 못했던 혁신적인 사고와 창의적인 행동을 하게 된다. 다만 이러한 결과가 나타나도록 하기 위해서는 조직의 최고 책임자가 혁신적인 사고를 해서 좋은 아이디어가 나올 수 있도록 유연한 분위기를 만들면 갈등은 많은 변화와 혁신을 할 수 있는 계기가 된다.

---

59) E. B. Flippo, Principles of Personnel Management, McGraw-Hill,Co. 1976(4th), pp.426~427.

60) D. Morton, Conflicts, Productive and Destructive, Journal Issues, Vol. 25. Jan. 1969, pp.7~41.

(3) 협조 분위기의 조성과 집단 응집성 증가

갈등이 생기면 집단 구성원들이 새로운 변화에 슬기롭게 대처하기 위해서 협조하는 분위기가 조성되어 집단 응집성을 증대시키는 계기가 된다. 물론 이 경우는 다른 집단이나 조직과 갈등이 생겼을 때 일어나는 현상이다.

경쟁 기업에 대한 정보를 입수해서 전체 구성원에게 제공하여 자극을 주게 되면 성원들이 분발하게 되는 경우가 여기에 해당한다.

(4) 생산성 향상

다른 집단이나 조직과 갈등이 있으면 집단 또는 조직 내부의 구성원들은 그에 대처하기 위해서 응집을 하게 되고 사기(morale)가 향상되며 동시에 생산성도 증대된다. 특히 이런 현상은 국가와 국가 간의 갈등에서 볼 수 있다. 임진왜란은 일본에서 천하통일을 한 토요토미 히데요시는 조선 정벌이라는 명분을 내세워 일본 내의 혼란을 잠재우고 분열된 국론을 한 쪽으로 모으려는 정책의 일환이었던 것이다.

(5) 커뮤니케이션 촉진

갈등이 있으면 구성원 간에 커뮤니케이션이 촉진된다. 즉, 집단이나 조직에서 갈등이 발생하면 성원 간에 커뮤니케이션의 量이 증가한다. 자유로운 커뮤니케이션의 증가는 집단 간 또는 조직 간의 오해와 적개심을 줄어들게 한다. 그러므로 커뮤니케이션 채널이 왜곡되거나 폐쇄되지 않도록 주의를 해야 한다. 대개의 경우 커뮤니케이션이 잘 되지 않는 이유는 각 집단이나 조직이 상대방을 무시하기 때문에 일어나는 현상이므로 갈등 발생 전후를 막론하고 일어나는 부서이기주의와 집단이기주의를 제거하는 노력을 기울여야 한다.

(6) 조직의 유연성 증가

갈등이 기능적인 역할을 하면 조직의 유연성이 증가한다. 조직의 유연성은 변화하는 환경에 기민하게 대응하는 상황적응적인 것을 말한다. 갈등이 있다는 것은 상호 작용을 하고 있다는 것을 말하고 상호 작용한다는 것은 조직이 역동적으로 기능한다는 의미이다.

제6절 갈등의 관리방법

갈등을 해결하는 전통적 방법은 갈등을 제거하는 것이며 현대적인 방법은 갈등을 적극적으로 활용하는 것이다. 이 두 가지 이외에 갈등을 사전에 예방하는 것 또한 대단히 중요하다.

1. 갈등 해소 방법

갈등을 해소하는 방법은 다음과 같다.

1) 분위기 조성61)

조직 내에 갈등을 조장하거나 방지하는 분위기를 조성하는 것이 대단히 필요하다. 갈등을 올바른 방향으로 해결하기 위한 분위기 또는 조직 문화가 형성되어 있으면 구성원들은 자연스럽게 발생한 문제들에 대한 대응 전략이나 해법을 조직 구성원들끼리 공유하게 된다. 문제는 이것을 서로 교환하기 위한 분위기나 문화가 형성되어 있지 않기 때문에 구성원들이 상급자나 갈등 해결의 위치에 있는 리더와 정보를 공유하기를 꺼리게 된다. 그 결과 부정확한 정보나 미확인 소문이 나돌아 다니게 되고 이는 결국 조직에 해를 끼치게 된다. 즉, 조직의 구성원들은 좌절, 노여움, 초조, 불안 또는 불만족을 경험하게 된다.

이러한 현상은 순환하면서 반복된다. 하베이(Jerry Harvey)는 그 이유를 행동 불안, 부정적 환상, 실질적 위험, 분리의 두려움, 실질적 또는 인위적 갈등에 대한 두려움, 집단 사고 등에서 기인한다고 보고 있다.

첫째, 행동 불안이란 사람들이 자신들의 신념에 따라 행동하는 것에 관해서 불안을 느끼는 경향을 말한다.

둘째, 부정적 환상이란 공개적이고 적극적으로 잘못된 것을 해결하게 되면 새로운 문제들이 창조될지 모른다는 환상(幻想)을 말한다.

셋째, 실질적 위험이란 우리들이 다른 사람들과 직면하는 현실의 삶이 자신

61) 천대윤, 갈등관리전략론, 선학사, 2001, 189~190쪽.

의 역할과 직업의 안전성에 영향을 미칠지도 모른다는 것을 말한다.

넷째, 분리의 두려움이란 어떤 사람이 자신에 관한 사실을 공개적으로 폭로하거나 털어놓게 되면 자신이 집단으로부터 배제되는 위협을 받을 수 있는 것을 말한다. 일종의 소외 또는 격리에 대한 두려움을 말한다.

다섯째, 실질적 또는 인위적 갈등이란 실질적 분쟁을 할 때 발생하는 것이다. 인위적 갈등이란 자신들이 취할 행동에 합의를 해놓고는 그 반대의 행동을 취할 때 발생하는 것이다. 이는 일반적으로 방어적 반응 행동(防禦的 反應行動)에 의해서 일어난다.

여섯째, 집단 사고란 혁신, 창조 등에 저항하는 집단행동의 유형을 형성하는 것을 말한다.

따라서 두려움 없이 허심탄회하게 정보를 서로 공유할 수 있는 분위기 조성과 커뮤니케이션 경로의 개방이 효과적인 갈등 관리를 위하여 중요하다. 또한 갈등 해결을 위한 상호 협동적인 분위기 또는 조직 문화가 조성되어 있어야 한다. 동시에 상하 수직간 또는 수평적 부서 간에 정보의 자유로운 흐름이 이루어져야 한다. 나아가서 조직 전체 입장에서 건설적인 반대 의견이나 자유로운 공개 토론이 이루어지고 소수의 의견이라도 존중되는 분위기가 성숙되어 있어야 한다.

2) 화해[62]

(1) 화해의 의의

화해(accommodation, accommodating)는 유화(宥和) 또는 완화(緩和)와 호환하여 사용되기도 한다. 화해는 분쟁을 끝내기 위해서 조정하고 합의한다는 의미로 사용되고 있다.

유화(宥和) 또는 완화(緩和)란 갈등상태에서 합의와 해결이 가능한 분야는 강조하고 합의와 해결이 어려운 분야는 중요시하지 않게 생각하는 전략이다. 이는 어떤 목표 달성보다는 인정과 의리라는 인간관계 유지에 초점을 맞추고 있다. 모든 관계 당사자들의 상호 관계를 중요시하고 관련된 사람들의 불편을 없애주려는 온정적이고 미온적인 전략이다.

화해 또는 유화 전략은 자신의 독단적인 행동은 자제하고 상대방과의 협동을 강조하게 된다.

---

62) 윗책, 200~203쪽.

(2) 유화 또는 화해 전략을 사용할 경우

① **갈등 당사자들의 불만을 해소해야 할 때 :** 갈등 당사자 모두가 가지는 불만을 해소하기 위한 갈등 관리 방식이다. 자신의 목표에는 거의 관심을 두지 않거나, 사건이 자신보다 상대방에게 중요한 것일 때, 또는 상대방이 승리했다고 느끼도록 하기 위해서 사용된다.

② **목표 달성 또는 업적 중시보다는 인간관계를 중시할 때 :** 화합을 유지하는 것이 중요하다고 느낄 때 이 방법을 사용한다. 이는 목표 달성이나 업적 달성보다는 인간관계를 중요시하는 관리 방식에서 많이 사용되고 있는 것으로 다른 사람의 욕구에 맞추어 주는 방식이다.

③ **시간적 여유가 없을 때 :** 주로 문제 해결, 타협, 강압 등의 방식을 사용할 시간적 여유가 없을 때 사용된다.

④ **다른 방법들보다 득이 더 많을 때 :** 타협, 강압, 회피 등 다른 전략을 사용하는 것이 유화 또는 화해 전략을 사용하는 것보다 손실 또는 불리한 점이 더 많을 때 사용한다. 유화 또는 화해 전략이 타협, 강압, 회피 등의 전략을 사용하는 것 보다 이득 또는 유리한 점이 많을 때 사용한다.

⑤ **잠정적으로 갈등을 중지시키기 위해 :** 수행중인 사업, 정책이 끝날 때까지 갈등을 중지시키기 위한 단기적 전략으로 사용된다.

⑥ **사회적 신뢰 구축을 위해 :** 미래 어느 시점에 일어날 문제 해결을 위한 사회적 신뢰를 구축하기 위해서 사용될 수 있다.

⑦ **손실을 최소화하기 위해 :** 자신이 상대방보다 불리한 위치에 있으므로 손실을 보게 된다고 생각할 때 그 손실을 최소화하기 위해서 사용될 수 있다.

⑧ **부하 성원들을 학습시키기 위해 :** 부하들이 자신들의 실수로부터 전화위복의 계기로 삼는 학습의 기회로 활용하도록 하기 위해서 이 전략을 사용할 수 있다.

화해 또는 유화 전략은 갈등을 단기적 또는 장기적으로 감소시키는데 도움이 될 수 있다. 그러나 적대적 또는 부정적 감정을 느끼지 않는다고 해서 갈등이 근본적으로 원인 치료가 되는 것은 아니다. 따라서 유화 방식은 회피 전략을 사용하는 것보다는 좀 더 적극적인 갈등 해결 방법이기는 하지만 갈등을 근본적으로 해결하지는 못한다는 문제점을 가지고 있다.

(3) 화해 또는 유화 전략의 형태

화해 또는 유화 전략을 사용하는 관리자들은 다음 전략들을 사용할 수 있다.

① **커피 타임 :** 긴장, 반목이 고조되기 시작하는 현장에서 이를 풀기 위한 커피 타임을 갖는다. 이는 새롭게 생각할 수 있는 시간적 여유를 가지는 것을 말한다.

② **유머 사용 :** 긴장된 갈등 상황에서 긴장과 적의를 풀어주는 유머를 사용한다. 유머는 국면 전환이나 새로운 분위기 형성을 위해 필요한 것이다.

③ **공동 참여 이벤트 :** 생일 파티를 사무실에서 함께 하는 것과 같은 공동으로 참여하여 즐길 수 있는 이벤트를 가진다.

④ **주제 변경 :** 긴장과 적대감을 일으키고 있는 주제를 긴장과 적대감을 야기 시키지 않는 다른 것으로 대체한다.

3) 협상

(1) 협상의 의의

협상(negotiation)은 갈등을 해소하는 방법 중에서 가장 많이 사용되는 것이다. 이는 개인 간이나 집단 간 또는 노사 협상, 정치 협상, 외교 협상 등 이루 헤아릴 수 없을 정도로 많이 사용되는 용어로서 타인이나 타 집단과 협의하여 결정하는 것을 말한다.

그러므로 협상은 자신이 선택한 결과를 얻고 자신이 선택한 방향으로만 움직이는 과정이 아니다. 즉, 혼자서 아무리 훌륭한 제안을 하고 적절한 방법을 선택하더라도 상대방이 들어주지 않으면 아무 소용이 없다. 따라서 협상은 상대방의 대응에 따라서 그 결과가 달라진다. 그래서 학자들은 협상을 게임과 유사하다는 점에서 게임의 법칙 관점에서 협상을 연구하기도 한다. 게임이란 규칙을 준수하고 철저한 전략적 판단 하에서 이루어진다. 그러나 아무리 전략적 판단이 우수하고 규칙을 철저하게 준수해도 항상 그 결과가 나에게 유리하게 전개될 수는 없기 때문에 상대방에게 피해가 가지 않고 내가 최소의 손실을 감수한다면 즐거운 게임이 될 수 있듯이 협상도 상대의 굴욕을 강요해서는 안 되고 내가 전부를 가지려고 해도 안 된다.

(2) 협상의 기법

협상은 요구(demand)가 아니라 대안 제시(suggestion)라는 말이 있다. 협상은 상대방을 이해시켜 내가 얻고자 하는 바를 정당하게 받아내는 예술이 되어야 한다. 특히 조직에서 하는 노사 협상이나 여야 정치인의 협상은 투쟁이 되는 것이 아니라 전체 조직 구성원과 국민에게 이익을 주는 새로운 방안을 제안하는 아름다운 예술이 될 때 성공적인 협상이 되는 것이다.

① **협상 분위기 또는 환경 조성 :** 협상을 하기 위해서는 적절한 장소(place)와 적절한 시간(time)을 택해야 한다. 협상에 적절한 시간은 주초나 오전 시간이 좋을 것이다. 피곤한 주말이나 오후 퇴근 시간이 임박해서 협상을 한다면 서로 피곤할 것이다.

또한 협상 장소는 깨끗하고 정결하며 신선한 분위기가 되어야 한다.

② **좋은 협상 자세와 예의의 유지 :** 협상을 할 때 상대방을 불쾌하게 하는 행동이나 언어를 사용하는 것은 바람직한 협상을 할 수 없게 만든다. 당당하고 확실하며 예의 있는 자세와 정중한 언어 그리고 이해하기 쉬운 용어와 표준어 사용은 협상력을 높이고 협상의 전후 처리를 확실하게 잘 마무리할 수 있도록 한다.

③ **논리적인 주장과 확실한 설득력 발휘 :** 어떠한 주장을 할 때 철저한 사전 준비를 하여 근거와 사실을 정확하게 제시해서 상대가 납득할 수 있도록 하고 겸허하고 성실한 자세로 설득하는 진지함이 있어야 한다. 필요 없는 미사여구나 천박한 언어를 사용하거나 정확하고 논리적인 설명이 주어지지 않으면 협상이 지연되거나 상호 신뢰를 해치게 된다.

④ **공동 이익의 추구 :** 협상은 언제나 쌍방 이익을 전제로 한다. 만일 어느 일방의 이익만 추구하는 협상은 일시적인 문제 해결은 될 수 있으나 장기적이고 미래 지향적인 대안이 될 수 없다. 그러므로 언제나 협상은 쌍방의 공동 이익이 주어지는 선에서 이루어져야 한다.

4) 설명과 설득

오해나 언어 장벽에 의한 갈등뿐만 아니라 대부분의 갈등은 진지한 설명이나 설득에 의해 해결할 수 있다. 이때 대면(face to face)하여 진실한 자세로 설득에 임한다면 좋은 결과를 얻을 수 있다.

그러나 우리나라 사람들은 상대방에게 사실을 차분하고 논리적으로 설명하는 자세가 잘 되어 있다고 볼 수 없다. 작은 사건과 사실에 대해 쉽게 화를 내고 상대방이 설명을 하면 귀찮다는 듯이 반응하거나 경청하려고 하지 않고 곧잘 자기주장부터 먼저 하려고 한다. 즉, 상대방의 말을 잘 듣고 난 후에 그에 대해서 대답하고 설명하면서 설득하는 훈련이 부족하다. 어릴 때부터 가부장적 가정이나 학교 또는 명령에 따라 움직이는 군대에서 일방적으로 지시 받는 생활을 오래해서 하나의 행동으로 고착된 것 같다.

그래서 어떤 문제를 심도 있게 토론하는 과정에서 논리적으로 설명하여 상대방을 설득하는 것보다는 짤막하게 명령하듯이 말하거나 간결하게 문제를 푸는 것을 시원하게 일 잘하는 것으로 인정하는 사회 풍조가 일반화되어 있다.

따라서 국가와 사회의 미래를 내다보고 진지한 토론을 해야 하는 국회나 정부 산하의 위원회에서조차 진지한 논의보다는 사전에 정한 결론에 따른 형식적인 논의를 하기 일쑤이고, 쟁점 사항이 있으면 충분한 설명을 할 수 있는 관계자가 나와서 토론을 해야 하는 데도 적당하게 얼버무리거나 책임 전가나 하다가 아무 결론에 도달하지 못하는 경우가 비일비재하다.[63]

그러므로 어떤 문제든지 충분하게 먼저 설명을 하고 그 연후에 상대방을 논리적이고 합리적으로 설득해야 한다. 물론 그렇게 하기 위해서 먼저 당사자 간에 진솔한 신뢰 관계가 형성되어 있어야 한다. 신뢰 관계는 언제나 서로 간에 이루어지는 충분한 설명이 전제되어야 한다.

노사 간의 격렬한 대립도 결국 서로를 믿지 못하는 데에서 나오기 때문에 투명한 경영을 하여 먼저 신뢰 관계를 형성하고 이를 바탕으로 적극적이고 진솔한 설명과 설득이 있을 때 갈등은 제거된다. 이 방법은 예로부터 갈등 해결의 가장 좋은 방법으로 알려져 있다.

5) 회피와 철수[64]

(1) 회피와 철수의 의의

회피(avoidance, avoiding)란 갈등을 일으킨 문제를 직접적으로 해결하지

---

63) 한국인에게 토론 문화가 정착되지 않는 주요 이유는 교육 현장에서 오랜 기간 동안 주입식 교육이 되어 토론 방법을 비롯한 토론 전반에 대한 이해가 부족한 데에 기인함.

64) 윗책, 194~196쪽.

않고 뒤로 미루거나 연기하여 당사자 간의 감정을 진정시키거나 시간을 벌기 위한 일시적인 전술적 방법으로서 당사자들의 이견과 차이를 적당히 얼버무리고 공동 이익을 강조하면서 갈등을 완화시키는 방법이다.

또 어떤 행동을 취해야 할 필요성이 있을 때 어느 한 편에 기울어지지 않고 중립적 입장을 유지하기도 한다.

철수(withdrawal)란 잠재적 갈등 또는 현재의 갈등 상황으로부터 정신적 또는 육체적으로 퇴각하는 전략을 말한다. 일반적으로 갈등을 희망이 없는 것으로 보거나 무익한 것이라고 볼 때 이 전략을 사용한다. 갈등으로 인한 긴장이나 좌절과 싸우기보다는 차라리 갈등 상황으로부터 자신을 스스로 물러나게 하는 전략이다.

철수는 회피와 상호 교환적인 의미로 사용되기도 하고 회피의 하위 개념으로 사용되기도 하며 때로는 구별하여 사용하기도 한다. 구별하는 입장에서는 회피가 연기를 포함하는 것에 반하여 철수는 그 갈등 문제에서 손을 떼는 것을 의미하는 것으로 사용한다. 그러나 전략적으로 사용하는 일시적인 철수는 회피 전략과 같다고 할 수 있다.

그러므로 특별한 언급이 없는 한 철수가 회피에 포함되는 것으로 간주해도 무방하다.

회피 전략의 가장 큰 문제점은 갈등을 야기시키는 상황이나 원인을 무시하고 피한다는데 있다. 경우에 따라서는 갈등을 피한다는 것은 갈등을 사라지게 하는 것이 아니라 더욱 악화시킬 수도 있다. 그 결과 개방적인 커뮤니케이션에 부정적인 영향을 미칠 수 있고, 나아가서 갈등을 해결하려는 차상위자 또는 관련 당사자의 도움이나 태도에 부정적인 영향을 미칠 수 있다. 결국 회피 전략은 갈등을 건설적으로 해결하려는 전략에 부정적으로 영향을 미치게 된다.

(2) 회피 전략을 사용할 경우

일반적으로 다음 상황에서 회피 전략을 사용한다.

① **관리 효과가 미미할 때 :** 갈등이 발생하긴 했으나 관리 효과 측면에서 그 중요성이 미미할 때 회피 전략을 사용할 수 있다.

② **프로젝트를 수행 중일 때 :** 어떤 프로젝트를 수행 중에 있을 때 그 프로젝트를 완수할 때까지 집단 간의 갈등을 못 본체 덮어두는 것도 회피 전략에 해당한다.

③ **상대방을 이길 묘안의 부재(不在) :** 상대방을 이길 방법이 보이지 않을 때 회피 전략을 취할 수 있다.

④ **이득보다 손실이 클 때 :** 상대와 대결(對決)하였을 때 얻는 이득과 손해를 비교해 볼 때 손해가 이득보다 더 크면 회피 전략을 취할 수 있다. 또한 현재의 분쟁을 그대로 방치해두는 것이 해결하는 것보다 이익이 된다고 판단될 때 회피 전략을 사용할 수 있다.

⑤ **더 중요한 문제가 기다릴 때 :** 현재의 갈등적 이슈보다 더 중요한 이슈들이 압력 요소로 존재하고 있을 때 회피 전략을 취할 수 있다.

⑥ **기회가 없다고 판단될 때 :** 자신의 이해관계를 충족시킬 어떤 기회도 전혀 없다고 인지될 때 회피 전략을 사용할 수 있다.

⑦ **해결자가 따로 있을 때 :** 당해 갈등을 자신보다 더 효과적으로 해결할 수 있는 사람이 따로 있을 때 회피 전략을 사용할 수 있다.

(3) 회피 전략의 형태

일반적으로 회피 전략의 구체적 방법은 다음과 같다.

① **코멘트 회피 :** 대화가 협박이나 위협의 징후를 보이기 시작할 때 관리자들은 어떤 코멘트도 하지 않고 현재 상태를 무시하면서 갈등 상황에서 철수할 수 있다. 예컨대 "현 시점에서 나는 어떤 것도 말할 수 없다"라고 하면서 코멘트 언급을 회피하는 것이다.

② **주제 변경 :** 긴장과 위협의 상황에 들기 시작하는 대화에서 관리자들은 그 대화 주제를 재빨리 바꿈으로써 갈등 상황을 회피할 수 있다.

③ **상사에게 책임 전가 :** 어떤 이슈에 대한 책임을 보다 상위에 있는 관리자에게 전가시킴으로써 갈등 상황에서 철수할 수 있다.

④ **발뺌이나 연기하기 :** 상대방이 시간이 지나서 갈등 이슈를 잊기를 바랄 때 단순히 발뺌이나 연기 전략을 사용함으로써 갈등 상황에서 철수할 수 있다. 예컨대 "그 사건을 조사하고 있는 중이다"라는 식으로 말하면서 갈등 상황을 벗어나는 것이다.

⑤ **바통 넘기기 :** 자신보다 더 효과적으로 당해 갈등을 해결할 해결사가 존재할 때 그 해결사에게 바통을 넘기고 자신은 그 상황에서 벗어난다.

6) 타 협

(1) 타협의 의의

타협(compromise, compromising)이란 서로가 얼마간씩 양보하여 갈등을 해결하는 전략이다. 때에 따라서 타협은 절충을 의미하기도 한다. 서로가 이해득실을 가리는 과정에서 아무 것도 가지지 않는 것보다 반이라도 가지는 것이 낫다는 가정에 근거하여 일을 매듭짓는 것이 타협이다. 그러므로 타협은 갈등 당사자 모두에게 절반의 이익을 주게 된다. 반면에 절반의 손실도 주게 된다. 즉, 이는 상대방의 입장에 서서 역할 교대한다는 관점에서 승자도 패자도 없는 합의 방식으로 서로 주고받는 거래(bargaining)가 형성된다.

(2) 타협할 수 있는 조건

당사자 간에 타협이 이루어질 수 있는 경우는 다음과 같은 조건이 성립되었을 때이다.

첫째, 양 당사자들의 힘이 대등할 경우이다. 서로 상대방에 대해서 절대적인 영향력을 행사하지 못할 때 양당사자의 현명한 선택은 타협에 의해서 배타적인 목표를 달성한다.

둘째, 양 당사자들이 시간적 압력을 강력하게 받아서 문제를 해결해야 할 때 타협을 한다.

셋째, 문제가 아주 복잡해서 급한 대로 잠정적인 해결 방안을 모색할 때 타협을 한다.

다섯째, 어떤 목적을 달성하기 위해서 다른 전략을 사용하기 꺼려할 때 타협을 한다.

7) 강제적 압력

강압(forcing)이란 순응(順應)과 반대되는 개념으로 상대방의 사상, 감정, 행동을 이해하려고 노력하지 않고 자신의 사상, 감정, 행동을 통하여 상대방을 강제로 지배하는 전략이다. 즉, 강력하고 권위 있는 상급자 또는 원로가 직접적이고 공식적인 권한을 행사하여 부모가 자식들을 나무라듯이 갈등 당사자들에게 명령하여 갈등 사안에 대하여 해결하도록 하는 것이다.

또한 다른 사람들의 욕구 등을 고려하지 않고 어떠한 비용을 치르더라도 설정된 목표를 달성하려고 하는 관리자들이 주로 사용하는 전략이다. 따라서 자신의 욕구에 순응하지 않는 부하들을 기꺼이 희생시키는 관리자들이 강압 전략을 많이 사용한다.

강압 전략을 사용하는 사람들은 실패란 자신의 이미지를 손상시키는 것이고 지위를 축소하는 것이라고 생각하며 성공은 성취감과 흥미를 가져다준다고 믿기 때문에 어떠한 희생을 치르더라도 승리를 획득하려고 한다.

대개 이러한 강압 전략은 커뮤니케이션 기술이나 포용력이 부족한 관리자들이 사용하는 경향이 많다. 강압 전략은 차후의 갈등 여파에 부정적인 영향을 남기기도 한다. 그리고 후일에 더 큰 갈등을 야기할 원인을 제공할 수도 있다. 즉, 관리자들이 강압적인 방법을 사용할 때 궁극적으로 그것을 수용하는 사람들은 부하 성원이기 때문에 성원들은 정책을 수립하고 집행하는데 자발적인 협조를 하지 않게 된다. 그러므로 강압적인 방법이 반드시 좋은 것은 아니다.

때로는 강압적 방법보다 다소 온건적인 방법으로서 제3자인 중재인이나 조정자를 이용하는 방법이 있다. 그러나 이 방법은 갈등 당사자가 아닌 제3자가 개입하기 때문에 내재된 갈등이 완전하게 제거되지 않고 갈등에 의해서 일어나는 눈에 보이는 행동만 일시적으로 소멸된다는 문제점이 있다.

8) 자원의 공평한 분배 또는 증대

주어진 자원이 공평하게 분배되지 않으면 갈등이 일어난다. 이때의 갈등은 파괴적 갈등으로서 심각한 후유증을 낳거나 경우에 따라서는 당사자의 관계가 단절된다. 그러므로 현재 자원을 소유하고 있으면서 우월적 지위에 있는 사람이 그 자원을 공평하게 분배하거나 공유할 때에 조직이나 집단이 유지되고 지속적으로 정해진 목표 달성을 위한 기능을 다하는 것이다.

한편 한정적 자원 때문에 갈등이 일어나므로 가능하다면 자원을 증대하여 당사자에게 제공하는 것이 가장 좋은 방법이다. 그러나 이 방법은 지속적으로 자원을 증대시킬 수 없다는 단점 때문에 계속 사용할 수 없는 제한적인 방법이다.

9) 공동의 적 설정

집단 내의 성원들 간에 갈등이 있을 경우 이를 해결하기 위해서 많이 활용하는 방법이다. 즉, 보다 상위의 목표를 제시하여 공동으로 수행해야 할 목표 또는 표적을 설정함으로써 성원들의 관심을 다른 방향으로 돌려 일체감을 갖게 하는 것이다. 이는 장기적이고 포괄적인 전략이다. 즉, 경쟁사의 정보를 제공하여 위기감을 조성하거나 장기적이고 중요한 목표 수행을 독려하면서 눈앞의 사소한 문제에서 벗어나도록 해서 성원들 간에 협동 분위기를 조성하는 방법이다.

10) 인적 요인 변수 변경

인적 요인변수를 변경하여 환경이나 조건 또는 욕구 수준에 변화를 주는 것이다. 구체적인 방법은 다음과 같다.

(1) 교육과 훈련

성원들을 교육 훈련시키는 것은 바로 성원들의 자질을 향상시키고 분위기를 새롭게 하는 것이다. 조직 생활을 하면서 성원들은 자신들이 장시간 동일 직무를 수행하면서 매너리즘(mannerism)에 빠지기도 하고 불확실한 미래에 대한 고뇌를 하기도 한다. 따라서 교육과 훈련은 새로운 분위기에서 새로운 에너지를 충족시키는 변화의 장(場)인 것이다.

(2) 새로운 성원끼리의 팀 설정(team building)

같이 일하는 구성원이 달라진다는 것은 새로운 각오와 의지를 가지고 그들과 무엇인가 새로운 시도를 한다는 의미를 가지고 있다. 이러한 시도는 과거의 구면 팀과의 갈등을 회피하는 의미도 있지만 또 다른 차원의 새로운 갈등이 시작된다는 의미가 있기 때문에 갈등 해결 전략도 되지만 건설적인 갈등 조장 전술도 된다.

(3) 대면회합

대면 회합은 직접 면대하여 모이고 그 곳에서 삶의 의미를 깨우치거나 어떤 목적을 달성하는 것이다. 또한 대면 회합을 자주하는 것은 새로운 사회적 접촉을 증가시켜서 새롭게 분위기를 바꾸어 삶의 의미를 고양시키는 계기가 된다. 따라서 대면 회합은 갈등 해결을 위한 좋은 단서를 제공한다.

11) 조직의 구조적 변수 변경

갈등을 효과적으로 관리하기 위해서 조직이나 집단의 구조적 변수를 변경해야 한다. 즉, 직무를 재설계하고 직무 순환을 시키면서 조직 개편을 하거나 보상 시스템을 개편하는 것은 갈등을 약화시키거나 해결하는 방법이다.

(1) 직무 재설계

갈등을 사전에 방지하기 위한 갈등 예방적 직무 설계를 적극 검토해야 한다. 즉, 각 직무에 대한 직무 분석을 명확히 하고 직무 명세서와 직무 기술서에 담당 업무와 직무 수행자의 요건을 상세하게 기록하여 사전에 갈등의 발생 가능성을 제거하는 것이 중요하다. 그렇게 한 후에도 갈등이 발생한다면 직무 분석이 잘못되었거나 실무자가 그 직무를 잘못 수행하거나 환경의 변화에 따라 직무 내용이 변경되었기 때문일 것이다. 이러한 경우에는 상황 변화에 맞는 직무 재설계를 하고 그에 맞는 담당자를 배치해야 한다.

(2) 직무 순환

조직에서 직무 순환을 하는 것은 만능공 양성을 위해서도 필요하지만 이는 일종의 역할 연기에 해당한다. 즉, 상대방의 입장에서 이해하기 위한 좋은 방법이다. 한 직무에 오랜 기간 근무하게 되면 직무에 대한 나태감(일종의 mannerism)에 빠지게 되고 자기 업무에 대한 폐쇄적이고 경직된 자세로 인하여 창의적이고 혁신적인 업무 수행이 어렵게 된다. 따라서 직무 순환을 하여 새로운 업무에 임하게 하면 새 업무에 대한 신선한 기대감과 도전적 자세가 생길 것이며 기존 성원들이 당해 업무를 수행하면서 겪었던 애로 사항을 직접적인 체험을 통하여 이해함으로서 성원 간에 보다 폭넓은 공감대가 형성되어 갈등 해결에 크게 도움이 될 것이다.

(3) 보상 시스템 변경

보상 시스템은 조직 갈등의 주요 원인으로 작용한다. 조직 관리자들이 심혈을 기울여 만들어 놓은 보상 시스템이라 할지라도 성원들은 스스로의 판단에 따라 보상의 공정성에 대해 만족하지 못하고 의구심을 갖게 되어 갈등이 지속적으로 나타난다. 따라서 이러한 갈등을 해결하기 위한 공정한 보상 시스템을 마련하기 위해서 지속적인 연구와 검토가 행해져야 한다. 공정성을 유지하기 위한 관리자들의 끊임없는 시도는 만족의 수준까지는 갈 수 없어도 구성원들이 관리자에 대한 신뢰를 유지하는 지름길이 된다.

12) 경청(listening)

상대방의 말에 경청하는 것은 갈등을 완화시키거나 해결하기 위한 계기를 제공한다. 효과적인 경청은 다른 사람이 말할 때에 귀를 기울이는 것이다. 즉, 다른 사람이 말을 할 때에 그가 처한 입장을 이해하면서 귀 기울여 그의 말이나 행동에 대해 노하지 말아야 갈등을 잠재울 수 있다. 다른 사람에 대한 이해 없이는 갈등을 완화할 수 없기 때문에 다른 사람을 이해하기 위한 경청은 갈등을 해결하기 위한 지름길이다.

경청의 첫 번째의 올바른 자세는 자신에 대한 인식과 이해가 선행되어야 가능하다. 자신에 대한 올바른 이해가 앞서지 않고서는 타인을 이해할 수 없다. 자신을 올바로 알기 위해서는 자기 수련이나 자기 연마를 해야 한다. 자기 수련과 자기 연마는 그 자체가 갈등을 해결하는 방법은 아니지만 자신을 잘 이해하게 되면 상대방을 보다 더 잘 이해할 수 있기 때문에 갈등을 완화할 수 있다.

다음으로 청취자가 상대방의 입장에서 생각하고 행동하는 역지사지의 자세이다. 일방적으로 자기의 주장만 하게 되면 상호 이해와 그에 따른 상호 이익이 있을 수 없다. 상대방의 입장을 이해하려고 하는 진심어린 자세가 보이면 상대방도 이쪽의 마음을 의심하지 않게 될 것이다.

따라서 자기 수련과 자기 연마가 된 사람은 타인의 말에 귀를 기울일 줄 아는 경청의 자세를 가질 것이고 경청하는 자세는 갈등을 완화하는 데에 크게 도움이 된다.

2. 갈등 조장 방법

조직 관리자들은 조직을 관리하기 위하여 필요에 따라 갈등을 인위적으로 잠재시키거나 조장하여 갈등이 가지는 순기능을 강화하고 조직의 능률을 증대시키는 긍정적 조장 전략도 있다. 그렇지만 때로는 상대방을 자기에게 유리하게 행동하도록 하는 기법들이 최근에 도입되고 있다. 그 구체적인 것은 다음과 같다.

1) 부정적 갈등 조장 전략

집단이나 조직 간에 부정적 관계를 위해서 사용하는 갈등 전술들은 각 집단이 처한 상황에 따라 다르다. 그 필요성은 일반적으로 상대 집단과 자원, 지식, 권력 등이 대립 관계나 보완 관계에 있을 때 상대방보다 우위를 점하여 권력과 영향력 등을 상대방보다 유리하게 활용하기 위해서 사용한다.

예를 들면 스탭 조직과 라인 조직 사이의 관계가 갈등이 빈번하게 발생하는 관계이다. 최고 경영자가 스탭 조직에 대하여 라인 조직에게 조언하거나 라인의 잘못을 지적하여 보고하라고 지시하면 당연히 스탭 조직은 그 임무를 수행하게 된다. 그러나 현실에서는 라인 조직은 스탭 조직의 조언과 충고 기능을 무시하거나 스탭의 새로운 아이디어가 대수롭지 않은 것이라 하여 스탭 조직과 맞서게 된다.

또한 동일한 또는 서로 다른 집단 간에 권력 획득 경쟁이 벌어지는 경우에도 갈등이 활용된다. 예를 들면 라인 조직 간에 권력 획득 경쟁이 나타나게 되면 정치적 연합, 자원의 남용, 자금의 횡령, 정보의 왜곡 등 갈등 전술들을 구사하게 된다. 또 업무가 서로 다른 집단이나 조직 간에는 상대 집단에게 엄격한 규칙을 만들거나 개인적 접촉, 설득, 조직 구조의 변경 등의 갈등 전술들을 활용하여 상대방을 이기려고 한다.

2) 긍정적 갈등 조장 전략

(1) 긍정적 갈등 조장이 필요한 경우

긍정적 갈등을 위한 갈등 조장 방법은 다음과 같은 경우에 활용된다.

첫째, 조직이 무기력하고 침체되어 있을 때

둘째, 새로운 창의성과 아이디어 개발의 필요성이 있을 때

셋째, 조직의 응집력이 약화되어 있을 때

넷째, 혁신을 위한 갈등이 필요할 때

다섯째, 건설적으로 갈등을 해결할 필요성이 있을 때

여섯째, 협동을 위해서 갈등을 자극할 필요성이 있을 때

갈등을 유발시키는 전략 전술들을 사용할 수 있다.

(2) 갈등 조장 방법

갈등을 건설적 갈등 또는 전략적 갈등이 되도록 하기 위해서는 다음과 같은 방법을 사용해야 한다.

첫째, 커뮤니케이션을 이용한다.

소문이나 유언비어 등이 구성원들에게 갈등을 야기시킨 예는 커뮤니케이션 수단이 발달되기 이전의 전통적 사회에서 아주 흔한 일이었다. 오늘날에는 정보 채널이 다양하고 정보의 유통 속도가 빠르기 때문에 과거와 같은 의도적 커뮤니케이션 경로 조작의 의미는 약화되었다고는 하나 아직까지 다음과 같은 방법으로 자극을 주는 방편으로 사용되고 있다.

먼저 커뮤니케이션의 경로를 계획적으로 변경시킴으로써 성원들에게 긴장감을 주고 자극을 준다.

다음으로 의도적으로 커뮤니케이션을 억제하거나 과다정보를 유출하여 성원들에게 커뮤니케이션의 내용과 중요도를 분석, 파악하게 하여 문제 분석력과해결책을 용이하게 제시하도록 한다.

둘째, 조직 구조를 변경한다.

직무 재설계, 직무의 순환, 직무 재배치 등과 같이 조직 구조를 변경하여 성원들에게 잠재적 갈등을 증가시키는 것은 성원들의 나태와 방심을 제거하여 새로운 분위기에서 일하게 하는 것이다. 인간은 새로운 상황에 직면하면 무의식적으로 긴장하게 되고, 그 다음 의식적으로 합리적인 행동 대안을 찾으려고 한다. 이러한 점 때문에 조직에서는 정기적으로 조직 구조를 변경하는 것이다.

셋째, 인센티브를 이용한다.

집단 성원들에게 임금이나 승진과 승급 등에 차등을 두는 차별적인 인센티브 제도의 도입은 서구의 조직에서는 일찍부터 있었다. 우리나라나 일본 등의 동양에서는 장유유서의 서열적 위계질서를 중시하여 연공적 요소를 조직 관리에 적용하여 왔으나 산업화 과정에서 자연스럽게 직무의 차이 또는 자격의 차이에 따라 인센티브를 제공하게 되었다. 그러나 지나치게 경쟁 심리를 적용하여 조직 내의 人和를 해친다면 오히려 부적절한 조직 관리가 된다. 따라서 건전한 제도가 되도록 지혜를 다할 때에 인센티브는 조직 발전을 위한 자극제가 된다.

넷째, 외부로부터 신입자(new comer)를 영입한다.

조직에 참신함과 활력을 제공하기 위해서 계획적으로 외부로부터 신입자를 참여시키는 것도 갈등을 조장시키는 방법이다. 기존의 구성원에게 신입자는 새로운 관심과 경계의 대상이 됨과 동시에 신입자가 가지고 들어오는 최신의 정보는 조직에 귀중한 자원이 된다. 또한 신입자가 가지고 들어오는 정보의 가치 유무를 떠나서 기존의 성원들도 신입자보다 더 좋은 정보와 지식을 얻으려는 자극을 받게 된다. 물론 신입자들에게는 기존 환경이 적응해야 할 상황임을 알게 하고, 기존 사원의 문제점을 직시할 수 있는 기회가 된다는 점을 설명해야 한다. 그러므로 새로운 외부인을 영입하는 것은 조직 전체에 신선한 새바람을 일으켜 주는 활력소가 된다.

다섯째, 구성원의 태도를 변화시키는 새로운 정책이나 방침을 제시한다.

갈등을 조장하는 특이한 방법 중의 하나가 조직의 리더가 구성원들에게 자기의 관리 철학이나 신념을 주지시켜서 따라오게 하는 일이다. 새로운 방침이나 정책을 제시하면 성원들은 기존의 자기들의 방침이나 정책과는 다르기 때문에 당황하게 되지만 그것이 오히려 새로운 도전과 창의성을 자극하게 될 수 있다.

Chapter

13

커뮤니케이션

Chapter 13

커뮤니케이션

제 1 절 커뮤니케이션의 본질

커뮤니케이션(communication)은 사람의 공동체생활에서 상호관계를 형성하고 유지해 나가기 위한 의사 전달의 수단이다. 또한 커뮤니케이션은 집단이나 조직을 연결시키거나 하나로 묶는 중요한 역할을 하게 될 뿐만 아니라 직무성과에도 영향을 미치게 된다. 조직의 효율적 운영과 성과 목표를 달성하기 위해서는 구성원들 상호간에 원활한 커뮤니케이션이 이루어져야 함이 필수 조건이다. 사람들은 언어 또는 비언어로 의사를 전달하는데 평균적으로 그들 직무의 70~80%를 커뮤니케이션 하는데 보낸다고 한다.[1] 이는 매시간당 45분에 해당한다. 물론 커뮤니케이션이 적게 필요한 직무도 있을 수 있다. 예를 들면 등대지기나 연구원 같은 특수 분야이다. 그러나 그들의 직무 수행의 결과도 문자나 신호와 같은 의사소통의 수단 즉, 커뮤니케이션을 통해서 평가받고 결과가 결정되므로 커뮤니케이션이 없는 직무나 관계는 성립될 수 없다. 이러한 커뮤니케이션은 조직이나 집단의 성과와 크게 직결되지만 다른 한편으로는 문제를 일으키는 원천이 되기도 한다. 따라서 성과를 중시하는 조직에서 커뮤니케이션이 성과 촉진과 문제 발생의 매개 요인이 되기 때문에 그에 대한 중요성은 아무리 강조해도 지나치지 않다.

1) R. C. Huseman et al., Business Communication, Tokyo, Holt-Saunders Japan, Ltd., 1975, p.73.

1. 의 의

커뮤니케이션은 아직 적당한 우리말로 번역되지 못한 채 영어의 communication을 한글 발음 표기 그대로 쓰고 있다. 이는 본래 '공통' 또는 '공유'라는 의미를 가진 라틴어의 communis를 어원으로 하고 있는데 우리말로 '의사소통, 의사전달, 정보전달'의 의미를 내포하고 있다. 그러므로 커뮤니케이션은 하나 또는 그 이상의 생물 개체가 다른 개체와 지식, 정보, 의견, 감정 등을 공유하는 행동의 과정[2] 또는 의미의 전달이고 이해이다[3]

커뮤니케이션은 이외에도 그 의미가 매우 다양하지만 일반적으로 의미 있는 정보를 전달하는 과정이라는 데에는 이론이 없다. 즉, 조직체나 사회 집단에서 형성되는 두 명 이상의 관계에서 당사자들 간에 언어적 또는 비언어적 방법을 통해서 쌍방이 의사와 감정을 전달하고 반응을 주고받는 과정을 말한다. 그러므로 커뮤니케이션은 성원간의 상호작용을 촉진시켜주는 중요 역할을 하는 매개체로서 인적 사회 시스템을 구성하는 기본 요소이다. 커뮤니케이션이 없는 조직은 조직이 아니며 커뮤니케이션이 없는 사회는 이미 사회가 아니다.

그러므로 인간은 커뮤니케이션을 통하여 살아가는데 필요한 정보를 수집하고 전파하며 정보를 해석하고 또는 학습하며 조직을 형성·유지해 나간다. 이 과정에서 커뮤니케이션은 단순히 정보 전달뿐만 아니라 그 이상의 의미를 갖고 있다. 그것은 서로 다른 이해, 배경과 경험을 가지고 있는 구성원들이 함께 공유할 수 있는 의미와 이해를 만들어 내는 과정이기 때문이다.

2. 커뮤니케이션 과정

커뮤니케이션은 정보의 의미를 전달하기 위한 상징을 사용하여 사람들 사이에 의사소통하는 과정이다. 또한 커뮤니케이션은 조직 구성원의 의사 결정이나 행동에 영향을 미치게 하는 하나의 수단으로서 단순히 정보 전달의 의미만 있는 것이 아니라, 그 정보를 상대방이 수용하고 이해해야 한다는 의미까지 내포하고 있다. 만일 상대방이 수용하지 못하거나 수용되어도 전달자가 의도한 내

2) 차배근, 커뮤니케이션학개론(상), 세영사, 1993, 17쪽.

3) S. P. Robbins, Management, Prentice-Hall, 1994(4th), p.527.

용이 상대방에게 정확한 의미로 해석되지 않는다면 커뮤니케이션의 왜곡 현상이 나타난다. 어떤 장애로 인하여 일어나는 왜곡 현상은 단순히 상호간의 문제뿐만 아니라 조직 활성화와 목표달성에서 중요한 문제의 원인이 된다. 때문에 조직의 활성화나 구성원들의 원활한 상호작용 그리고 조직의 목표달성을 이루는데 중요한 과제이다. 한마디로 커뮤니케이션은 의사 또는 감정을 전달하고 반응을 받고 상호간 의미를 추리하는 과정이다.[4] 커뮤니케이션은 <그림 13-1>과 같이 정보의 송신자(sender) → 암호화(encoding) → 메시지(message) → 매체경로(channel) → 수신자(receivers) → 해석(decoding)의 일련의 과정을 거치며 다시 피드백(feedback)되는 과정을 거친다.

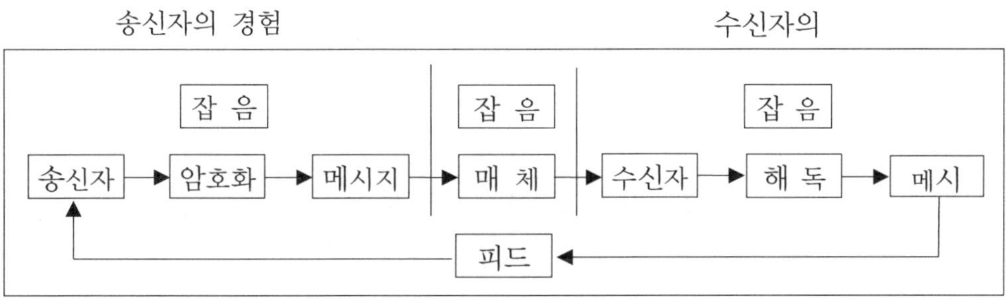

자료 : J. L. Gibson et als., Organization, Irwin, 1991, p.54.

그림 13-1 커뮤니케이션 과정

1) 송신자

커뮤니케이션의 전달자는 아이디어를 제공한다든지, 정보를 전하는 등의 의사 전달을 시도하는 사람을 말한다. 전달자의 태도, 신뢰성 및 여러 가지 특질은 커뮤니케이트(communicate) 되는 대상이나 내용을 지각하고 해석하는데 영향을 미치며, 전달자의 퍼스낼리티(personality) 또한 메시지 전달 방법에 영향을 미치게 된다.[5] 전달자의 전달 의도가 커뮤니케이션의 시발점이 된다.

4) James. L. Bowditch & Anthony. F. Bruno, A Primer on Organizational Bebavior (NY : John Wiley & Sons. 1985), p.81. Norman. B. Sigband. Communication for Management(Glenview, IL : Scott, Foresman and Company, 1969), p.10.

5) 윤대혁, 인간관계론, 삼영사, 2004, 98~99쪽.

2) 암호화

암호화 과정에서는 의사 전달자의 의도를 반영해 줄 수 있는 적절한 상징 매개 수단으로 바꾸는 과정 대부분의 경우 언어를 사용하고 있으나 신호, 제스처, 그림, 숫자 등과 같은 비언어적인 상징도 사용되고 있다. 정확한 전달 매개의 선택은 전달을 보다 더 쉽게 이루어지게 하므로 송신자는 메시지가 정확하게 전달될 수 있는 매개 즉, 의사소통을 위한 언어, 상징, 차트 등의 선택에 신중해야 한다. 또한 이런 매개는 송신자에게 달려 있으므로 송신자의 과거 경험 영역을 수신자가 공유하고 있는 정도도 정확한 의사전달에 영향을 미치게 된다<그림 13-2>.

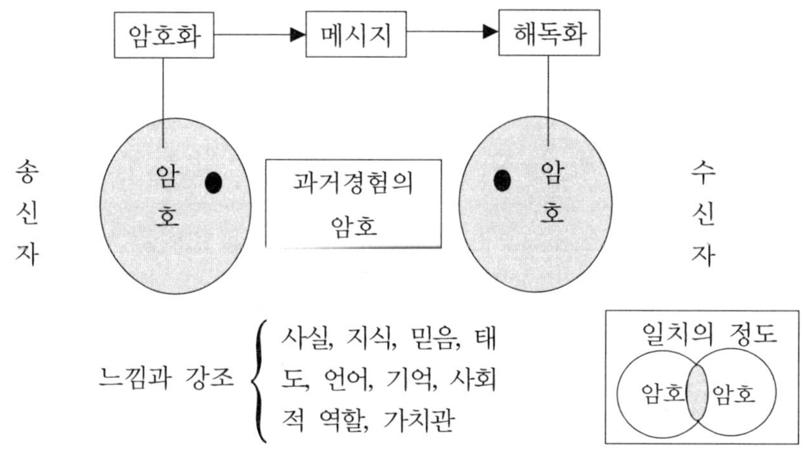

자료 : J. B. Lau/M. Jelinek, Behavio in Organization, Irwin, 1984, (3rd), p.235.

▌그림 13-2▐ 커뮤니케이션에서 과거경험의 일치된 암호

커뮤니케이션의 정확한 전달을 위하여 다음과 같은 다섯 가지를 제시하고 있다.[6]

(1) 관련성의 원칙(relevancy)

메시지와 관련 있고 중요한 의미를 지니는 것으로 만들고 적절한 어휘, 상징, 또는 제스처를 선택하라.

6) 이한검, 인간행동론, 형설출판사, 1994, 662쪽(원전 : R. H. Lenge & R. L. Daft, "The Selection of Communication Media as an Executive Skill", Academy of Management Executive, 1988)

(2) 단순성의 원칙(simplicity)

메시지를 가능한 단순하게 만들고 의도한 생각과 감정이 전달되도록 단어, 상징 또는 제스처의 수(數)를 극소화하라.

(3) 조직화의 원칙(organization)

이해를 촉구하기 위해서 메시지를 요점중심으로 조직화하라. 그리고 진행하기 위해서 메시지 속에 있는 요점을 완성하라.

(4) 반복의 원칙(repetition)

메시지의 주된 요점을 두 번 이상 반복하라. 이것은 특히 어휘를 처음에 분명히 들을 수 없거나 충분히 이해 될 수 없는 구두적인 커뮤니케이션에 중요하다.

(5) 초점의 원칙(focus)

메시지의 중요한 부분 또는 긴요한 부분인 핵심적 요점에 밑줄 치기, 음조, 잠시 멈춤, 제스처, 표정 등에 초점을 두라.

3) 메시지(message)

메시지의 전달은 공식, 비공식의 경로를 통하여 전달되는데 이때 메시지는 송신자가 수신자에게 전하려는 내용이며 커뮤니케이션의 중심부분이다. 즉, 부호화된 의사가 어떤 경로를 거쳐 수신자에게 전달되느냐 하는 것이다. 메시지는 언어 또는 비언어의 형태로 전달된다. 이때 주의 할 점은 송신자와 수신자의 메시지 전달 내용에 의미가 달라 질 수 있다는 것이다.

4) 매체(medium)

매체는 메시지의 전달을 위한 수단으로 언어나 비언어 이외에 전화, 컴퓨터, 전자, 통신 등을 포함한다. 이런 매체들을 이용하여 직접대면, 전화, 집단 토의, 메모 등 다양한 방법으로 메시지를 전달하게 된다. 매체의 중요성은 전달 내용의 적합성에서 찾아볼 수 있다. 즉, 전달 내용이 무엇이냐에 따라 매체 선정을 달리해야만 정확하고 효과적인 커뮤니케이션이 이루어질 수 있다. 중요한 정보인 경우에는 직접 대면을 통하여 전달하는 것이 정보의 충실도 면에서 보다 효과적이다.

5) 해독(decoding)과 수신자(receiver)

커뮤니케이션이 완전히 끝나려면 메시지가 수신자에 의해서 해석되고 그 의미가 제대로 받아들여져야 한다. 해독이란 어느 정도는 기술적인 문제로, 송신자의 의도를 이해하는 과정으로 수신자의 해석 능력과 관련된다. 수신자는 자신의 과거 경험이나, 준거체계 등에 근거하여 부호화된 메시지를 해독한다. 이 때 해독된 메시지가 전달자의 의도와 일치하면 할수록 커뮤니케이션의 효과는 증진된다.

6) 피드백(feedback)

피드백은 전달자의 의도대로 전달되었는가를 확인하는 과정이다. 일방적인 커뮤니케이션에서는 전달하려는 내용과 수신자가 받아들이는 내용 사이에 왜곡의 가능성이 크다. 그리고 수신사의 반응이 없다면 내용 전달이 올바르게 이루어졌는지 확인할 수 없다. 그러므로 커뮤니케이션에서는 반드시 피드백이 있어야 하며, 이 때문에 쌍방적인 커뮤니케이션의 필요성이 대두되는 것이다. 학자들은 효과적인 피드백을 위해서 다음과 같은 특성을 지녀야 한다고 주장한다.[7)]

첫째, 도움이 되어야 한다. 이것은 수신자가 송신자의 메시지에 덧붙이면 피드백에 도움이 된다. 둘째, 수신자의 주관에 의한 판단(평가)보다는 기술적이어야 한다. 셋째, 핑계나 이해의 부족을 없애기 위해서는 구체적이어야 한다. 넷째, 효과를 높이기 위해서는 적시적(timed)이어야 한다. 다섯째, 압도적(overwhelm)이어서는 안 된다. 메시자가 길거나 복잡한 것, 구두적인 매체를 이용할 때 어조가 잘못되면 비효과적인 피드백이 된다.

7) 잡음(noise)

잡음이란 원활한 커뮤니케이션을 방해하며 왜곡시키는 요소로서 각 단계마

---

7) R. W. Rasberry & L. F. Lemoine, Effective Managerial Communication, Kent Publ., 1986, p.168~170.

다 존재하므로 이를 제거하지 않으면 원활한 커뮤니케이션이 되지 못한다. 이러한 잡음에는 물리적 잡음뿐만 아니라 심리적, 환경적 잡음도 포함된다. 이외에 수신자의 감정과 태도, 수신자를 억압하는 공포, 반대 의견 등도 잡음에 포함 된다.

3. 커뮤티케이션의 특징

커뮤니케이션이 행해지고 난 뒤의 효과는 우리 두뇌가 인지하는 환경과 우리 자신의 이미지 속의 온갖 영상 그리고 우리가 받아들여 왔거나 방어할 채비가 갖추어져 있는 온갖 신념과 가치 평가로 나타난다.[8] 그러나 커뮤니케이션은 제한적인 몇 가지의 특성을 가지고 있다.

캇쯔와 칸(Katz, D. & Kahn, R. L)에 의하면 커뮤니케이션 시스템은 다음 다섯 가지 중요한 특성을 가지고 있다고 한다.[9]

첫째 정보가 제공되는 범위와 커뮤니케이션 수단에 의해서 커뮤니케이션의 범위(size of loop)가 결정된다. 정보가 제공되어야 할 범위가 크면 클수록 커뮤니케이션상의 많은 문제가 제기된다.

둘째, 커뮤니케이션 시스템의 주요 특징은 반복성에 있다. 정확한 커뮤니케이션이 되려면 반복 확인이 우선되어야 한다. 그렇게 하기 위하여 조직의 많은 사람들은 커뮤니케이션 전달자 역할을 한다.

셋째, 정보는 순환되거나 단절되는 특성을 가지고 있다.

넷째, 커뮤니케이션 시스템의 범위와 그 목적이 항상 고려되어야 한다. 조직에서 커뮤니케이션 범위와 조직의 목적이나 성원의 역할이 적합하지 못하면 커뮤니케이션은 역기능적이 된다.

다섯째, 커뮤니케이션 시스템은 커뮤니케이션 네트워크(communication networks)를 가지고 있다.

---

8) 윌버 슈람 저(著), 최종수 번역, 커뮤니케이션원론, 전예원, 1989, 237쪽.

9) D. Katz & R. L. Kahm, The Social Psychology of Organization, N.Y., Wiley & Sons, 1978(Znd), pp.435~440.

4. 커뮤니케이션의 기능

커뮤니케이션은 조직 활동에 필요한 정보와 의사 전달, 동기부여, 협동과 직무 만족을 위한 태도 형성의 매개인으로서 그 기능은 다음과 같다.

첫째, 정보제공기능을 가지고 있다. 즉, 커뮤니케이션은 사람들에게 여러 가지 정보를 제공하여 신속하고 정확한 의사 결정을 할 수 있도록 해 준다. 정확한 정보는 불확실성을 감소시키고 의사 결정을 용이하게 해 준다.

둘째, 지침안내와 동기부여기능을 가지고 있다. 커뮤니케이션은 성원들에게 표준, 지침, 규정, 규칙을 제시하여 역할모호성을 제거시키고 정확한 행동 지침을 준다. 따라서 신속하고 정확한 커뮤니케이션은 정확하고 신속한 행동을 유도하며 동시에 성원들에 대한 동기 부여 기능을 한다.

셋째, 설득, 영향력행사기능을 가지고 있다. 즉 커뮤니케이션은 성원들에게 권력과 권한을 행사할 수 있도록 해주고 성원들의 행동을 수정하는 영향력을 행사하는 역할을 한다.

넷째, 통제, 조정, 갈등제거기능을 가지고 있다. 커뮤니케이션은 성원 전체의 행동을 통제하고 조정하며 성원 간의 갈등을 제거하는 기능을 한다.

또한 슈람(Schramm, W.)은 커뮤니케이션의 기능을 송신자와 수신자의 입장으로 나누어 다음 <표 13-1>과 같이 분류하고 있다.

표 13-1 커뮤니케이션의 기능

송신자의 입장에서 본 기능	수신자의 입장에서 본 기능
1. 정보 제공(inform)	1. 이해(understand)
2. 교육(teach)	2. 학습(learn)
3. 오락 제공(please)	3. 쾌락(enjoy)
4. 제안 또는 설득(propose or persuade)	4. 수락 또는 결정(dispose or decide)

제2절 커뮤니케이션의 유형

1. 공식적 커뮤니케이션

공식적 커뮤니케이션은 권한·책임·의무가 규정된 조직의 구조에 의해 결정되는 공식적인 관계를 바탕으로 이루어진다. 조직은 그 목적을 효과적으로 달성하기 위하여 커뮤니케이션의 경로와 방법, 절차, 그리고, 기본적인 내용 등을 설계하여 규범으로 정해 놓는다. 이러한 공식적 규범을 정해 놓지 않으면 커뮤니케이션 과정에 혼란을 가져와 조직의 질서를 유지할 수 없게 된다.

조직 내에서 이루어지는 공식적 커뮤니케이션은 하향적 커뮤니케이션, 상향식 커뮤니케이션, 수평적 커뮤니케이션, 대각적 커뮤니케이션의 네 가지로 구분된다.

1) 하향식 커뮤니케이션

하향식(downward) 커뮤니케이션은 상하간 커뮤니케이션 또는 상의하달식 커뮤니케이션이라고도 하는데 정보의 흐름이 상위 계층에서 하위 계층으로 이동하는 것을 말한다. 하향식 커뮤니케이션은 보통 조직이 하향식 위계 질서와 의사 소통 체계를 가지고 있기 때문에 자연스럽게 붙여진 이름이다. 하향식 커뮤니케이션의 유형으로 일반적인 것은 명령, 지시, 제시, 설명회 등이 있다.

(1) 하향식 커뮤니케이션의 목적

캇쯔와 칸은 조직 측면에서 하향식 커뮤니케이션의 목적을 다음과 같이 설명하였다.10)

첫째, 조직 전체의 목적 및 소속된 부서의 목적과 전략에 관한 정보를 제공해 주어서 직무수행에 대한 분명한 과업 방향을 제공해 준다.

둘째, 업무지시 및 조직 내의 다른 업무와의 관련성 등을 이해시키므로 조직의 규정 절차 및 실무에 대한 정보를 제공해 준다.

10) D. Katz & R. L. Kahn, 윗책, pp.440.

셋째, 직무의 근본 원리에 대한 정보를 제공해 주기 위한 것으로 조직의 방침, 업무처리 절차, 관행 및 규정 등을 알려 주어서 조직내 여러 과정을 이해시킨다.

넷째, 직무성과에 대한 평가와 피드백을 위한 것으로 맡은 직무를 정확히, 잘 수행하고 있는가의 여부를 평가하여 피드백 해주므로 수정하고 보다 나은 성과를 얻게 하기 위함이다.

다섯째, 이념주입(indoctrination) : 목표 주입을 촉진하기 위한 이념적 지식을 제공해 주기 위한 것으로 하위자들에게 조직의 문화, 가치관, 중요행사 및 양식을 알려 주어서 이념화 시킨다.

전통적인 조직에서는 직무 성과에 대한 설명이나 이념적 지식을 제공하는 것을 소홀히 하였으나 자아실현의 욕구가 강해진 현대 조직에서는 이러한 분야의 정보 제공 기능이 크게 강조되고 있다.

(2) 하향식 커뮤니케이션의 개선 방법

하향식(downward)커뮤니케이션의 가장 큰 문제는 상급자가 하급자 중심으로 커뮤니케이션하지 않고 상급자 중심으로 커뮤니케이션하려는 데에서 오는 하급자 무시 경향이다. 그래서 정보 흐름 중에 정보 수용자가 다음과 같은 점에 영향을 받는다는 것을 알면 커뮤니케이션 방법을 개선하게 된다.[11)]

첫째, 커뮤니케이션에 대한 이해는 저항을 약화시킨다.

둘째, 사람들은 현재의 이미지와 신념 그리고 가치관과 일치하는 메시지에 대해서 보다 개방적이다.

셋째, 가치관과 일치되지 않는 메시지는 불합리한 메시지보다 더 큰 저항을 일으키는 경향이 있다.

넷째, 욕구 충족을 촉진하는 메시지는 보다 쉽게 수용된다.

다섯째, 사람들이 환경의 변화를 이해하면 새로운 메시지에 대해서 보다 개방적이 된다.

여섯째, 전체적인 상황이 커뮤니케이션에 영향을 준다. 즉, 어떠한 상황에 적절한 메시지는 또 다른 상황에도 적절한 것으로 해석된다.

---

11) F. Luthans, Organizational Behavior, McGraw-Hill, Inc., 1995(7th), p.430.

2) 상향식 커뮤니케이션

상향식(upward) 커뮤니케이션은 하의상달식 커뮤니케이션이라고도 하는데 보고가 대표적인 유형으로서 하위 계층에서 상위 계층으로 정보가 전달되는 체계를 말한다. 이 유형에는 보고, 품의, 제안 등이 있다. 그리고 하급자의 자발적인 의사전달이나 하급자들의 일선 경험을 통한 실무적인 아이디어를 창출시키는데 그 목적을 두고 있다.

상향적 커뮤니케이션을 효과적으로 개선하는 방법은 다음과 같다.[12)]

첫째, 개인의 고충(grievance)을 처리하는 절차를 마련한다. 개인의 고충은 노동조합을 통하거나 직속상관을 통하여 처리해야 한다. 물론 고정처리위원회가 설치되어 있다면 그 곳을 이용해도 좋다.

둘째, 개방 정책(open-door policy)을 실시한다. 하급자의 소리를 상급자의 열린 귀를 통하여 들을 수 있도록 해야 한다.

셋째, 인사부나 관련 부서에서 계획적으로 정기적인 질문서 배포, 면담 등을 실시해야 한다.

넷째, 의사결정에 부하들을 참여시키는 참여적 의사결정 체제를 만들어야 한다. 즉, 청년 이사회, 노사협의회, 제안함 제도, 분임조 등을 통하여 자유로운 참여 체제를 만들어야 한다.

다섯째, 옴부즈맨[13)] 제도를 활용한다.

3) 수평적 커뮤니케이션

수평적(횡단적, horizontal, cross, lateral) 커뮤니케이션은 조직에서 대등한 관계를 가진 불특정 다수가 상하 위계 의식 없이 자유스러운 분위기에서 공식적 또는 비공식적으로 정보를 주고받는 형태로서 개인 간 또는 부서 간에 대등한 수평적 관계를 가지고 상호작용하는 커뮤니케이션의 범주를 말하는데 이를 상호작용적(interactive) 커뮤니케이션이라고도 한다.

---

12) 윗책, p.431.

13) 옴부즈맨(ombudsman) 또는 옴부즈퍼슨(ombudsperson)은 본래 스칸디나비아 제국에서 정부로부터 부당하게 대우받은 사람들이 억울함을 호소하도록 하던 분노의 배출구를 제공한 제도인데 오늘날 미국을 중심으로 개인의 권리를 침해할 소지가 있는 대규모 조직인 정부, 군 기관, 언론기관 등에서 활용하고 있음.

상호작용적 커뮤니케이션은 구성원 상호간이 대등한 입장에서 팀워크 향상의 목적을 가진 것으로 회의, 회람, 영상 회의, 인터넷, 텔넷을 이용한 자료 교환의 형태가 있다. 자유롭고 개방적인 커뮤니케이션이 이루어질 수 있는 관계는 대부분 상사보다는 동료들과의 커뮤니케이션을 할 때이다.[14)]

4) 대각적 커뮤니케이션

대각적(diagonal) 커뮤니케이션은 조직 구조상 집단과 계층을 달리하는 구성원들 간의 커뮤니케이션을 의미한다. 즉, 구성원들이 자신의 기능적 권한 이외의 각 계층의 구성원들과 의사소통하는 것을 말한다. 가장 대표적인 예가 라인과 스탭 간에 이루어지는 커뮤니케이션이다.

대각적 커뮤니케이션은 직무수행상 필요에 의해 예외적으로 정보 흐름이 인정되는 경우로서 조직 구성원들이 하향적, 상향적, 수평적 커뮤니케이션 경로를 이용하는 것이 불편하거나 그러한 경로들을 이용하면 커뮤니케이션의 유효성이 떨어질 경우에 주로 사용된다. 이 방법은 시간과 비용도 절감시켜 주므로 가장 경제적이고 정확한 방법을 모색할 때 고려된다.

2. 비공식적 커뮤니케이션

비공식적 커뮤니케이션(informal communication)은 사신(私信), 풍문, 소문 등이 있다. 이는 주로 1 대 1(one-to-one communication)커뮤니케이션의 형태로서 비밀정보망(grapevine : 포도넝쿨)이라는 용어로 불리는 이 형태는 상호작용에 의한 것이어서 사회적인 신뢰성이 약하며 구속력이 없어서 사회나 개인에게 기능적인 역할을 하기보다 역기능을 할 때가 많다. 왜냐하면 공식적인 커뮤니케이션 경로보다 왜곡된 사실이 더 광범위한 영역으로 신속하게 전달되기 때문이다. 즉, 사실의 진위보다는 흥미 본위로 최초의 내용과 상관없이 왜곡 전달되고 공식적인 커뮤니케이션 경로보다 먼저 수신자에게 필요 없는 내용까지 각인시켜 수신자를 혼란시키는 경우가 흔하다.

특히 사회의 제도적인 기능이 약화되면 사회 구성원은 비공식적인 커뮤니케

14) A. Downs, Inside Bureaucracy, Boston, Mass : Little, Brown, 1907, p.110.

이션에 의지하고 심지어 헛소문까지도 믿으며 오도된 의식 구조가 형성되어 공식적인 커뮤니케이션을 불신하게 된다. 반면 일부에서는 이 형태를 신속한 매체라고 긍정적으로 보고 있다. 비밀정보망은 조직이 존재하는 이상 존재하기 마련이다. 하지만 이에 대한 통제는 어렵고 영향력은 크기 때문에 공식적 커뮤니케이션을 보완하여 건설적인 방법으로 이용해야 한다.

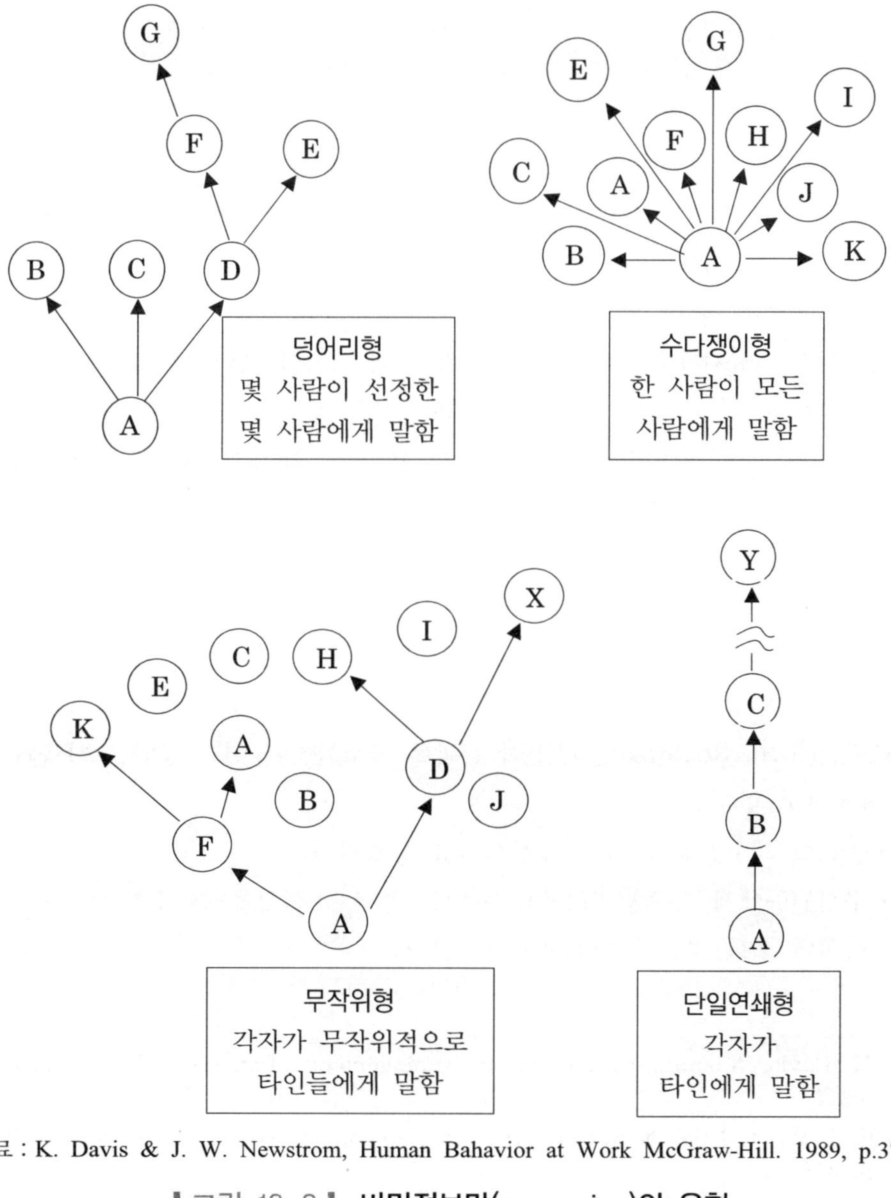

자료 : K. Davis & J. W. Newstrom, Human Bahavior at Work McGraw-Hill. 1989, p.373.

| 그림 13-3 | 비밀정보망(grapevine)의 유형

데이비스(K. Davis)는 비공식적 커뮤니케이션은 어느 정도 예측이 가능하다고 말한다. 그가 연구한 결과를 보면 다음 몇 가지의 패턴이 있음을 알 수 있다.15)

- 새로운 사실이 있을 때 가장 말이 많다.
- 자신의 업무에 영향을 미칠 때 말을 하게 된다.
- 잘 알고 있는 사람에 대하여 말한다.
- 같은 부서에서 일할 때 동일한 비밀정보망에 속하기 쉽다.
- 업무를 할 때 접촉하는 사람들은 동일한 비밀정보망에 속한다.

또한 데이비스는 포도넝쿨의 유형으로 <그림 13-3>과 같이 네 가지 유형 즉, 단일연쇄형, 수다쟁이형, 무작위형, 덩어리형을 찾아냈다.

비공식적 커뮤니케이션은 조직에서 통제할 수도, 거부할 수도 없으므로 긍정적으로 받아들여서 잘 활용하도록 해야 한다.

비공식적 커뮤니케이션을 잘 활용하기 위해 제시한 데이비스의 방안들은 다음과 같다.16)

- 소문(루머)이 진달되는 깃을 막기보다는 원인 제거가 최선의 방법이다.
- 소문이 발생되지 않도록 사실(진실)을 알려야 한다.
- 구성원들이 믿을 수 있는 자료를 제공한다.
- 구성원들의 협조를 이끌어 낸다.
- 비록 진실이 아니라도 구성원들의 느낌을 담고 있으므로 경청해야 한다.

로빈슨(S. P. Robbins)은 부정적 결과를 극소화하기 위한 방안을 다음과 같이 제시하고 있다.17)

- 중요한 의사결정을 위한 예정시기를 공표하라.
- 구성원들에게 오해를 일으킬 수 있는 부분은 설명을 해 준다.
- 사실에 대한 것을 공개적으로 토의하라.

---

15) K. Davis, "Communication within Management", Personnel(November1954), p.217.

16) K. Davis & J. W. Newstrom, Human Behavior at Work, McGraw-Hill, 1989, pp.378~380.

17) S. P. Robbins, Management, Prentice-Hall, 1993, p.334.

3. 커뮤니케이션 네트워크의 형태

커뮤니케이션 네트워크란 조직 내 또는 개인과 집단 간 형성되어 있는 다양한 커뮤니케이션 정보경로의 배열이다. 조직이나 집단에서 이루어지는 커뮤니케이션은 여러 개의 중계점을 갖고 있는 커뮤니케이션 네트워크(communication network)를 구성하는 경우가 많다. 또한 메시지 발신자가 보낸 정보가 수신자에게 전달되기까지 여러 개의 커뮤니케이션 네트워크가 복잡한 경로를 거쳐야 하는 경우도 있다. 이것은 의사결정의 질, 구성원의 만족, 메시지의 질 등의 변수에 영향을 끼치며[18)], 집단 업무에 영향[19)]을 준다.

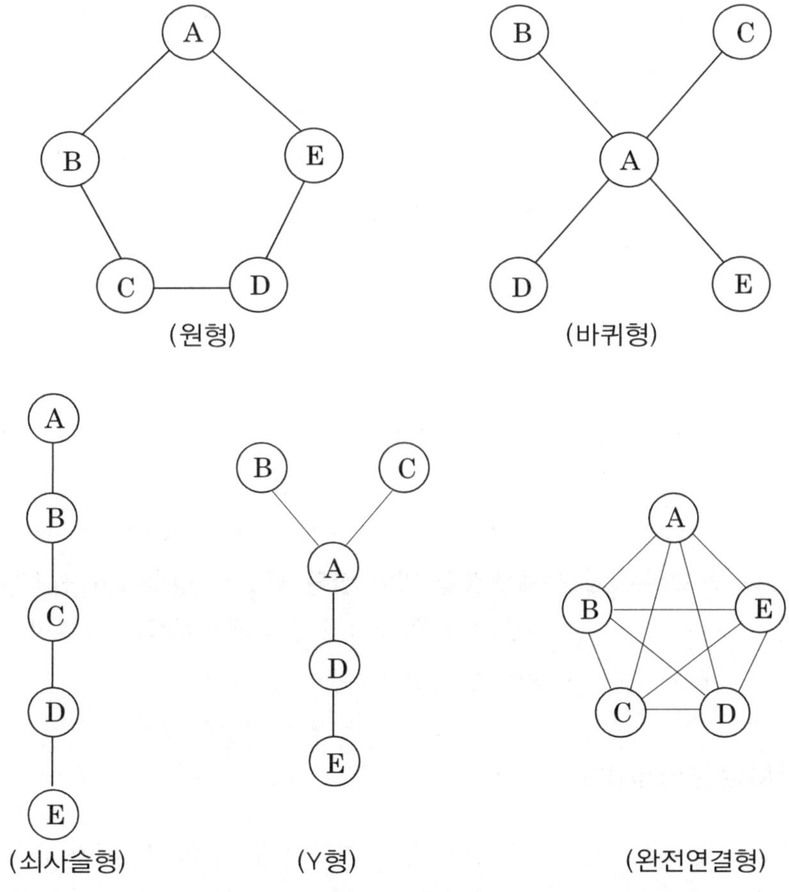

그림 13-4 **커뮤니케이션 네트워크의 형태**

18) R. J. Aldag & T. M. Stearns, Management, South-Western Publ., 1991(2nd), p.487.
19) C. L. Bov'ee et als., Management, McGraw-Hill, 1993, p.540.

일반적으로 조직이나 집단내의 커뮤니케이션 네트워크는 <그림 13-4>에 나타난 형태가 보편적으로 존재한다. 이 그림에서 직접적인 커뮤니케이션은 서로 인접하고 있는 선으로 연결되어 있는 연계점 사이에서만 이루어지며, 조직 또는 집단의 구성원이 다섯 명이라고 가정하였을 때 나타날 수 있는 커뮤니케이션 네트워크이다. 각 네트워크의 형태와 특징은 다음과 같다.

1) 원(circle)형

원형은 집단 구성원들 간에 서열이나 지위가 뚜렷이 드러나지 않고 거의 동등한 입장에서 의사소통을 하는 경우에 형성되는 네트워크이다. 예를 들면 위원회나 태스크 포스(task force) 조직에는 공식적인 리더가 존재하긴 하지만 보통의 조직에 비해 분위기가 자유스럽고 구성원들의 상호작용도 한 쪽에 편중되지 않으므로 원형의 커뮤니케이션 네트워크가 형성되기 쉽다.

이 형태의 장점은 커뮤니케이션의 목적이 명백한 경우 구성원 간 만족도가 비교적 높다는 것이다. 단점은 정보전달과 수집, 상황의 종합적인 파악 등 문제해결이 가장 느리다는 것이다.[20]

2) 바퀴(wheel)형

바퀴형은 X형이라고도 하며 집단 내에 중심적인 인물 또는 리더(A)가 존재하여 구성원들 간의 정보 전달이 한 사람에게 집중되고 있는 형태이다. 공장의 작업원들이 한 사람의 감독자에게 보고하는 형태가 좋은 예이다. 이 형태의 장점은 신속한 정보 수집과 문제해결을 위한 상황 판단이 정확하며 신속한 해결을 볼 수 있으나 단점으로 단순하고 일상적인 문제해결에서는 유효하고 어렵고 복잡한 문제에서는 유효성이 떨어진다.[21]

3) 쇠사슬(chain)형

쇠사슬형은 원형과 달리 구성원들 간의 커뮤니케이션이 잘 되지 않는 형으로 두 종류가 있다. 즉, 정보가 단계적 형태를 밟아 최종적으로 중심인물에게

---

20) 이학종, 조직행동론, 세경사, 1998, 261쪽.

21) 위책, 261쪽.

집결되는 수직적 구조와 중간에 있는 구성원이 중심적 역할을 하는 수평적 구조가 있다. 수직적 구조는 구성원들 간에 서열이 엄격하게 존재하여서 바퀴형과 같이 정보종합이나 문제해결이 빠르고 신속하게 이루어지지만 정보전달 과정에서 왜곡될 수 있는 위험성도 갖고 있다. 수평적 구조는 정보수집과 문제해결이 느리며, 중심인물 외 주변에 있는 구성원들의 만족감은 낮다. 쇠사슬형은 수직이든 수평이든 상호간의 피드백이 복잡하고 어려워 커뮤니케이션에서 효과는 떨어진다. [22]

4) Y 형

Y형은 집단 내에서 확고한 위치를 점하고 있는 리더나 중심적인 인물이 존재하지는 않지만 Y형을 거꾸로 뒤집어 놓고 본다면 두 명의 부하 직원이 한 명의 관리자에게 보고하고, 그 관리자는 자신의 직속상관에게 보고하는 식의 커뮤니케이션 네트워크이다. 대다수의 구성원들을 대표하는 리더가 있는 경우에 나타나는 형태이다. 주로 주류와 비주류 즉, 업무의 중심이 되는 라인과 그에 보조 또는 협력관계의 스탭들로 구성된 혼합집단에서 나타날 수 있는 형태이다. 커뮤니케이션의 효과는 바퀴형과 원형의 중간으로 바퀴형 쪽에 더 가깝다.

5) 완전연결(all channel)형

완전연결형은 형태가 별 모양과 비슷하다고 하여 성좌형(星座型)이라고도 하는데 모든 구성원들이 다른 구성원들과 자유롭게 정보를 교환하고 의사소통을 하는 가장 바람직한 민주적 네트워크 유형을 말한다. 구성원들 사이에 정보교환이 완전히 이루어지는 형태이다. 즉, 집단 내에 리더나 중심적인 인물이 따로 존재하지 않아 구성원 중에 누구라도 커뮤니케이션을 주도할 수 있는 형태이다.

이 형태의 장점은 정확한 상황판단과 복잡하고 어려운 문제해결과 구성원들의 창의성을 요구하는데 가장 효과적이며 구성원들의 만족감도 높은 형태[23]이다. 그러나 메시지 내용이 전체 구성원에게 공개적으로 전달되므로 종합적인 상황판단이나, 문제해결에 많은 시간이 소요된다.

이와 같이 조직이나 집단의 커뮤니케이션에는 여러 가지의 유형이 있고, 그

22) 위책, 262쪽.

23) 앞책 263쪽.

유형마다 <표 13-2>와 같이 각각의 특징을 가지면서 조직이나 집단 내에서 활용될 수 있다. 즉, 바퀴형이나 Y형, 수직적 쇠사슬형은 집권적이며 독재적이고 기계적인 조직체에 해당되는 커뮤니케이션의 형태이고, 원형과 완전연결형은 유기적이며 분권적, 행렬적, 자유방임적, 민주적 조직에 해당되는 커뮤니케이션 형태이다. 그러나 어떠한 커뮤니케이션 네트워크의 형태도 모든 목적에 최적일 수는 없다. 그러므로 이들 유형은 조직이나 집단의 성격과 구성원들의 개인적인 특성, 구성원들의 수 등의 상황적인 요소에 따라 커뮤니케이션의 효율성이 모두 다르겠지만, 그 중에서 완전연결형이 과업의 성과나 구성원들의 성장에 가장 바람직하다.

표 13-2 커뮤니케이션 네트워크 유형과 그 특성

구 분	쇠사슬형	Y 형	바퀴형	원 형	완전연결형
권한의 집중	高	中	中	低	매우 低
의사소통의 신속성	中	中	단순업무 : 빠름 복잡업무 : 느림	단합 : 빠름 개별 : 느림	빠름
의사소통의 정확성	서면 : 高 언어 : 低	단순 : 高 복잡 : 低	단순직무 : 高 복잡직무 : 低	단합:高 개별:低	低
구성원 만족도	低	中	低	高	高
의사결정 속도	빠름	중간	중간	느림	빠름
의사결정 수용도	低	중간	중간	高	高
조직구조 형태	tall	tall	flat	flat	flat

자료 : 백기복, 조직행동연구, 법문사, 1994, 303쪽.

제3절 커뮤니케이션에 영향을 주는 요인

커뮤니케이션은 사람의 성장환경 및 정서, 가치관 등 여러 가지 요인에 의하여 송신자와 수신자간에 메시지 의미 전달이 같을 수도 또는 의도와 다를 수도 있다. 그것은 앞서 언급되어 온 것처럼 의사전달 과정에서 여러 요인들로 인해 영향을 받기 때문이다. 커뮤니케이션 과정에 영향을 주는 요인들[24] 에 따라 커뮤니케이션의 효용이 결정된다. 커뮤니케이션에 영향을 주는 요인은 다음과 같다.

1. 빈도수나 방향에 영향을 주는 요인

1) 상호작용의 기회(opportunity to interact)

조직에서 개인이나 집단들 간의 심리적 또는 신체적 거리를 조작함으로써 커뮤니케이션을 증대시키거나 감소시킬 수 있다. 물론 커뮤니케이션의 증가는 자연스럽게 상호작용의 증가를 동반한다. 커뮤니케이션의 기회를 증대할 수 있는 공동 시설로서는 복사실, 엘리베이터, 식당, 회의실, 통근 버스 등이 있으며, 그 기회를 감소시키는 조처로서는 벽과 칸막이 설치, 통근 버스 폐쇄, 격리 조처 등이 있다. 이러한 조처들은 관리자들이 '커뮤니케이션'을 하라 또는 '하지 마라'라고 말하는 것 이상으로 효과적인 것이다.

2) 응집성(cohesiveness)

집단이나 조직의 응집성은 커뮤니케이션을 증가시키기도 하고 감소시키기도 한다. 증가된 커뮤니케이션은 응집력을 증대시키기도 하고 감소시키기도 한다. 그러므로 응집성과 커뮤니케이션은 상호 관련적인 것이다.

3) 지위(status)

한 개인의 사회적 지위는 그의 커뮤니케이션의 양을 결정한다. 사회적 지위가 높거나 여론선도자(opinion leader)일 경우에는 다른 사람보다 훨씬 많은 커뮤니케이션을 한다.

사람들은 자기와 같은 부류이거나 자기보다 높은 수준에 있는 사람들과 교

24) Reits, Behavior in Organization, Ill., Homewood, Richard D. Irwin, Inc., 1981 (2nd), pp.311~318.

류하면서 의사소통하는 것을 좋아한다.

그 이유는 첫째, 그런 사람들과 교류하면 그 사람의 사회적 지위만큼 자신을 키울 수 있다고 믿는다. 예를 들면 유명인의 사인을 가지고 있으면 동료들의 찬탄을 받을 수 있다고 생각한다. 둘째, 상류 계층의 사람들은 무엇인가 자기에게 줄 것이 있다고 믿기 때문에 그들과 커뮤니케이션을 증대시키는 것이 무엇인가 얻을 수 있는 기회를 증대시키는 것이라고 생각한다.

따라서 지위는 커뮤니케이션의 양을 증가시키고 때로는 주도하는 관건이 된다.

4) 정보매체(mass media, opinion leader)

많은 사람들 사이의 신속한 정보 확산은 호기심을 일으키게 한다. 크게는 '매스미디어'로 통칭되는 오늘날의 대중을 위한 대량 매체와 작게는 소문을 확산시키는 여론 선도자 등은 정보 매체로서 커뮤니케이션의 빈도와 방향에 절대적인 영향을 미친다.

2. 정확성에 영향을 주는 요인

1) 전파의 문제

커뮤니케이션 경로를 따라 가면서 완전한 메시지가 전달되지 않거나 전달과정에서 왜곡되거나 또는 관련 수신자에게 도착하지 않거나 적시에 전달되지 않는 등 경로 상에서 정확성의 문제가 발생하는 경우가 있다. 구술적 커뮤니케이션인 경우 전파 매개 지점에서 상실되는 성향을 여과(filtering)라 하는데 경우에 따라서는 여과 과정에서 손실되는 정보의 양이 80%에 달한다는 연구도 있다.

2) 이해의 문제

(1) 송신자의 정확한 이해 여부가 중요하다. 즉, 송신자가 정보자원을 정확하게 이해하지 못할 경우 올바른 커뮤니케이션으로서 기능을 못한다.

(2) 수신자의 이해 여부도 중요하다. 커뮤니케이션은 수신자의 심리적, 감성적인 지각상태에 좌우되는 문제이므로 확인과정을 강화하거나 이중경로

를 활용하는 것이 바람직하다. 보편적으로 수신자의 이해를 쉽게 하기 위하여 간결하거나 단순한 문장으로 전달하는 방법을 택하기도 하고 직접 행동으로 보여주기도 한다. 또한 반복하여 메시지 전달을 확인하기도 한다. 특히 원격지 통신, 국제 통신의 경우에는 상대방의 이해 여부를 반복 확인하는 절차를 밟는 것이 좋다.

3. 효용에 영향을 주는 요인

커뮤니케이션 효용에 영향을 주는 요인으로서는 정보원과 매개인(媒介因)으로서 메시지와 수신자가 있다. 이들 요인들은 그 자체로는 효용을 높일 수 없고 다음과 같은 특성을 가질 때에 비로소 효용을 증대시킬 수 있다.

1) 정보자원

커뮤니케이션의 효용을 높이려면 커뮤니케이션에 영향을 주는 정보자원이 신뢰성이 있어야 하고 믿을 수 있는 힘과 지위가 있는 곳으로부터 발신되어야 한다. 또한 정보의 매력이 있어야 한다. 정보의 매력은 정보가 가지는 가치에 달려 있다.

2) 메시지

말과 행동이 일치할 때 메시지는 효과적이다. 마찬가지로 대면하여 구두로 의사소통을 할 때 또는 명확한 문서 전달을 할 때에도 효과적이다. 그러나 경우에 따라서는 거절되거나 무시되어 되돌아 올 때도 있다. 이를 정보의 부메랑 효과(boomerang effect)라 하는데 수신자가 정보를 수용할 수 없을 때 일어난다.

3) 수신자

커뮤니케이션 효용에 영향을 주는 마지막 요인으로 수신자의 퍼스낼리티, 태도, 지각 능력이 있다. '긍정적인 퍼스낼리티를 가지고 있느냐', '부정적인 퍼스낼리티를 가지고 있느냐', '또는 정보 수신 능력이 있느냐'의 여부 등도 효용에 영향을 미친다. 특히 주요한 요인은 '수신자가 송신자의 정보에 의존하느냐'하는 '의존성의 정도'와 수신자가 어떻게 해야 할지 모르는 불안정 상태의 '불확실성의 정도'가 커뮤니케이션 효용에 절대적인 영향을 준다.

제4절 커뮤니케이션의 장애요인

조직 내의 커뮤니케이션의 장애가 되는 요인은 여러 가지가 있는데 송신자에게 관련된 요인, 수신자에게 관련된 요인과 상황에 관련된 요인의 세 범주로 나눌 수 있다.[25)]

1. 송신자에 의한 장애요인

송신자에 의한 커뮤니케이션 장애요인은 다음과 같다.

1) 목적의식의 부족

커뮤니케이션의 제일의 목적은 수신자에게 정보를 정확하게 전달하는 것이므로 청취자가 쉽게 이해할 수 있도록 명료해야 한다. 의사를 전달할 때에 송신자가 분명한 목적의식이 없으면 일관성이 떨어져서 제대로 의사전달을 할 수 없다.

2) 커뮤니케이션 기술 부족

의사전달을 할 경우 부적절한 단어 선택, 문법상의 오류, 철자의 오류, 서툰 표현과 발음 등은 상호간의 의사소통을 방해한다.

3) 상대방에 대한 배려 부족

커뮤니케이션에 필요한 언어적 능력이나 태도를 가지고 있어도 상대방을 배려하

25) 김준식 외, 조직행동관리, 도서출판 대명, 2004, 368~371쪽 참조.

는 마음이 부족하여 상대방을 불편하게 하면 제대로 된 커뮤니케이션을 할 수 없다.

4) 송신자의 신뢰성 부족

송신자가 수신자로부터 신뢰감을 갖지 못하면 원활한 커뮤니케이션이 될 수 없다. 송신자의 인격, 신뢰감, 온화한 인격 등은 커뮤니케이션을 용이하게 할 수 있다.

2. 수신자에 의한 장애 요인

1) 평가적 경향

수신자가 송신자의 메시지를 받기 전에 송신자나 송신자가 보낸 전달 내용을 임의로 평가해 버리는 것을 말한다. '저 사람 말은 도무지 믿을 수 없다'라고 평가하면 더 이상 어떤 말도 들리지 않는다.

2) 선입견

수신자의 선입견은 송신자가 보내는 커뮤니케이션 내용을 왜곡할 수 있다. 잘못된 선입견은 다른 어떤 전달 내용이나 설명도 제대로 수용하지 못하도록 만든다.

3) 선택적 지각

선택적 지각은 커뮤니케이션 과정에서 수신자의 특성 즉, 욕구, 성장 배경, 신념에 따라 수신 내용이 선별적으로 지각되는 현상을 말한다. 즉, 수신자가 선호하고 자기에게 필요하다고 생각되는 내용은 쉽게 수용하고 그렇지 못한 내용은 중시하지 않음으로써 정확하게 커뮤니케이션이 이루어지지 못하는 상태를 초래한다. 이러한 현상은 메시지 수신자의 지각 능력과 지각의 범위, 지각의 선호도 등에 차이가 있기 때문에 나타난다.

그러므로 조직의 관리자는 구성원들의 지각 범위를 넓히도록 교육과 훈련을 지속적으로 해야 한다.

4) 방어적인 자세

수신자의 커뮤니케이션 방어적 감정 상태는 커뮤니케이션 수용의 정도에 크게 영향을 미친다. 상대가 자기를 위협한다고 느낀다면 상대를 이해하기보다 오히려 오해를 하기도 한다. 즉, 언어적인 협박, 빈정거림, 다른 사람의 의도에 대한 의심 등이 위협으로 해석되거나 감지되면 효과적이고 정확한 커뮤니케이션이 되기 힘들다. 그러므로 메시지 전달자는 상대방이 방어적 감정 상태를 갖지 않도록 해야 한다.

3. 상황에 의한 장애요인

1) 어휘상의 문제

실제로 우리는 커뮤니케이션의 내용을 언어와 문자를 통하여 전달할 수는 있지만 이해(understanding)시킬 수는 없다.[26] 불행하게도 우리 인류는 종족마다 언어와 문자가 다르고 시대에 따라 언어가 변화하며, 동일한 언어라도 전달하는 상황과 송수신자의 기분, 지위, 가치관, 성장 배경, 종교, 문화, 성, 직종 또는 각자의 이해관계에 따라 다른 의미로 해석되는 수가 허다하다.

2) 시간적, 장소적인 문제

커뮤니케이션의 중요한 장애 요인으로서 시간과 장소가 포함된다. 시간에 쫓기면 충분한 커뮤니케이션이 이루어지지 않는다. 동시에 시간이 지난 낡은 정보이거나 반대로 너무 이상적인 것이 되어 시대를 지나치게 앞서가는 커뮤니케이션도 바람직하지 못하다.

또한 장소적으로 멀리 떨어져 있거나 한 장소에 많은 수신자가 있으면 장애를 받는다. 물론 오늘날에는 정보 통신이 발달되고 초고속 정보 전달이 가능하여 과거와 같이 장소적 제약이 커뮤니케이션 장애를 일으키는 것은 아니라고 하지만 대면적 커뮤니케이션과 같은 즉시성과 사실성의 효과는 기대할 수 없다.

26) Gibson et al., Organization, Plano, Texas, Business Pub. Inc., 1982(4th), p.401.

3) 커뮤니케이션의 과소와 과중

지나치게 정보의 양이 많아 정보의 과중상태가 되면 수신자가 정확한 판단을 하기 어렵다. 또는 그 반대로 지나치게 적은 정보는 수신자로 하여금 정확한 판단과 의사결정을 할 수 없다.

4) 지위의 차이

조직 내의 상하급자간의 지위의 차이에 의해서 의사전달이 잘 되지 않는다. 상급자에게 보고를 할 때 불리하다고 판단되는 내용은 전달하지 않거나 꾸며서 전달하는 경우가 있고 상급자이기 때문에 자신의 정당한 의견을 제시하지 못하는 경우가 있다.

5) 조직의 분위기

조직의 분위기가 경직되고, 자연스럽게 의견을 교환하는 분위기가 안되어 있으면 커뮤니케이션이 제대로 되지 않는다.

6) 비언어적 메시지의 오용

커뮤니케이션 수단으로 비언어적 커뮤니케이션 형태를 사용하면 커뮤니케이션하는 송수신자가 오해를 할 수도 있고, 의미를 제대로 알지 못할 때도 있다.

제5절 커뮤니케이션의 관리

커뮤니케이션을 효과적으로 관리하기 위하여 유념해야 할 주요 원칙을 들면 다음과 같다.[27] 이러한 원칙들은 커뮤니케이션 관리를 위한 기본 철학과 방침이 된다.

27) C. E. Redfield, Communication in Management, Univ. of Chicago Press, 1953, pp.29~45.

1. 커뮤니케이션의 원칙

1) 명료성의 원칙

커뮤니케이션의 제일의 목적은 수신자에게 정보를 정확하게 전달하는 것이므로 청취자가 쉽게 이해할 수 있도록 명료해야 한다. 지루하고 분명하지 않은 어조, 어렵고 난해한 설명, 때로는 외국어를 섞어서 유식(有識)을 가장한 내용 없는 설명들은 명료성의 원칙에 반하는 것들이다. 그러므로 메시지 전달자는 어떻게 하면 상대방에게 명쾌하게 정보를 전달할 것인지를 먼저 고려해야 한다.

2) 일관성의 원칙

커뮤니케이션 내용은 지속적으로 동일해야 한다. 수시로 내용이 변경된다면 내용을 신뢰할 수 없을 뿐만 아니라 수신자가 어떻게 해야될지 행동 방향을 정할 수 없어서 혼란에 빠진다. 예를 들면 우리 사회의 정치인들이 국민에게 제시하는 커뮤니케이션상의 내용이 일관성이 없기 때문에 국민들은 정치인에 대한 불신이 깊고 그로 인하여 정치 혼란은 일상사가 되어 있다.

그러므로 개인, 조직, 국가를 막론하고 메시지 수신자가 신뢰할 수 있도록 커뮤니케이션 내용에 일관성이 있어야 한다.

3) 적기즉시성의 원칙

커뮤니케이션은 신속하게 이루어져야 한다. 커뮤니케이션 경로가 길어진다든가 전달자가 전달 내용을 지체시키면 정보 가치가 떨어진다. 특히 현대 사회는 정보의 유통 속도가 빠르기 때문에 메시지 전달과 수령이 신속히 이루어져야 한다.

4) 경로성의 원칙

커뮤니케이션은 인체의 혈관과 같이 조직의 모든 정보를 전달하는 혈관 역할을 한다. 커뮤니케이션이 적절한 경로를 택하여 적절히 배분되지 않으면 커뮤니케이션으로 인해서 오히려 조직 관리에 오류가 일어날 수 있다.

5) 타당성의 원칙

의사소통되는 내용의 양이 적절해야 한다. 지나친 영양 섭취가 인체에 고장을 일으키듯이 과도한 정보는 청취자가 수용할 수 없을 뿐만 아니라 청취자를 혼란스럽게 만든다. 반대로 지나치게 적은 커뮤니케이션은 조직의 존립을 위태롭게 한다.

6) 적응성과 통일성의 원칙

커뮤니케이션의 내용은 현실성이 있어야 하며 집단이나 조직 성원들에게 통일된 정책을 제시하는 것이어야 한다. 즉, 메시지 내용이 현실적으로 적절하지 못하여 시대에 뒤떨어진 것이거나 너무 추상적인 것이라면 수용하기 곤란하다. 또한 전체 성원들에게 혼란이 일어나지 않도록 조직 전체 이익의 관점에서 제시되는 것이라야 한다.

7) 관심과 수용의 원칙

커뮤니케이션의 내용은 청취자가 관심을 가지는 성실한 자세를 가지고 수용할 때 효용이 있으므로 전달자는 청취자의 관심과 수용을 염두에 두어야 한다. 그렇게 하기 위해서는 청취자가 관심을 가지고 있거나 가질 수 있는 내용, 또는 청취자가 쉽게 수용할 수 있는 내용이어야 한다.

2. 커뮤니케이션의 개선방안

개인 간 또는 조직에서 커뮤니케이션의 장애를 극복하고 효과적으로 커뮤니케이션을 개선하는 방법은 많다. 그것은 전적으로 커뮤니케이션의 송수신자의 성실한 노력에 달려 있다는 전제하에서 다음과 같은 방법을 제시할 수 있다.[28] 다음 개선 방법은 양자 모두에게 적용되는 일반적 커뮤니케이션 개선 방법과 언어적, 비언어적 개선 방법이다.

28) S. P. Robbins, 앞책, pp.273~276 참조.
Gibson et al., 앞책, pp.404~408 참조.

1) 일반적 커뮤니케이션의 개선 방법

일반적이고 보편적인 커뮤니케이션 개선 방법은 다음과 같다.

첫째, 피드백에 의한 대면(face-to-face) 커뮤니케이션을 활용한다.

둘째, 다양한 경로를 활용한다.

셋째, 적절한 시기와 장소를 활용한다.

넷째, 언어나 기호, 문자를 보다 단순화하고 가능하다면 행동으로 표현한다.

다섯째, 상호신뢰의 분위기를 조성하고 성실하게 전달하고 진심으로 청취한다.

2) 언어적 커뮤니케이션의 개선 방법

언어적 커뮤니케이션의 개선 방법은 다음과 같다.[29)]

첫째, 상대방이 하는 언어적 메시지 내용을 겸허하게 수용하려는 자세를 가져야 한다. 사람들은 일반적으로 상대방의 말을 듣기보다 자기의 주장을 관철하려는 속성을 가지고 있다. 이러한 속성 때문에 자신의 주장을 상대에게 수용하도록 하는 과정에서 과도한 언어를 사용하고 무례한 언어도 사용한다. 이는 곧 오해와 갈등을 일으키는 원인이 되므로 겸허하게 수용하는 자세를 가지면 의사소통이 원활하게 되고 상호간의 갈등도 사전에 방지된다.

둘째, 문제와 상황에 대한 설명을 정확하고 분명하게 해야 한다. 사람들 사이에서 발생하는 많은 오해와 갈등은 의사소통 과정에서 생기는 설명의 모호성 때문에 일어난다. 의사소통을 원할 경우 송신자가 수신자에게 전달할 메시지 내용이 분명하지 않다면 수신자는 이해의 어려움 속에서 여러 가지 곤란을 겪게 된다. 그러므로 송신자가 수신자에게 메시지를 전달할 때 메시지 내용을 분명하고도 정확하게 하는 것이 송신자의 의무이며 사명이다.

셋째, 메시지를 전달할 때 상대방이 쉽게 이해할 수 있는 단어를 선택해야 한다. 어린이에게 성인용 용어를 사용하거나 교육 수준이 낮은 사람에게 전문용어를 사용하면 메시지 수신자들은 알아듣지도 못할 뿐만 아니라 오히려 불만이나 불평이 나올 수 있다.

그러므로 수신자의 입장에서 최대한 이해하기 쉬운 단어를 선택해야 한다. 또한 사물이나 상황에 따른 인식의 차이에 따라서 송신자가 좋아하는 단어들

---

29) 최해진, 커뮤니케이션 유형별 갈등관계, 동의대, 상경논집, 제14집, 1996. 194~195쪽.

이 있을 수 있다. 그렇다고 해서 송신자가 자기가 좋아하는 단어만 쓴다면 수신자가 알아들을 수 없다. 이런 경우에는 메시지가 제대로 전달되지 않을 뿐만 아니라 송수신자간의 갈등마저 생길 수 있기 때문에 어렵고 이해할 수 없는 단어 사용은 피해야 한다.

넷째, 의사소통에 장애를 주는 은어나 통속어, 암호 등은 사용하지 말아야 한다. 은어는 수신자가 잘 알아듣지 못할 뿐만 아니라 뜻이 잘못 전달될 수도 있다. 통속어는 수신자에게 모멸감이나 불쾌감을 줄 수도 있다. 또한 암호는 사전에 송수신자의 약속이 없으면 수신자가 알아들을 수 없다.

다섯째, 언어적 메시지를 통하여 제시된 문제의 본질을 송신자와 수신자가 정확하게 파악하도록 해야 한다. 이렇게 하기 위해서는 먼저 문제를 명확히 인식해야 하고, 다음으로 해결안을 제시해야 하며, 마지막으로 해결안이 해당 상황에서 타당한지를 평가해야 한다.

여섯째, 부정적인 비판과 평가를 피해야 한다. 상대의 의견 내용을 경청하려 하지 않고 먼저 비판만 한다면 진실한 내용을 이해할 수 없다. 그러므로 성실한 자세를 가지고 상대의 의견을 겸허하게 받아들여야 한다.

일곱째, 상대편의 관점을 이해하고 상대의 경험과 생각을 존중해야 한다. 나의 의견과 관점이 중요하다면 상대방의 것도 마찬가지로 중요하다는 생각을 갖고 겸허하게 경청해야 한다.

여덟째, 커뮤니케이션 과정에서 송수신자 모두가 주체적 입장에서 대화가 되도록 적극적으로 참여해야 한다.

3) 비언어적 커뮤니케이션 개선 방법

(1) 비언어적 커뮤니케이션이 되기 위한 전제 요건

비언어적 커뮤니케이션을 효과적으로 하기 위해서는 몇 가지 주의가 필요하다.[30] 왜냐하면 언어적 커뮤니케이션에서는 송수신자 모두가 명확하게 인식할 수 있는 일정한 표상적인 메시지 수단이 있으므로 상호간에 이해가 용이하지만 비언어적 커뮤니케이션은 개인 각자의 감정 상태나 종족과 민족에 따라 이해의 정도가 다르기 때문이다.

비언어적 커뮤니케이션은 쉽게 이해할 수 없는 비언어적 행동을 동반하여

30) 윗논문, 195~196쪽.

메시지를 전달하는 것이므로 사전에 양호하고 긴밀한 관계가 형성되어 있던 수신자에게는 호소력도 있고 공간적 거리를 초월하는 좋은 메시지 전달 방법이 되지만 그렇지 못한 수신자에게는 이해하기 어려운 혼란과 갈등만 가져다준다. 그러므로 비언어적 메시지 방법을 사용하기 위해서는 다음과 같은 전제조건이 충족되어야 한다.

첫째, 송수신자 상호간에 신뢰 관계가 형성되어 있어야 한다. 송수신자 상호간에 신뢰 관계가 형성되고 진심으로 서로를 이해한다면 비언어적 표현이라도 이해하기가 쉽기 때문이다.

둘째, 이질적인 문화 영역에서는 가능한 사용하지 말아야 한다. 혹 사용하려면 철저하게 그 용도를 알고 난 이후 신중하게 사용해야 한다. 왜냐하면 비언어적 커뮤니케이션의 방법을 사용하면 이질문화 영역에서는 오해를 일으킬 가능성이 많기 때문이다. 그 이유는 동작이나 준언어적 요소들에 대한 해석이 서로 다르고 강도에 따라 전달되는 의미가 다르기 때문이다.

송신자는 메시지가 전달되는 동안에 신체적 행동이나 안면 표정이 어떻게 상대방에게 비치는가를 정확히 모를 수 있고 수신자는 자기 입장에서만 해석을 하는 경우가 많으므로 쌍방 간에 정확한 메시지 전달이 어려워 불만과 오해와 갈등이 일어날 것이다. 그러므로 이러한 오해와 갈등을 피하기 위해서는 자신의 비언어적 행동에 대하여 먼저 자기인식(self-awareness)을 확실하게 해야 한다. 이를 다시 송신자와 수신자로 나누어 생각하면 다음과 같다.

먼저 송신자의 차원에서 자신의 비언어적 행동에 대하여 정확한 자기 인식이 중요하다. 무의식적으로 하는 비언어적 행동이 상대방 수신자에게 잘못 해석될 때 오해가 발생하기 때문에 송신자 자신이 비언어적 행동에 어떤 의미를 담을 것인가를 생각해야 한다. 즉, 커뮤니케이션 행위가 개인이나 집단의 규범이나 통제 의미와 기대성과를 나타내는 수단이기 때문에 비언어적 행동을 커뮤니케이션의 수단으로 사용할 경우에 먼저 송신자 자신의 명확한 인식이 중요하다.

다음으로 수신자의 차원에서 본 측면이다. 즉, 수신자는 비언어적 메시지에 대하여 즉각적인 반응을 보이지 말고 신중한 반응 자세를 가져야 한다. 왜냐하면 비언어적 커뮤니케이션 과정에서 메시지가 갖고 있는 부정확한 특성 때문에 쌍방간의 오해와 갈등이 자주 심각하게 나타날 수 있기 때문이다.

(2) 비언어적 커뮤니케이션 개선 방법

비언어적 커뮤니케이션을 개선하기 위한 방법은 다음과 같다.[31]

첫째, 대화중에 사용하는 당신의 제스처나 표정에 대한 견해를 상대방으로부터(feedback) 들어야 한다.

둘째, 상대방과 커뮤니케이션 할 때 긴장을 풀어야 한다.

셋째, 언어적 커뮤니케이션 방법을 보완할 목적으로 손이나 표정을 사용하되 지나치게 사용하지 말아야 한다.

넷째, 무분별하게 동일한 비언어적 제스처를 사용하지 말아야 한다.

다섯째, 비언어적 커뮤니케이션의 다양한 형태를 사용해야 한다.

여섯째, 조화(rapport)를 이루기 위해 거울보기를 해보는 것도 좋다.

일곱째, 이질 문화와 종교가 있는 곳에서는 가능한 사용하지 말아야 한다.

여덟째, 초면일 경우나 낯선 곳에서는 함부로 사용하지 말아야 한다.

---

31) A. J. DuBrin, Human Relations, Prentice-Hall, 2001(6th), pp.46~47.

Chapter

14

권력과 권한 그리고 영향력

Chapter 14

권력과 권한 그리고 영향력

제 1 절 권력의 본질

맥클리랜드(D. C. McClelland)는 인간이 성취욕구, 친교, 권력욕구가 있다고 하였다.[1] 권력(power)은 남을 지배하여 강제로 복종시키는 힘으로 합법성과 상관없는 영향력이다. 인간은 다른 동물과 달리 끊임없이 자원 또는 보수를 얻기 위해 투쟁을 계속하는 존재라는 점에서 보수와 자원을 배분하기 위한 행위 속에 명령과 복종이라는 관계를 유지한다. 이러한 관계는 바로 명령 또는 지시(권력행사)하는 일반적 인간관계를 형성하고 그 속에서 사회 윤리가 형성된다. 이 사회윤리는 바로 권력의 윤리가 지배한다고 말할 수 있다. 이러한 점에서도 권력은 사회과학에서 기본적인 개념이 되기에 충분하다. "에너지가 물리학의 기본적인 개념인 것과 마찬가지로 권력은 사회과학의 기본적 개념이다"[2]라는 러셀(B. Russell)의 말에서, 사회과학에서 차지하는 권력의 비중을 짐작할 수 있다. 그러나 언제부터인지 권력이란 용어가 우리 주위에서 부정적 이미지를 가진 개념으로 인식되면서 때로는 지배, 탄압, 억압 등의 개념과 동의어로 사용되고 있다. 이러한 권력에 대한 부정적 이미지가 경영학에 권력 개념을 도입하고 적용하는 것을 지연시킨 원인이 되었지만 현실적으로 기업 조

1) D. C. McClelland, and D. H. Burnham, "Power is the Great Motivator", Harvard Business Review, March-April 1976, pp.100~110.

2) B. Russel, Power, London, Unwin Books, 1971, p.9.

직 내에서 영향력, 권한, 리더십 등의 용어 속에 내포된 의미에는 권력, 즉, 영어의 'POWER' 개념이 혼재되어 있다는 것을 부정하지 못한다. 그러므로 권력에 대한 올바른 이해는 조직 관리를 위한 필요충분조건이다.

1. 의 의

권력 개념은 사회 과학에서 사용되는 많은 개념과 마찬가지로 명확하게 통일된 정의가 없다. 가장 일반적으로 사용되고 있는 정의는 웨버(M. Weber)의 것인데 그는 "권력은 사회적 관계(social relationship) 속에서 한 행위자(actor)가 다른 행위자의 저항(resistance)에도 불구하고 자신의 의지(will)를 관철할 수 있는 가능성(be in a position to carry out)"[3]이라고 하였다. 이러한 웨버의 개념 정의는 뒤를 이은 많은 학자들에게 중요한 시사점을 주었다. 룩스(L. Lukes)는 "행위자의 이해(interest)에 반(反)하여 영향력을 행사하는 능력"이라 하였으며, 또한 에치오니(A. Etzioni)는 "권력이란 반대에 직면해서 저항의 일부 또는 전부를 극복하고 변화를 가져오는 능력"[4] 이라 하였고 러셀은 그의 권력론에서 "이렇게 했으면 좋겠다고 생각한 효과(effect)를 창출할 수 있는 힘"[5] 이라고 하여 양적 개념을 도입하였다. 그러나 권력은 양적 개념만으로 쉽게 표현될 수 없는 요소를 가지고 있다. 하이트와 벤더(D. White & D. Bender)는 "권력은 자원(resource)을 통제하여 영향력을(influence)을 행사할 수 있는 능력(ability 또는 capability)"으로 정의하고 있으며 로빈스(S. Robbins)는 "권력은 A가 B의 행위에 영향력을 행사하는 능력"으로 정의하고 있다.[6]

결론적으로 권력은 다음과 같은 3요소를 갖는 개념이다. 즉, 첫째는 결과(outcomes), 변화(change), 어떤 일(work), 효과(effect), 의지(will) 등으로 나타나는 목표 지향적 요소를 가지고 있고 둘째는 소유, 극복, 저항이라는 변화과정을 가지고 있으며 셋째는 능력(ability), 가능성(capability), 또는 힘

3) M. Weber, Economy and Society(ed by G. Roth and C. Wittich), N. Y., Bedminster Press, 1968, p.53.

4) A. Etzioni, The Active Society : A Theory of Societal and Political Process, N. Y., The Free Press, 1968, pp.314~315.

5) B. Russell, 앞책, p.25.

6) 김성국, 조직과 인간행동, 명경사, 1997, 236쪽.

(force)으로 설명될 수 있는 상대를 의식하는 수단과 도구적 요소를 가지고 있다. 따라서 권력은 권력자 자신의 이해 또는 목표를 위해 대상을 통제하는 영향력 즉, 능력을 말하며 대상자의 이해에 반(反)한다.

2. 권력의 원천 또는 유형

권력의 원천 또는 유형(type)에는 어떤 것이 있는가 하는 의문은 웨버 이후 많은 학자들의 주요한 관심사였다. 권력은 한 가지 즉, 단일한 것에 있다는 일원론을 주장하는 학자와 권력의 원천은 다양하다는 다원론을 주장하는 학자들로 나누어진다. 일원론을 주장하는 학자로는 먼저 웨버(M. Weber)를 들 수 있다. 그는 권력의 원천은 경제에 있음을 주장하면서 생산수단 소유자가 사회를 통제한다고 주장한다. 그러나 파레토(V. Pareto)나 모스카(G. Mosca)는 능력있는 엘리트가 갖는 정치권력에 있다고 주장하였다. 다원론을 주장하는 학자들은 권력은 정치, 경제, 군사계의 지도자가 서로 경쟁하면서 다양한 이익 집단을 형성하여 이들 간에 협상을 통해 결정된다고 주장하였다. 권력 원천 또는 유형을 시대 순으로 분류한 내용을 보면 다음과 같다.

1) 웨버의 분류

웨버는 권한을 지배(domination; Herrschaft), 명령(discipline) 등의 개념과 구분하여 권한이란 합법적 권력이라고 설명하면서 다음과 같이 세 가지 유형으로 나누었다.7)

첫째, 법적 권한(legal authority)으로서 법과 합리성에 근거한 권한이라는 측면에서 합리적 권한(rational authority)이라고도 하였다.

둘째, 전통적 권한(traditional authority)은 오래된 모든 규칙과 모든 권력의 존엄성에 의하여 합법성을 갖는 권한인데 프렌치와 레이븐이 제시한 합법적 권력(legitimate power)과 같은 의미를 갖고 있다.

셋째, 카리스마적 권한(charismatic authority)은 한 개인이 초자연적인 힘이나 초인적인 힘에 의하여 갖는 권한을 말한다.

---

7) M. Weber, 앞책, pp.215~245.

웨버가 지적한 권한은 합법성에 너무 치중하여 포괄적인 설명이 되지 못한 점은 있지만 권력을 최초로 분류하여 설명함으로써 권력에 대한 연구의 장을 열었다는 점에서 큰 의의가 있다.

2) 프렌치와 레이븐의 분류[8)]

프렌치(John R. P. French, Jr.)와 레이븐(Bertram H. Raven)은 '사회적 권력의 근거'라는 논문의 서두에서 그들의 연구 목적이 주요 권력 유형들(the major types of power)을 확인하고 권력의 변화를 체계적으로 정의하면서 다음과 같이 분류하였다.

첫째, 보상적 권력(reward power)은 보상할 능력과 자원의 소유에 근거한 권력을 말한다. 보상적 권력은 긍정적 유인가(positive valences)를 관리하는 능력과 부정적 유인가(negative valences)를 감소시키는 능력과 관련 있는 권력이다. 어떤 조직이든지 조직의 관리자는 다양한 보상 자원을 가지고 있기 때문에 권력을 행사한다.

둘째, 강제적 권력(coercive power)은 피권력자에게 보상적 권력 측면의 부정적 유인가 즉, 두려움(fear)을 제공함으로써 피권력자에게 영향을 주는 권력이다. 강제적 권력의 크기는 불일치에 대한 처벌의 가능성에 일치에 대한 처벌의 가능성을 감(−)한 값이 되는데 이때 일치 또는 순응에 대한 처벌의 가능성은 영(0)이라고 보는 것이 타당하기 때문에 강제적 권력의 크기는 불일치에 대한 처벌의 가능성의 크기와 같다. 인간이 조직에서 불이익을 당하지 않고 불안하지 않으려는 본능을 가지고 있기 때문에 강제적 권력은 일시적으로 가장 강력한 힘을 발휘한다.

셋째, 합법적 권력(legitimate power)은 우리가 일반적으로 권력이라고 할 때 보편적으로 이용되는 개념으로 웨버의 전통적 권한과 유사 개념이다. 오랜 기간에 걸쳐 모든 구성원에게 합법적으로 인정된 정당성을 가지는 힘을 말한다. 합법적 권력은 권력의 영향을 받는 사람들의 심리 내면에 정당하다고 인정하는 마음을 가질 때 비로소 성립된다.

루탄스는 합법적 권력은 다음과 같이 세 가지 원천에서 나온다고 하였다.[9)]

---

8) W. E. Natemeyer, ed. Classics of Organizational Behavior, Oak Park, Ill. Moore Pub. Co. Inc. 1978, pp.201~208(Source : From studies in Social Power, ed. by Dorwin Cartwright, 1959, pp.150~165).

먼저 사회나 조직의 주요한 문화적 가치관에 의해 권력을 가진다. 예를 들면 전통 사회에서 노인이 가지는 힘, 폭력배 조직에서 가장 힘센 자가 가지는 힘, 작업자 속에서 최고의 숙련공이 가지는 힘 등은 각 집단들의 문화적 가치에 따른 힘이다.

다음으로 기존의 사회 구조에서 합법적 권력이 나온다. 상급자가 하급자에게 가지는 힘, 부모가 자식에게 가지는 힘 등이 이에 속한다.

마지막으로 강력한 집단이나 조직의 대표나 대리인으로 선발되었을 때 합법적 권력을 가진다. 이것은 조직이나 집단에서 보편적으로 인정되는 권력 유형으로서 합법적으로 획득되고 인정될 때 가장 강력하고 유용하게 활용되는 권력 유형이다. 그러므로 조직의 관리자들은 합법적 권력을 확보하고 유지하려고 노력해야 한다.

넷째, 준거적 권력(referent power)은 인적 권력(personal power)이라고도 한다. 즉, 개인적 능력이나 권력이 있는 다른 사람이나 집단과 일치하려는 바람에 의해서 형성된다. 이는 인간들이 자신의 존립을 정당화하거나 자신의 권력을 강화시키려는 욕구에 의해 준거 대상과의 일체감이나 동류의식(同類意識)에 근거하여 행사하는 권력으로 비서가 사장에 준하여 행사하는 권력이 이에 해당한다. 그 외에 광고회사에서 인기 있는 배우나 스포츠맨이 가지고 있는 영향력에 준해서 자기들 회사의 이미지를 향상시켜 광고 효과를 높이려는 것도 이에 해당한다.

준거적 권력은 다른 여타의 권력과 달리 타인이나 타 집단의 권력을 이용하는 것이므로 시기와 때와 장소를 잘 고려하여 활용해야 한다. 예를 들면 전직 사장의 비서는 더 이상 전직 사장의 권력에 의존할 수 없다.

다섯째, 전문적 권력(expert power)은 상대방의 인지구조(cognitive structure)에 영향을 미칠 수 있는 전문적 지식과 기술 또는 노하우를 소유함으로써 가지는 권력을 말한다. 전문적 지식이나 노하우를 그 사회가 필요로 하는 한 전문적 권력은 반영구적이다. 이상 다섯 가지 권력은 서로 상호 보완적이며 관련성을 갖는다.

9) F. Luthans, Organizational Behavior, McGraw-Hill, Inc., 1995(7th), p.323 참조.

3) 에치오니의 분류[10]

에치오니는 권력을 조직의 통제(control)수단으로 보고 세 가지 분석적 범주(① physical, ② material, ③ symbolic)에 근거하여 다음과 같이 분류하였다.

첫째, 강제적 권력(coercive power)은 육체적 제재 수단인 위협을 加할 수 있는 권력을 말한다.

둘째, 공리적 권력(utilitarian power)은 실용적 권력이라고도 하며 물적(material)인 통제 수단을 활용하는 권력을 말한다. 물적 수단은 재화와 서비스를 말한다.

셋째, 규범적 권력(normative power)은 육체적인 위협도 물적 보상도 아닌 순수한 상징인 규율이나 규칙에 의해 형성되는 권력이다.

이상 세 유형에서 보듯이 에치오니는 권력을 조직의 통제 수단으로 보고 개인의 직위나 물재와 서비스 등의 보상 또는 위협과 같은 강제적 수단이 권력이 될 수 있다고 하며, 규범적 권력, 강제적 권력, 공리적 권력을 인적 권력(personal power)이라고 하였다.

4) 레이븐과 크루글란스키의 분류

레이븐(B. H. Raven)과 크루글란스키(A. W. Kruglanski)는 갈등과 권력의 관계를 설명하면서 주요 권력 유형을 여섯 가지로 분류하였다.[11] 정보적 권력을 제외한 내용은 전술한 바와 같다.

첫째, 보상적 권력

둘째, 강제적 권력

셋째, 합법적 권력

넷째, 전문적 권력

다섯째, 준거적 권력

여섯째, 정보적 권력(information power)은 레이븐이 프렌치와 같이 사회적 권력의 근거를 설명했을 때는 전문적 권력에 포함하였다가 크루글란스키와 같

10) A. Etzioni, Modern Organization, Englewood Cliffs, N. J. Prentice-Hall, Inc., 1964, pp.59~60.

11) Paul Swingle, ed. The Structure of Conflict, N. Y. Academic Press, 1970, pp.79~105.

이 권력과 갈등의 연구를 하면서 별도로 구분한 내용이다.

정보적 권력은 타인이나 타 집단이 아직까지 인지하지 못한 새로운 지식, 기술이나 노하우에 관한 정보를 먼저 인지함으로써 가지게 되는 권력을 말한다. 정보는 조직에서 효과적이고 중요한 의사결정을 할 때 기초가 되는 것으로 정보를 소유하지 않으면 조직은 소멸한다.

5) 로빈스의 분류

로빈스(S. P. Robbins)는 직위(position), 개인적 특성(personal characteristics), 전문성(expertise), 정보 통제 기회(opportunity to control information) 등 네 가지 근거에 의하여 권력이 발생 한다[12]고 하였는데 다음과 같다.

첫째, 강제적 권력은 두려움(fear)을 싫어하고 안전의 욕구를 충족하려는 인간의 욕구에 제한을 두는 권력이다.

둘째, 보상적 권력으로서 로빈스는 이를 강제적 권력의 반대(the opposite of coercive power)라 하고 물적 보상(material rewards)에만 국한된 제한적 의미로 설명하였다.

셋째, 설득적 권력(persuasive power)은 상징적 보상(symbolic rewards)의 조작이나 할당과 관련된 권력이다. 즉, 커뮤니케이션을 통한 대중 매체나 상징적 지위나 집단의 규범을 이용하여 타인이나 타 집단에게 행사되는 권력이다.

넷째, 지식적 권력(knowledge power)은 개인이나 조직이 가지고 있는 지식과 정보에 의하여 타인이나 타 집단을 통제할 수 있는 권력이다.

이상과 같이 로빈스는 통제(control) 또는 통제할 수 있는 보상에 관점을 두어 권력의 유형과 근거를 설명하였다. 즉, 강제적 권력은 처벌(punishment)을, 보상적 권력은 제물적 보상을, 설득적 권력은 상징적 보상을, 지식적 권력은 정보를 각각 사용하면서 행사하는 권력이다. 에치오니가 통제 수단을 권력이라고 본 반면 로빈스는 통제 그 자체를 권력이라고 본 점에서 차이가 있다.

이상과 같이 학자들의 분류에 의한 권력과 권한 유형의 상호 관계를 비교하면 다음 <표 14-1>과 같다.

---

12) Stephen P. Robbins, Essentials of Organizational Behavior, Englewood Cliffs, N. J. Prentice- Hall, Inc. 1983, pp.130~140.

┃표 14-1┃ 권력유형의 비교

Weber (1947)	French와 Raven (1959)	Etzioni (1964)	Raven과 Kruglanski (1970)	Robbins (1983)
카리스마적 권한 (charismatic)	준거적 권력 (referent)		준거적 권력 (referent)	
전통적 권한 (traditional)	합법적 권력 (legitimate)	규범적 권력 (normative)	합법적 권력 (legitimate)	
법적(합리적)권한(legal)	전문적 권력 (expert)		전문적 권력 (expert)	
	보상적 권력 (reward)	공리적 권력 (utilitarian)	보상적 권력 (reward)	보상적 권력 (reward) 설득적 권력 (persuasive)
	강제적 권력 (coercive)	강제적 권력 (coercive)	강제적 권력 (coercive)	강제적 권력 (coercive)
			정보적 권력 (information)	지식적 권력 (knowledge)

자료 : D. J. Champion, The Sociology of Organizations, N. Y. McGraw-Hill Book Co. 1975. p.152 참조 보완.

3. 권력의 기능

"경영자는 성과를 확대하고 직무를 효율적으로 수행하기 위하여 충분한 권력을 필요로 한다."[13]는 다프트(R. L. Daft)의 말은 경영자가 권력이 없다면 이미 그는 경영자의 기능을 수행할 수 없다는 것을 의미한다. 그러므로 경영자는 권력을 행사하여 개인과 조직을 움직이게 한다.

권력 행사는 권력의 양면적 기능 즉, 긍정적 기능과 부정적 기능의 작용이 전제가 된다. 다시 말해서 권력은 불특정 다수를 위하여 정당한 영향력을 행사하는 긍정적 기능과 특정한 개인이나 집단을 보호하기 위해 불특정 다수나 사회에 해악을 끼치는 부정적 기능을 가진다.

13) R. L. Daft, Organization Theory and Design, N. Y. West Publishing Co. 1983, p.386.

조직에서 권력이 긍정적 역할을 할 때는 조직 내의 다양한 의견과 활동을 통합하고 조정하여 조직의 효율을 증대시켜 결과적으로는 성원의 만족을 향상시키지만 부정적인 역할을 하면 조직의 응집력을 파괴시켜 조직의 목표 달성을 불가능하게 한다. 즉, 권력이 불공평하게 적용되거나 규칙이나 규정을 무시하고 무분별하게 행사되어 부정적 기능이 강화되면 전체 성원 간에 심각한 갈등이 일어난다. 이것은 권력 행사가 일관성을 잃게 되어 권력이 가진 합법적 질서 유지 능력이 저하 또는 소멸되고 성원들의 가치관에 균열이 생기기 때문이다.

그러므로 권력의 부정적 기능은 극소화시켜야 하며 긍정적 기능은 극대화 시켜야 한다. 부정적 기능을 극소화하기 위해서는 비합리적, 비합법적인 권력행사에 대해서 강력히 대항해야 하며, 긍정적 기능을 강화하기 위해서는 합리적이고 합법적으로 활용되도록 신뢰에 바탕을 둔 권력 분산이 이루어져야 한다.

4. 권력의 성립 조건

권력을 행사하기 위해서는 권력이 성립되기 위한 조건들이 먼저 충족되어야 한다. 전통적인 권한주창자들은 권력의 성립 조건을 정당성과 합법성에 두고 있으며, 근대 전략적 상황이론가(strategic contingency theorist)[14]들은 부족한 자원의 배분과 불확실성의 감소에 두는 등 그 관점은 다르지만 다만 중요성을 어디에 두느냐 하는 차이일 뿐이다.

1) 관련성 및 자원의 유한성

권력은 개인이나 집단이 고립된 상태에서 소유, 행사할 수는 없지만 반드시 다른 집단이나 조직과 관련(relation)을 가지면서 획득되고 소유될 때 비로소 성립된다. 다시 말하면 직접적 관련성이 권력 형성의 요건이 된다. 즉, A가 B의 행동과 관련 있는 의사결정을 할 때 상호의존성은 본질적으로 내재되며 권력 형성 가능성이 나타나는 것이다. 그러나 "조직 내의 하위 부서(subunit) 사이의 상호의존성이나 목표의 차이, 기술의 차이가 의사결정에 도달하기 위한 정치 행위나 권력 활용과 갈등을 제기하기에 충분한 조건은 아니다."[15] 오히려

14) 대표적인 학자로는 Salancik과 Pfeffer임.

15) J. Pfeffer, Power in Organization, Marshfield, Mass, Pitman Pub. Inc. 1981, p.79.

상호 관계를 가지면서 목표의 차이나 기술의 차이가 모든 자원의 부족과 동시에 관련될 때 갈등이 야기되고 권력 사용의 조건이 성립한다.

페퍼와 샐런식도 "부족한 자원을 할당하기 위해서 권력이 활용된다."[16]고 하였다. 부족한 자원 중에는 재물, 승진, 승급 등과 같은 금전적 보상과 신분적 보상에 관한 것이 있으며, 명예와 자존심 그리고 전문적 지식과 노하우 등이 있다. '금을 가진 자가 규칙을 만든다.'(He who has the gold makes the rules)라는 서양 격언과 같이 화폐는 인력, 물재, 정보와 같은 다른 자원을 신속히 조직에 유용한 자원으로 활용할 수 있는 중요 자원이 됨과 동시에 저장할 수도 있고, 적당한 양으로 배분할 수도 있는 수량화된 권력의 증표이다. 그러나 화폐가 권력을 가지는 데에는 한계가 있다. 즉, 화폐를 선호하는 개인이나 집단이 경쟁을 하거나 화폐의 교환 기능이 무제한적으로 광범위할 때 화폐가 힘이 있는 것이지 교환 기능이 제한적이거나 화폐 그 자체를 무시하는 사람에게는 화폐가 힘을 발휘하지 못한다. 그러므로 한정된 자원을 성원들이 더 많이 배분받고자 할 때 비로소 자원을 소유한 자가 권력을 행사할 수 있다.

2) 수용자의 수용

권력이 행사될 때 수용자가 무조건 수용하는 것이 아니라 수용자의 의지에 따라 수용하기도 하고 거부하기도 한다. 그러므로 수용 의지가 중요 변수가 된다. 바나드(C. I. Barnard)는 "조직의 공헌자 즉, 구성원들에게 주어지는 권한이 권위를 가지느냐? 못 가지느냐? 하는 것은 수용자 측에 있는 것이지 명령의 발령권자(發令權者)에게 있는 것은 아니다."[17]라고 하여 수용자 측의 수용의지가 권한 성립에 중요변수라는 것을 강조하였다.

권한과 유사 개념으로 활용되는 권력도 마찬가지이다. 예를 들면 종교적 진리를 위해서 순교하려는 사람에게는 죽음이라는 벌, 즉, 강제적 권력이 아무런 힘을 발휘하지 못하며 재물에 관심이 없는 사람에게 금전을 제공한다 하더라도 보상적 권력은 성립하지 못한다.

---

16) J. Pfeffer and G. R. Salancik, "Organizational Decision Making as a Political Process, The case of University Budget", A .S. Q. 1974, 19, p.135.

17) C. I. Barnard, The Functions of the Executive, Cambridge, Mass. Havard University Press, 1979, p.164.

3) 대체불가성

자원과 정보가 가지고 있는 대체불가성(irreplaceablity)은 기업 조직뿐만 아니라 모든 사회 시스템 내에서 중요한 권력의 요소가 된다. 다시 말하면 언제 누구라도 활용할 수 있는 자원이나 정보 또는 누구나 제시할 수 있는 보편적 대안은 권력을 행사할 수 있는 요소가 될 수 없다. 그러므로 조직의 중요한 문제를 해결하는 능력에 의하여 형성되는 권력은 다른 사람이나 조직이 동일한 능력을 행사하면 해당 권력은 소멸하게 된다. 이러한 예는 기술 조직 등에서 쉽게 볼 수 있다. 기술 조직에서는 전문 기술자들이 기술적 비밀을 유지하고 힘을 행사하기 위하여 다른 성원에게 배타적 자세를 취한다. 이 경우 조직 관리자는 조직 전체의 능률을 제고하고 목표를 달성하기 위하여 전문 기술 집단이 소유하고 있는 전문적 지식을 보편적 지식으로 전환시키는 관리 활동을 해야 한다.

4) 의사결정 능력

조직이 직면한 불확실성 상황에서 의사결정 능력이 권력 성립 조건이 된다. 즉, 어떤 행위자나 조직이 불확실한 상황에 대처하는 능력이 있을 때 그 행위자나 조직에 권력이 부여된다. 반대로 만일 "불확실한 상황에 대처하는 능력이 다른 성원이나 부서에도 있다면 자연스럽게 권력 소유자의 권력은 약화된다. 또한 행사되는 내용이 중요하지 않거나 조직 활동에 미치는 영향이 경미할 때 권력은 급격히 감소한다."[18] 그러므로 예측 불가능한 상황이 계속적으로 전개되는 기업이나 군대 같은 조직에서는 불확실한 상황에 대한 정보를 분석하고 예측하는 계획 부서나 정보, 조사, 분석 부서의 권력이 상대적으로 강하다.

따라서 불확실한 상황에서 의사결정을 한다는 것은 바로 권력을 행사하는 것이다.

5) 가시성(visibility)

"권력을 확대하기 위해서는 타인이나 타 조직 그리고 타 집단이 인식할 수 있는 무엇인가를 가지고 있어야 한다." 즉, 일상적으로 존재하므로 존재 유무

18) J. Pfeffer, 앞책, P.110.

가 감지되지 않는 상태에서는 그 어떤 힘도 발휘될 수가 없는 것이다. 예를 들면 기업의 특별위원회나 타스크포스 팀(task force team) 등은 명칭에서 보이는 것처럼 강력한 권력을 표상하는 가시적인 조직이다.

이것은 개인측면에서도 유사하다. 즉, 자신들의 힘과 신분을 과시하고자 특별한 모양이나 디자인을 한 문신, 장신구, 복장, 견장을 하는 것이다. 이러한 경향은 문명의 선·후진이나 문화의 상이에 관계없이 공통적으로 나타나는 현상이다. 따라서 이런 가시적 상황이 전체 조직의 성원에게 알려져 전달자의 의지가 피전달자에게 수용된다면 권력이 형성된다.

6) 특수활동(extraordinary activities)

조직의 일상적이고 정형화된 직무 수행 상황에서는 아무런 권력이 형성될 수 없다. 그러므로 다른 성원들에게 어떤 특수한 가시적인 활동을 할 때 비로소 권력을 발휘할 수 있다. 예를 들면 조직 변화를 시키거나 다른 성원이 할 수 없는 위험 부담을 솔선해서 한다든가 과감한 의사결정을 하여 성공의 결과를 보여주는 등의 활동을 할 때 권력이 형성된다. 따라서 권력은 어려운 직무를 수행하거나 특별한 훈련을 받아서 그 직무를 수행할 때 더욱 강화된다.

7) 합법성

권력의 중요한 성립 요소는 역시 합법성이다. 모든 힘의 근원은 모든 성원이 수용하고 용인할 수 있는 적법성과 정통성에 있다는 것은 모든 조직체에서 지배되는 일반 논리이며 불변의 진리이다. 합법은 대중의 지지를 받고 양심의 지지를 받기 때문에 그 어떤 권력적 수단보다 강하다.

제 2 절 권력증대 전략

1. 권력 발휘를 위한 기본 요소

권력을 소유했다 하더라도 그 권력을 사용하기 위해서는 다음과 같은 전제 조건이 충족되어야 한다.[19]

1) 적절한 위치(the right place)

집단이나 조직의 적절한 핵심 지위 계층, 직무 과정상의 직무 위치(work flow)와 정보망(communication networks) 등이 문제를 취급하고 공식적인 권위를 인정받을 수 있는 조건이 된다. 또한 중심성(centrality)은 중요성을 의미하고 비대체성(nonsubstitute ability)은 독자성을 의미하는 권력의 근원이며 동시에 권력 발휘를 위한 전제가 된다. 즉, 권력을 위한 중요한 위치가 되기 위해서는 전략적 상황에 대처할 수 있어야 하고, 대체하기 어려우면서 다른 하위 조직 단위와 연결될 수 있는 중심적인 단위라야 한다.

2) 적절한 시간(the right time)

적절한 시간 즉, 상황에 맞추어서 권력을 행사해야 한다. 적절한 시간은 적절한 위치와 관련되어 있다. 시기를 고려하지 않고 무조건 힘을 행사하려면 무리가 따르고 권력 수용자가 받아들이지 않는다. 예를 들면 아이가 잘못해서 벌을 줄 때 그 자리에서 바로 벌주어야지 시간이 지나고 난 후에 '너 잘못했지'하고 벌을 주려고 하면 아이는 영문을 모르고 오히려 벌주는 부모를 이상하게 생각한다. 그러므로 권력을 발휘하기 위해서는 '즉시성'과 '적시성'이 함께 고려되어야 한다.

19) A. J. DuBrin, Foundation of Organizational Behavior, N. J., Prentice-Hall, Inc., 1984, pp.378~381 참조.

3) 적절한 자원(the right resources)

권력 근원의 중요 요소로서 자원이 있다. 권력을 발휘하기 위해서는 충분한 인적, 물적 자원을 보유해야 한다. 정권을 잡기 위해서는 충분한 지지자가 있어야 하고, 자식들에게 힘을 행사하기 위해서는 경제적 능력이 있어야 한다. 만일 우리가 인적 자원인 사람, 물적 자원인 화폐와 물자, 정보적 자원인 아이디어를 소유하지 못한다면 권력은 존재하지 않는다. 그러므로 이러한 인적, 물적 자원을 통제하는 바로 그것이 권력이다. 그러나 단순히 중요 자원을 통제하는 것만으로는 충분하지 못하다. 그 자원을 사용하는 방법을 알아야 하고 적당한 목표를 향하여 적용할 수 있어야 한다.

4) 적절한 행위(the right action)

적법하고 올바른 권력의 사용은 더 많은 권력을 가질 수 있는 기회를 제공한다. 권력을 바람직하게 사용하면 권력의 가치는 그만큼 증대하고, 그렇지 못하고 권력을 제대로 사용하지 못한다면 권력은 약화된다. 또한 강력한 지도자는 강력한 부하를 가지려 하고, 부하들은 강력한 지도자를 원한다. 권력 획득의 성공은 더 큰 성공을 가져오고, 강력한 부하를 획득하는 것은 더 많은 권력을 획득할 수 있는 기회를 가진다. 그러므로 권력을 적절하게 잘 사용하는 것은 권력을 유지하고 또 확대하는 지름길이 된다.

2. 권력행사에 대한 반응

조직 성원들은 권력 측면에서 볼 때 권력 소유자(power holder)이면서 동시에 권력 수용자(power recipients)로서 상위 계층에서 하위 계층에 이르는 다양한 직위를 차지하고 있다. 대부분의 조직이나 집단의 경우 권력 행사는 상위 계층에서 하며 권력 행사에 대한 반응은 하위 계층에서 한다. 이때 하급자의 권력 행사에 대한 반응은 크게 두 가지로 나타난다. 그 하나는 권력을 수용하는 순응 측면이며, 다른 하나는 수용 거부하는 저항 측면이다.

1) 순응

"순응의 형태는 다시 자발적 순응(willing compliance)과 명령, 지시, 통제 등의 강압에 의한 비자벌적 순응 즉, 복종(obey)"[20]으로 대별된다. 자발적 순응은 권력 행사자가 합법적이고 합리적으로 권력을 행사하고 권력 행사자와 수용자의 관계가 신뢰를 바탕으로 형성되어 사회·문화 규범 속에서 위계질서(order of rank)가 정상적으로 되어 있을 때 이루어진다.

반면에 비자발적 순응은 권력 행사자가 그 지위를 불법이나 비정상적으로 차지하여 권력을 행사할 때 이루어진다. 또한 상호간의 신뢰 관계가 형성되지 못하여 불신 상태에 있거나 위계질서나 연령 질서(order of age)가 비정상적일 경우에 그리고 권력 행사자가 권력 행사 목적을 달성하기 위하여 처벌, 징계, 물리적 강제력을 동원할 경우에 나타나는 순응형태이다. 이 경우 기업 경영자는 권력 수용자가 선호하는 각종 자원(승진, 승급, 임금)을 매개 변수로 한 권력 행사만이 효력을 가지므로 비자발적 순응을 신속히 자발적 순응의 형태로 전환시켜야 한다. 왜냐하면 각 하위계층 간에 권력 행사가 엄격한 통제와 강제적 질서 속에서 이루어지는 군대 조직이나 경찰 조직과는 달리 기업의 권력 수용자는 자의대로 조직을 이탈할 수 있기 때문에 자발적 순응이 이루어지지 않으면 자칫 조직은 붕괴되고 만다.

에치오니는 세 가지 조직 형태를 조사하여 통합, 순응 형태를 조사하였는데 "규범적 조직(normative organization)에서 일치 정도가 가장 높고 강제적 조직(coercive organization)에서 가장 낮으며 실용적 조직(utilitarian organization)에서는 중간 정도"[21]라고 하여 정상적으로 규칙과 규정이 지켜지는 규범적 조직에서 성원들이 잘 순응한다는 사실을 밝히고 있다.

2) 저항

권력이 부정적 기능을 하면 권력 수용자는 권력 행사의 부당성을 지적하고 권력 수용을 거부하며 저항하게 된다. 즉, 불특정 다수에게 불리한 권력 행사

20) R. H. Hall, Organizations : Structure and Process, Englewood Cliffs, N. J., Prentice-Hall, 1977, p.229.

21) A. Etzioni, A Comparative Analysis of Complex Organization, rev., N. Y., The Free Press, 1975, pp.125~170.

를 하는 것을 방지하고, 갈등을 해결하기 위해서 저항이나 반대라는 수단을 활용한다.

프렌치와 레이븐은 "저항은 산만하거나 정리되지 않은(unstructured) 감정이 개입된 활동(emotionally saturated activity)이며, 반대는 목적지향적이며 목표지향적인 활동(a purposeful and goal-directed activity)이다"[22] 라고 하여 반대가 분명한 행동인데 비하여 저항은 다소 비정형적인 양태를 나타낸다고 설명하고 있다.

한편 에치오니는 "저항이 실체적인 권력의 동인"이며 카트라이트는 "저항은 권력 작용의 결과"[23] 라고 하였으며 "어떤 개인 또는 집단이 다른 개인 또는 집단의 저항력을 극복할 때만이 권력을 가질 수 있으므로 권력은 바로 저항에 대한 부분적이거나 완전한 지배 능력"[24] 이라고 하여 에치오니가 권력을 원인과 과정으로 본 반면, 카트라이트는 결과로 보았다.

권력에 대한 저항은 권력 소유자와 수용자간에 불합리한 관계가 형성되고 있을 때 나타난다. 즉, 연령이 적거나 경력이 짧은 상급자와 연령과 경력이 많은 하급자의 관계, 저학력 상급자와 고학력 하급자, 여성 상급자와 남성 하급자 등의 관계가 형성되어 권력의 행사와 수용이 부자연스러울 때 저항과 갈등이 일어난다. 또한 권력 소유자에 의한 권력의 비합법적·비합리적인 오용과 남용 현상 때문에 권력 수용자가 진심으로 권력을 수용하지 않을 때에 저항과 갈등이 나타난다.

3. 권력획득의 전략과 전술

권력을 획득하기 위한 전략과 전술의 범위는 광범위하다. 다음은 조직에서 용이하게 사용하는 권력 획득의 전략과 전술이다.[25]

---

22) J. R. P. French and B. Raven, The Bases of Social Power in Studies in Social Power, 1959, in Veljko Rus, "Positive and Negative Power : Thoughts on Dialectics of Power", Organization Studies, 1980, p.7.

23) Veljko Rus, "Positive and Negative Power : Thoughts on the Dialectics of Power", Organizational Studies, 1980, p.6.

24) A. Etizioni, The Active Society, 앞책, p.314.

25) A. J. DuBrin, Foundations of Organizational Behavior, N. J. Prentice-Hall, Inc., 1984, pp.384~387 참조보완.

1) 권력 있는 자와 유대(alliance)관계 유지

권력을 얻는 가장 쉬운 방법은 권력을 가지고 있는 실력 있는 사람과 유대 또는 동맹 관계를 형성하여 권력의 일부를 나누어 행사하는 것이다. 권력자들은 대개 그 권력을 지속적으로 유지하기 위하여 권력을 뒷받침하고 유지해 줄 동조자나 후원자를 필요로 한다. 이런 경우에 주의해야 할 것은 정당한 절차를 거쳐서 권력자와 유대 관계를 가져야 적절한 시기에 권력을 행사할 수 있다. 그렇지 않으면 권력은 일시적인 것이 되어 제 역할을 하지 못한다.

2) 매수(embrace)와 분쇄(demolish)

제이(Anthony Jay)는 기업 인수 전략으로 매수에 대해 말하고 있다. 즉, 회사를 인수할 때 피인수 기업의 간부를 해고하는 것보다 옛 직무에 종사하게 하고 적은 수의 인수 팀에게 주요 직무를 수행하게 하면 새 회사에서 전직 간부들이 더 이상 문제를 일으키지 않을 것이다. 이때 그들이 해고되면 그들은 무력해질 것이지만 단지 좌천된다면 통합된 채로 남아서 조직의 조처에 분개하여 복수를 결심할 것이다. 그래서 새 회사에서 잔류시키는 매수전략을 쓰거나 해고하는 분쇄전략을 사용해야 한다.[26] 권력을 가지기 위해서는 권력자를 매수하거나 권력을 갖지 못하도록 그 직에서 물러나게 해야 한다.

3) 분할(divide)과 통치(rule)

동서양을 막론하고 고대 국가의 통치는 왕정에 의해서 이루어졌다. 한 왕정은 계속 그 권력 기반이 안전하게 보장되는 것이 아니라 언제나 새로운 도전을 받아야 했다. 그러므로 정권이 그 지위를 안전하게 보존하기 위해서 도전 세력의 성장을 완전하게 봉쇄해야 했다. 그리하여 세력 있는 지방 제후나 신하들의 힘을 분산하여 세력 균형을 유지하고 힘을 약화시켜 부하들의 도전을 사전에 봉쇄하고 통치를 쉽게 하도록 하였다. 그래서 분할과 통치는 고대로부터 잘 알려진 권력 유지를 위한 정치적 전략과 전술이었다.

26) Anthony Jay, Management and Machiavelli, N. Y., Rinehart and Winston, 1987, p.13 참조.

4) 단계적인 획득(camel's head in the tent)

어려운 일을 할 때는 한꺼번에 할 수 없다. 단계적(step by step)인 절차나 순서를 따라 일을 수행하면 어려운 일도 쉽게 해결할 수 있는 것처럼 권력도 단계적으로 획득해야 한다. 다른 사람이 가지고 있는 권력을 한꺼번에 얻으려고 하면 저항에 부딪히게 되고 상호간에 관계 단절이 될 수 있다. 그러므로 한 단계씩 작은 것부터 얻는 단계적 전술은 권력 획득의 주요한 전술이 된다.

5) 유순한 부하선발(select a compliant Board of Directors)

조직에서는 개인 능력이 뛰어난 부하보다 충직하고 책임감 있는 유순한 부하가 조직 전체를 위해서 더욱 필요하다. 왜냐하면 조직에서는 성원들 사이의 조화와 협동이 필요하기 때문이다. 특히 유순한 부하들은 명령과 지시에 따르면서 권력에 저항하지 않기 때문이다.

6) 신중한 상담(take counsel with caution)

지속적으로 권력을 유지하기 위해서는 조직의 내・외부자로부터 좋은 조언을 듣는 것이 중요한 일이다. 남을 지도하는 자는 자기가 상대방에게 말을 많이 하는 사람이 아니라 상대방의 말을 많이 들어주는 사람이다. 좋은 조언을 많이 듣고 그 제안을 조직에 활용하면 제안을 한 사람은 자기 제안의 채택에 대한 만족감을 가질 것이고 수용자는 새로운 아이디어를 계속 공급받을 것이다.

7) 기습 전략(make a quick showing)과 지연 전술(avoid decisive engagement-Fabianism)

기습전략은 권력을 가지기 위한 기회가 오면 전광석화와 같은 신속한 동작으로 권력을 취해 이를 기정사실화하여 구성원들에게 알리는 전법이다. 대개의 군사 혁명이 이에 속한다.

다음으로 지연전술은 혁명과 같은 기습 전략과 반대로 결정적인 약속을 하지 않고 다음 기회로 늦추면서 자신에게 유리한 점이 무엇인가를 심사숙고하여 유리한 점이 있으면 즉시 획득하는 전술이다.

4. 권력 증대 전략

권력이 형성되는 조건과 상황이 충족되더라도 권력을 획득하기 위한 구체적 전략으로서 협동전략(co-operative strategies)[27] 이라 불리는 다음과 같은 세 가지 전략을 통하여 비로소 가능하다.

1) 계 약

둘 또는 둘 이상의 당사자 간에 대한 협정(negotiation)을 계약(contracting)이라 하는데 노사 간의 단체협약이 그 좋은 예가 된다. 계약에 의해 당사자들은 권력을 적법하게 행사할 수 있게 된다. 계약은 당사자들이 서로를 믿지 못하기 때문에 이루어진다. 물론 계약이 되고 당사자 간에 문서로 계약 내용이 명시된 계약서가 서로 교환되더라도 무조건 법적 효력을 가지는 것은 아니다. 공인된 기관에서 공증된 공증확인서가 첨부될 때 비로소 법적 효력을 가진다. 개인 간의 계약은 이렇게 그 효력을 발휘하고 법적 영향력을 행사하지만, 국가 간의 계약은 조약 체결국의 국력이 비슷할 때에는 문제가 일어나지 않지만 국력의 차이가 날 때에는 조약이 취소되거나 불평등 조약이 이루어지는 일이 빈번하게 일어난다.

2) 호 선

호선(co-opting)은 다른 집단이나 조직에 서로가 흡수(absorbing)되는 상호작용 과정을 말한다. 호선에 의해서 집단이나 조직은 개별적으로 존재했을 때의 특성이 소멸된다. 호선은 계약보다 더 강제적이고 강력한 권력 증대의 한 방법이다.

3) 유 착

권력 형성의 조건이 되는 불확실성(uncertainty)을 감소시킬 목적으로 다른 집단과 결합(combination or joint venture) 또는 연합(coalition)하는 것을

27) Andrew. Jr. D, Szilagy and Marc J. Jr. Wallace, Organizational Behavior and Preformance, Glenview, Ill. Scott. Foresman & Co. 1983(3rd), pp.237~241.

유착(coalescing)이라 한다. 유착은 계약이나 호선이 불가능하거나 다른 집단에 대해서 한 집단의 의존성이 감소될 때 이루어진다.

제3절 권 한

1. 의 의

권한(authority)은 권력과 유사 개념이지만 엄밀하게 보면 그 차이가 있다. 권력이 힘을 말하는 포괄적인 용어라고 한다면 권한은 직무 수행에서 작용하는 합법적인 힘으로서 한정적인 의미를 가진다. 즉, 권한은 특정 조직이나 규칙에 의해서 합법성이 보장되고 인정된 권력이다.

그래서 페이욜은 "권한이란 명령을 부여하는 권리(right)와 복종을 실현시키는 힘(power)"[28]이라고 하였으며 웨버는 "권력은 사회적 관계에서 한 행위자가 다른 행위자의 저항에도 불구하고 자신의 의지를 관철시킬 수 있는 가능성이며, 권한이란 직위에 따라 집단 성원을 복종시킬 수 있는 능력이라고 하여 권력은 제재적 의미를 가진 비공식적 권한으로 보고, 권한은 자발적 복종(voluntary submission)과 정당한 신념(belief in legitimacy)이 내포된 합법적 권력으로 보고 있다."[29]

바나드(C. Barnard)는 "권력이란 집단의 복종에 의해 개인적 목표를 추구하는데 반해 권한이란 집단의 일치에 의해 합의된 집단적 목표를 추구하는 것"[30]이라고 하였다.

버클리(W. Buckley)는 "권력이란 하위자의 동의나 이해와 만족 없이 자신의 목표 달성을 위해 타인의 행동에 미치는 통제력 또는 영향력이며, 권한이란

28) H. Fayol, General and Industrial Management(translated from the French Edition), London, Sir Issac Pitman & Sons Ltd., 1969, p.21.

29) Max Weber, 앞책, pp.324~325.

30) C. I. Barnard, The Functions of The Executives, Cambridge, Mass., Harvard University Press, 1966, pp.161~162.

다수가 만족하고 있다는 확인에 기초를 둔 집단목표를 달성하기 위해서 타인의 행동에 가(加)할 수 있는 지시 또는 통제력"31)이라고 하였다.

이상에서 보듯이 권한이란 '직위나 제도 등의 공식적인 역할에 의하여 합법성이 주어지며 상대의 복종을 확보할 수 있지만 직무 수행을 위한 한정적인 힘'이다.

2. 권한의 원천

권한은 어디에서 나오는가 하는 문제는 많은 조직 연구자들의 관심사였다. 권한 행사를 위한 이론적 근거로 법정설, 수용설, 직능설 이외에도 영향설 등이 있다.

1) 법정설

법정설(formal theory ; legal theory)은 '권한위양설'이라고도 하며 쿤츠와 오도넬(H. Koonts & O'Donnell)에 의하여 설명된 것으로 권한은 조직의 상위 부서로부터 위양된다는 견해이다. 즉, 어떤 조직이든지 최고 의결 기관에 의하여 정해진 의결 사항은 합법적으로 권력을 행사할 수 있도록 인정된 것으로 간주한다. 그러므로 의결된 결의 사항을 적법하게 집행해야 한다. 이때 조직의 일부 성원들만 권한을 집행할 수는 없기 때문에 직위 계층에 따라 적절하게 권한을 위임하는 권한위임의 연쇄에 의한다. 권한 위임의 연쇄는 조직을 성립시키는 계기가 된다.

2) 수용설

수용설(acceptance theory)은 바나드(C. I. Barnard)에 의하여 설명된 이론이다. 그는 '권한이란 조직의 성원들에게 직무상 명령을 전달하는 제한된 힘을 말한다. 전달되는 명령이 권위를 가지고 행사되느냐 하는 여부는 명령자에게 있는 것이 아니라 명령 수용자에게 있다고 설명하였다. 만일 수용자가 주어지는 명

31) Walker Buckley, Sociology and Modern Systems Theory, Englewood Cliffs, N. J., Prentice Hall, Inc, 1967, pp.178~180.

령을 인정하지 않아 이를 수용하지 않는다면 그 힘은 성립되지 않는 것이다.

이때 첫째, 수령자가 전달 내용을 이해할 수 있어야 하고, 둘째, 전달 내용이 조직 목적과 모순되지 않는다고 믿어야 하며, 셋째, 전달자가 자기 이해와 양립될 수 있다고 믿어야 하며, 넷째, 정신적・육체적으로 전달 내용에 복종할 수 있어야 한다는 조건이 충족되어 받아들일 때 비로소 권한이 성립된다.

3) 직능설

직능설(functional theory)은 '직능이 있는 곳에 권한이 있다.'는 폴렛(M. P. Follet)여사의 견해이다. 조직에는 직능이 있고 그 직무수행 기능이 성립되는 곳에서 권한이 존재한다. 즉, 조직의 기본적인 개념은 직능이다. 각 개인은 직능을 분담 받아 직능 수행을 하기 위한 조직 구성원이 된다. 동시에 직능에 권한이 부여될 때 직위와 직위계층이 성립되어 조직이 형성된다. 따라서 권한이 없는 직능은 이미 직능이 아니다. 그러므로 직능, 책임, 권한이 바로 조직의 삼위일체를 이루는 '삼면등가의 법칙'이 작용한다. 즉, 직무 수행 능력이 바로 권한이다.

3. 권한의 속성

권한의 속성은 다음과 같다.[32)]

첫째, 권한은 행사되는 대상인 상대방의 복종을 요구할 수 있는 힘이다. 그러나 권한을 행사할 수 있는 수단이 없으면 권한은 비효율적인 것이 된다.

둘째, 권한은 합법성이 부여된 권력이다. 권한은 조직의 규범에 의해 합법성을 부여받기 때문에 모든 조직구성원들이 인정한다.

셋째, 권한은 공식적인 역할에 주어진다. 권한은 조직에서 정한 직무역할에 따라 적정량이 배당된다.

넷째, 권한은 조직 내의 각 역할담당자 간의 관계를 설정하는 요소이다. 그리하여 구성원 상호간의 관계가 정해진다.

---

32) 최종태, 현대조직론, 경세원, 1985, 122 쪽(원전 : 오석홍, 조직이론, 338~340쪽)

4. 권한의 형태

직무와 관련된 권한의 형태로서는 합법적(rational; legal) 권한, 전통적(traditional) 권한, 카리스마적(charismastic) 권한이 있다.[33] 합법적 권한은 법과 그 職에 의거하여 공식적 합법성을 인정받은 권한이고, 전통적 권한이란 가부장적 권한이라고도 하며 전통을 신성불가침한 것으로 보고 전통적으로 누려온 권위에 의해서 확고하게 되며, 전통 범위 내에서 명령하고 복종하는 것을 말한다. 카리스마적 권한은 기독교의 은사(the gift of grace)라는 말에서 인용된 용어로서 천부적 은총에 의해 주어진 비범한 자질로 인하여 피지배자를 복종하게 할 수 있는 힘을 말한다.

그러나 권한은 분명하게 구분되는 것이 아니고 혼합적으로 구성되어 있다. 또한 그 성립 원인도 상호결합적인 관계를 가진다. 예를 들면 카리스마적 권한이 지속되면 전통적 권한이 되며 전통적 권한이 성원 전체의 동의를 얻게 되면 합법적 권한이 된다.

5. 권한 위임의 문제

조직의 성공여부는 권한을 가진 사람이 권한을 어떻게 행사하느냐에 달려 있다. 권한 행사자가 권한을 어떻게 행사하느냐 하는 것도 중요하지만 적절하게 부하들에게 권한을 위임해서 조직을 효율적으로 관리하도록 하는 것이 보다 더 중요하다.

1) 권한 위임의 이점

권한 위임을 하면 다음과 같은 여러 가지 이점이 있다.[34]

첫째, 부하들의 재능과 능력을 발휘하도록 한다.

둘째, 부하들의 성취 욕구를 자극한다.

---

33) M. Weber, The Theory of Social & Economic Organization, trans. by A. Henderson and T. Parsons, Fainlawn, N. Y., Oxford Univ, Press, 1947, p.328.

34) 케네스 머랠과 미미 메레디스 지음, 김기쁨 번역, 권한위임의 기술, 지식공작소, 2001, 44쪽.

셋째, 부하들에게 학습에 대한 투자를 하도록 한다.

넷째, 조직의 이념을 부하들에게 인지시키고 상하간의 관계를 양호하게 한다.

다섯째, 구성원들이 정보를 공유하여 업무능률을 향상시킨다.

2) 권한 위임의 방법

(1) 적절한 위임 내용 탐색

권한을 위임해도 좋은 직무를 먼저 선정하는 것이 중요하다. 일상적인 일이나 실수를 했을 때 바로 재기할 수 있는 일부터 위임하는 것이 좋다.

(2) 적절한 인재 탐색

권한을 위임할 업무가 정해지면 권한을 부여받을 적당한 대상자를 택해야 한다. 아무에게나 중요한 직무를 위임할 수는 없다. 평소 업무 처리 능력이나 교육과 훈련 경험을 참고하여 적절한 인재를 찾아내는 것이 중요하다.

(3) 적절한 위임시기

적절한 업무를 정하고 그에 맞는 사람을 정하면 위임할 적절한 시기를 택하여 위임해야 한다.

(4) 위임업무의 책임 범위 결정

업무와 적절한 인재를 택하면 그 업무에 따른 책임 범위를 정해주어야 한다.

(5) 참여의 권장 또는 촉구 분위기 조성

권한을 위임하는 관리자에게 격려하고 권한을 위임받는 부하들을 격려하는 조직의 분위기를 조직 전체 차원에서 조성해야 기꺼이 권한 위임을 한다.

제4절 권력, 권한 그리고 영향력

1. 권력, 권한 그리고 영향력의 상호관계

권한과 권력이 강제적인 방법으로 다른 사람을 변화시킨다는 점과는 달리 영향력은 자발적으로 상대방을 변화시킨다는 의미를 내포하고 있다. 이런 점에서 영향력은 권력이나 권한보다 리더십이라는 개념에 더 가까운 뜻을 내포하고 있다. 물론 권력과 권한도 리더십과 관련을 가진 개념이다. 이들 세 개념의 관계를 보면 다음과 같다.

첫째, 권한이 크면 권력과 영향력이 증대되고 권력과 영향력이 증대되면 권한이 증대되는 상호관련적인 속성이 존재한다.

둘째, 권력의 핵심에 가까울수록 권한이 확대되고 영향력이 증대된다.

셋째, 조직의 상층부에 올라갈수록 권한과 권력 그리고 영향력이 증대된다.

넷째, 권력 핵심에 가까운 자리를 차지한 사람이 권한이 큰 사람보다 더 실질적이고 강한 권력을 행사한다.

다섯째, 영향력을 획득하는 것이 권한과 권력을 획득하는 것보다 더 어렵다.

2. 권력, 권한 그리고 영향력의 차이

권력과 권한과 영향력은 개념 자체에 분명한 차이가 있다. 즉, 권한은 권력의 원천으로서 합법화를 전제로 한다. 이는 권력이 반드시 합법화할 필요성이 없다는 것과 비교되는 점이다. 범위 면에서 영향력은 이들에 비해서 훨씬 광범위하다. 그러나 정치 분야에서 끼친 잘못된 영향과 직무 수행상 힘이란 뜻을 가졌다는 이유로 기업 조직, 군대 조직, 병원 조직 등의 조직에서는 오히려 권력 개념보다 권한이나 영향력이란 용어가 더 활용되어 왔다. 그러나 개념상의 차이에도 불구하고 어느 용어가 이러한 조직에 보다 더 적합 하느냐 하는 것은 단언하기 힘들다. 세 가지 개념에 공통적으로 내재된 속성을 보면 힘을 전제로 하고 있고 수용자를 가정하고 있으며 힘을 행위의 수단으로 활용하고 있는 동질적 요소를 가지고 있기 때문이다.

이 세 가지 개념의 차이는 다음 <표 14-3>과 같다.

| 표 14-3 | 권력, 권한, 영향력의 비교

구별기준	권 력	권 한	영 향 력
정 의	능 력	권 리	유인, 설득력
원 천	개인적 특성	지 위	개인적, 집단적 특성
목 표 대 상	개인적, 집단적 관심사	공통적 관심사	개인 또는 집단 관심사
행 사 자	리 더	관리자	개인 또는 집단 전체
행 동 양 식	의 존	순 종	상호작용

자료 : Kae H. Chung & L. C. Megginson, Organizational Behavior, N. Y., Harper & Row, 1981, p.338 참조 보완함.

Chapter 15

리더십

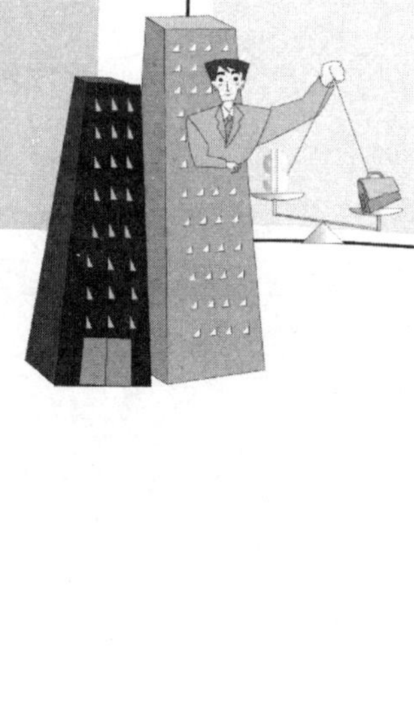

Chapter 15

리더십

제 1 절 리더십의 개념

1. 리더십의 의의와 중요성

리더는 조직의 의사결정을 이끌어 내어 조직을 살리는 역할을 하는 자이다. 마치 음악에서 오케스트라의 훌륭한 연주를 끌어내는 지휘자와 같다. 조직에서도 그 조직이 추구하는 공동 목표달성의 효과적인 성과를 끌어내느냐 여부는 리더의 역할에 달렸다. 물론 조직의 목표달성은 구성원들의 상호작용을 통해 이루어진다. 그러나 조직 목표달성의 성과는 조직원들의 상호작용뿐만 아니라 그것을 조정하고 통합하는 관리자의 유무와 그의 리더십 스타일에 의하여 달라진다.

리더의 역할은 그의 리더십 유형에 따라서 조직의 성장 및 목표와 연관되는 중요한 요인이다. 드러커(P. F. Drucker)는 리더의 중요성을 "기업의 기본적이고도 가장 얻기 어려운 자원이다."[1]라고 하면서 강조하였다.

아리스토텔레스(Aristotle)로부터 시작된 리더십(leadership)에 관한 연구는 오랫동안 많은 연구자들이 깊은 관심을 가진 주제 중의 하나이다. 과학은 과거 기계시대를 위한 것이지만 현재 및 미래는 인간시대를 위한 것이어야 한다는

1) P. R. Drucker, The Principle of Management, New York : Harper & Row Publishers, 1954; 정수영, 조직행동론, 박영사, 1981, 142쪽.

고든(T. Gordon)[2]의 주장에서 보듯이 정통 가치관의 변화는 인간중심으로 변화함에 따라 앞으로 리더십의 연구에 중요한 의의를 둔다. 리더십이란 말 속에는 대군을 지휘하고 대제국을 통치하며 한 국가의 운명을 좌우하는 강력하고 활동적인 인물의 이미지가 담겨 있다. 또한 역사적으로도 군사적, 정치적, 종교적 및 사회적인 리더들의 일화로 구성되어 있고, 문화의 사상적 근원을 설명해 주는 많은 전설이나 신화의 내용도 대부분 지혜로운 리더의 업적으로 기록되어 있다. 많은 사람들이 오래 전부터 이처럼 리더십에 매혹되어 온 것은 리더십 그 자체가 흥미롭고 신비롭기도 하지만, 그 이상으로 우리의 생활에 직·간접의 영향을 미치는 것이기 때문이다.

현대의 조직과 집단에서도 리더십이 성과를 좌우하는 중요한 요소라는 관점에서 볼 때 훌륭한 리더십을 가진 관리자를 확보하고 육성하여 그들에게 효과적인 리더십의 기술을 습득시키는 것은 매우 중요한 일이다.

효과적인 리더십이 되기 위해서는 리더 자신의 특성과 수용자의 수용 자세 그리고 상황이 모두 고려되어야 한다.

2. 리더십의 개념

리더십의 어원은 "가다(to go)"라는 뜻을 가진 앵글로 색슨어의 '리탄(lithan)'에서 나온 말이다. 리탄은 좋은 결과를 얻기 위해 목표를 세워 나아가는 것을 말한다.[3] 사전에는 리더(leader)는 앞장서서 여러 사람을 이끌어 가는 사람. 지도자. 주장. 수령. 지휘자이며, 리더십(leadership)은 지도자로서의 능력이나 자질, 통솔력, 지도력이란 뜻이다. 통념적으로 볼 때 리더십이란 우리말로 지도, 지휘, 지도력, 지도자 정신, 지도자 역할 등의 의미를 가지고 있으면서 경영 능력, 영향력, 권력 등의 의미도 강하게 내포되어 있어서 한마디로 잘라 말할 수 없다.

한편 리더십이란 개념은 혼란스러울 정도로 다양하게 정의되고 있다. 이러한 현상을 두고 스톡딜(R. M. Stogdill)은 수많은 리더십에 관한 문헌들을 포괄적으로 살피면서 "리더십의 정의는 <표 15-1>에서와 같이 리더십 개념을 정의하고자 시도하는 사람들의 수만큼 다양하다."[4]라고 말하였다.

2) T. Gordon, Group-Center, Houghton-Mifflin, 1995, p.6.
3) 양창삼, 리더십과 기업 경영, 경문사, 2003, 7~8쪽.

▌표 15-1▐ 리더십의 정의들

저 자	리 더 십 의 정 의
Webster사전	• 어떤 과정에 있어 안내하고 방향을 제시함; 하나의 통로(channel)로서 역할을 수행함.
Bass(1990)	• 상황이나 집단 구성원들의 인식과 기대를 구조화 또는 재구조화하기 위해서 구성원들 간에 교류하는 과정.
Hersey & Blanchard(1982)	• 주어진 상환에서 개인이나 집단의 목표달성을 위한 활동에 영향을 미치는 과정.
Yukl(1998)	• 집단이나 조직의 한 구성원이 사건의 해석, 목표나 전략의 선택, 작업 활동의 조직화, 목표성취를 위한 구성원의 동기부여, 협력적 관계의 유지, 구성원들의 기술과 자신감의 계발, 외부인의 지지와 협력의 확보 등에 영향을 미치는 과정.
Nanus(1992)	• 꿈(비전)의 제시를 통하여 추종자들의 자발적 몰입을 유인하고 그들에게 활력을 줌으로써 조직을 혁신하여 보다 큰 잠재력을 갖는 새로운 조직형태로 변형시키는 과정.
Katz & Kahn(1978)	• 기계적으로 조직의 일상적 명령을 수행하는 것 이상의 결과를 가져올 수 있게 하는 영향력.
Jago(1982)	• 강제성을 띠지 않은 영향력 행사과정으로 구성원들에게 방향을 제시하고 활동을 조정하는 것; 성공적으로 영향력을 행사하는 사람들이 갖는 특성들.
Lord & Maher (1993)	• 리더십이란 특정 개인이 다른 사람들에 의해서 리더로 인정받는(또는 지각되는)과정. 일정한 직위를 가지고 있기 때문에 리더가 되는 것이 아니라 다른 사람들로부터 리더라고 인정받는 것이 중요함.
Bryman(1986)	• 리더십은 어떤 사람이 공식적으로 리더의 직위에 임명되었을 때 발생함.
SK 의 'Supex 리더개발 과정'	• 특정상황에서 집단이나 조직이 실현시킬 비전을 설정하고 그 비전을 실현하도록 구성원들의 행동에 영향을 미쳐 구성원들이 기꺼이 스스로 실행하도록 개인과 조직을 변화시키는 과정.

자료 : 백기복, 이슈리더십, 창민사, 2000, 58~59쪽.

4) R. M. Stogdill, Handbook of Leadership : A Survey of Theory and Research, New York, Free Press, 1974, p.259.

이처럼 리더십의 개념 자체가 복잡하고 다양한 이유는 다음과 같다.

첫째, 리더십이라는 용어가 권한(authority), 권력(power), 통제(control), 관리(manage ment), 감독(supervision) 등의 개념과 혼용되어 불분명하게 사용되고 있다.

둘째, 리더십에 접근하는 연구자들이 각기 나름대로의 시각이나 관점에서 이 문제를 관찰하려고 한다.

셋째, 리더십이 인간을 연구 대상으로 하는 학문이기 때문에 정량적 접근방법에 의하여 이해할 수 없다.

리더십에 대한 기존의 다양한 정의들을 관점에 따라 '리더 중심적 정의'와 '추종자 중심적 정의'로 나눌 수 있다.

"목표의 설정과 목표 달성을 위한 집단 행위에 영향을 주는 과정"이 리더십이라고 보는 스톡딜의 견해, "타인을 자기가 바라는 대로 행동하도록 유도하는 과정"으로 보는 캇츠(D. Katz)와 칸(R.M. Kahn)의 견해[5]가 리더 중심적인 정의이다.

반면 추종자 중심으로 보는 견해는 리더십이란 "원하는 목표를 달성하기 위해 개인과 집단을 조정하여 작동하게 하는 기술이다"라고 보는 쿤츠(H. Koontz), 오 도넬(O' Donnell)의 견해[6]와 리더십을 "리더와 집단 구성원간의 상호작용 행위로서 집단 내에 분화된 역할"로 보는 제닝스(Jennings)의 견해[7]를 들 수 있다.

종합적 관점에서 보면 리더십은 어떤 주어진 상황 속에서 목표를 달성하기 위해 개인 또는 집단의 활동에 영향을 미치는 과정이다. 리더십에 대한 이와 같은 정의를 함수 관계로 나타내면 리더(leader:1), 추종자(follower : f) 및 상황 변인(situational variables : s)의 L=f(l, f, s)가 된다.[8]<그림 15-1>

---

5) D. Katz and R. L. Kahn, The Social Psychology of Organization, New York, John Wiley & Sons, 1978(2nd), p.528.

6) H. Koontz and C. O'Donnell, Management : A Systems and Contingency Analysis of Managerial Functions, N. Y., McGraw-Hill Book Co. 1976(6th), p.578.

7) 윤우곤, 조직론, 서울, 법문사, 1978, 278쪽.

8) P. Hersey and K. H. Blanchard, Management of Organizational, Behavior, N. J., Prentice-Hall, 1982, p.83.

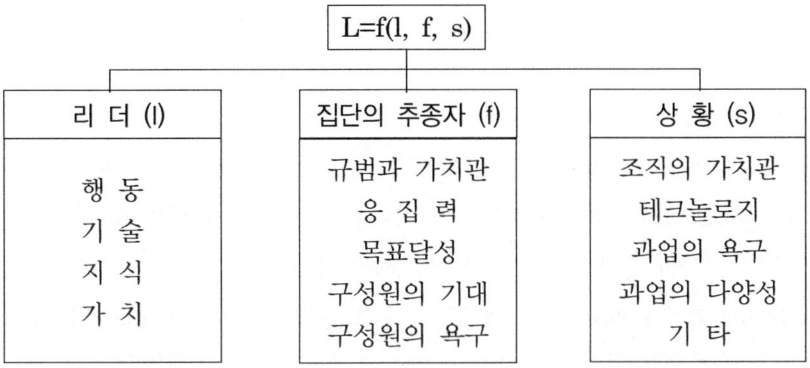

자료 : C, R, Milton, Human Behavior in Organizations, Prentice-Hall, 1981, p.292.

| 그림 15-1 | 리더십 과정의 3대 요소

3. 유사 개념

1) 리더십과 권력 그리고 권한

사전적 의미로 권력이란 남을 지배하여 강제로 복종시키는 힘, 권한은 공적으로 행사할 수 있는 직권의 범위이다. 권력은 권한과 영향력과 같이 리더십과 밀접한 관련을 가지고 있다. 리더는 집단의 목표 달성을 위한 수단으로서 권력과 권한 그리고 영향력을 활용한다. 즉, 리더가 목표를 달성하려고 할 때 권력과 권한 그리고 영향력은 그 목표 달성을 촉진시키는 수단이 된다. 리더십을 영향력(influences)이라고 개념화할 때, 권력(power)이란 다른 구성원의 행동에 영향력을 줄 수 있는 잠재능력을 뜻하며, 권한(authority)은 합법적인 권력을 의미한다.[9] 로빈스는 리더십과 권력의 차이를 다음과 같이 설명하고 있다.[10]

첫째, 권력은 목표의 양립성(goal compatibility)이 필요하지 않고 의존성(dependence)이 필요하다. 반면에 리더십은 리더의 목표와 부하들의 목표 간에 조화(또는 일치)가 필요하다.

둘째, 연구 방향에 차이가 있다. 리더십 연구는 대개의 경우 유형(style)에

9) Katz, Daniel and Robert L. Kahn, The Social Psychology of Organizations (New York : John Wiley and Sons, Inc. 1966), p.220.

10) S. P. Robbins, Essentials of Organizational Behavior, Englewood Cliffs, N. J., Prentice-Hall, Inc. 1984, p.131.

초점을 두고 있다. 즉, 리더가 어느 정도로 지원적이어야 하느냐? 또는 의사결정 과정에 부하들을 어느 정도로 참여시켜야 하느냐 등과 같은 질문에 대한 해답을 찾으려 한다. 반면에 권력은 어느 정도 광범위한 영역을 포괄하고 있으며 어떻게 하면 권력에 대한 추종을 얻어낼 수 있을까 하는 전략과 전술(tactics)에 초점을 두고 있다. 리더가 갖는 권력에는 두 가지에 관련된 것으로써 지위와 개인적 특성 때문에 갖게 되는 것으로 구분된다.

지위(positional power)와 관련된 것은 보상(reward power), 강압(coercive power), 합법적 권력(legitimate power)으로 리더는 구성원들을 그의 권력과 권한으로 성과에 대한 적절한 보상을 해주므로 리더에게 복종하게 하며 동시에 구성원들을 처벌할 수 있으며 주어진 권한 내에서 구성원들을 지휘, 명령할 수 있다. 다음으로 개인적(personal power) 특성으로 갖게 되는 권력은 전문적 권력(expert power)과 준거적 권력(reference power)으로 구분한다. 전문적 기술을 갖고 있어서 구성원들이 리더의 전문지식을 의존해야 할 경우 갖게 되는 권력이다. 또 구성원들이 리더로부터 카리스마, 존경심, 호감을 갖게 될 때 가질 수 있는 권력이다. 이를 그림으로 나타내면 <그림 15-2>와 같다.

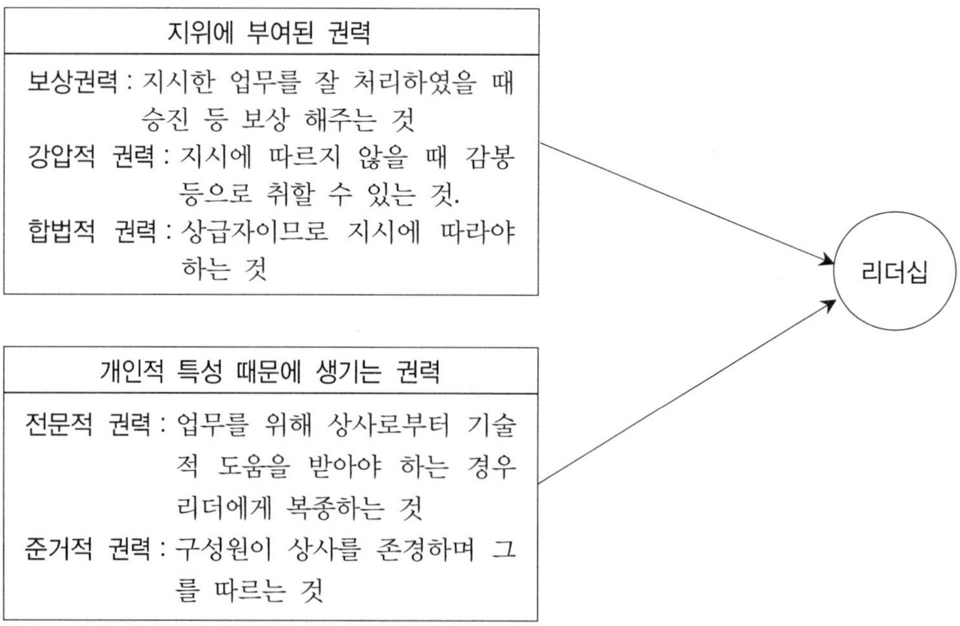

자료 : 서성무 · 이지우, 경영학의 이해, 형설출판사, 2007, 201쪽.

▌그림 15-2▐ 리더십 원천으로 본 권력 유형

2) 리더십과 헤드십(headship)

헤드십은 관리 감독자가 갖는 통제적 기능 또는 헤드(head) 개인의 독자적 기능으로서 우두머리 기질이라는 의미를 가지고 있으며 리더십과 다음과 같은 점 <표 15-2>에서 다르다.

┃표 15-2┃ 리더십과 헤드십의 차이

리 더 십	헤 드 십
리 더	보 스
• 권위를 감춘다.	• 권위를 앞세우며 다닌다.
• 지성적이다.	• 지성이 결핍되어 있다.
• 리더가 앞장선다.	• 부하들을 앞세운다.
• 부하들을 이끈다.	• 부하들을 몰아세운다.
• 선의에 의존한다.	• 권위에 의존한다.
• 실수를 용납한다.	• 실수를 가차 없이 비판한다.
• 회초리를 필요로 하지 않는다.	• 늘 회초리를 필요로 한다.
• '우리'를 강조한다.	• '나'를 강조한다.
• '가자'고 권한다.	• '가라'고 말한다.
• 공개적으로 일한다.	• 모든 것을 숨겨가며 일한다.
• 남의 잘못을 도맡는다.	• 남의 공을 가로챈다.
• 남을 믿는다.	• 남을 믿지 않는다.
• 희망을 준다.	• 겁을 준다.
• 존경을 모은다.	• 복종을 요구한다.
• 대중의 눈으로 세상을 본다.	• 자기의 눈만으로 세상을 본다.
• 자기의 약점에도 불구하고 권위를 얻는다.	• 자기의 약점에 의해 권위를 유지한다.
• 자기 약점을 숨기지 않는다.	• 권위를 잃을까봐 자기의 약점을 숨긴다.
• 의견을 달리해도 가까이 한다.	• 자기 견해와 달리하면 미워한다.
• 내일을 위해 산다.	• 오늘을 위해 산다.
• 권위를 쌓는다.	• 권력을 쌓는다.
• 타협을 잘하고 대화를 즐긴다.	• 타협을 모르고 대화를 거부한다.
• 듣는 귀를 여러 개 가지고 있다.	• 듣기 좋은 말만 듣는 귀 하나만 가진다.
• 사람들에게 무엇이 잘못되어 있는가 알려준다.	• 누가 잘못하고 있는가를 지적한다.
	• 자기 말도 무시한다.
• 자기 말에 책임을 진다.	• 부하만을 만든다.
• 지지자를 만든다.	• 권력을 즐긴다.
• 권위마저도 즐기지 않는다.	• 권력이 전부라고 생각한다.
• 권력은 수단에 지나지 않는다고 생각한다.	• 후계자에게 무거운 짐을 떠넘긴다.
• 후계자의 짐을 덜어준다.	• 권위를 앞세운다.
• 권위를 등 뒤에 업고 다닐 뿐이다.	

자료 : 양창삼, 리더십과 기업경영, 경문사, 2003, 9~10쪽.

첫째, 헤드십이 발휘되는 집단의 목표는 헤드의 이해관계에 의해 선택된 것이지 집단 자체에서 정해진 것은 아니다.

둘째, 헤드십에 의한 목표는 성원간의 공통 감정이 내재되어 있지 않다.

셋째, 헤드십은 헤드로서 강력한 권한을 갖는다.

이와 같이 헤드십은 헤드 개인에 의해 발휘되는 독선적인 의미가 강하지만 리더십은 추종자인 성원들의 리더십 수용을 전제로 하기 때문에 성원 전체의 공통 감정이 존재한다는 점에서 다르다.

3) 관리자와 리더

현대 사회가 조직을 보다 더 효과적으로 관리, 유지, 운영하기 위한 수단으로 관리에 관심을 가지면서 자연히 관리와 리더 및 그 역할에 관심을 갖게 되었다. 그러나 관리자와 리더는 서로 다르다. 즉, 관리자는 리더가 될 수 있지만 모든 리더가 관리자일 수는 없다. 베니스(Bennis)와 내누스(Nanus)에 의하면 관리자는 일을 옳게 하려는(do things right) 사람들이고, 리더는 옳은 일을 하려는(do the right thing) 사람들이다. 그들은 <표 15-3>에서 보듯이 관리자와 리더를 구분시켜 놓았다.

표 15-3 관리자와 리더의 구분

관 리 자	리 더
모 방	창 조
유 지	개 발
책 임 수 행	혁 신
안 일	도 전
통 제	신 뢰
기계적 충복	독자적 인간
일을 옳게 함	옳은 일을 함
수직적 관점	수평적 관점
시스템과 구조의 관점	인간에 관심
언제, 어떻게에 관심을 둠	무엇을, 왜에 관심을 둠

자료 : 앞 책, 62쪽(Bennis &Nanus, 1989).

그 역할기능에서도 코터(J.P.Kotter)는 리더와 관리자의 기능을 <표 15-4> 와 같이 구분하고 있다.

▌표 15-4▐ 관리와 리더십의 기능비교

관리(질서와 일관성(안정성) 추구)	리더십(변화와 발전의 추구)
계획 · 예산 ▸행동지침의 설정 ▸계획표(시간표) 작성 ▸자원의 분배	방향 설정 ▸비전 설정 ▸전체적인 상황의 확인 ▸전략 설명
조직화 · 충원 ▸조직구조의 설계 ▸직무배치 ▸규칙과 절차의 개발	목표를 위한 제휴, 협력 ▸목표에 대한 의사소통 ▸헌신과 몰입의 추구 ▸팀과 연합체의 구축
통제 · 문제해결 ▸인센티브 제도의 수립 ▸창의적인 해결책 ▸수정조치	동기유발 및 의욕(영감)의 고취 ▸의욕(영감)과 활기의 고취 ▸부하에게 자율권 부여 ▸미 충족된 욕구의 충족

자료 : Adapted from John P. Kotter, A Force for Change : How Leadership Differs From Management, New York : Free Press, 1990, pp.3~8.

4. 리더십 발휘를 위한 3대 요소

리더십을 발휘하기 위해서는 기본적으로 리더와 추종자와 상황의 세 가지 요소가 적절하게 조화를 이루어야 한다. 이 중 어느 한 가지 요소가 제외되어도 리더십은 성립될 수 없다.

1) 리 더

리더는 조직의 다른 성원들에게 영향을 주어서 그들의 행동을 변화시키는 사람이다. 리더가 다른 성원들의 행동을 변화시키기 위해서는 전문적 능력과 지적 능력, 계획, 조직, 지휘, 조정과 통제 능력, 그리고 동기부여 능력 등이 있어야 한다. 동시에 리더가 합법성을 보장받아야 하고 정직성, 성실성, 퍼스낼리티 특성이 리더로서 적절해야 한다.

그러나 리더의 자질을 갖추었다 할지라도 상대역인 추종자의 수용이 없다면 진정한 리더가 될 수 없다.

2) 추종자

추종자(follower)는 리더의 상대역으로 리더의 영향력 행사의 대상이 되는 개인 또는 집단을 말한다. 흔히 조직에서는 부하라고 말한다. 리더가 리더십을 발휘하기 위해서는 추종자의 기대감, 퍼스낼리티 특성, 리더십의 수용 능력, 그리고 동기부여 요소 등이 적절해야 하므로 추종자의 능력과 역할이 리더십의 중요 요소가 된다.

3) 상황

리더와 추종자 간에 일어나는 영향력 행사 과정 중에 관련성을 가지는 환경 요소를 상황이라고 한다. 리더십이 행사되기 위해서는 리더와 추종자 이외에 제 3의 요소로서 적절한 상황이 주어져야 한다. 즉, 리더십을 발휘할 수 있는 과업과 자원이 있어야 하고 사회적 제도와 규정이 적절해야 하며 리더십이 자연스럽게 수용될 수 있는 문화가 형성되어 있어야 한다.

5. 리더의 역할

조직의 효율적인 목표달성을 위한 리더의 역할을 퀸(R. E. Quinn) 등은 여덟 가지로 나타내고 있다. 모니터로서 조직 내에 관심을 가진다. 중개자로서 조직 내.외부에 여러 사안들을 수집, 협상한다. 조정자로서 구조유지와 시스템을 원활하게 조정한다. 변화의 필요성이 요구에 따른 창조적 사고로써 혁신자의 역할을 한다. 주도권을 가지고 열정적으로 업무를 처리하는 지휘자의 역할을 해야 한다. 집단 촉진자로서 구성원들을 응집하며, 팀워크를 확립하여 구성원들 간의 문제 해결에 관심을 가진다. 구성원들 각자에게 관심을 갖고 돌보는 멘토의 역할을 한다. 생산자로서 구성원들의 동기를 유발시켜 주어진 업무에 관심을 갖게 하므로 생산성을 높인다. 이러한 여덟 가지 역할에 따른 효과를 다음 <표 15-5>와 같이 나타내고 있다.11)

표 15-5 리더의 역할과 리더십의 효과

리더의 역할	리더십의 효과
• 지휘자 & 생산자의 역할 • 조정자 & 모니터의 역할 • 맨토 & 집단촉진자 역할 • 혁신자 & 중개자 역할	• 조직의 생산성과 이윤창출 • 조직의 안정과 지속성 • 조직내부 결속과 구성원의 사기증진 • 조직 환경변화에 적응

자료 : 양창삼, 리더십과 기업경영, 경문사, 2003, 19쪽.

제2절 리더십 연구의 접근 방법

많은 학자들이 리더십에 대한 수많은 연구를 체계적으로 분류하여 연구의 흐름을 크게 특성이론, 행동이론, 상황이론 등으로 나누어 <표 15-6>과 같이 비교하였다.

1. 리더십 특성이론

전통적 리더십 이론인 특성이론(trait theory)은 1940년대 중반에 이르러 과학적이고 체계적인 방법으로 연구, 분석되기 시작하였다. 이 이론은 리더십의 본질 규명에 초점을 두고 리더의 특성과 자질을 밝히는데 집중되었다. 이런 점에서 자질론이라고도 한다. 특성이론의 초기 리더십 연구는 어떤 특성이 리더십의 성과에 필수적인가를 명확하게 밝히지는 못했지만 경험적 연구를 통하여 그 특성들을 밝히려고 하였다. 이러한 노력은 본격적인 리더십 연구 이전에

11) 앞책, 16~19쪽.

이미 영웅과 위인에 대한 연구에서도 나타났다. 영웅과 위인에 대한 관심은 1840년경에 이루어진 카알라일(T. Carlyle)의 연구－영웅, 영웅 숭배와 영웅 시대에 관한 역사적 강의－(Lectures on Heroes, Hero-Worship and the Heroic in History)에서 발단된다.12)

▌표 15-6▐ 리더십 이론의 비교

내용 / 접근법	연 구 모 형	강 조 점
특성이론 (1930년대 ~1950년대)	개인적 특성 → 리더와 비리더의 구별	리더와 리더가 아닌 사람을 구별할 수 있는 특징이나 특성이 분명히 존재한다.
행동이론 (1950년대 ~1960년대)	리더 행위 → 성과 종업원 유지	리더십의 가장 중요한 측면은 리더의 특성이 아니라, 여러 상황에서 실제 행하는 행동이다. 성공적 리더와 비성공적 리더는 그들의 리더십 스타일에 의해 구별된다.
상황이론 (1970년대 이후)	리더 행위 → 성과 만족 (종업원 유지) 기타 이 기준에 관련된 변수 상황 요인 : 과업, 퍼스낼리티, 집단 성격 등	리더의 유효성은 그의 스타일뿐 아니라, 리더십 환경을 이루는 상황에 의해서도 결정된다. 상황에는 리더나 하급자들의 특성, 과업의 성격, 집단의 구조, 강화의 유형 등이 있다.

자료 : 신유근, 조직행위론, 다산출판사, 1993(2판), 431쪽.

위인이론(great man theory)으로 통칭되는 카알라일의 연구는 리더의 독특한 품성(unique qualities)을 천부적인 것으로 보았으며, 위대한 인물의 개인적 성취를 인류 발전의 원인 요소로 가정하고 있다.

특성이론에서는 리더와 부하 사이에 차이가 나는 우수한 특성의 존재가 있다는 것을 가정하고 리더가 무엇을 하였느냐 하는 것보다 누구였느냐에 많은

12) J. C. Barrow, The Variables of Leadership : A Review and Conceptual Framework, Academy of Management Review, 1977, Vol. 2, No. 2, p.232.

관심을 가지고 리더의 특성을 찾으려고 한다. 이런 이유로 특성이론을 위인론(great man theory of leadership)이라고도 한다. 스톡딜은 124편의 연구를 정리하여 리더의 특성을 능력(지성, 기민성, 발언능력, 독창성, 판단력), 업적(학식, 지식, 체력), 책임감(주도성, 인내성, 공격성, 자신), 참가태도(활동력, 사교성, 적응력, 유머감각), 지위(사회적 지위, 인기) 등 30여 가지로 분석하였다.13) 스톡딜은 이 연구에서 리더는 몇 가지 특성을 가졌다고 되는 것이 아니라 하위자의 특성과 활동 그리고 목표와 깊은 관계를 갖는다고 설명하였다. 결국 이 연구는 특성이론이 가지고 있는 '리더만의 고유한 특성'이라는 점에 회의를 갖게 하였으며, 특성이론 연구를 중단시키게 되는 계기가 되었다.

반면에 후기의 연구들은 리더의 직위가 달라짐에 따라 요구되는 리더의 관리적 동기와 숙련(managerial motivation & skill)의 연구에 초점을 두고 있다.

표 15-7 성공적인 리더의 특성과 기술

특 성	기 술
• 상황적응력	• 영리함(지능)
• 사회적 환경에 대한 민감성	• 개념 파악력
• 성취지향성	• 창의력
• 결단성	• 재치력
• 협동성	• 화술
• 자립성	• 과업에 대한 지식
• 믿음성	• 관리적 능력
• 타인보다 우위성	• 설득력
• 활동성	• 대인관계 능력
• 끈기	

자료 : G. A. Yukl, Leadership in Organization, Englewood Cliffs, N. J. Prentice-Hall, 1994(3rd), p.256.

후기 이론가 중의 한 사람인 마이너(J. B. Miner)는 관리자로서 성공하기 위해서 요구되는 동기 특성에 관해 연구하였다.14) 그는 리더의 관리적 동기를

13) R. M. Stogdill, Personal Factors Associated with Leadership : A Survey of the Literature, Journal of Psychology, 1948, pp.43~72.

14) J. B. Miner, "Twenty Years of Research on Role Motivation Theory of

권위 있는 인물에 대한 긍정적 태도, 동료들과 경쟁하려는 욕구, 자신감 있게 적극적으로 행동하려는 욕구, 타인에게 권력을 행사하려는 욕구, 집단을 대표하려는 욕구, 일상적인 관리 활동들을 수행하려는 의지로 언급하였다. 그는 위의 여섯 가지 동기의 정도와 승진 사이의 관계를 검증하였는데, 리더의 전체적 관리적 동기의 점수와 승진 사이에 상관관계가 있음을 보고하였다.

이후 관리적 동기에 관한 연구들은 주로 마이너와 그의 동료들에 의해 지속적으로 이루어졌으며,[15] 관리적 동기와 가장 관련 높은 구성 요인들로는 권력을 행사하려는 욕구, 동료들과의 경쟁 욕구, 권위 있는 인물에 대한 긍정적 태도라고 주장하였다.

초기 연구들은 리더의 개인적 특성에 관심을 보였으나 후기 연구들에서는 리더십의 특성으로 제시된 목록이 관리적 숙련과 기술적 숙련 그리고 관리 역할 요건이 관리 동기의 구체적인 면으로까지 확대되었다.

스톡딜의 두 번째 연구 이후 어떤 특성들은 리더를 리더답게 할 가능성을 증대시키지만 유효성을 보장하지 못하며, 리더십을 발휘할 상황에 따라 특성의 상대적 중요성은 달라진다는 균형 잡힌 견해로 바뀌었다. 학자마다 주장하고 있는 리더의 특성 요인을 살펴보면 다음과 같다.

- 바나드: 지구력과 인내력, 설득력, 책임감, 지적 능력[16]
- 깁: 정력, 자신감, 지성, 웅변, 일괄성, 인간통찰력[17]
- 데이비스: 이성, 사회적 원숙성, 원만, 내적 동기부여, 인간관계적 태도[18]

위 학자들의 견해를 종합하여 보면 리더는 신체적 특성(physical characteristics), 사회적 배경(social background), 지능(intelligence), 퍼스낼리티(personality), 과업관련 특성(task-relation-characteristics), 사회적 특성(social characteristics) 등 여섯 가지로 나누어 볼 수 있다.[19] 따라서 리더의 특성을 분류하면 <표

Managerial Effectiveness," Personnel Psychology, Vol. 31, 1978, pp.739~760.

15) F. E. Berman & J. B. Miner, "Motivation to Manage at the Top Executive Level : A Test of the Hierarchic Role-Motivation Theory," Personnel Psychology, Vol. 38, 1985, pp.377~391.

16) C. I. Barnard, The Functions of the Executive, Cambridge, Mass : Harvard Univ. Press, 1938, p.260.

17) C. Gibb, The Principles and Traits of Leadership, McGraw-Hill, 1947, pp.267~284.

18) K. Davis., Human Relations in Business, McGraw-Hill Book Co. Inc, 1959, p.68.

19) R. M. Stogdill, Handbook of Leadership, The Free Press, N. Y. 1974, pp.74~75.

15-8>과 같다.

리더십 특성이론(traits theory)은 어느 정도의 설명적 통찰력을 주고 있기는 하지만 분석적이거나 장래예측적인 가치는 거의 없다. 그것은 리더가 갖고 있는 특성이 리더십의 결정 요소로 볼 수 없고, 성공적인 리더십과 리더의 특성 사이의 관련성 측정과 평가에서 과학적 기초가 약하다. 선천성만을 강조하므로 후천적 역할을 간과한 점 등이 특성이론의 문제점으로 나타나면서 리더와 일반인 사이를 구별할 수 있는 특성을 밝히는데 실패하여 이론의 한계에 부딪쳤다.

| 표 15-8 | 리더의 특성

구 분	특 성 내 용
신체적 특성	연령, 체중, 신장, 외관(용모)
사회적 배경	교육수준(정도), 사회적 신분(지위), 기민성(이동성), 가족배경(사교 관계)
지 능	판단력, 결단력, 표현능력, 설득력
퍼스낼리티	독립심, 자신감, 독점성(지배력), 자극성(공격성)
과업관련성	성취욕구(의욕), 책임감(안전욕구), 과업지향성, 인간에 대한 관심, 솔선력, 지구력, 결과지향성
사회적 특성	경영(관리)능력, 협조성, 청렴성, 대인관계 기술, 매력(권력욕구)

자료 : Stogdill, op. cit., pp.74~75 ; R. N. Powell, Race, Religion and the Promotion of the American Executive(Columbus, Ohio State University, Bureau of Business Research, 1969) ; Ralph M. Stogdill, “Personal Factors Associated With Leadership”, Journal of applied Psychology((January 1948), pp.35~71.

2. 리더십 행동이론

리더십 특성 연구에 의해 측정된 특성이나 기술이 관리자의 성공과 리더의 유효성을 예측해내지 못하자 리더십 연구는 1950년대부터는 리더의 특성으로부터 리더의 행동으로 그 초점을 옮기게 되었다. 즉, 어떠한 특성의 리더가 효과적인가 하는 특성추구적 관점에서 벗어나 어떻게 행동하는 리더가 적합한 리더인가 하는 리더의 행동유형을 밝히기 위한 연구가 이어졌다.

리더십 행동 이론(behavior theory)의 접근 방법에 대한 기본 모형은 다음

<그림 15-3>으로 요약될 수 있다.

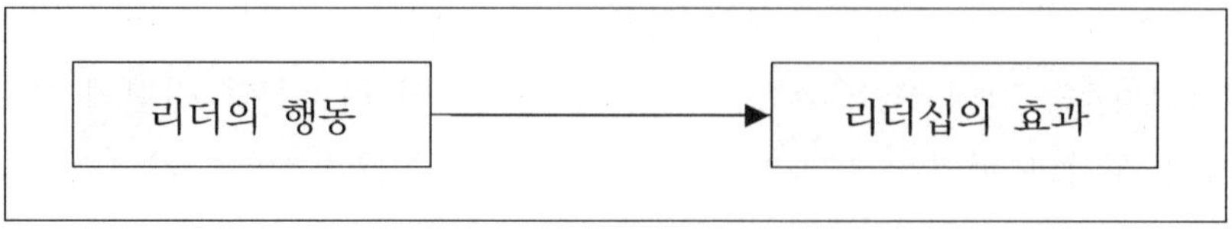

❙그림 15-3❙ 행동론적 접근 방법의 기본 모형

이러한 리더십 스타일에 대한 연구는 효율적인 특정의 리더십을 이용함으로써 개인이나 집단으로 하여금 어떤 목표를 달성하게 하고 높은 생산성과 종업원의 만족감을 유지시킨다는 가정에 입각하고 있다.

리더십의 행동 이론의 대표적인 연구를 살펴보면 다음과 같다.

1) 아이오와 리더십 연구

레윈(K. Lewin)의 지도하에 이루어진 립피트(R. Lippitt)와 화이트(R. K. White)의 선구자적인 리더십 연구는 특정 리더십 스타일이 집단 구성원의 만족감과 좌절감 그리고 도전감 등의 변수에 어떻게 영향을 주는가에 초점을 두었다. 그들은 리더십 유형을 권위적, 민주적, 자유방임적 리더십으로 가정하였는데 이는 그 후 리더십 연구에 중요한 영향을 끼쳤다.[20]

권위적 리더(authoritarian leader, 전제적 리더)는 매우 지배적이고 참여(participation)를 전혀 허용하지 않으며 방침과 목표를 일방적으로 결정한다. 때로 칭찬과 비판을 하는 등 개별적인 관심을 기울이긴 하지만 추종자에 대하여 자기가 명령하는 유리한 입장에 서기 때문에 추종자들이 종속적인 태도를 취하거나 적의나 대항의식을 품고 리더에게 반항한다. 즉, 적극적인 추종자는 자기의 제안이나 건의가 묵살되므로 점차 심리적 패배와 소외감을 가져 직무수행을 회피하거나 직장으로부터 도피하게 된다. 반면 평균 이하의 사람들(일에 자신이 없는 사람, 용기가 없는 사람, 열의가 없는 사람 등)은 리더에게 종속된다.

민주적 리더(democratic leader)는 책임과 권한을 대폭적으로 위양하고 집단 토의와 집단 의사결정을 조장하며 추종자에게 동기를 부여한다. 또한 성원

---

20) C. Argyris, Personality and Organization, Harper & Brothers, 1957, p.125 참조.

들의 업적 평가를 할 때 객관적이고 자주성을 부여하여 만족감을 갖도록 노력한다. 그리하여 리더는 성원들의 후원자 또는 조언자가 된다.

자유방임적 리더(laissez-faire leader)는 집단 성원들이 목표를 인식하고 합리적인 목표 수행 능력이 있다면 집단에게 완전한 자유를 준다. 현실적으로 존재할 수 있는 상황이지만 이 경우에는 리더의 필요성이 없다. 그리고 이 유형의 리더는 리더의 자격이 결여되어 있기 때문에 엄밀히 말해서 리더가 아니다. 따라서 이러한 리더십은 존재하지 않는다. 만일 이러한 리더가 있다면 비공식적인 리더가 따로 존재하게 된다.

이 연구는 리더십 스타일과 작업 생산성간의 상관관계를 정확히 설명하지는 못했지만 한 집단의 생산적인 행동을 이해하는데 도움을 주는 부수적 연구성과를 얻었다. 즉, 권위적 리더는 조직 구성원들에게 좌절감을 갖게 하여 무관심 또는 도전적인 행동을 초래하였으며, 자유방임적인 분위기도 사실 많은 도전적 행동을 유발시켰다. 그러나 민주적 리더는 양극단현상의 중간에 해당하였으며 압도적으로 구성원의 지지를 받았다.

이러한 립피트와 화이트의 연구에서 밝혀진 결과를 일반화하기는 어렵다. 왜냐하면, 현대 행동과학의 연구방법론으로 보면 이 연구에서는 많은 변수들이 통제되지 않았기 때문이다. 또한 실험은 주로 공격적인 행동 유형을 시험하기 위해 설계되어 있었기 때문에 리더십 유형과 생산성의 관계는 직접적으로 연구되지 않았다.

그러나 리더십 유형이 집단에 대해 미치는 영향력을 규명하려 했던 선험적 시도라는 점에서 아이오와 대학의 연구는 역사적으로 중요한 의미를 가지고 있다. 즉, 이 연구는 과학적 방법론의 입장에서 리더십을 최초로 분석한 것으로서 동일하거나 유사한 집단에서조차 동일한 리더십 유형에 대해 서로 다른 복잡한 반응을 보인다는 것을 밝혀낸 것이다.

2) 오하이오 주립대학의 리더십 연구

1945년경에 시작된 오하이오 주립 대학의 리더십 연구의 초점은 리더 행동이 작업 집단의 작업 수행 성적과 구성원의 직무 만족에 어떤 영향을 미치는가에 대한 것이었다.[21)]

---

21) 이한검, 인간행동론, 형설출판사, 1994, 377-378 쪽(원전 : N. C. Morse and E. Reimer,

이 연구에서는 적절한 설문지를 개발하기 위하여 약 1,800개 항목의 리더십 행동 유형을 수집하고, 이 중 연구자들이 동의한 150개 항목으로 LBDQ(Leader Behavior Description Questionnaire)설문을 만들었다. 그 결과 부하들이 리더의 행동을 배려(consideration)와 구조주도(initiating structure)라는 행동 범주로 인식하고 있음을 밝혀냈다.

배려적 리더십은 관계지향적(relationship oriented)이어서 부하와의 관계를 중요시하고, 리더와 부하 사이 그리고 부하들 간의 신뢰성, 온정, 친밀감, 상호존중, 상호협조를 조성하는 데에 주력을 기울이는 유형을 말한다.

반면에 구조주도적 리더십은 부하의 과업 환경을 구조화하는 과업지향적(task-oriented)인 행동으로서, 부하의 과업을 설정, 배정하고 리더와 부하의 커뮤니케이션 패턴과 절차를 명백히 하며 성과를 정확하게 평가하는 행동 유형을 말한다.

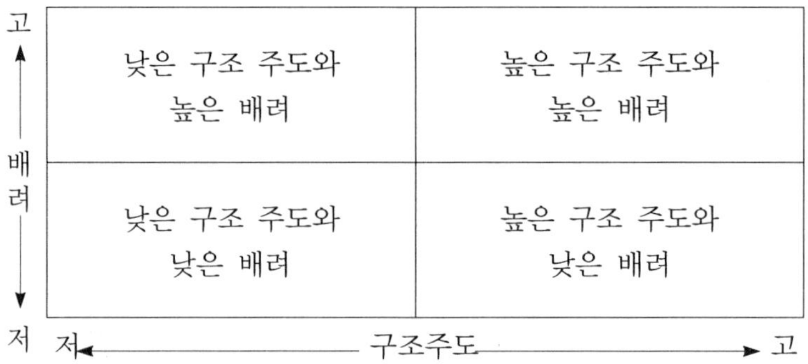

| 그림 15-4 | 오하이오 주립 대학교의 리더십 4분도

오하이오 주립 대학의 리더 행동 유형에 관한 연구의 특징은 지금까지의 단일 차원의 양극으로 생각되었던 리더의 구조주도행위와 배려행위가 별개의 차원임을 밝혀내었다. 즉, 한 쪽 차원의 높은 점수가 반드시 다른 쪽 차원의 낮은 점수로 나타나지 않는다는 것이고, 오히려 리더 행동은 하나의 연속선상보다는 두 차원의 복합체로서 그려질 수 있다는 것이다. 따라서 리더의 행동은 두 개의 차원에 의한 네 가지 유형으로 나누어질 수 있는데, 일반적으로 배려가 높은 리더십에서는 종업원의 만족도가 높고 이직률과 결근율이 낮지만 성과에

The Experimental Change of a Major Organizational Variable, Journal of Abnormal and Social Psychology, 1956, p.52).

대한 관계는 명확하지 않다고 한다.[22]

<그림 15-4>는 구조주도(과업지향)와 배려(관계지향)의 여러 가지 결합 형태를 나타내 주는 4분도이다.

리더의 배려와 구조 주도 행동이 조직의 성과 달성과 어떤 관련을 갖고 있는지 분석한 결과에서 배려와 구조주도 양자가 높은 리더가 가장 효과적이라고 지적하고 있지만 언제나 동일한 결론을 얻지는 못했다.

그러나 이 연구는 리더의 행동을 이해하고 묘사하기 위해 많은 노력을 기울인 점에서 그 공헌을 인정받고 있으며, 리더십 연구 진행을 위해 훌륭한 기초가 되고 있다.[23]

3) 미시간 대학의 리더십 연구

미시간 대학의 리커트(R. Likert)는 리더십의 유형을 종업원 중심적인 리더십과 직무중심적인 리더십으로 구분하였다.

종업원 중심적 리더십(employee-centered leadership)은 리더가 종업원과의 관계를 중요시하여 종업원의 개인적 문제에 많은 관심을 갖고 권한을 위양하면서 자유재량을 많이 주는 일반적인 관리 행동 유형을 말한다.

반면에 직무 중심적 리더십(production-centered leadership)은 리더가 생산 과업을 중요시하고, 생산 방법과 절차 등 세부적인 사항에 관심을 가지며, 공식적 권한에 비교적 많이 의존하면서 부하들을 치밀하게 감독하는 행동 유형을 말한다. 이들 두 가지 유형은 리더 행동에서 볼 때 독재적인 리더 행동과 민주적인 리더 행동으로 비교할 수 있다.

리커트는 리더십의 유형은 조직의 관리 시스템을 고려해야 한다고 보고 이를 바탕으로 한 인적자원을 이용하는 성과특성을 측정한 질문 표<그림 15-5>를 개발하였다. 이것을 기초로 연구한 결과 높은 성과를 기록하는 집단Ⅳ의 리더들은 종업원의 인간적인 측면과 높은 성과 목표를 가진 효율적인 작업 집단을 구축하기 위한 노력에 일차적인 관심을 가진 사람이고 직무중심적인 리더십은 성과가 낮은 부문에서 자주 발견된다는 사실을 지적하였다. 결국 그의 연

22) R. J. House, “A Path-Goal Theory of Leader Effectiveness”, A. S. Q. 1971, Vol. 16, pp.321~339.

23) A. D. Jr. Szilagyi & J. Jr. Wallace, Organizational Behavior and Performance, Scott. Foresman and Co. 1983(3rd), p.270.

구가 함축하는 의미는 가장 이상적이며 생산적인 리더십은 종업원 중심적이라는 것이다. 즉, 종업원 중심적인 리더십이 장기적인 생산성의 증가와 관련 있는데 반해서 직무 중심적인 리더십은 단기적인 관점을 지향하고 있기 때문이다.

조직변수	시스템 I	시스템 II	시스템 III	시스템 IV
사용되는 리더십 과정 : 상급자가 하급자에 대하여 가지는 신뢰와 신용의 정도	하급자에 대한 신뢰와 신용전무	주인이 하인에게 가지는 것과 같은 약간의 신뢰와 신용	상당한 신뢰와 신용을 가지거나 아직도 완전하지는 않고 여전히 결정권을 계속 보유하기를 바람	모든 문제에 대한 완전한 신뢰와 신용
동기부여 요소들의 성격 : 동기가 사용되는 방식	공포, 위협, 벌 & 때때로의 보상	보상과 얼마간의 실재적. 잠재적인 벌	보상, 때때로의 벌 & 약간의 관여	참여를 통한 경제적 보상, 목표설정, 방법개선, 목표에 대한 진도평가 등에 있어서 집단 참가 및 관여
상호작용 영향 과정 : 상호작용과 영향 과정의 성격	상호접촉이 거의 없고 항상 두려움과 불신이 따름	상호작용은 거의 없고 상급자는 약간의 겸손을, 하급자는 두려움과 주의를 가짐	적당한 상호접촉, 때로 적당한 양의 신뢰와 신용 수반	고도의 신용과 신뢰를 수반한 광범하고 우호적인 상호접촉

자료 : R. Likert., New Patterns of Management, New York : McGraw-hill Book Co., 1961, pp.223~233.

▌그림 15-5▌ 관리시스템에 의한 조직 및 성과특성의 측정(예)

리커트의 이 연구는 대체로 호의적인 반응을 얻고 있지만 반증이 없는 것은 아니다. 나이지리아에서 실시한 조사는 리커트의 주장과 반대되는 결과가 나왔다. 그 이유는 문화적 차이, 독특한 관습, 전통, 교육 수준, 생활수준의 차이 때문이었다. 따라서 집단의 생산성과 리더의 행동 유형 그리고 종업원의 만족 관계는 과업성격과 구성원간의 상호관계와 같은 상황적 요소를 고려해야 한다.

왜냐하면 교차문화적 연구에서는 그 결과가 달라질 수 있으므로 정확한 결론을 내리기가 사실상 어렵기 때문이다.

4) 블레이크와 무우튼의 관리 그리드 이론

블레이크(R. R. Blake)와 무우튼(J. S. Mouton)은 기존의 연구 결과들을 연장시켜 리더 행위의 개발에 이용할 수 있는 관리 그리드(managerial grid: 관리격자도)의 개념을 정립하였다. 그들은 리더의 행동은 생산과 인간이라는 두 요소에 있음을 근거로 하여서 생산에 대한 관심의 정도와 인간에 대한 관심의 정도를 양축으로 하여 9등급으로 나누고 이론적 리더 유형이 81가지가 있다고 하였다. 그 중에서 기본적인 중요 형태로는 <그림 15-6>과 같이 다섯 가지로 분류하였다. 또 그들은 관리유형은 다음과 같은 다섯 가지 요인에 따라서 결정됨을 주장하고 있다.[24)]

- 관리자의 퍼스낼리티
- 조직의 실제와 요구
- 특수한 상황
- 관리자의 가치관
- 기회(한계가 있는 경험과 학습하는 기회)

(1) (1, 1) 무관심형(impoverished) : 리더가 생산과 인간에 대한 관심이 모두 낮으며 리더 자신의 직분을 유지하는데 필요한 최소의 노력만을 투입하는 유형을 말한다.

(2) (1, 9) 인기형(country club) : 리더가 인간에 관한 관심은 매우 높고 생산에 관한 관심은 매우 낮아서 구성원의 만족과 친밀한 분위기 조성에 역점을 두는 유형을 말한다.

(3) (9, 1) 과업형(task) : 리더가 인간관계 유지에는 관심을 안 보이나 생산에 대하여 지대한 관심을 보이며 인간적 요소보다 과업의 달성을 최고로 중요시하는 유형을 말한다.

(4) (5, 5) 타협형(middle of road) : 리더가 생산과 인간관계의 유지에 모두

24) R. R. Black, and J. S. Mouton, The New Managerial Grid, Houston : Gulf Publishing, 1978, pp.13~14.

적당한 정도의 관심을 보이는 유형을 말한다.

(5) (9, 9) 이상형(team) : 리더가 성원들과 조직체의 공동 목표와 상호의존 관계를 강조하고 상호 신뢰적이고 상호존경적인 관계에서 구성원들의 몰입을 통하여 과업을 달성하려는 유형을 말한다.

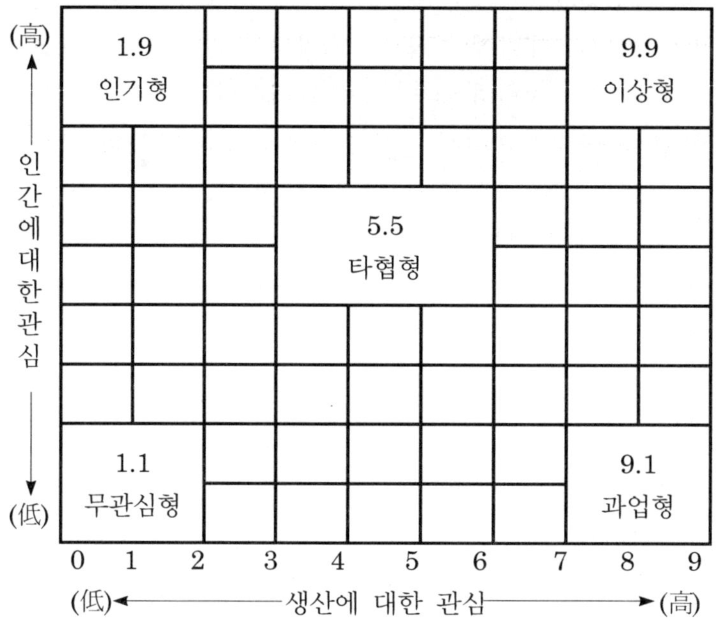

자료 : R. R. Blake and J. S. Mouton, The Managerial Grid, Houston, Texas, Gulf Publishing Co., 1964.

【그림 15-6】 관리 그리드 리더 행동 유형

이 이론의 기본적인 발상은 여러 가지 기법을 통한 훈련을 하여 궁극적으로 이상적인 리더의 유형 즉, 생산과 인간의 양 측면에 모두 높은 관심을 가지는 리더를 만든다는 데에 있다.

관리 그리드 이론은 조직체에서 실제 리더십 개발에 많이 적용되고 있는데 이상형(9, 9)을 가장 바람직한 리더십 유형으로 보고 있다.

이상의 행동 이론은 리더의 행동 유형을 파악하고 어떤 행동 유형이 유효한가를 주로 집단의 성과와 구성원의 만족감 측면에서 분석하고 있다. 이들 이론과 연구 결과에 의하면 일반적으로 민주적 리더십, 부하 중심적 리더십, 구조 주도와 배려가 모두 높은 리더십, 생산과 인간에 대한 관심도가 모두 높은 리더십이 집단의 성과와 구성원의 만족감을 높여 주는 것으로 나타나고 있다.

그러나 리더십 행동 이론은 다음과 같은 비판을 받고 있다.

첫째, 리더의 행동은 상황에 따라 다르게 나타난다. 그런데 행동 이론의 연구는 상황을 고려하지 않고 효과적인 리더로부터 나타나는 일관된 행동 유형을 찾고자 하고 있다.

둘째, 집단 응집성, 부하들의 개인적 특성, 과업 본질 등의 여타 상황 변수가 고려되지 않고 있다.

그러나 행동 이론은 리더십의 본질을 이해하는데 크게 공헌하였으며 동시에 (상황에 따라 각기 다른 연구 결과가 제시됨에 따라) 상황 이론을 발전시키는 계기가 되었다.

3. 리더십 상황이론

리더십의 특성 이론이나 행동 이론 등 이때까지의 리더십 스타일에 관한 연구들의 일관된 과제는 어떤 유일한 이상적인 리더십 형태를 발견하는 것이었다. 그러나 이들 연구들은 모두 유효성이란 측면에서 적절한 설명이 되지 못하였다. 왜냐하면 어떤 상황에서는 그러한 스타일들이 유효한 것으로 나타나지만 그 반대의 연구 결과들도 많이 나타났기 때문이다.

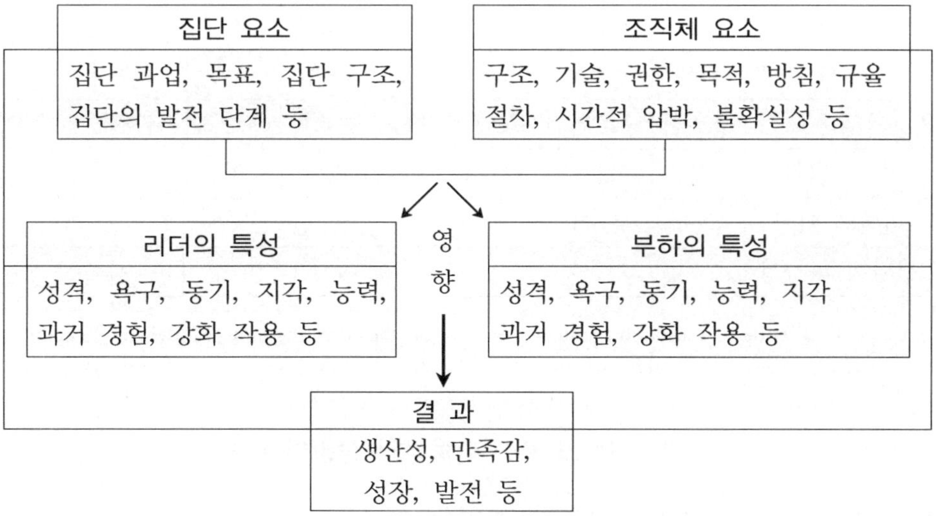

▎그림 15-7 ▎ 리더십 과정에 작용하는 상황적 요소

따라서 어떤 상황에서나 효과적으로 적용할 수 있는 단일의 리더십 스타일을 구하려는 환상을 깨고 리더십의 유효성을 상황과 연결시키려는 상황이론(contingency theory)이 등장하게 되었다. 1970년대 이후부터 대두된 이 이론에 따르면 리더는 상황의 산물이기 때문에 그 상황이 요구하는 리더십을 발휘해야 한다는 것이다.

상황 이론에서 고려되고 있는 중요한 상황 요소는 리더의 행동적 특성, 부하의 행동적 특성, 과업과 집단구조, 조직체 요소 등인데 이를 도표로 표시하면 <그림 15-7>과 같다.[25)]

이들은 리더십 과정에 작용하는 환경적 요소로서, 상황이론은 주로 이들 요소를 중심으로 리더십 상황을 유형화하고 리더십 과정에서 이들 요소의 역할과 리더십의 효과를 분석하고 있다.

실증적 연구에 의하여 지지되고 있는 중요한 상황 이론은 다음과 같다.

1) 피들러(F. Fiedler)의 상황 이론

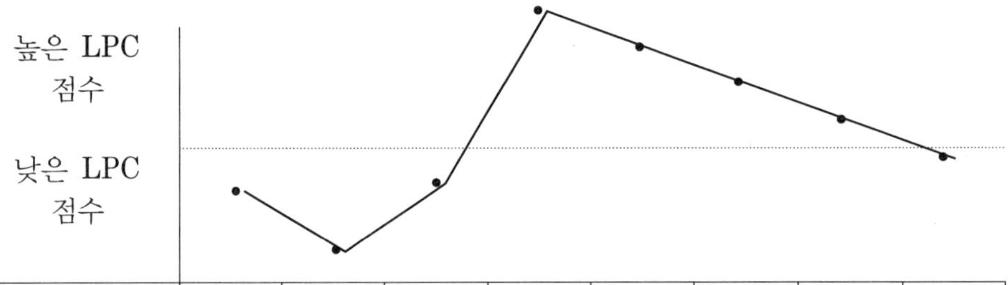

상황	1	2	3	4	5	6	7	8
리더-부하 관계	좋음	좋음	좋음	좋음	나쁨	나쁨	나쁨	나쁨
과업구조	구조적	구조적	비구조적	비구조적	구조적	비구조적	비구조적	비구조적
리더 지위권력	강	약	강	약	강	약	강	약
리더의 입장	유 리			중 간			불 리	
상황의 확실성	확 실			중 간			불확실	

자료 : F. F. Fiedler, "Validation and Extension of the Contingency Model of Leadership Effectiveness : A Review of Empirical Findings", Psychological Bulletin, 1971, Vol. 76, p.31.

| 그림 15-8 | 피들러의 상황이론

25) R. Tannenbaum and W. H. Schmidt, "How to Choose a Leadership Pattern", Harvard Business Review, May-June, 1973, Vol. 51, No. 3, pp.162~180.

최초의 리더십 상황 이론을 제시한 피들러는 리더의 태도를 측정함으로써 리더의 유효성을 예측하고자 하였다. 즉, 리더에게 가장 싫어하는 동료작업자(least preferred coworker:LPC)에 관한 7점 척도의 20개 문항을 물어보고, 이에 대한 점수를 산출, 이에 의해 리더의 유효성을 측정하였다. LPC점수가 낮을수록 리더는 과업지향적(task-oriented)이 되는 경향이 있으며 반면에 LPC점수가 높을수록 리더는 관계지향적(relationship-oriented or employee-oriented)일 가능성이 높다는 것이다.

피들러와 그의 동료들은 실증 조사를 통하여 리더의 행동은 狀況에 따라서 그 효과가 다르다는 결론을 얻었다. 즉, <그림 15-8>에서 나타나는 것과 같이 상황이 매우 양호하거나 불량할 때 LPC점수가 낮은 리더가 LPC점수가 높은 리더에 비해 보다 더 효과적이라고 한다. 반면에 상황이 중간정도일 때는 LPC점수가 높은 리더가 LPC점수가 낮은 리더보다 더 효과적이라고 한다.

피들러의 상황모형에서 리더의 LPC점수와 리더의 유효성의 관계는 여러 요소로 구성된 상황변수에 의해 좌우되는데 보통 리더와 부하의 관계, 과업의 구조화와 리더의 직위권력의 세 가지 변수로 측정한다.[26)]

피들러의 상황이론은 여러 가지의 연구 방법상의 문제와 제한점을 안고 있다. 그러나 이 모델은 최초로 상황 변수를 리더십 이념의 틀 속에 포함시킴으로써 새로운 연구 관점을 제시하고 리더십에 대한 총괄적인 이해를 증진시켰다. 또한 리더십의 상황과 유형의 변경을 통하여 집단의 유효성을 증대시킬 수 있음을 보여 주었다.

2) 허시와 블랜차드의 수명주기이론

이 이론은 부하들의 성취도에 따른 효과적인 리더십 행동을 분석한 것이다. 허시와 블랜차드(P. Hersey and K. H. Blanchard)는 블레이크와 무우튼의 관리그리드 모델과 아지리스의 성숙 이론과 맥클리랜드의 성취 동기 이론을 토대로 이론을 전개하였다. 허시와 블랜차드는 성숙도를 개인의 성취 행동과 책임 있는 행동, 자기개발 행동 등 과업 수행 상에서 나타나는 개인의 행동 경향으로 보고 있다. 그들은 리더의 행동을 과업 지향성과 관계 지향성의 복수적 행동 측면

26) E. E. Fiedler and M. M. Chemers, Leadership and Effective Management, Glenview, Illinois, Scott, Foresman and Co. 1974, pp.22~32.

에서 리더의 효율성 측정 설문서를 사용하여 리더 행동 유형을 구분하였다.

설문서에는 21개의 리더십 상황을 설명하여 각 설문 항목마다 리더의 과업 지향성과 관계 지향성을 포함한 4개의 강제 선택 회답을 하게 하였다. 그 결과로 나타나는 ① 리더 행동 style, ② 스타일의 범위, ③ 스타일의 적응성을 중심으로 리더의 성숙도를 측정하여 다음과 같은 네 가지 리더 행동 유형으로 분류하였다.

첫째, 설득적 리더: 쌍방적 커뮤니케이션(성좌형)과 공동 의사결정을 강조하는 후원적 리더

둘째, 지시적 리더: 일방적 커뮤니케이션(X형)과 리더 중심의 의사결정을 하는 주도적 리더

셋째, 참여적 리더: 부하들과 원만한 관계를 유지하며 부하의 의견을 의사결정에 많이 반영하는 리더

넷째, 위양적 리더: 부하들 자신의 자율적 행동과 자기 통제에 많이 의존하는 리더

한편 상황적 조절 변수로는 부하의 성숙도 하나만을 채택하고 있다. 부하의 성숙도는 “높지만 달성 가능한 목표를 설정하는 능력, 기꺼이 책임을 맡으려고 하는 자발성, 그리고 교육과 경험의 정도”[27]를 보고 판단한다. 이때 부하의 성숙도는 수행해야 할 구체적인 과업 관련에서만 고려되어야 한다.

허시와 블랜차드는 <그림 15-9>와 같이 부하의 성숙수준에 적합한 네 가지의 리더 행동 유형을 제시하고 있다.

<그림 15-9>에서 보듯이 부하의 성숙 수준이 가장 낮은 상황에서는 리더는 과업지향적 행동을 취하고 관계지향적 행동은 배제해야 한다. 즉, 부하의 역할, 목표, 표준, 절차 등을 설정하는데 리더가 매우 지시적(directive)이어야 한다.

부하의 성숙 수준이 중간 정도인 상황에서는 리더는 관계 지향적인 행동을 해야 한다. 즉, 리더는 부하에 대해 매우 배려적이고 지원적이어야 하며, 칭찬과 관심을 아끼지 말며, 의사결정 과정에 부하의 의견이 반영되도록 노력하여야 한다. 동시에 특히 성숙도 3의 상황에서는 중간 정도 수준의 부하에 대한 통제와 작업의 조직화가 필요하다.

27) P. Hersey and K. H. Blanchard, Management of Organizational Behavior, Englewood Cliffs, N. J. Prentice Hall, Inc, 1982(4th), p.151.

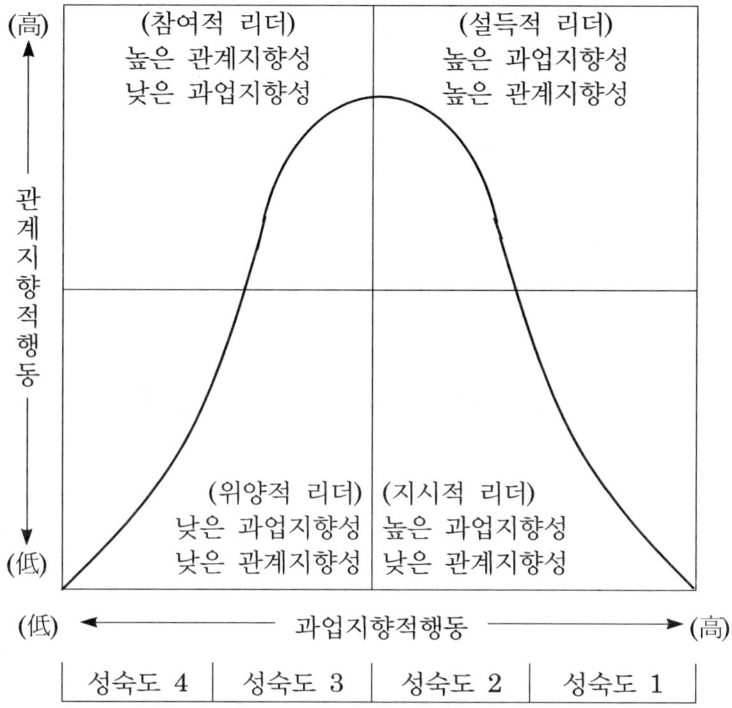

▌그림 15-9▌ 허시와 블랜차드의 수명주기이론

부하의 성숙이 가장 높은 상황에서는 부하들이 성취동기에 의해 스스로 동기유발이 되며, 구체적인 외부의 지시가 없어도 과업을 수행할 수 있는 능력을 가지고 있기 때문에 리더는 의사결정 권한을 부하에게 대폭 위양해야 한다.

한편 허시와 블랜차드의 리더십 상황 이론에서는 부하의 성숙 수준을 높이기 위한 리더의 개발적 개입행동(developmental intervention)[28]을 또 하나의 원인 변수로 설정함으로써 리더는 개발적 개입방법을 통하여 부하의 성숙 수준을 변화시켜 결국 부하 스스로가 자기통제를 할 수 있도록 해야 한다고 주장한다.

허시와 블랜차드의 리더십 상황 이론에 나타난 인과관계를 살펴보면 <그림 15-10>과 같다.

---

28) 개발적 개입행동 : 어떤 특정한 과업 수행에서 부하에 대한 지시적 행동을 유보하고 더 많은 책임을 위양하여 부하가 정적(+)반응을 보이면 리더가 칭찬이나 정서적 지원을 통하여 부하의 그 같은 행동을 강화함으로써 부하의 성숙 수준의 향상을 도모하는 것을 말함.

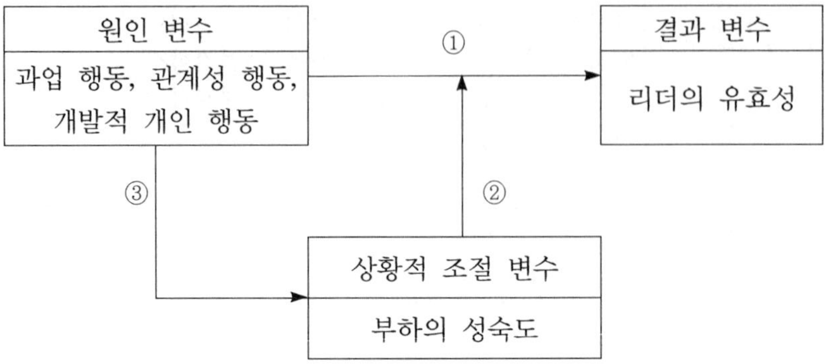

| 그림 15-10 | 허시와 블랜차드의 리더십 상황 이론에 나타난 인과 관계

이 이론은 리더 행동의 범주가 너무 개괄적이며 부하의 성숙도 역시 개괄적으로 정의하고 있다는 점과 상황 변수를 부하의 성숙도라는 하나의 변수로만 단순화시켰다는 비판을 받고 있다. 그러나 이 이론은 융통성 있는 적응적인 리더의 행동을 강조하고 리더가 부하의 자신감과 기능을 구축함으로써 상황을 변화시킬 수 있다는 점에서 긍정적인 공헌을 하고 있다.

3) 경로-목표이론(path-goal theory)

하우스(R. J. House)의 경로-목표이론(path-goal theory)은 리더의 행동이 부하의 직무 만족과 동기유발에 어떠한 영향을 미치는가를 설명하기 위하여 개발된 이론이다. 이 이론은 원래 에반스(M. G. Evans)에 의해 창안되었으나, 나중에 하우스가 에반스의 이론에 부하의 특성과 작업 환경의 특성이라는 상황 변수를 추가하여 보다 정교한 이론으로 발전시켰다. 또한 이 이론은 1970년대에 많은 실증적 연구의 대상이 되었다.[29]

하우스에 의하면 리더의 동기부여 기능이란, 첫째 작업 목표의 달성에 대한 대가로 부하의 보상을 증가시키는 것이고, 둘째 그 같은 보상을 목표로 하고 나아가서 경로에 어려움이 없도록 장애물을 제거해 줌으로써 만족의 기회를 더 많이 가질 수 있도록 하는 것이라고 말하고 있다.

경로-목표 관계를 명백히 해주는 역할은 부하의 과업 목표를 설정하고 과업 내용과 방법 절차를 구체화하며 상여관계도 알려주는 리더 행동을 포함함

29) R. J. House, 앞 논문, 321~339쪽.

으로써 리더의 구조주도적 행동측면에 해당한다고 볼 수 있다. 그리고 경로-목표관계를 순조롭게 그리고 효율적으로 이끌어 나가는 기능은 성과-상여의 강화작용과 부하들의 상호 관계 조성을 포함함으로써, 이것은 리더의 고려적인 행동 측면에 해당한다고 할 수 있다.

경로-목표 이론의 인과관계를 도식하면 <그림 15-11>과 같다.

초기의 경로-목표 이론의 리더 행동은 두 개의 차원인 구조 주도와 배려로 보았으나 최근의 연구에서는 4개의 범주로 보고 다음과 같이 정의하고 있다.

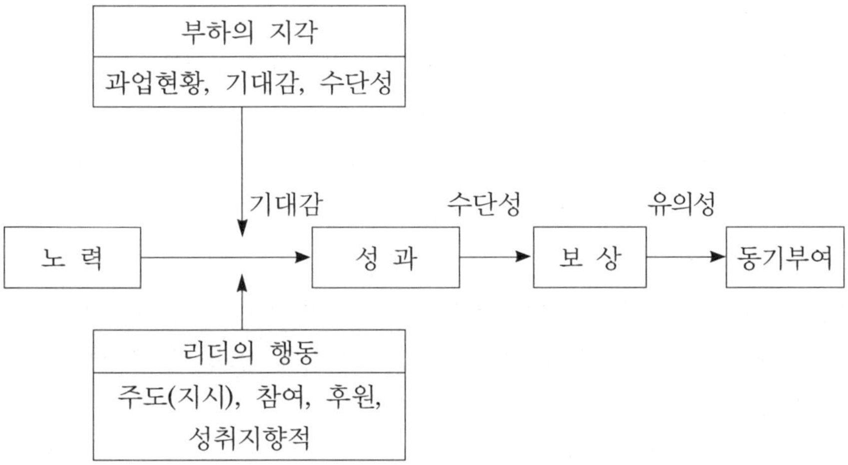

자료 : A. D. Jr Szilagyi, & M. J. Jr Wallace, Organizational Behavior and Performance, Glenview, Illinois : Scott, Foresman and Co. 1983 (3rd), p.281.

| 그림 15-11 | 경로-목표 이론의 인과관계

(1) 리더 행동 유형

① **지시적 리더십(directive leadership)** : 지시적 리더십은 부하들의 활동을 계획, 조직화, 통제, 조정하며 도구적 행동(instrumental behavior)이나 구조주도의 행동과 비슷한 행동을 한다. 그리고 부하들에게 기대하고 있는 것이 무엇인가를 알리고 구체적인 작업 지도를 실시하며, 규칙과 절차를 따르도록 요구한다.

② **후원적 리더십(supportive leadership)** : 후원적 리더십은 부하들의 욕구 충족에 대하여 배려하고, 부하들의 복지와 안녕에 대한 관심을 표명하며

우애적인 분위기와 환경을 조성한다.

③ **참여적 리더십(participative leadership)** : 참여적 리더십은 부하들의 정보 자료들을 많이 활용하고 부하들의 의견을 의사결정에 많이 반영시켜 팀 또는 집단 위주 관리를 중시한다.

④ **성취지향적 리더십(achievement-oriented leadership)** : 성취 지향적 리더십은 부하들에게 도전적인 목표를 설정해주고, 최고 수준의 업무 성과를 기대하여 과업 수행 성적의 계속적인 개선과 향상을 도모하며, 부하들이 훌륭한 성과를 올릴 수 있는 능력에 대하여 확신을 하도록 한다.

하우스와 미첼은 각각의 리더십 유형과 이 두 가지의 상황변수들간의 관계성을 조사하였는데 그 결과는 다음과 같다.[30)]

지시적 리더십은 과업이 비구조적이고 모호한 경우나 구성원들이 리더에게 복종적인 의존적 욕구를 가질 경우 또는 리더가 강력한 직위 권한을 가지고 있을 경우에 효과적이다.

후원적 리더십은 과업이 매우 구조화되어 있을 때나 구성원들이 고도의 사회 심리적 욕구를 지니고 있을 때 또는 구성원 간에 상호작용이 필요한 경우에 효과적이다.

참여적 리더십과 성취지향적 리더십은 효과적인 상황이 비슷한데 과업이 내적 동기유발을 줄 수 있는 성질일 때, 구성원의 자발심과 성취 욕구가 강할 때, 개인과 조직의 목표가 양립할 때 효과적이다.

다음은 부하들의 특성과 과업환경 요소를 상황적 요소로 이해하고 그들의 특성과 과업 환경 요소에 따라 적합한 리더 유형을 설명하고 있다.

(2) 부하들의 특성

① **부하의 능력** : 부하가 자기능력을 높이 지각할 경우 리더의 주도적 능력을 거부할 가능성이 높다.

② **부하의 성향** : 내향적인 성향의 부하는 참여적 리더에 만족감을 표시하며, 외향적인 성향의 부하는 주도적 리더에 만족감을 표시한다.

③ **욕구와 동기** : 육체적 및 안전욕구가 강한 부하는 주도적 리더를 수용하

30) R. J. House, 앞 논문, pp.321~339.

지만 성취의욕과 자율성이 강한 부하는 참여적 리더에 높은 만족감을 느낀다.

(3) 과업환경요소

① **부하의 과업** : 부하의 과업이 구조적일 때는 후원적 또는 참여적 리더 행동을 하고 부하의 과업이 비구조적일 때는 주도적 리더 행동을 해야 한다.
② **집단의 성격** : 집단형성 초기에는 주도적 리더이어야 하고, 집단 안정기에는 참여적 리더 또는 후원적 리더이어야 한다.
③ **조직체 요소** : 방침, 규율, 절차가 명백한 경우에는 주도적 리더 행동이 불필요하며, 비상상황에는 주도적 리더의 행동을 해야 하고, 불확실한 상황에는 참여적 리더 행동을 해야 한다.

지금까지 경로-목표 이론을 검증하기 위해 시행된 몇몇 실증 연구에서는 이 이론을 지지하고 있지만 방법론상으로는 매개 변수의 측정상의 곤란성과 개념적으로는 기대 이론이 본래 가지고 있는 이론적 취약점을 동시에 갖고 있다. 또한 개념적인 틀을 제시하여 중요한 상황적 조절 변수들을 확인하게 함으로써 리더십 연구에 이미 많은 공헌을 하였다.

4) 상황 이론의 종합적인 평가

피들러의 이론을 제외하고는 모두가 주어진 상황 하에서 리더의 유효성을 결정하는 일차적인 결정 요인으로 리더의 행동에 초점을 맞추고 있다. 단지 몇 개의 이론만이 리더의 행동이 집단성과에 대해 어떻게 영향을 미치는지에 대해 설명하고자 매개변수를 도입하고 있다. 물론 상황적 변수는 모든 이론에 포함되어 있지만 고려해야 할 상황 변수의 다양성에서 차이를 보이고 있다. 상황의 다른 측면들을 고려하는 것이 바람직스러울 것 같지만 그렇게 하면 이론을 검증하기가 대단히 어렵고 복잡해짐을 기억해야 할 것이다.

상황 이론의 한계점으로 지적되고 있는 것은 변수간의 복잡한 인과관계를 명확히 검증할 만한 연구 설계를 한다는 것이 어렵다는 것이다. 또한 맥콜(McCall)은 관리적 유효성을 제고시키는 복잡한 상황 이론의 유용성에 대해 의문을 제기하고 있다. 이는 대부분의 상황 이론이 상황을 분석하여 적절한 리더십 스타일을 선택할 충분한 시간을 확보하고 있는 경영자에게는 적용될 수 있으나 대체적으로 경영자들은 업무상 매우 바쁘기 때문에 상황을 분석할 겨를이 없기 때문이다.

제3절 리더십 연구

21C 과학의 발달로 인한 환경의 변화와 점점 다양하고 빠르게 변해가는 오늘날 사회구조는 다양한 리더와 그에 따른 역할을 요구하고 있다. 변해가는 사회에 따라 리더십에 대한 계속적인 연구로 수많은 이론들이 제시되고 있다. 그 중에 대표적 이론으로 변혁적 리더십, 슈퍼 리더십, 서번트 리더십을 살펴보고자 한다.

1. 기존 리더십의 한계

고든(T. Gordon)의 주장처럼 전통사회의 붕괴와 빠르게 변화를 거듭해온 산업사회는 환경의 변화뿐만 아니라 조직에서도 많은 변화가 이루어지고 있다. 지식사회가 되면서 사람들의 가치관에도 많은 변화가 진행되고 있으며 이에 따라 리더십 유형도 다양하게 변하고 있다. 이제까지 조직 목표달성을 위한 전통적 리더십에 관한 이론의 연구들(특성이론, 행동이론, 상황이론)은 모두 수단적인 측면의 리더십에 관한 연구였다. 이들 이론들은 리더십 연구의 기초를 구축하였지만 수단적 면만을 고려한 연구는 한계에 부딪치게 되었다. 구체적으로 특성이론은 "타고 나는 것"이라는 전제하에서 상황을 고려하지 않고 리더의 일반적인 특성 연구에 초점을 맞추었으므로 선천적이라는 것이다. 그리고 이 연구에서 제시한 특성의 요인들은 일반인들도 가질 수 있는 것이어서 리더만 갖는 것이라고 볼 수 없다는 것과 또 제시된 요인들이 어떠한 상황에서는 효율적이지 않다는 사실에 한계가 있다. 또한 행동이론은 리더는 "만들어지는 것"이라는 관점에 따라 리더의 행동을 관찰 가능한 행동을 설문지 형태로 만들어 묻는 방식을 택하였다. 그러므로 설문지를 작성한 지각자의 편견이 있을 수 있으며 상황에 따른 매개변수는 고려하지 못했다. 따라서 이들 이론들은 보편타당한 특성이나 행동을 제시하는데 실패하였다. 다음으로 상황이론은 "리더십 유효성은 상황에 따라 달라진다."고 한 이론 역시 기존 선행된 연구를 바탕으로 새로운 4개미만의 상황변수를 투입하였다. 그러나 여기에서 제시된 4개 정도의 변수는 실무적용에 별 도움을 줄 수 없었다. 결국 이 이론 역시 현상에 대한 이해와 설명에 그치게 되므로 이것을 통한 결과 예측과 통제는 제시하지 못하는 한계점을 지니고 있다.[31)]

2. 변혁적 리더십

조직의 구성원들을 끊임없이 자극하여 변화를 이끌어내는 변혁적 리더십은 다운톤(J. V. Downton, 1973)에 의해 처음으로 그 용어가 만들어진 이후 정치사회학자인 번즈(J. M. Burns)의 저서 'Leadership(1978)'을 통해서 '리더는 부하와 리더의 목표에 보다 더 효과적으로 도달할 수 있도록 부하의 동기를 자극하는 사람'[32)]이라고 발표되면서 시작되었다. 이것을 기초로 베스(B. M. Bass)가 1985년 변혁적 리더십의 개념을 구체화시켜 조직에 적합한 변혁적 리더십의 모델을 제시하였다. 또한 번즈는 리더십을 두 가지 리더십 즉, 거래적 리더십(transactional leadership)과 변혁적 리더십(transformational leadership)으로 나누고 있다. 그가 말하는 거래적 리더십은 리더가 제시한 조건에 자극된 구성원들이 리더가 규정한 조건에 도달될 때 그 성과달성에 따른 조건적 보상(contingent reward)하는 것으로 그는 변혁적 리더십을 더 강조하고 있다. 거래적 리더십은 요구되는 만큼의 성과를 갖고 오지만 변혁적 리더십은 기대 이상의 효과를 가져다 준다. 변혁적 리더십과 거래적 리더십이 리더십 유효성에 영향을 미치는 과정은 <그림 15-12>와 같다. 변혁적 리더십은 구성원들의 근본적인 가치변화에 초점을 두고 그들의 욕구와 비전을 높여 자아실현 등의 성장욕구 중심으로 변화시키는 것이다. 즉, 근본적인 낮은 차원의

35) 박내회, 조직행동론, 박영사, 2002, 250쪽.

32) J. M. Burns, Leadership, New York, Harper & Row. 1978, p.18.

욕구를 가치관의 변화를 통해 고차원적인 성장욕구의 중심의 변화를 이끌어 내어 성과향상을 가져오는 것이 변혁적 리더십이다. 번즈와 베스의 이런 유사한 견해에도 불구하고 그들이 서로 달리하는 점은 번즈는 구성원들을 계몽하는 차원의 리더를, 베스는 구성원들의 동기부여를 통한 그들의 활동을 활성화시키는 리더를 주장하고 있다는 점이다.

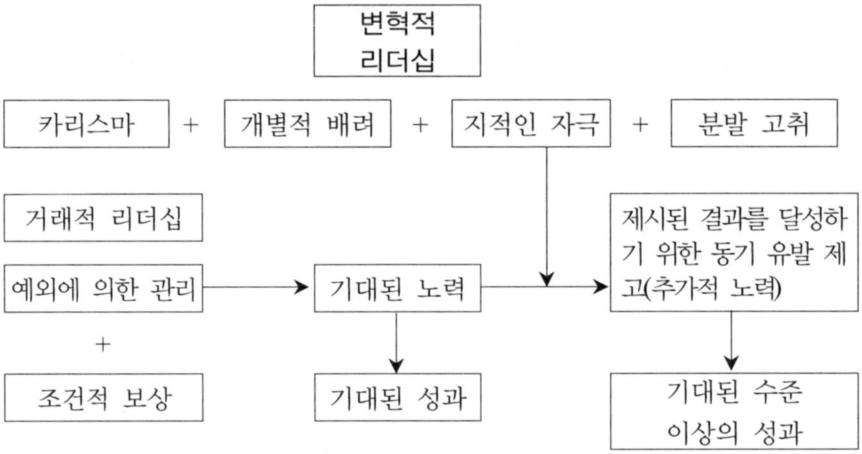

자료 : B. M. Bass & B. J. Avolio, Transformational Leadership Development(Palo Alto, Ca : Consulting Psychologists Press, 1990)), p.12.

| 그림 15-2 | 변혁적 리더십 이론과 변수들 간의 관계

3. 슈퍼 리더십

슈퍼 리더십(Super Leadership)은 리더가 모든 부분에서 구성원들에게 스스로 모범을 보이며 구성원들이 이에 자극을 받아 구성원 자신들 스스로가 문제를 해결하도록 유도하는 셀프(self)형의 리더십 유형이다. 즉, 구성원들을 인재로 키우는 리더십이다. 이것은 구성원들이 긍정적이고 생산적인 사고를 갖게 한다. 멘즈(C. Manz)와 심스(H. Sims)는 그들의 저서 “Super Leadership (1989)”에서 구성원들이 그들 스스로가 자신들을 리더하게 하는 것으로 슈퍼리더십은 실천 즉, 행동 지향적 리더십이라 말했다.

구성원 스스로 자신을 리드하려면 조직의 환경변화는 필수적이다. 구성원 자신이 셀프 리더십을 발휘할 수 있도록 리더는 구성원 개개인의 아낌없는 지원과 협조를 통해 동기유발을 일으켜 생산적인 사고를 갖게 해야 한다. 그리고 스스로 목표를 설정하게 하는 자율권을 부여해주어 조직 활성화를 꾀해야 한다. 조직변화는 구성원들로 하여금 자기관리 능력을 배양하여, 도전적이고 창의적인 변화를 이끌어 개인의 잠재력을 최대한 발휘하게 한다. 여기에서 셀프 리더십은 구성원 자신에게 초점을 맞춘 것으로 스스로 변화를 위한 사고방식, 행동, 감정 등을 어떻게 취할 것인가를 정해야 한다는 의미를 가지고 있다. 슈퍼 리더는 구성원들을 스스로 리더로 만들기 위하여 리더 자신이 먼저 구성원들의 모범이 되어야 한다. 그리고 그들에게 활동의 필요성을 인지시켜 주어 생산적인 사고를 갖게 하며, 자율성을 확보해주면서 각자 주인의식을 갖게 하는 등 조직에 대한 긍정적인 태도를 끌어내어 자신을 셀프 리더가 되도록 한다. 경영을 할 때에도 조직 구성원들의 의견을 경청하며 바람직한 커뮤니케이션을 이끌어내는 일을 해야 한다. 끝으로 슈퍼 리더의 효과는 구성원들의 효과에 의해 알 수 있다. 구성원들에게 셀프 리더십을 촉진, 고무, 지원하여 그들 스스로 얼마만큼의 유능한 셀프 리더가 되도록 했느냐에 있다. 이를 위해서 슈퍼 리더는 구성원들의 model이 되어야 하며, 자기 목표설정, 자기보상 및 긍정적인 사고 패턴을 가져야 한다.[33)]

4. 서번트 리더십

서번트 리더십(Servant Leadership)은 섬김의 리더십을 말한다. 이것은 1970년 그린리프(K. R. Greenleaf)에 의해서 정립된 이론이다. 리더는 자신보다 타인 즉, 구성원, 고객 등 타인을 먼저 생각하는 봉사자가 되어야 한다고 보았다. 서번트 리더는 구성원들의 욕구를 잘 듣고 파악하며, 업무 수행 상 구성원들 각 개인의 장단점을 파악하여 관리해야 한다. 그리고 실수를 용납하고 격려와 설득으로 그들을 보호하는 자세를 취해야 하며, 정확한 상황판단 능력을 가져야 한다. 또한 그들의 능력을 계속적으로 발전. 개발시켜 나가도록 하며 조직 구성원들에게 공동체 의식을 심어주어야 한다.[34)]

33) 김남현, 슈퍼리더십, 경문사, 2002, 209쪽.

34) L. C. Spears, Reflection on Leadership : How R. K. Greenleafs Theory of Servant Leadership Influenced Today's Top Management Thinkers, N. Y. John Wiley &

서번트 리더십의 모범을 보인 인물로는 자신을 희생하여 인류 사랑을 실천한 '예수'를 들 수 있다. 그는 자신이 세상에 온 목적은 섬김을 받으러 온 것이 아니라 섬기려 왔음을 분명히 밝히고 그의 삶에서 이를 실천하였다. 그는 진정한 리더의 자세를 이렇게 말하고 있다. "너희 중에 누구든지 으뜸이 되고자 하는 자는 모든 사람의 종이 되어야 하리라."고 했다. 여기서 '종'이란 섬기는 자를 말한다.

진정한 리더는 섬김에서 시작되며 이 섬김의 실천은 봉사와 헌신을 바탕으로 한다고 말했다. 그는 '사랑' 실천이 곧 진정한 의미의 강력한 리더십이며, 이것이 바로 섬김의 리더십 즉, 서번트 리더십이라 하였다. 이 리더십은 의지로부터 시작되며 이 의지는 의도와 행동의 실천의 결과로써 사랑을 실천하려는 의지를 가지고 있을 때 구성원들의 욕망을 충족시켜 줄 수 있는 행동이 따르게 된다. 여기에는 봉사와 희생을 내포하고 있다. 서번트 리더십은 아가페적 리더십으로 자신을 통제하여 구성원들의 바람직한 행동의 모델이 되어야 한다. 다음으로 진정한 리더가 되기 위해서는 친절해야 한다. 그 다음으로 리더는 진실되고 정직하여서 가식적이지 않으며 겸손해야 한다. 구성원들을 존중할 줄 알아야 한다. 또 이타주의로 비록 자신 의 희생을 감수하더라도 타인의 욕구 충족을 위하는 일을 할 수 있어야 한다. 섬김의 마지막 자세로는 헌신적이어야 한다. 포춘지가 선정한 '2001년 일하기 좋은 기업'에서 21C를 이끌 수 있는 리더십으로 Servant Leadership을 1순위로 밝혔다.[35] 따라서 서번트 리더십은 리더의 삶과 일을 변화시켜 섬기는 관리 철학을 실천해야 한다는 것이다.

Sons,1995, pp.1~4.

35) 양창삼, 리더십과 기업경영, 경문사, 2003, 81쪽.

Chapter 16

문 화

Chapter 16

문 화

우리의 가치관, 생각, 생활양식, 관습, 태도와 같이 인간의 행위를 나타내는 모든 것은 문화의 영향을 받는다. 인간이 행동할 때 그가 현재 가지고 있는 생각이나 행동 양식은 우연히 형성된 것이 아니라 그의 가치관, 신념에 의해서 이루어진다. 이러한 가치관이나 신념은 가족, 종족, 그리고 민족과 같이 살아가는 과정에서 형성된다. 이와 같이 육체적으로나 정신적으로 한 개인을 자라도록 하는 모든 요소들이 문화의 산물이거나 문화 그 자체이다. 그러므로 문화는 나만의 것이 아니며 주위의 모든 사람들과 공유하는 것이다. 따라서 우리는 문화 속에 살고 문화의 영향을 받는 문화의 산물임과 동시에 문화를 만들어가는 창조자이다.

동시에 문화는 사회 성원이 교육을 받을 것인지, 또 다른 제도를 선호할 것인지, 전통적인 가치를 고수할 것인지 아니면 새로운 가치를 우선순위로 할 것인지를 결정한다. 또한 경제적 목적을 달성하기 위하여 정당한 법 절차를 밟을 것인지 그렇지 않으면 뇌물을 제공하고 인맥을 동원하거나 탈법을 하는 편법에 의존할 것인지를 결정한다. 그러면서 기업 활동에 어떤 행위가 유익한지를 지시하는 지도방침적 역할을 하기도 하고 성원들에게 신념과 행동 방향과 행동 방법을 제시하는 역할을 한다. 그러므로 문화는 타일러(E. B. Tylor)의 말처럼 "사회적인 인간에 의하여 획득된 지식, 신앙, 예술, 도덕, 법률, 관습 등의 모든 능력이나 습성의 복합적 전체"로서 언어, 사상, 신념, 습관, 법률, 제도, 도구, 예술 작품 등으로 구성된다.

즉, 문화는 다른 사람과 관계를 가지면서 형성되는 모든 요소를 총망라하는 광범위하고 복합적인 의미를 내포하고 있기 때문에 인간 행동의 중요 변수가 되고 원인이 되며 행동 그 자체가 되는 중요한 특질을 가지고 있다.

그러므로 문화에 대한 올바른 이해는 우리가 올바른 행동을 할 수 있게 하고 다음 세대를 위한 올바른 문화의 전도자가 될 수 있게 한다.

제1절 문화의 본질

1. 의 의

문화란 글자 그대로 글로 변화하는 것 또는 글자가 되어가는 것이다. 즉, 본래 동물과 같이 본능에 의해 행동하는 인간들이 문자의 창조와 습득과 활용을 통하여 삶의 행동이 깨어가는 과정이 문화이다. 문화란 영어의 culture, 독일어의 Kultur의 번역어이며 라틴어의 cultus에서 유래된 것으로 이는 원래 '밭을 갈아 경작한다'는 의미를 가지고 있다. 그러므로 '문화'는 본래의 자연 상태에 인위적인 무엇을 가미하는 것을 말한다.

그리하여 타일러(E. B. Tylor)는 "문화 또는 문명이란 사회 성원인 인간에 의하여 획득된 지식, 신앙, 예술, 도덕, 법률, 관습 등의 모든 능력이나 습성의 복합적 전체이다" 라고 하여 인간에 의하여 가미된 모든 것과 문명적인 요소까지 총망라하는 광의의 의미로 사용하였다.

또 위슬러(C. Wissler)는 "사람들의 생활양식(the mode of life of this and that people)"[1]이라고 하였다. 생활양식이란 의식주를 포함하여 사회생활, 경제생활, 종교생활 등을 말한다. 크뢰버(A. L. Kroeber)는 "사회적 유산(social heritage)"[2]이라고 하였으며 린톤(R. Linton)은 "사회적 유전(social heredity)"[3]이라고 하여 사회적 유전과 유산의 총체를 문화라고 하였다. 이처럼 다양한 정의가 무려 175개나 된다고 크뢰버와 클러크혼은 그들의 단문에서 밝히고 있다.[4]

1) C. Wissler, An Introduction to Social Anthropology, N. Y. Harper and Row, Pub. 1929, p.15.
2) A. L. Kroeber, Anthropology, N. Y., Harcourt Brace and World Inc. 1948, p.253.
3) R. Linton, The Study of Man, N. Y., Appleton Century Crofts, 1936, p.78.

2. 유사 개념

1) 문명

타일러(E. B. Tylor)는 인간에 의하여 이루어진 모든 것을 문명 또는 문화라고 하여 동의어로 사용하였으나 웨버(Alfred Weber)는 문화[(culture ⇐ cultus(라틴어의 밭을 간다)]는 철학, 종교, 예술 등과 관계있는 것이고 문명(civilization ⇐ civitas)은 과학, 기술과 관련된 것이라고 하여 구분하였다. 여기에서 문명은 라틴어의 civis 즉, 도시 또는 나라라는 뜻으로서 도시적인 것, 복잡한 것을 의미하는 문화의 한 측면을 가리키는 말이다.

따라서 문화는 문명까지 포함하는 포괄적 개념으로 인간관계가 점차 달라져서 좋은 방향으로 나가는 양상을 말하며, 야만 무법의 독립에 반하며 한 나라의 체제를 갖춘다는 뜻이다. 그것은 몸을 안락하게 하는 동시에 마음을 드높이는 것을 말하며 의식을 풍부하게 하는 동시에 인품을 고귀하게 만드는 것을 말한다.

2) 제도(institution)

영어의 institution은 기관이라는 의미도 있지만 일정한 기능을 가진 문화유형들이 모여 이룬 통합적 현상을 의미한다. 여기에서 제도란 물론 사회 제도를 뜻한다. 즉 제도란 오랜 시간에 걸쳐 사회적으로 확립된 안정된 지위와 구실과 규범과 절차의 조직적 체계로서 개개 구성원들의 기본적 욕구를 충족시키고 사회의 기본적 기능을 수행함으로써 사회적 가치를 구현하는 과정이다. 여기에서 제도를 체계와 과정으로 규정하는 이유는 제도가 정태적인 조직체의 모습만 가지는 것이 아니라 무엇인가 이루어가는 사회적 활동의 과정이라는 동적 요소를 강조하고 있기 때문이다. 제도는 개개인의 기본 욕구를 충족시켜 주면서 동시에 사회적 욕구를 수용하는 기능을 담당하는 기구이다.

그러므로 제도는 인간의 행위에 대한 방향을 제시하고 경우에 따라서는 행위를 구속하고 결정하며 변화시킨다. 이런 점에서 제도는 공동생활 속에 필요한 규범과 가치를 만들고 그 규범과 가치가 관습화되면서 내재된 문화가 되어 학습과 전래기능을 구체화한다. 또한 제도는 문화처럼 지속성을 가지면서 사회나 개인 생

4) A. L. Kreober and C. Kluckhohn, Culture : A Critical Review of Concepts and Definitions, N. Y., Vintage Books, 1952.

활과 관련성을 가진다. 따라서 제도는 문화가 가지고 있는 의미를 상징한다.

3. 특성

문화 인류학자들은 여러 문화를 비교 연구한 후에 다음과 같이 문화의 특성[5]을 설명하였다.

1) 문화는 학습되는 것이다.[6]

문화는 선천적으로 타고나는 것이 아니라 후천적으로 누군가로부터 배우고 익혀서 획득되는 것이다. 그래서 린톤은 문화를 '사회적 유전'이라고 하였다. 문화는 대를 이어 한 세대로부터 다음 세대로 전해지면서 자라나는 후세들에게 전수되어 가는 것인데 이를 '문화화'(enculturation)라 한다. 모든 동물들은 본능적인 반응에 의하여 밤낮의 시간적 구분도 없이 먹고 싶으면 먹고 자고 싶으면 잔다. 그러나 인간은 미리 학습된 일정한 행동 양식에 따라 정해진 시간에 일정한 잠자리를 갖추고 손발을 씻은 후에 잠옷을 입고 자며 정해진 시간에 수저를 가지고 식탁에 자세를 갖추고 앉아서 일정한 방식에 따라 식사를 한다. 또 많은 사람들은 식사를 제공한 모든 이들에게 감사 기도를 드리고 비로소 먹는 일에 착수한다. 이러한 모든 행위들은 나면서 알았던 것이 아니고 부모형제나 친지들로부터 배우고 익힌 것이므로 종족, 종교, 나라에 따라 다르다. 이를 일컬어 식사 문화, 잠자리 문화라고 하며 이는 무형의 사회적 유전으로 대를 이어 간다.

문화가 학습되는 방법은 주로 이야기에 의한 방법이고 다음으로 물질적 상징이나 언어 의식(ritual) 등의 방법에 의한다.

2) 문화는 사회적 유산[7]으로 공유된다.[8]

문화는 사회적 유산으로서 사회 성원 모두가 공유한다. 모든 문화 영역에는

5) W. A. Haviland, Cultural anthropology, N. Y., Holt, Rinehart and Winston, Inc. 1975, pp. 14~17.

6) 윗책, p.14.

7) Ralph Linton, 전경수 역, 문화와 인성, 현음사, 1984, 45쪽.

8) Haviland, W. A. 앞책, p.15.

공유하는 행동 양식과 가치관이 있다. 한 사회 구성원이 자기 소속의 성원들과 다른 행동을 하거나 다른 가치관을 가지는 일탈행동(deviant behavior)을 하게 되면 집단 활동으로부터 배제되고 고립되며 '미쳤다' '돌았다'라는 말을 듣게 된다. 이러한 공유 현상은 육체적 특성이나 종교, 종족적 특성이 비록 다르더라도(예를 들면 흑 · 백인) 동일한 지역에서 동일한 기후와 풍토, 법률, 언어가 지속되면서 나타난다. 예를 들면, 미국계 흑인의 문화는 아프리카계 흑인과 같은 것이 아니고 미국계 백인의 문화와 흡사하다. 이러한 문화의 사회적 공유 현상은 미국계 흑인이 미국계 백인과 동일한 지역에 살면서 동일한 언어와 법률 속에서 살았기 때문에 나타난다.

3) 문화는 상징에 근거하고 있다.[9)]

모든 인간은 상징을 사용하고 있다. 예를 들면 종교, 민족, 국가는 십자가, 불상, 징표, 국기를 사용하고 객체를 대신하는 언어와 교환을 위한 화폐를 문화적 자산으로 공유하고 있다. 정치적 집단, 경제적 조직, 종교적 집단도 모두 상징을 사용하고, 가족은 가족적 일체감을 갖기 위해서 성(姓)이나 항렬(行列)이라는 상징을 같이 사용한다.

4) 문화는 개인을 초월한 초개인적 특성을 가지고 있다.

문화는 개인에 의해서 학습되고 표현되지만 개인이 표현하는 말과 행동은 사회적으로 인정받은 초개인적인 것이다. 즉, 개인이 쓰는 말은 사회적으로 인정받은 문법의 배열인 것이다. 그러므로 개인이 그 행위와 말을 사회 전체가 승인하지 않는 독자적인 것으로 사용한다면 그는 이상한 사람으로 간주된다. 그러므로 모든 문화적 요소는 개인적인 것이 아니라 개인을 초월한 초개인적 특성을 가지고 있다.[10)]

---

9) Haviland, W. A. 앞책, p.15.

10) 이광규, 문화인류학개론, 일조각, 1983, 37 쪽(원전 : A. L. Kroeber, Anthropology, 1948, p.253).

5) 문화는 통합적인 것이다.[11)]

문화는 인간사와 관련된 모든 것을 포함하는 통합적인 것이며 전체적인 것이다. 특정한 개인의 행위나 특정한 인조물이 그 자체로 별개로 존재할 수 없다. 한 개인의 행위나 인조물은 행위자나 인조물을 만드는 사람의 사회관련적인 삶의 전체적인 모습과 관련된 통합체이며 종합체로서 존재한다.

6) 문화는 생물처럼 진화한다.[12)]

문화도 생물 진화에 비유할 수 있다. 구체적으로 생물적 특성과 비교하면 다음과 같다.

첫째, 생물 진화 과정의 돌연변이처럼 발명과 발견에 의해 신(新)문화가 기존 문화에 새롭게 추가된다.

둘째, 유전자의 이동처럼 서로 다른 문화끼리 접촉하면서 문화가 전파된다.

셋째, 유전자의 유실처럼 어떤 문화가 다음 세대로 전달되면서 잘못되어 문화가 단절되어 소멸된다.

넷째, 유전자의 제거처럼 사회 환경에 부적합한 문화 요소를 다른 요소로 대체한다.

그러나 문화는 생물처럼 진화하지만 생물과는 다르다. 왜냐하면 문화는 유기체가 아닌 초(超)유기체[13)]이며 생물과 같이 생식에 의해서 유전되는 것이 아니라 모방과 학습에 의해서 전달되기 때문이다.

4. 문화의 기능과 역기능

1) 문화의 기능

(1) 가치관과 규범 학습 기능

문화는 성원들에게 가치관과 규범을 학습시키는 기능을 한다. 인간은 사회적

11) Haviland, W. A. 앞책, pp.16~17.

12) 한상복 외, 문화인류학개론, 서울대학교 출판부, 1989, 87쪽.

13) 이광규, 앞책, 38쪽(원전 : C. Greetz, The Interpretation of Cultures, 1973, p.11).

동물로 태어나면서부터 인간관계를 양호하게 하기 위하여 해야 할 행동과 하지 말아야 할 행동이 있다. 이러한 구별 있는 행동은 일일이 특별한 교육 기관에서 교육받지 않아도 한 문화를 향유하면서 자연스럽게 학습된다.

(2) 사회적 질서 유지, 존속, 발전 기능14)

문화는 사회 전체의 질서를 스스로 유지하고 존속시키는 자연의 자정작용과 같은 역할을 한다. 수만 년을 지나오면서 만들어진 문화는 인간 스스로를 규제하고 동물적인 행위를 규제하며 사람답게 행동하도록 하면서 사회적 공유물로 발전되어 왔다.

(3) 목적 달성을 위한 수단 제공 기능

인간의 의식주를 위한 욕구 충족은 문화적 요소가 가미된 수단을 통하여 가능하다. 배고픔을 피하기 위하여 지역에 따라 다른 음식 종류가 있고, 추위를 피하기 위하여 지역마다 다른 주거 형태와 의복 종류가 있다. 이러한 삶을 영위하기 위한 다양한 형태와 종류는 문화를 형성하는 매개 수단이 된다.

동시에 문화는 인간 생활의 필요에 따라서 형성되므로 인간을 위한 도구이며 연장이다.

그러므로 불, 전기, 도구, 기계, 언어와 문자 같은 문화적 유산은 여러 가지 목적을 달성하는 유용한 수단이 된다.

(4) 사회의 통합 기능

문화의 가장 중요한 기능은 인간이 인간답게 살 수 있도록 사회를 협동적 시스템으로 통합하는 것이다.

한 문화권 속에 사는 사람들은 같은 언어를 사용하고 같은 음식을 먹으면서 동류(同類)임을 지속적으로 확인해 간다. 즉, 한국어와 김치 문화가 한국 사회 통합의 매개 요소가 되고, 일본어와 초밥 문화가 일본 사회의 통합적 매개 요소가 된다.

이외에도 문화는 첫째, 경계를 정의하는 역할(boundary-defining role)을

14) 이광규, 앞책, 40쪽(원전 : A. L. Kroeber, Anthropology, Harcourt, Brace and World Inc., 1948).

한다. 둘째, 구성원들에게 정체성을 제공한다. 셋째, 구성원이 자기의 개인 이익보다 큰 무엇에 헌신하는 것을 도와준다. 넷째, 사회 시스템의 안정성을 높여준다. 다섯째, 구성원들의 태도와 행동에 의미를 부여하고, 조절하는 역할을 한다.[15)]

2) 문화의 역기능

문화는 많은 역할을 하는 기능적인 요소가 있지만 다른 한편으로는 역기능도 있다.[16)]

(1) 변화에 대한 거부

문화는 새로운 문화가 전파되어오면서 더불어 일어나는 변화를 거부한다. 이러한 변화에 대한 거부 현상은 현대적 조직에서 필요한 새로운 시스템이나 제도를 도입하는 것을 방해하기도 한다.

(2) 다양성에 대한 거부

조직이란 인종, 성별, 나이, 출신지역 등의 다양한 요소를 가진 다양성을 그 특징으로 한다. 이러한 다양성이 조직의 능률을 증대시키고 목적을 달성하도록 한다. 그러나 기존의 강한 문화가 내재하면 새로운 문화의 다양성을 거부한다.

(3) 통합에 대한 거부

기존의 강한 문화는 새로운 문화와 통합하는 것을 거부한다. 문화의 일반적인 이런 속성으로 인하여 한 조직이 다른 조직을 인수하거나 합병하려는 것을 방해한다.

15) S. P. Robbins, 김지성 외 번역, 조직행동론, (주)피어슨에듀케이션, 2005, 597~598쪽.
16) 윗책, 599~601쪽 참조.

제 2 절 문화의 분류

1. 감추어진 문화와 표현된 문화

감추어진 문화(covert culture, implicit culture)는 '내재적 문화'라고 하는데 클러크혼(C. Kluckhohn)이 일상적이고 보편적인 문화와 구분하기 위하여 사용한 용어이다.[17] 내재적 문화는 표현되지 않는 가치관, 내세관을 말하고 표현된 문화(overt culture, explicit culture)는 표현되는 행동이나 언어와 그 행동의 산물을 말하는 것이다. 그러나 이 두 가지 구분은 한 문화의 형태를 외면과 내면으로 나누어 설명한 것에 지나지 않는 것으로 양자는 서로 관련되어 기능적으로는 전체를 이룬다.

2. 하위문화

1) 하위문화의 의의

하위문화(sub-culture)는 부분문화(part culture)라고도 하며 사회 구조가 복잡해지고 인구 분포가 지역적으로 분산되어 지역, 계층, 인종 또는 연령적으로 다른 행동 양식이나 가치 체계를 가지게 되어 문화 전체적 차원과 다른 양태를 띄는 모습으로 비칠 때를 말한다. 예를 들면, 청소년 문화, 히피 문화, 흑인 문화, 인디언 문화, 도시 문화, 농촌 문화 등에서 보이듯이 어떤 범주의 성원들은 아주 다른 독특한 행동 양식이나 가치관을 가지고 있다. 또 우리나라에서도 섬의 문화와 산촌의 문화는 그 지역의 특성적 요인만을 가진 또 다른 요소가 있다. 그러나 전체적으로는 언어, 옷맵시, 음식, 주거 형태 등이 한국이라는 문화의 범주 속에서 똑같은 형태를 가진다.

---

17) 이광규, 앞책, 42 쪽(원전 : A. L. Kroeber & C. Kluckhohn, Culture : A Critical Review of Concepts and Definitions, Vintage Books, 1952).

2) 하위문화의 기능

(1) 하위문화는 주요 문화를 지지 강화하는 기능을 가진다. 하위문화는 전체 문화 속에 내재하는 수많은 문화 중의 하나로서 가지나 뿌리가 된다. 그러므로 하위문화 없는 문화는 존재할 수 없다.
(2) 하위문화는 개인의 특수한 관심을 표현할 기회를 제공하는 기능을 한다. 문화 시스템은 워낙 범위가 크기 때문에 개인 자격으로 참여할 기회가 희박하다. 그러나 하위문화는 단위 규모가 작고 직접적인 관계를 가지므로 개인이 참여하기가 용이하다.
(3) 하위문화는 기존의 문화에 대항한다. 중국의 문화대혁명과 같이 젊은이들이 자기들의 가치관에 반하는 기존 질서와 문화체계를 전복하려 하는 것이 그 예다. 이러한 문화를 대항문화(counter culture)라고 하며 기존 문화를 파괴하는 역기능을 가진다.

3. 반문화(half culture)

반문화는 한 부족이나 민족의 문화가 완전한 의미의 독자적 체제를 가지지 못하고 다른 문화와 의존적 관계를 가진 문화를 말한다. 예를 들면, 베두인(Bedouin)족의 문화는 아랍 문화를 빼놓고는 생각할 수 없다. 그들은 낙타를 몰고 아라비아 사막을 여행하면서 장사하지만 아랍인의 도움 없이는 결코 살아갈 수 없다. 그러므로 그들의 문화는 아랍 문화와 밀접한 관계를 가지고 있다. 이러한 예는 인디언, 집시, 에스키모에게도 해당된다. 또한 도시의 농촌에 대한 의존, 도서 지역의 본토에 대한 의존의 관계에서도 반문화 개념을 사용한다.

4. 민속문화(folk culture)

민속 문화는 전통이 오래도록 남아 있어 외래문화나 대중문화의 수용이 늦은 문화를 말한다. 민속 문화는 도시 발달이 잘된 서구 학자들이 농촌 지역에 남아 있는 전통적인 문화 양태를 위해서 만든 개념이다. 주로 기록으로 남지 않고 지역마다 다른 형태로 나타나서 농민들이 주로 향유하는 원형적이며 토속적인 문화를 말한다.

5. 대항문화(counter culture)

대항문화는 의도적으로 형성되어 기존 문화에 대항하는 문화이다. 대항문화는 기존 문화가 가지고 있는 정체성이나 보편성을 탈피하여 무엇인가 새로운 방향으로 나아가려는 인간 욕구의 카타르시스적 분출구 역할을 한다.

잉거(J. M. Inger)는 대항문화가 사회 변동의 결과가 아니라 원인[18]이라고 하였다. 그리하여 인식론적, 윤리적, 미학적 차원에서 다음과 같이 설명하고 있다.

인식론 차원에서 보면 진리를 추구하는 지식 또는 과학에 근거하지만 대항문화는 지혜나 직관에 의한 진리에 대한 접근을 시도한다. 이는 오늘날 과학적 논리주의에는 반하지만 과학과 지식을 넘어서는 인식론에 통하고 있다는 것이다.

다음으로 윤리적 차원에서 대항문화는 기존 문화에서 좋다고 보는 기존의 관념을 타파하고자 한다. 즉, 기존 질서에서 좋다고 보는 것은 나쁜 것이고 스스로 좋다고 느끼는 것이 좋다는 윤리적 기준을 제시하고 있다. 바로 이 점이 대항문화를 쾌락적이라고 보는 것이며 대항문화의 취약점이다. 느낌을 강조하기 때문에 감각적이고 말초적 쾌락을 강조하는 것 같이 보인다.

마지막으로 미학적 차원에서 대항문화는 기존 문화가 가지고 있는 조화와 균형을 깨뜨리는 부조화와 불균형에 둔다. 이때의 부조화와 불균형은 파괴의 의미가 아니라 새로운 상태로 재구성하는 아름다움을 추구하는 의미로 보아야 한다.

이러한 대항문화는 두 가지 유형으로 나눈다.

하나는 기존 문화에 적극적으로 도전하여 새로운 변형을 시작하는 것으로 중국의 문화대혁명 또는 커뮨(commune)[19]이 그 대표적인 예이다.

다른 하나는 소극적 유형인데 도피의 형식을 취하는 것이다. 마약, 히로뽕,

---

18) J. M. Inger, "Presidential Adress : Countercultures and Social Change" American Sociological Review, 1977, 42. pp.833~853.

19) 커뮨(commune)은 소수의 인원이 자발적으로 집단을 형성하여 같은 집이나 마을에서 살면서 생계를 함께 영위하기도 하고 남녀 혼숙을 하기도 하는 등 기존 질서에 도전하는 성격을 가지고 있음. 예를 들면 무정부주의자, 히피, 특수 종교의 종파분자들의 모임 등이 있음.

대마초 같은 약물을 복용하면서 약물 중독에 빠져 사회를 멀리하거나 징집거부, 납세거부 등을 외치면서 사회 참여를 거부하기도 한다.

제3절 대중문화

1. 대중문화의 의의

대중문화(popular culture, taste culture, mass culture)[20]란 일반대중에 의해 향유되는 문화로서 농경사회가 산업사회로 진전되면서 형성되는 문화 유형이다. 이 유형은 특정 조직이나 집단에 의해 조작되면서도 특수 계층의 성원들에게만 속한 문화가 아니고 다수 대중에게 향유되는 산업사회의 일반적 문화 유형이다.

대중문화가 대중에 의해 향유된 이유는 현대 문명 자체가 개인의 수작업을 탈피하여 기계에 의한 대량 생산을 하여 문화를 손쉽게 접할 수 있게 된 데 기인한다. 고급문화는 창작자 개인이나 집단에 의해 형성되어 값비싸고 접하기 어려워 대중들이 쉽게 접할 수가 없다. 그리하여 자연스럽게 그 자리를 값싸고 접하기 쉬운 대중문화가 차지하게 된다.

2. 대중문화의 특징

다른 문화 형태는 대개 구성원들의 자의적인 행위에 의하여 형성되지만 대중문화는 기업과 대중문화 제작자에 의하여 조작적으로 형성되는 특징을 가진다.[21] 이 점이 고급문화가 창작자의 의도대로 만들어져 수용자의 요구를 다소

---

20) mass culture는 문화적으로 세련되지 못한 사람들에 의해 사용되는 상징 산물을 뜻하는 약간 천박한 의미를 가진 반면 popular culture는 보다 긍정적인 뜻을 가지고 있고 taste culture는 광의의 의미에서 고급문화를 제외한 모든 문화를 말함.

21) 강현두 번역, 대중문화와 고급문화, 1990, 삼영사, 38쪽(원전 : Popular Culture and High Culture : An Analysis and Evaluation of Taste, N. Y. Basic Book, 1974).

무시하는 경향이 있는 것과 다른 점이다. 그리하여 주로 대중문화는 다수 대중의 호기심과 관심에 부응하기 위해서 대량 생산 담당자[22]에 의하여 만들어지기 때문에 "규격화, 표준화, 보수성, 허구, 조작된 소비상품 등의 특성을 나타낸다."[23]

3. 대중문화의 유형

1) 소비문화

소비문화는 대량 생산에 의한 대량 소비가 가능해짐에 따라 몰개성적인 인간의 표준화된 문화가 형성된 것을 말한다. 특히 소비문화는 기업이나 매스미디어를 통한 다양한 선전기법으로 대중심리를 조작하여 계속적으로 소비, 낭비, 사치를 조장하여 형성된 소비위주의 문화로서 자칫 경기 침체까지 초래한다. 특히 과소비 성향은 일종의 정신적 질환으로서 쉽게 고칠 수 없을 뿐만 아니라 '소비의 불가역진성(不可逆進性)' 때문에 더욱 더 소비를 부추기게 되는 성향을 가진다.

2) 본능문화

본능 문화는 대중을 유인해서 소비를 촉진하기 위해 본능적 자극에 호소하여 쾌락을 추구하는 대중이 형성한 선정적이고 자극적인 문화이다. 이러한 본능 문화는 주로 경제적 선진 국가에서 짧은 시간 안에 소득이 증대되고 여유시간이 확보된 대중들이 고급문화나 전통 문화를 알지 못하고 주위에서 쉽게 본능적으로 접하기 편리하므로 누리는 경향이 있다. 본능 문화와 소비문화는 밀접한 관계를 가지고 사회의 전체적인 이익이 없는 향락 산업의 확대로 이어진다. 이러한 향락 산업이 활성화되면 사회는 병리적 현상이 나타나고 사회 전체의 붕괴로 이어진다.

---

22) 대량 생산 담당자는 주로 기업, 방송사, 영화사, 음반회사, 출판사 등의 산업 조직을 말함.

23) 강현두, 윗책, 38쪽(원전 : Leo Lowenthal, Historical Perspective of Popular Culture, Rosenberg and White편, Mass Culture, p.55).

3) 소외문화

소외 문화는 고도의 분업화와 기계화의 결과로 조직인간이 되고 고독한 인간으로 형성된 대중사회가 갖는 비인간적인 사회문화이다. 산업화가 진행되면 인간관계가 정적 요소보다 기계적이고 합리적인 직무 수행 과정에 의해서 형성된다. 그렇게 되면 사람들은 인간적인 관계를 가질 기회가 없어지고 기회가 주어지더라도 어떻게 대처해야 하는지 모르게 된다. 또한 사람들이 협동관계가 아닌 경쟁적 관계로 전락하게 되어 다른 사람으로부터 소외를 당하거나 현실 적응을 하지 못함으로 인해서 자기 스스로 고독한 삶에 빠지게 되고 이웃을 멀리하게 된다.

독신자의 증가, 이혼자의 증가, 약물 중독자의 증가 등은 산업화로 인한 소외 계층의 문화가 형성된 현상이다.

4. 대중문화의 영향

1) 긍정적 영향

(1) 고급문화를 향유하지 못하는 데에서 오는 소외감을 덜어준다. 고급문화에 대한 접근의 어려움, 고급문화의 난해성 등으로 인하여 대중들이 접근하기 어렵기 때문에 일반 시민들이 쉽게 대중문화에 접근하여 문화적 욕구를 충족할 수 있다.

(2) 삶의 의욕을 증대시키는 역할을 한다. 사람들은 살아가면서 때로 편안하고 세속적인 분위기에 젖어들고 싶어 한다. 바로 이러한 심리 내면의 욕구를 충족시켜 주는 것은 고급문화보다도 대중 문화적 요소이다.

2) 부정적 영향

(1) 대중문화는 고급문화를 저속화시킨다. 고급문화의 난해성이나 접근의 어려움을 해결하기 위하여 고급문화의 대중성을 부각시키고 흥미 위주로 개편하면서 고급문화가 가지고 있는 정체성을 감소시키고 저속화가 진행된다. 친목을 도모하기 위한 골프가 내기 골프로 변하여 금전이 수수된

다든지 사교장이 되어야 할 룸살롱이 퇴폐의 대명사가 되는 것은 대중문화적 요소가 고급문화를 변질시키는 좋은 본보기가 된다.

(2) 대중문화가 확산되면 고급문화를 창출할 많은 잠재 인력이 대중문화 속으로 편입된다. 대중문화 속에 참여하여 경제적 부를 쉽게 차지할 수 있게 되면 능력 있는 젊은이들이 생산적인 직업을 멀리하고 고급문화 창출를 기피하게 된다.

(3) 대중문화는 수용자에게 충분한 만족을 주지 못하거나 정서적으로 나쁜 영향을 미친다. 왜냐하면 대중문화를 생산하는 업자들이 대중의 호기심과 인기에 영합하고, 때로는 상업적 이익에 탐닉하여 수용자에 대한 부정적 영향은 크게 고려하지 않기 때문이다.

(4) 사회 전체적으로 대중문화가 확산되면 수용자가 피동적이 되고 피동적이란 사실이 정치 지도자에게 확인되면 독재자는 선동을 하고 국민을 불안하게 만든다.

5. 대중문화의 한국적 상황

1) 전통적인 대중문화의 붕괴

조선 시대에도 일반 민중들이 즐기는 사당패놀이, 씨름, 농악놀이 등의 대중문화가 있었다. 그러나 일제 통치와 동족상잔의 비극을 겪으면서 전통적으로 대중이 즐기던 전통대중문화의 많은 요소들이 소멸되고, 산업사회가 되면서 이농현상이 가속화되어 문화의 요람인 농촌이 피폐해지면서 전래의 대중문화가 붕괴되어 버렸다.

2) 비정상적인 엘리트 문화

어느 사회라도 사회 최일선에 엘리트가 자리 잡고 앉아 책임과 의무를 다하면서 사회 발전을 선도하고 있다. 한국 사회의 대중문화를 선도하는 엘리트 계층은 양반 정신도 신사도도 없이 부와 권력을 자랑하면서 일반 대중들과의 위화감을 조성하고 있다. 높은 담장을 가진 고급 주택과 고급 승용차를 자랑하고 호화판 결혼식을 행하며 도박으로 수만 달러의 판돈을 거리낌 없이 날리는 비뚤어진 엘리트 의식을 가진 계층이 있다. 물론 이들이 이 사회를 이끌 수는 없지만 일부라도 이런 부류가 있고 그런 행동을 부러워하거나 닮으려는 젊은이가 있다는 것은 사회 전체의 건강성을 유지하는데 장해가 된다.

따라서 사회의 중심 가치가 되는 덕목을 제시하고 이를 실천하는 지도층의 솔선수범이 무엇보다 필요하다.

3) 문화갈등의 내재

대중문화의 주류를 이루는 청소년층의 청년문화(팝송, 고고)와 기성세대의 문화(카페, 룸살롱, 카바레)간의 동질적인 본능문화, 소비문화에 대한 인식차이가 있어서 같은 대중문화를 향유하면서도 계층 간에 갈등이 내재하고 있다. 음악을 예를 들면 들면, 청년들은 팝송과 레게음악을 즐기고 장년층은 트롯풍을 좋아하며 노년층은 민요풍을 좋아하는 것과 같이 각기 그 취향이 달라서 갈등이 내재되어 있다.

다른 한편 대중문화를 향유하는 대중과 고급문화를 지키려는 계층 사이에서도 갈등은 존재한다. 예를 들면 판소리를 하는 전통 고급 문화인들은 '젊은이들의 랩 음악이 도대체 음악이냐' 라고 한다. 반면 젊은 청소년들은 '우리의 전통음악이 지루하고 재미가 없다.'라고 한다. 이러한 양자 간의 갈등적 요소는 어느 나라에서나 존재하는 현상이다.

4) 모방주의 생활태도

인간의 모방 성향은 유사점이 많은 또래 집단에서 특히 강하다. 한국 사회가 모방성이 강한 이유는 동족 사회가 가진 유사점 때문이다. 다른 민족이 모여 사는 다민족 사회는 자기들의 문화 보존에 대한 집착 때문에 남의 것을 모방하려는 속성이 약하다.

한편 인간의 모방 성향은 선행, 윤리, 내실, 도덕의 방향보다는 순간의 쾌락, 허세, 부도덕 쪽으로 더 강하게 작용하는 속성을 가지고 있다. 이러한 인간의 속성을 강력한 대기업들이 대중 매체를 최대한 활용하여 대중문화의 방향을 향락주의, 소비주의, 한탕주의, 물질주의, 찰나주의, 황금만능주의 쪽으로 몰아가고 있다. 군중 속의 개인은 약한 법이다. 대중 매체를 통하여 대기업은 개인이 통제하기 힘든 충동구매를 부추기고 원초적인 본능을 발산하도록 자극한다.

따라서 모방성이 사회 발전에 긍정적인 역할을 하는 경우도 있지만 한국 사회에서는 오히려 허세와 과소비를 부채질하고 모방에 대한 잠재적 욕구의 분출이 사회의 결속력을 약화시키는 등 부정적 역할로서 더 많이 작용하고 있다.

6. 대중문화의 문제점 극복을 위한 대책

1) 전통 문화 보급

전통 문화를 널리 보급하여 저질 대중문화와 비교하게 함으로써 대중문화의 수준을 한 단계 높여야 한다. 일반적으로 전통 문화는 물질문명과 변화하는 시대 상황에 맞지 않는 경우가 있어서 젊은 세대들에게 외면당하는 수가 있다. 그러나 오랜 세월을 거쳐 오면서 나름대로의 장점을 그 안에 가지고 있으므로 전통 문화가 가지고 있는 장점을 발굴하고 그에 대한 가치를 부여하여야 한다. 왜냐하면 앞으로는 물질로 형상화한 것만이 상품이 아니라 무형의 문화가 상품이 되고 가치가 내재하는 제품이 좋은 상품으로 인정받는 시대가 도래할 것이기 때문이다.

특히 어느 나라보다 문화적 유산이 풍부한 우리나라로서는 새로 발굴하고 보존해야 할 문화 영역이 많으므로 보존과 보급에 더욱 힘써야 한다.

2) 건전한 소비문화 정착

건전한 소비 생활을 할 수 있느냐 없느냐 하는 문제는 전적으로 어릴 때의 가정생활에서 결정된다. 미국의 경우 아이들이 학교 갈 나이만 되면 집 앞에서 쥬스를 만들어 팔거나 자기가 사용하던 학용품과 장난감을 버리지 않고 팔도록 하여 돈의 소중함과 자원의 중요성을 어릴 때부터 인식시키고 있다. 그러므로 미국 사회에서는 호화 사치가 자랑이 아니라 수치가 되고 때로는 범죄를 유발하는 원인이 되므로 근검절약이 사회 문화가 되어 있다.

우리나라에서도 경주 최 부자 가문에서는 며느리들이 시집 올 때 은비녀 이상은 가지고 오지 못하도록 하였고, 시집와서는 3년 동안 종과 똑같이 무명옷을 입도록 하였다. 또한 양입위출(量入爲出)이라 하여 반드시 수입을 고려하여 지출하도록 할 것을 가훈으로 정하여 자손들을 가르쳤다. 그리하여 근검절약

정신은 500년이라는 세계 최장수 부자 가문을 만들어 낸 것이다.[24)] 특히 조선시대 양반가에서 호화 혼수는 오랑캐들이나 하는 짓이라 하여 경멸하였다. 그리하여 며느리를 맞이하는 집에서는 처녀의 집으로 일정한 금품을 보내서 결혼하는데 보태 쓰도록 하였다. 이와 같이 옛날 사대부 집이나 선비들 집안을 중심으로 좋은 전통 문화가 있었다. 그러나 이러한 문화는 사라지고 호화, 사치 혼수를 해야 하는 저질 결혼 문화가 정착되어 있다는 것은 부끄러운 일이다.

3) 문화적 동질성 회복

우리나라는 계층적 차이와 성별, 종교적 차이에 의한 이질적 요소 등을 제외하면 다른 어떤 나라보다 문화적 동질성을 많이 갖고 있다. 그러나 산업사회가 되면서 사회의 다양화가 촉진되고 편의성이 강조되면서 계층적 분화가 심화되어 이질적 요소들이 나타나고 있다. 예를 들면, 의복 문화, 음식 문화, 주거 문화 부문에서 청소년층은 외래 요소를 선호하는 반면 기성세대들은 전통적인 것을 선호하는 경향이 있다. 이러한 문화적 관습의 차이는 핵가족화를 심화시키는 한 요인으로도 작용하고 있다. 그러므로 이러한 이질적 요소를 줄이기 위해서는 기성세대들이 전통을 고수하려는 고집보다는 전통이 갖고 있는 이점을 젊은 세대들에게 논리적으로 주지시켜 자발적으로 동참하도록 해야 한다.

4) 엘리트 계층의 책임 의식과 건전한 생활 태도

어떤 사회이든 그 사회의 견인차 역할을 하는 사람들은 소수의 엘리트 계층이다. 사회 지도자의 의식과 행동 양식은 사회 전체 문화의 척도가 될 정도로 영향력이 크다.

우리 사회에서 일반 국민들이 인지하고 있는 공직자들의 책임감은 60년대와 70년대 보다 약하며 윤리의식이 땅에 떨어져 있다고 보고 있다. 특히 1999년 5월에 있었던 세칭 '옷 로비 의혹 사건'은 우리나라의 공직자 사회와 그들 가정의 한 단면을 보여주는 사건이었다. 대부분의 국민들은 이 사건이 사회 전체의 부정과 부패를 나타내는 작은 예이지 특별한 사건이 아니라고 본다. 바로 이러한 지도층에 대한 불만과 불신이 사회 저변에 깔려 있는 것이 문제이다.

24) 최해진, 경주 최부자 500년의 신화, 뿌리 깊은 나무, 2006, 50~52쪽.

일반 대중들은 엘리트 계층이 고급 의상실이나 명품점 출입을 한다고 비판하면서도 무의식중에 그들을 부러워하고 본받으려 하며 흉내 낸다. 이러한 대중들의 잠재된 부러움과 흉내 내기는 소리 없이 확산되어 자칭 서민이라고 하는 사람들이 자연스럽게 고급 의류품과 명품을 사면서 사회 문화가 되어간다.

그러므로 사회가 건전하게 발전하려면 지도층이 건전한 사고와 행동을 하면서 노블레스 오블리제(noblesse oblige)정신[25]으로 법과 질서를 지켜야 한다. 그렇게 되면 건전한 문화가 자연스럽게 대중 속에 자리 잡게 된다.

제4절 문화의 변동

인간의 행동은 문화의 변동 과정에서 새로운 행동으로 형성되어 고착되기도 하고 전혀 다른 형태로 변화되기도 한다.

문화도 제도, 법률, 언어, 문자, 문화 등과 같이 형이상학적 요소이며 이들은 정도의 차이는 있지만 변화한다. 그 문화 변화의 요소들은 다음과 같다.[26]

1. 발명과 발견

발명과 발견은 사람들의 생활 방법과 생활 의식을 변화시키고 문화를 변화시키는 주요 요인이 된다. 왜냐하면 발명과 발견은 현재의 문화에 새로운 문화 요소를 추가하여 기존 문화의 모습들을 다른 양상으로 변화시키기 때문이다. 물론 모든 발명과 발견이 모두 수용되거나 이용되는 것은 아니다. 경우에 따라서 어떤 것은 문화 변화를 시키지도 못하고 버려질 수도 있다. 발명과 발견은 문화 변형의 요소가 되기도 하지만 문화의 조합과 종합은 새로운 발명과 발견을 촉진시키는 매개 변인적 요소가 된다. 그러므로 문화와 발명, 발견은 상호

25) 노블레스 오블리제는 본래 로마시대의 귀족들이 지켜야 할 사상과 정신을 말하는데 '혜택 받은 자들의 책임' 또는 '특권 계층의 솔선수범'을 의미함.

26) 한상복 외, 문화인류학개론, 서울대학교 출판부, 1989, 401~407쪽 참조.

보완적인 관계를 가진다.

2. 문화의 접변

문화의 변화는 '문화접변'(acculturation) 현상으로 설명할 수 있다. 문화 접변은 상이한 두 사회의 성원들이 접촉하였을 때 양쪽 사회에 변화가 일어나는 것을 말한다. 문화 접변은 문화 변동의 하위 개념으로서 문화 변동과 구분된다. 문화의 접촉은 한 쪽 또는 양 쪽 사회의 문화 교류로부터 시작되며 구체적으로 직접적 접촉과 간접적 접촉에 의한다. 직접적 접촉은 교역에 의한 새 지식이나 물자의 교환이나 통혼에 의한 풍속과 제도의 수용, 정복에 의한 문물수용의 강제 등으로 이루어지며 간접적 접촉은 문화요소가 여행자나 선교사에 의해서 전파되는 것을 말한다. 그러나 문화의 수용도 하나의 선택적 과정이기 때문에 문화의 접촉에 의한 접변이 언제나 일어나는 것은 아니다.

문화 접변의 또 다른 형태로서 '문화동화'와 '문화변형'이 있다. 문화 동화란 문화 접변과 유사 개념이나 문화 접변보다 협의로서 동질화의 과정을 거치는 것을 말한다. 문화 변형은 두 문화가 접촉하여 제3의 새로운 문화를 형성하는 것을 말한다.

3. 문화의 전파

문화 접촉에 의하여 한 문화권에서 타문화권으로 문화 요소가 전달되는 것을 '문화전파'라 한다. 문화 전파는 이질문화에 대한 요구가 있고 전파되는 문화가 기존문화 체계에 적합하고 이념적이거나 신념적인 저항이 없을 때 쉽게 전파된다. 문화 전파는 물론 문화접촉의 과정에서 생기는 것으로 문화전이, 문화모방, 문화차용 등을 통하여 일어난다. 문화 전파를 통한 전파의 과정은 그 시기와 방식에 따라서 장기적 문화변동(장기적 변동), 돌발성 문화변동(단기적 변동), 단일 문화변동(부분적 변동), 다원 문화변동(다원문화) 등으로 나누어진다.[27] 전파의 일종으로 자극전파(stimulus diffusion)가 있다. 자극 전파란 문

27) 김학관, 문화와 가치, 청록출판사, 2003, 89~90쪽.

화적 특색 또는 문화 복합이 한 지역에서 다른 지역 또는 한 민족에서 다른 민족으로 전파될 때 문화의 구체적인 내용이 전해지지 않고 일반적 개념만 전파되는 것을 말한다.[28)]

4. 문화의 수용

문화 변동 과정에서 새로운 문화를 수용하는 것을 혁신이라 한다. 혁신을 담당한 사람은 혁신자이다. 문화 수용은 외래문화를 수용하는 초기의 혁신적인 행동이나 사고 없이는 수용이 불가능하다. 최초에 유행을 수용하는 사람이 용감한 사람이라는 말이 있듯이 새로운 문화를 사회 내부에 수용하는 사람은 모험을 해야 한다. 주변의 소극적 관망자는 1차적으로 적극적 수용자가 먼저 수용을 한 후 비로소 수용하게 된다. 이렇게 새로운 문화 요소가 사회 성원의 인정을 받아서 한 사회 내부에 전파되는 것을 '사회적 수용'이라 한다.

수용 과정에서 새로운 문화 요소가 기존의 문화 구조에 혼란을 초래하거나 성원들이 수용 여부를 놓고 심적 갈등을 일으키는 경우를 아노미 상태라고 한다. 물론 아노미 현상은 오래 지속될 수 없다. 왜냐하면 일정한 시간이 경과하면 새로운 문화 요소가 수용되거나, 소멸되기 때문이다. 한 문화가 새로운 문화 요소를 가미하여 문화복합이 되는 것을 문화의 재통합 또는 문화적응이라고 한다. 산업사회로 진전되면서 농촌과 도시가 공생 관계를 가지는 문화 재통합 현상이 나타난다.

5. 문화의 충돌

새로운 문화가 나타나면 인간은 새로운 문화가 가진 내재적 가치와 충돌하게 된다. 즉, 전통적 가치와 새로운 가치가 충돌하고, 현실적인 가치와 이상적인 가치가 충돌하며. 주류적 문화 가치와 비주류적 가치가 충돌하게 된다. 이러한 문화적 충돌은 개인간의 갈등과 집단간의 갈등, 사회적 모순, 가족 기능의 약화, 세대간 단절, 가치의 해체, 계층간의 갈등, 전통문화와 외래문화의 갈

28) 이광규, 문화인류학개론, 일조각, 1983, 84쪽(원전 : M.J. Herskovits, Man and his Works, 1960).

등을 표출한다.[29)]

제5절 문화와 커뮤니케이션

1. 문화와 커뮤니케이션 문제

문화는 환경이 다른 집단과 종족의 커뮤니케이션이 단절되어 특정한 형태로 형성되어 이질화되고, 이렇게 이질화된 문화는 시간이 지나면서 여러 가지 과정을 거쳐 커뮤니케이션을 통해서 전파, 변형, 수용된다. 즉, 한 문화가 다른 문화를 수용하고 이입하며, 또 전파되고 변화되는 전 과정은 반드시 커뮤니케이션과 동반되어 나타난다. 이 과정에서 갈등은 필연적으로 발생한다.

인간이 생존을 영위하기 위해서 환경에 적응하고 적응 방법을 찾는 과정에서 방법상의 차이에 따라 태도와 행동과 언어가 달라지고 그 문화적 요소가 각각 다른 형태로 형성된다. 따라서 문화는 진화하고 변화하며 변형된다.

2. 문화상호간 커뮤니케이션의 필요성

문화 간 커뮤니케이션의 필요성이 대두되고 이에 대한 문화 간 커뮤니케이션 훈련이 본격화된 것은 미국에서 해외근무 훈련소(The Foreign Service Institute)가 수립된 1946년으로 거슬러 올라간다. 미국 정부는 2차 세계대전이 끝나고 국제적 유대관계를 수립해야 할 필요성에 봉착하였다. 이러한 필요성에 따라 미국 정부에서는 유명한 문화인류학자들과 언어학자들을 연구소 자문위원으로 일하도록 하였다.[30)] 문화 간 커뮤니케이션 훈련은 이후 미국평화봉사단(U.S. Peace Corps)의 해외 파견과 그들에 대한 교육을 통해서 여러 가지로 검증되고 실험되었다.

29) 김학관, 윗책, 90~91쪽.

30) 박기순, 기업・문화・커뮤니케이션, 커뮤니케이션북스, 2000, 218쪽.

문화는 인간의 생존 필요성에 따라 형성되므로 상호 교류 폭과 비례하여 문화간 커뮤니케이션의 필요성도 상대적으로 증대한다. 실제로 모든 문화는 커뮤니케이션이라는 매개 수단을 통하여 이루어지므로 커뮤니케이션을 통하지 않는 문화는 성립될 수 없다. 커뮤니케이션이 진행되는 과정에서 커뮤니케이션의 장해나 왜곡, 또는 수용자의 몰이해로 인하여 문화 집단이 다를 경우에 집단 상호간에 갈등이 나타나게 된다. 이러한 갈등은 커뮤니케이션을 통하여 상대방을 진정으로 이해하려는 노력을 통해 많은 경우에 해소할 수 있고 때로는 서로 더욱 좋은 관계로 발전할 수 있다. 새로운 지역이나 문화권에 진출하는 기업들이 상대방 문화를 이해하고 그 문화적 전통을 지켜주려고 노력한다면 현지인으로부터 진정한 사랑을 받을 것이다.

3. 문화 간 접촉의 저해 요인

문화 접촉을 방해하는 것은 문화를 매개하는 커뮤니케이션의 장애이다. 그러므로 문화 접촉의 장애 요인을 규명하기 위해서는 커뮤니케이션 과정에서 일어나는 장애 요인을 분석해야 한다. 커뮤니케이션 과정에서 대부분의 장애는 인위적인 것이다.

다음[31]과 같은 커뮤니케이션을 방해하는 요인을 문화적 측면에서 이해하면 기업의 해외 진출에 큰 도움이 된다.

1) 감정적인 문제

민족 간 또는 국가 간의 문화 접촉에서 당해 국가나 종족간의 감정적인 문제는 많은 영향을 미친다. 즉, 일본 문화의 한국에 대한 전파와 미국 문화의 캐나다에 대한 전파는 대비될 수 있는 좋은 실례가 된다. 한국인이 일본인에 대해 가지는 국민적 감정은 일제 통치기간 동안 그들의 잔인함과 그 후 그들의 반성적 자세가 명쾌하지 못했기 때문에 좋아질 수 없다.

따라서 많은 한국인들은 감정적으로 일본에 대해 좋지 않게 생각하고 일본 문화를 받아들이는 것을 쉽게 허용하지 않으며 의도적으로 일본 문화에 접근

31) S. P. Robbins, Organizational Behavior, N. J. Prentice-Hall. 1989(4th), pp.270~273 참조.

하는 것을 꺼린다.

반대로 캐나다인들은 미국 문화에 대한 이질감을 갖지 않고 있으므로 저항이 전혀 없다. 왜냐하면 양국이 이웃하고 있어도 서로 전쟁을 한 경험이 없고 같은 언어를 쓰며 평소에도 서로 좋은 관계를 맺고 있기 때문이다.

2) 지역적인 문제

세계 문화의 다양성과 이질성은 바로 지역 분리에서 연유된다. 지역적 분리는 환경의 이질성과 결부되어 역사, 기술, 정보, 자원, 종족, 문화 등의 모든 요소를 이질적으로 만든다. 특히 과거 역사에서는 교통, 통신 시스템이 발달되지 못했기 때문에 지역적인 격리는 곧 문화 접촉의 장애를 뛰어넘어 불능 요인이 되었다. 물론 오늘날은 전자 정보 시스템이 발달되어 지역적 격리가 정보 전달의 장애가 되지는 않고 있다. 그러나 정보 시스템이 발달되었다 하더라도 문화 접촉마저 장소(place)를 뛰어넘어 용이하다고 할 수는 없다. 우리가 미국 사람들의 생활을 담은 비디오나 영화를 본다고 미국식 문화를 수용한다고 할 수 없다. 오히려 중국이나 필리핀 사람들과 이웃에 가까이 살고 그들과 교류할 경우에 영향을 더욱 쉽게 받을 수 있다. 이것은 문화 접촉이 지리적 요인에 의해 크게 좌우된다는 것과 문화적 관계와 문화적 시스템이 자연 환경과 관련된다는 사실을 말하는 것이다.

3) 인위적인 봉쇄

문화란 원래 인위적인 것이므로 문화 접촉과 전파와 장애 현상 등 모든 문화 요소에 반드시 인위적 요소가 개입된다.

문화 전파는 강제적으로 차단하여도 이루어진다. 단기적으로는 문화 접촉이 인위적 봉쇄 정책에 의해서 가능하겠지만, 장기적으로는 문화의 속성상 강한 문화가 약한 문화로 침투하기 때문에 문화 접촉을 막을 수 없다. 그러므로 문화의 인위적인 봉쇄는 단기적 전술에 불과하다.

4) 언어적인 문제

문화 접촉의 장애 요소는 의사소통의 매개 요소인 언어이다. 세계의 문명과 문화의 흐름은 커뮤니케이션에 의해서 이루어지며 커뮤니케이션의 주요 수단이 언어이므로 언어는 문화의 접촉이나 차단을 결정하는 주요한 요소가 된다. 그러므로 강력한 집권자는 통치 수단으로 국가내의 언어를 통일하는 것을 주요 목표 중의 하나로 삼는다. 언어의 통일이 문화의 통일로 이어지고 문화의 통일은 국가 통합의 최종 목표 중의 하나가 되기 때문이다.

5) 가치관의 문제

인간이 어떤 사물이나 대상에 대한 행동을 할 때 내재된 가치관이 작용한다. 가치관은 태도가 지속되어 고정된 신념으로서 개인과 집단과 조직의 행동을 결정하며 집단과 조직과 종족의 문화를 형성한다. 이러한 가치관의 내용이 어떤가에 대한 분류 기준은 학자들에 따라서 다르다. 그러나 사람들의 행동으로부터 가치를 추리하여 그들의 가치관이 무엇인가를 알아내는 것이 아주 어렵다는 것은 일치된 견해이다. 이와 같이 가치관은 내용이 다양하기 때문에 서로 다른 가치관을 상대방에게 수용하도록 하는 데에는 상당한 어려움이 있다. 그러므로 한 문화 영역의 문화가 다른 문화 영역으로 전파되기 위해서는 먼저 해당 구성원의 가치관에 변화가 일어나야 한다. 따라서 고정된 신념이 변화하려면 어려움이 있으므로 문화 전파는 가치관에 의해 장애를 받는다.

제6절 문화 간 갈등

문화는 물처럼 항상 흐르고 침투하며 움직이기 때문에 그 안에서 문화적 요소들끼리 서로 충돌하면서 갈등이 일어나고 용해되어 수용되며 때로는 통합되고 파괴된다.

1. 문화 간 접촉 요인별 갈등

1) 전쟁과 정복에 의한 문화 간 접촉과 갈등

인류 역사는 전쟁의 역사라고 해도 과언이 아니다. 수많은 전쟁 과정에서 침략자와 피침략자는 당사자들의 의사에 관계없이 문화적인 교류를 한다. 우리나라에서도 6.25 동란 기간 중에 들어온 외국 병사 특히 미국군이 한국인에게 준 문화적 영향력은 메가톤급 충격이었다. 그들로 인하여 의・식・주 등의 생활문화, 의식, 제도, 언어, 예절 등의 광범위한 영역에서 한국의 전통적 요소가 철저하게 파괴되고 그 자리에 서구식 문화가 대체되었다.

그러나 한 민족이 다른 민족을 정복하면 그 민족은 순수성을 잃고 혼혈화 되어 간다. 동시에 모든 문화적 요소가 혼합되어 본래적인 문화의 모습은 사라지거나 변형되지만 민족의상이나 언어 등의 특수 분야에서 보존되는 경우도 있다. 물론 이러한 과정에서 침략자의 문화와 피침자의 문화 간에 대립과 갈등 현상도 나타난다.[32)]

2) 이민과 망명에 의한 문화 간 접촉과 갈등

이민 발생은 크게 두 가지 이유가 있다.

첫째, 국내에서 발생한 정치적 상황 때문에 보복을 피하여 다른 나라로 망명하여 사는 경우이다.

둘째, 자기 나라의 인구가 많거나 천재, 전쟁, 내란 등에 의한 경제적 빈곤을 타파하기 위하여 다른 나라로 이민[33)]하는 경우이다. 우리나라의 재외 교민의 경우는 거의 이 두 번째에 해당한다.

이들 이민자들은 미국이나 독일같이 수민국(受民國)에서 필요해서 받는 경우도 있지만 원하지 않는 이민의 경우가 많다. 어느 경우이든 수민국의 주민과 문화적, 정치적 갈등 관계에 놓이게 된다. 특히 이민자들이 문화적 주체성이 강하여 수민국의 문화와 쉽게 동화되지 못하면 심각한 갈등 관계에 놓이게 된

32) 민족의상, 주식회사 라미나 출간, 1991, 38쪽 참조.

33) 오늘날 세계 각국의 이민은 대개 중국의 화교가 약 2,200만 유태인이 약 1,500만, 이태리계가 약 550만, 그 다음 넷째가 우리나라 교민으로서 약 500만, 인도계가 약 480만, 팔레스타인인이 250만, 일본계가 175만임.

다. 2차 대전 중 독일 나치 정부에 의해 자행된 유태인 학살, 1904년 스페인에 의한 필리핀 화교의 대량 학살 사건 등과 그 뒤를 이은 동남아시아에서 있었던 화교들에 대한 핍박은 이민자와 수민국 주민들 사이에 생긴 갈등의 전형적인 예에 해당한다. 수민국 주민의 핍박 이외에도 이민들 개개인이 겪는 문화적, 경제적, 정치적 갈등은 무제한적인 것이다. 이런 경우 정부와 관련 기업에서 문화적 갈등과 충격을 방지하기 위하여 사전에 예비 교육을 시키는 것이 바람직하다.

3) 종족간의 접촉 또는 통혼에 의한 문화 간 접촉과 갈등

인종간의 접촉에 의해 일어나는 갈등은 두 가지로 나눌 수 있다.

그 하나는 인종 간에 일어나는 갈등으로서 다른 인종끼리 접촉하거나 통혼 과정에서 일어난다. 인종간의 갈등은 문화적 요소가 융합되지 않으면 해결될 수 없다.

다음으로 인종간의 접촉에 의하여 지금까지 그들의 고유한 미풍양식이라고 생각하였던 문화적 요소와 외부 문화의 요소 사이의 갈등이다. 이러한 예는 인류의 역사에서 수없이 볼 수 있다. 특히 전통적 요소가 강하게 남아 있는 사회일수록 두 문화가 만나서 일어나는 충격과 갈등은 심각하다. 예를 들면 구한말 반포되었던 단발령 시행중에 전국적인 저항 운동이 일어나고 그 과정에서 단발당한 사람이 자살까지 했다. 이처럼 문화적 침투에 거부 반응을 보이고 이에 저항하는 현상이 문화적 갈등이다.

4) 여행자에 의한 문화 간 접촉과 갈등

여행객과 여행지 거주자간의 문화적 접촉에서 문화적 갈등을 더 많이 느끼는 경우는 당연히 여행자 쪽이다. 여행자는 단기간에 현지의 풍습과 언어를 익힐 수도 없으면서 우선 불편한 것을 빠른 시간 안에 해결하려고 하기 때문에 갈등이 더 심각하게 느껴진다. 또한 여행자를 받아들이는 나라에서도 여행자가 자국에서 하는 행동을 보는 것이 아니라 여행지에서 일시적으로 보이는 언어, 태도, 예절 등의 극히 일부분만 보기 때문에 여행자에 대해 왜곡된 생각을 할 수 있다.[34] 그러므로 여행자는 새로운 여행지에 가면 그 나라의 문화를 비판하지 말고 이해하려고 해야 하며, 여행자를 수용하는 나라에서는 여행객에 대한 일방적인 편견을 가지지 말고 자기 나라 문화를 이해시키도록 해야 한다. 이러한 역할을 민간 기업이 맡는다면 기업의 홍보뿐만 아니라 제품 판매도 촉진시킬 수 있다.

5) 기업 진출에 의한 문화 간 접촉과 갈등

기업의 해외 진출은 문화 간 접촉과 그에 따른 갈등 현상을 동반한다. 상대국과의 무역 관계는 최초의 물적 자원의 교환 단계를 거쳐 해외 지사 설치, 상대국 기업과의 부분적 합작 또는 합병을 하며 나아가서 직접 진출을 하여 다국적 기업화에 이르는 광범위한 교류 관계를 가진다. 이러한 교류 관계와 동반하는 문화 접촉 강도와 범위는 서로 다르기 때문에 일률적으로 설명하기 어렵다. 특히 문화 간 접촉의 효과는 단기간에 나타나는 것이 아니고, 그 폐해를 쉽게 해소할 수 있는 것도 아니다. 예를 들면 고객, 원부자재의 공급선, 노조, 정부 관리, 지역주민 등과 파견자 또는 일시적 체류자의 광범위한 접촉이 이루어지고 그 과정에서 협력과 갈등과 충돌 그리고 파급 효과가 나타난다.

그러므로 해외 진출 기업은 그 진출 형태가 어떤 것이든지 사전에 해당 지역의 문화를 충분히 연구하고 이해한 연후에 진출해야 하며 진출 이후에도 현지 문화와 관습에 상충되는 행동을 하지 않도록 주의해야 한다.

6) 종교의 포교 활동에 의한 문화 간 접촉과 갈등

"종교는 갈등의 소산이다." 라고 프로이드(S. Freud)가 설파했듯이 종교는 갈등의 소산이기도 하지만 그와 동시에 그 갈등을 해소하고 창조적인 삶을 영위하는 원동력이 되는 또 하나의 힘을 갖고 있다.

이처럼 갈등의 원인과 결과가 되며 갈등을 해소시키는 종교는 그 본질적 속성상 신앙의 동료를 확대하기 위하여 부단히 포교 활동을 한다.

따라서 기업이 새로운 지역에 진출한다는 것은 새로운 종교를 포교하는 것과 같은 위험과 어려움이 있기 때문에 새로운 지역에 진출할 때에 종교적 포교의 특성을 이해하면 기업 활동에 크게 도움이 된다.

---

34) Geert Hofstede, 차재호, 나은영 역, 앞책, 307쪽.

2. 감정적인 요인과 갈등

비교 문화 관점에서 보면 남성 문화와 여성 문화 또는 전체 문화와 부분 문화 등의 양자 간에는 언제나 일정 부분 논리적으로는 설명할 수 없는 감정적 요인(emotional factor)에 의한 차이가 있다. 이러한 부분은 상당한 기간 특별한 이유 없이 해결되지 않는 갈등의 원인으로 남아 있게 된다.

3. 지역적 요인과 갈등

강과 산맥으로 인한 지역적 분리 상태는 언어, 관습, 풍속, 의식 그리고 사상을 달라지게 하고 국가와 민족을 구분한다. 이렇게 달라진 문화적 요소들은 각 집단과 종족, 민족 간의 갈등 요인이 되어 급기야 전쟁의 원인이 되기도 한다. 그러므로 다른 집단과의 갈등을 제거하고 화합과 단결을 위하여 교통과 통신 시설을 보완하고 확대하는 것이 한 국가 내에서 또는 국제간에 주요한 목표가 되어 있다.

또한 같은 사람이 산악 지대와 해안이나 강변 또는 평야지대 중에서 어디에 사는가에 따라 심성과 사상과 의식 수준에 차이가 생겨난다.

4. 가치관 차이에 의한 갈등

가치관은 태도가 지속되어 고정화된 신념으로서 개인과 집단과 조직의 행동을 결정하며 각각의 문화를 형성하는 것으로 인간에게 내재된 가치관은 사람마다 다르다. 이러한 다양한 가치관은 문화의 다양성을 낳는 인자(因子)로서 다양한 문화가 존재하는 이유가 된다. 그러나 문화의 다양성으로 인하여 한 문화 영역의 집단과 민족이 다른 문화 영역에 속한 사람들을 이해하지 못하게 될 때에는 문화적 갈등과 충돌이 생길 수 있고 심한 경우에는 내란과 전쟁 상태로 돌입하게 된다. 이념과 종교의 차이로 인하여 인류는 세계 도처에서 살육과 전쟁을 계속하고 있다. 반대로 문화적 차이를 극복하고 공존하는 경우도 있다.

5. 언어에 의한 갈등

1) 언어의 표현

첫째, 언어는 차이로 인해서 서로의 문화에 대한 지각을 달리하고 다르게 형성된 지각은 문화적 갈등의 원인이 된다.

둘째로 같은 언어를 쓰더라도 발음의 차이에 따라 상대방에게 다르게 지각된다. 예를 들면 IBM社의 국제적 연수 프로그램에서 훈련자에게 동료 참가자의 장래의 승진 가능성을 평가하게 하고 실제 승진에 관하여 장기적 추적 조사를 해본 결과 영어를 모국어로 하는 사람들은 과대평가되고 프랑스나 이탈리아어계 사람들은 과소평가되며 독일어계 사람들이 중간 정도인 것으로 평가되었다.[35)]

셋째로 호프스테드의 연구에서처럼 똑같은 영어를 사용하더라도 표현상의 차이 때문에 오해와 갈등이 일어날 수 있다.

이러한 현상은 미국식 표현에 익숙한 미국 독자들이 외국인이 쓴 영어 저서에 깊은 신뢰를 보내지 않는다는 가정을 가능하게 만든다. 이렇게 사회언어학적 편견(sociolinguistic biases)[36)]으로 인하여 자기 종족의 방언이나 표준 언어를 사용하지 않는 개인이나 집단은 심한 갈등을 가지게 된다.

넷째로 같은 단어가 다른 의미로 전달되어 불쾌감이나 혼란을 주고 그 의미를 이해하지 못하기 때문에 오는 갈등도 나타난다.

이와 같은 현상은 우리나라 안에서도 생긴다. 예를 들면 경상도 지방에서 '이 문둥아' 하는 것은 친한 사이에 스스럼없이 하는 호칭이다. 그러나 같은 말을 전라도나 충청도에서 했을 때는 모욕을 주는 욕으로 인식되어 싸움의 원인이 된다.

2) 악센트의 차이

인간이 사용하는 단어가 어떻게 발음되고 의미가 전달되는가 하는 것은 악센트에 좌우되고 바로 악센트의 차이에 의해서 여러 가지 의미를 전달한다. 거

35) Geert Hofstede, 차재호・나은영 번역, 앞책, 303쪽.

36) D. Borisoff & D. A. Victor, Conflict Management, Prentice-Hall, Inc. 1989 p.171 (원전 : P. Trudgill, Sociolinguistics : An Introduction to Language and Society, Harmondworth, Middlesex : Penguin Books, 1974).

의 모든 언어에는 예외 없이 단어마다 표준적인 발음이나 또 다른 방언적인 발음이 존재한다. 표준어냐 또는 방언이냐 하는 것은 대개 지리적 조건이나 사회적 계층에 따라 달라진다. 이는 단어가 가지는 악센트 차이도 문화적 요인에 의해서 달라진다는 것을 의미한다.

악센트의 차이, 쉼표와 연음의 차이로 인하여 상대방을 충분하게 이해하지 못하면 오해와 갈등이 나타날 수 있다. 즉, 문화의 주변 영역에 살면서 발음과 악센트가 표준적이지 못하면 문화의 중심권역에 사는 사람들이 공연히 그들을 경멸하거나 차별한다.

3) 번역의 난해성

언어 이해를 어렵게 하고 갈등과 오해를 가지는 요인으로 번역 문제가 있다. 다른 언어 영역 간에 번역이 잘못되어 혼란이 일어난 예는 수없이 많다.[37]

예를 들면 GM의 선전에서 body by Fisher가 벨기에서는 corpse by Fisher가 되어 본래의 '피셔의 구조'가 '피셔의 시체'로 어처구니없는 번역이 되었다.

또 미국에서 방취제를 멕시코에 판매하기 위해 "If you use our deodorant, you won't be embrassed"라는 선전 문구를 타전했다. 이에 멕시코에서는 영어의'embrassed'를 스페인어'embarazada'로 번역하였다. 그러자 제품 판매가 급신장하였다. 원인을 확인해보니 'embrassed'가 번역된 'embarazada'는 스페인어로 'pregnant' 의미를 가지는 것이었다.

4) 이중 언어와 이중 문화

이중 언어를 사용한다고 이중 문화를 이해한다고 단정할 수 없다. 언어는 상당한 노력을 기울이면 구사할 수 있다. 또 어느 정도 비슷한 흉내를 낼 수 있다. 그러나 문화는 상당한 노력을 기울인다 해도 두 가지 문화나 세 가지 문화를 동시에 충분하게 이해할 수 없다. 왜냐하면 내재화된 문화는 쉽게 나타날 수도 없고 또 나타난다고 하더라도 개인의 내재적 문화가 되기 위해서는 장기적이고 지속적인 노력이 필요하기 때문이다. 미국의 한국인 2세가 백인 사회 또는 흑인 사회에 동화되지 못하는 이유는 나타난 외재적 문화에 대한 이해보

37) 윗책, p.129.

다 감추어진 내재적 문화를 쉽게 이해할 수 없기 때문이다.

5) 언어와 유머

무엇이 유머가 되느냐 하는 것은 문화적 요인에 크게 좌우된다. 많은 유럽인들은 독일인들이 유머 감각이 없다고 한다. 그러나 이것은 다른 유럽인과 다른 유머 감각을 지니고 있다는 것을 의미할 뿐이지 독일인이라고 해서 특별히 유머 감각이 없는 것은 아니다. 인간은 사는 곳과 풍속과 습관이 다르더라도 친한 사이끼리 농담을 하면서 서로를 확인하고 즐거운 생활을 영위하려고 하는 본질적인 속성은 동일하다. 그러므로 어떤 특정한 민족이 특별히 유머 감각이 없다는 설명은 잘못된 것이다.

그러나 어떤 말이 유머가 되는지 여부는 문화권에 따라서 다르다. 똑같은 언어와 몸짓이라도 어떤 지역에서는 친밀감을 표시하는 것이 다른 지역에서는 모욕이나 불쾌감의 표시로 보일 수 있다. 이러한 연유로 새로운 문화권으로 여행하는 노련한 사람들은 농담이나 비아냥대는 말이 금물이라는 것을 잘 안다.

6. 문화 유형의 차이에 의한 갈등

1) 외재적 문화와 내재적 문화

감추어진 문화(내재적 문화)와 표현된 문화(외재적 문화)는 한 문화의 형태를 외면과 내면으로 나누어 설명한 것으로서 양자는 서로 관련되어 기능적으로 전체를 이룬다.

2) 전체문화와 하위문화

하위문화는 기존의 전체 문화에 대항하는 역기능을 하는 갈등 관계에 놓이기도 한다. 예를 들면, 중국의 문화대혁명과 같이 젊은이들이 자기들의 가치관에 반하는 모든 기존 질서와 문화 체계를 전복하려는 것이 그에 해당한다. 이러한 문화를 대항문화(counter culture)라 하며 기존 문화를 파괴하는 역기능을 가진다.

3) 고급문화와 대중문화

대중문화는 그 문화 안에 갈등을 내재하고 있다. 그래서 갈등을 주요한 사회적 변인으로 삼던 학자들이 한번쯤 대중문화에 관심을 갖도록 하였다.[38] 이것은 대중문화가 세대간, 계층 간에 갈등을 만든다는 사실을 전제로 한다.

다른 한편 고급문화에 대한 대항 문화적인 성격을 가지고 고급문화를 파괴하기도 하고, 반대로 고급문화가 충족하지 못한 본능적인 욕구를 충족시켜 주는 양면성을 가지고 있다. 이때 대중문화가 고급문화에 대하여 대항 문화적인 성격이 강할 때는 두 문화는 갈등과 소비적인 관계가 되며, 반대로 서로 보완관계가 될 때에는 대중들에게 문화적 욕구를 충족시켜 주고 삶의 질을 보다 높여 주는 생산적인 역할을 한다. 예를 들면 서구에서는 카페나 살롱이 대중문화와 고급문화가 만나는 접점지역으로서 중요한 기능을 한다. 즉, 많은 사람들이 대중문화의 장소인 카페나 살롱을 예술과 철학과 문학을 논하고 새로운 아이디어를 얻는 장소가 되는 고급문화의 장소로 만들었다. 그러나 현재 한국에서는 카페가 저급 술집으로, 살롱이 퇴폐적인 광란의 저급 문화의 장(場)으로 변하였다.

이와 같이 고급문화와 대중문화의 만남의 장을 파괴하는 것은 대중들의 의식 수준과 가치 수준이 낮아서 고급문화에 대한 비아냥, 무관심, 무지, 비하, 조소, 갈등 등이 혼재되어 나타난 결과이다. 그런데 이러한 두 문화간의 갈등은 겉으로 나타나지 않으면서 결과는 국민을 양분시키기 때문에 국가 지도자가 앞장서서 해결하는 노력을 보여야 한다.

1981년 당시 프랑스 대통령 미테랑은 "프랑스의 사회 문제는 좌우 대립이 아니라 엘리트 집단과 소외계층간의 문화적 갈등"이라고 천명하고 대대적인 문화 대중화 정책을 폈다.[39]

우선 그는 일반 시민 모두가 고급문화에 쉽게 접근하도록 시설 이용 편의 정책과 입장료 염가 정책을 펴서 문화 대중화의 장을 열었다. 그는 계층간 문화갈등의 해결이 국가 단합의 핵심 과제란 것을 간파한 훌륭한 지도자였다. 이처럼 국가내의 문화적 갈등을 해결하기 위한 지도자의 적극적인 노력이 대단히 중요하다.

38) 원용진, 대중문화의 패러다임, 도서출판 나래, 1996, 28쪽.

39) 조선일보, 1996년 12월 30일자 5면 『21세기의 리더십』

여기에서 우리나라의 고급문화와 대중문화의 관계를 보면 다음과 같다.[40]

첫째, 일제시대와 6.25 동란 중에 전통 문화가 철저하게 파괴되었다. 그 과정에서 고급문화와 대중문화의 구별 없이 우리 문화는 무차별적으로 저질화되었다.

둘째, 책임 의식을 가지고 근검절약하는 양반 정신, 또는 선비 정신에 의한 엘리트 문화가 비정상적으로 자리 잡고 있다. 즉, 사치, 낭비에 대하여 수치감을 가지지 않고 오히려 과시하고 뽐내고 으스대는 것이 존경받고 대접받는 것으로 착각하는 사람이 많다.

셋째, 청년 문화와 기성세대 문화 간의 동질적인 본능 문화에 대한 인식 차이로 인한 문화 갈등이 내재하고 있다.

넷째, 단일 민족이 단일 문화권에서 살기 때문에 동질적 요소가 없으면 집단에서 일탈(deviant)[41]되며 소외된 것으로 간주하는 심리적 불안감을 동반한다. 이와 같은 현상은 동료나 이웃끼리 지나치게 서로 닮으려는 모방주의 생활태도로 나타난다. 그리하여 소득 수준이나 지식수준 간에 차이가 있으면 이를 그대로 인정하거나 노력하여 상대방과 같은 수준에 도달하려고 하기보다는 질시하고 투기한다.

따라서 이러한 문화의 문제점 극복을 위한 대책은 다음과 같다.[42]

첫째, 전통적인 민족 문화를 지속적으로 보급하고 시대에 맞게 변용해야 한다.

둘째, 건전한 소비문화 정착을 위한 소비자 교육을 강화하기 위하여 제도적으로 초・중등 교육 과정에 소비자 교육을 포함해야 한다.

셋째, 문화적 동질성을 회복하기 위하여 건전 문화에 동참을 유도해야 한다.

넷째, 엘리트 계층의 책임 의식과 도덕심을 고취하도록 해야 한다.

4) 기존 전통 문화와 외래문화

문화는 고급 문화보다 상업적 이익을 노리는 저급 문화의 전파 속도가 빠르다. 그러므로 나라에 따라서는 특정 문화가 무분별하게 수용되는 것을 막는다.

---

40) 최해진, 앞책, 418~420쪽 참조.

41) 일탈은 구체적 일탈, 행동적 일탈, 평가적 일탈로 나누는 데 일탈의 일반적 개념은 통계적으로 평균(average)과는 다른 이상한, 혹은 비전형적인 특성을 말함(김경동, 현대의 사회학, 박영사, 1990, 11장 참조).

42) 최해진, 앞 책, 420~421쪽 참조.

우리나라에서는 서구 문화의 무분별한 수입으로 인하여 우리의 서편제보다는 서부 활극이 더 인기 있었고, 아리랑보다는 동방신기가 부르는 노래가 대중성을 가지고 있다. 그러므로 전통 문화를 고수하기 위해서 외래문화를 배척해야 할 것인가? 아니면 전통 문화에 대한 오염을 무릅쓰고 외래문화를 개방해야 할 것인가 하는 갈등을 부정적 측면에서 볼 것이 아니고 갈등의 긍정적인 측면에서 보아야 한다. 즉, 한 문화의 진보 발전은 폐쇄적일 때 이루어지는 것이 아니고 자유로운 교류가 이루어질 때 가능한 것이므로 전통 문화와 외래 문화 간의 갈등을 필연적인 사실로 받아들이고 갈등의 긍정적 효과가 극대화되도록 해야 한다.[43] 다행이 근래 우리 문화를 복원하려는 여러 방면의 시도가 있고, 아시아를 중심으로 한류 바람이 불면서 우리 문화의 적극적인 해외 진출이 이루어지고 있어 긍정적인 상황이 전개되고 있다.

또한 새롭게 유입되는 문화가 편의성을 가지거나 본능에 호소할 때에는 빠른 속도로 전파된다. 특히 오늘날 상업적 이익을 위하여 기업이 문화의 가장 빠른 전령사로 활동하므로 기업이 건전 문화 정착에 앞장선다면 사회 전체 문화의 건전성을 확보할 수 있다.

제 7 절 우리 문화의 발전 방향

1. 문화적 정체성 회복

1) 문화적 정체성 회복

문화적 정체성을 회복하는 것은 단순히 전통 문화를 원래대로 복원하는 것이 아니라 우리 문화가 가지고 있는 장점을 중심 문화로 하여 계승하고 발전시킨다는 의미이다. 문화는 주변 문화의 영향을 받아서 끊임없이 변화하므로 전통 문화의 원형을 유지한다는 것은 어렵다. 그러므로 한국 전통 문화가 정통성

43) 박이문, 문명의 위기와 문화의 전환, 민음사, 1996, 216~219쪽.

을 나타내는 은근과 끈기, 겸손과 양보, 협동과 단결, 정겨움과 의로움을 나타내는 문화예술적인 작품과 생활 관습, 생활 태도 등은 지극히 한국적이면서도 세계적인 것이 될 수 있는 요소이다. 한국적인 정신인 효제충신정신(孝悌忠信精神), 선비정신, 양반정신 등은 우리의 의식에 정신적 문화유산으로 남아 있는 것이므로 현대에 맞게 재해석하여 생활에 반영하여야 한다. 만일 이러한 문화유산(그것이 물질적 자산이든 정신적 자산이든)을 오늘날 우리들의 생활에 반영한다면 조급함에서 오는 사건, 사고가 줄어들 것이고 질서가 생활화되어 명랑한 사회가 될 것이며 소외와 불의가 사회 문제화 되지 않을 것이다.

2) 합리주의적 문화 정착

단일 민족인 한민족은 일찍이 인정 많은 민족이었다. 신미양요 때 조선 군대는 곧 결전할 미국 병사에게 우리 병사도 먹기 힘든 닭과 달걀을 건네주었다는 기록이 있고 내일 먹을 양식이 없어도 손님을 후히 대접했던 우리 조상들의 情은 호랑이와 여우까지도 감복시켰다는 이야기로 확대되어 전설, 민담, 속설로서 지금까지 전해 내려오고 있다. 특히 아름다운 정은 혈연, 학연, 지연이 있는 사람끼리는 더욱 심화되어 순기능적 역할을 한다. 그러나 인연이 없는 국외자(outsider)에게는 차별적 대우를 하는 역기능으로 작용하기도 한다.

그러므로 앞으로 시대 변화에 대응하기 위해서는 정과 힘을 추구하는 문화를 '정(情)이 내재하는 합리적인 이성의 문화'로 변화시켜 다원주의, 인본주의를 지향하는 세계화와 국제화의 중심에 서야 한다.

3) 문화적 쇼비니즘(chauvinisme)[44]배척

문화는 물처럼 움직이게 되어 있으므로 강한 문화로부터 약한 문화로 이동을 하면서 영향을 주고받는 것이 문화의 속성이다. 그러므로 어떤 특정 문화를 차단하여 이러 이러한 문화는 유입되어서는 안 된다고 강제할 수는 없다. 무조건적으로 특정 외래문화를 배척하는 문화적 쇼비니즘 자세는 오히려 문화 발전을 저해하고 나아가서 사회 전체의 발전을 지체시킨다.

---

44) chauvinisme은 나폴레옹을 숭배하는 광신적 프랑스 군인 Nicholas Chauvin에서 유래된 광신적이고 배타적이며 호전적인 애국주의를 말함.

2. 변화 적응 문화 창조

미래 사회는 엄청난 변화가 충격으로 다가온다고 토플러(A. Toffler)는 그의 '미래 쇼크'라는 책에서 말한다. 즉, 미래 사회는 과거로부터의 영속성이 단절되고 조직은 환경 변화에 대응하기 위하여 새로운 애드호크래시 차원의 조직이 급조되고 일회용 종이로 만든 웨딩드레스가 나올 정도로 일회용 사회가 되며 가족 문화는 핵가족 시대를 넘어 간소화된 가족이 구성될 수 있으며, 임시 결혼과 생물학적 부모와 직업적 부모가 다른 가족 구성이 이루어지는 등 상상을 초월할 정도의 변화가 온다고 하였다. 그러므로 새로운 변화에 대응할 수 있는 새로운 문화적 배경을 만들어야 한다.

3. 건전한 대중문화의 정착

대중의 소외문제를 인식하고 국민 전체의 문화인식을 새롭게 하는 문화를 공유하도록 해야 한다. 산업 사회의 빠른 변화 속에 대기업군들이 창조하는 대중문화를 사회의 건전한 발전을 도모하는 긍정적 차원으로 변화시켜야 한다. 그렇지 않고 소비주의, 향락주의와 같은 잘못된 방향으로 가면 대중문화는 자칫 대기업들의 이익만 보호하고 사회를 병들게 한다.

4. 문화 창조의 잠재력 발휘

문화는 자연스럽게 생성하기도 하지만 건전 문화 육성 정책과 같은 의도적인 시도에 의해서도 형성된다. 문화 창조 기능의 위축 원인과 건전 문화 육성 방안은 다음과 같다.

1) 문화 창조기능의 위축 원인

첫째, 문화 창조를 담당할 물적, 인적 자원이 부족하다. 특히 문화 창조는 높은 지적 수준의 전문가가 담당해야 하는데 그런 전문가가 많지 않다는 것이 문제이다.

둘째, 외래문화를 무비판적으로 무분별하게 수용하는 경향이 있다. 예를 들면 서구적인 것은 무조건 선호하여 머리에 염색을 진하게 하거나 청바지를 찢어서 다니는 것 등 무비판적 수용 자세를 버려야 한다.

셋째, 대중문화 창조를 담당하는 기업의 역할인식부족과 무책임성을 들 수 있다. 사회 전체 구성원이 바람직한 문화를 향유할 때 그들이 진정으로 지속적인 고객이 된다는 사실을 망각하고 있다.

넷째, 문화 창조 담당자에 대한 충분하지 못한 예우는 그들로 하여금 창조 의욕을 꺾게 하는 것이다. 그러므로 문화 창조자들에게 충분한 대우를 해주어야 한다.

다섯째, 정부의 관료적 통제가 위축 원인이 된다. 예를 들면, 국산전통주에 대한 주류 제조 허가에 관한 법률 때문에 오랫동안 전통 민속주가 자취를 감추었다. 일제가 한국인으로부터 세금을 착취하기 위한 양조법에 의해 생산 제한된 가주(家酒) 또는 농주제조(農酒製造)를 최근까지도 금지했기 때문에 전래의 전통주가 크게 발전하지 못한 것이 좋은 예이다.

2) 문화 창조기능 강화정책

첫째, 문화 창조담당자의 생계를 보장해 주어야 한다.

문화 창조는 모든 사람이 할 수는 있어도 모든 사람이 하지는 않는다. 특정 전문가에 의하여 고급문화가 창조되므로 이들에 대한 경제적 지원을 합리적으로 현실화해야 한다.

둘째, 외래문화의 수입을 선별적으로 하고 그 폐해에 대한 교육을 강화해야 한다.

셋째, 특수 계층을 위한 문화를 배제해야 한다.

예를 들면, 골프를 치는 소수를 위하여 기름진 농장을 폐쇄한다거나 골프장 잔디 보호를 위하여 농약 살포를 한다면 식수 오염과 환경오염으로 더 많은 사람이 피해를 입는다. 이러한 특수 계층을 위한 조치는 많은 폐단을 가져온다.

넷째, 건전한 문화와 저질 문화를 구분하여 건전한 문화는 사회교육의 강화 차원에서 지원하여야 한다. 예를 들면 텔레비전 프로그램 중에서 인기를 끌고 있는 '전국 노래자랑대회' 같은 것은 건전한 대중문화 창달과 사회 교육 차원에서 권장할만하다.

찾아보기

| 아 |

| 자 |

■ 저자약력

최 해 진(崔 海 晋)

- 부산대학교 상과대학 경영학과(경영학 학사)
- 부산대학교 대학원 경영학과(경영학 석사)
- 부산대학교 대학원 경영학과(경영학 박사)
- 미국 university of pennsylvania(wharton school) 객원교수
- 대한경영학회 회장
- 한국인적자원관리학회 회장
- 동의대학교 상경대학 학장겸 경영대학원장
- 현) 동의대학교 경영학과 명예교수
  사립학교 분쟁조정위원

[저서]

신전략적 인사관리론(형설출판사)
인간행동론(도서출판 두남)
갈등의 구조와 전략(도서출판 두남)
참부자 이야기(공저)(도서출판 대명)
갈등의 이해와 관리(도서출판 두남)
인성론(공저)(도서출판 박이정)
경주최부자 500년의 신화(뿌리깊은 나무)

권 혁 기(權 赫 奇)

- 동의대학교 상경대학 무역학과(상학사)
- 동의대학교 대학원 경영학과(경영학 석사)
- 동의대학교 대학원 경영학과(경영학 박사)
- 현) 동의대학교 상경대학 경영학과 교수

[저서]

지식경영과 벤처창업
행동과학론
경영학원론
참부자이야기
현대경영의 이해
경영과 리더십

박 중 규(朴 重 圭)

- 광주대학교 경상대학 경영학과 (경영학사)
- 동아대학교 대학원 (경영학 석사)
- 동의대학교 대학원 (경영학 박사)
- 참빛학원 이사장
- 참빛장학재단 이사장
- 동의대학교 겸임교수
- 현) 부산경상대학교 경영학과 학과장

[저서]

실전인적자원관리(세종출판사)

한 나 영(韓 娜 瑛)

- 동아대학교 상경대학 경영학과(경영학 학사)
- 부경대학교 대학원 경영학과(경영학 석사)
- 부경대학교 대학원 경영학과(경영학 박사)
- 부경대학교 경영학부 강사
- 동의대학교 경영학과·회계학과 강사
- 현) 고신대학교 인터넷비즈니스학과 조교수

인간행동의 이해

초 판 1쇄 발행 —— 2014년 8월 25일
초 판 2쇄 발행 —— 2015년 7월 30일
초 판 3쇄 발행 —— 2016년 7월 25일
지은이 —— 최 해 진 · 권 혁 기 · 박 중 규 · 한 나 영
펴낸이 —— 전 두 표
펴낸곳 —— 도서출판 두남
서울시 강동구 성내로6길 34-16 두남빌딩
신 고 : 제25100-1988-9호
TEL : 02) 478-2065, 2066, 2067, 2311
FAX : 02) 478-2068
E-mail : dunam1@unitel.co.kr
http://www.dunam.co.kr

정가 28,000원

ISBN 978-89-6414-549-4 93320